한국 교회사 걷기

한국 교회사 걷기

지은이 | 임경근
초판 발행 | 2021. 10. 6
4쇄 발행 | 2025. 4. 16
등록번호 | 제1988-000080호
등록된 곳 | 서울특별시 용산구 서빙고로65길 38
발행처 | 사단법인 두란노서원
영업부 | 2078-3333   FAX | 080-749-3705
출판부 | 2078-3331

책값은 뒤표지에 있습니다.
ISBN 978-89-531-4081-3 03230

독자의 의견을 기다립니다.
tpress@duranno.com   www.duranno.com

한민족에게 임하신 하나님의 손길을 따라

한국 교회사 걷기

임경근 지음

두란노

Part 1
왜 구한말에 교회를 주셨는가

Part 2
위기의 조선, 백성을 품은 교회

Part 3
암울한 한반도를 쓰다듬은 영적 대부흥

Part 4
일제강점기 교회는 민족의 등불이 되었는가

Part 5
교회, 신사참배와 불편한 동거를 하다

Part 6
해방 후 개신교회, 아직 봄은 오지 않았다

Part 7
주제로 본 한국 교회

프롤로그

과거 한국 교회엔 어떤 이야기들이 있을까

| 아직도 역사를 말해야 할까?

많은 사람들이 '교회사' 혹은 '교회 역사'를 신학교에서나 배우는 것이라고 생각한다. 교회는 성도들에게 교회사를 잘 가르치지 않는다. 주일학교도 교회 역사를 가르치지 않는다. 일반 학교는 세계 역사 혹은 한국 역사를 가르치는데, 교회는 왜 교회 역사에 무관심한 것일까? 그런데 안타깝게도 이런 현실은 앞으로도 계속 이어질 것 같다.

왜 교회사를 알아야 할까? 교회사를 배운다는 것은 무슨 의미가 있을까?

현대인은 과거보다 현재, 현재보다 미래에 관심이 많다. 요즘처럼 재밌거리가 많은 시대가 또 있을까! 예전에는 할머니나 할아버지가 들려주는 옛날이야기가 역사의 토막들이곤 했다. 하지만 그런 것은 이제 어르신들의 향수 속에서나 찾을 수 있을 뿐이다.

노자는 "마음이 과거에 있으면 후회하고, 미래에 있으면 불안하다"고 했다. 인간은 현재를 잘 살아내기만 하면 된다고 생각한 것일까? 역사에 집착하면 과거에 붙잡혀 앞으로 나아가지 못한다고 걱정하기도 한다. 당면한 문제를 해결하기에도 시간이 부족하다고 여긴다.

하지만 과거 없는 현재란 불가능하고, 과거를 모르는 사람의 미래는 밝을 수 없다. 필자는 이렇게 말하고 싶다. '마음이 과거에 있으면 지혜를 얻고, 미래에 있으면 소망을 얻는다.' 역사를 알면 현재를 직시할 수 있고 더 밝고 찬란한 미래를 꿈꿀 수 있다. 역사를 아는 민족에게 희망이 있다.

태어난 순간, 유치원에 처음 간 순간, 중학교에 간 순간, 처음 이성에 눈을 뜬 순간, 첫사랑의 아픔을 경험한 순간, 대학에 떨어진 순간, 첫 직장, 결혼 등 수많은 과거의 사건들이 모이면 개인의 역사가 된다. 교회도 그렇다. 수많은 사건들이 모여 교회 역사를 이루어 왔다. 교인이 교회사를 배워야 하는 이유는 우리가 교회에서 태어났기 때문이다.

종교 개혁자 칼뱅은 "교회는 신자의 어머니다"라고 말했다. 교회가 신자를 돌보고 영적 양식(말씀)을 공급하며 영적으로 돌보기 때문에 어머니와 같다는 뜻이다. 교회는 그리스도의 몸이다. 그리스도는 교회를 통해 신자를 낳고 영적 우유와 양식을 먹여 성장시키신다. 마치 아브라함을 불러 언약을 맺고, 모세를 통해 이스라엘 백성을 이집트에서 구원하여 광야 시내산에서 언약 백성으로 삼으신 것처럼, 하나님은 새 언약의 중보자 예수 그리스도를 통해 부모를 부르고 자기 백성으로 만드셨다. 그리고 그 부모를 통해 언약의 자녀가 태어난다. 언약의 자녀는 모두 하나님이 약속하신 자녀다. 마치 하나님이 아브라함과 언약을 맺을 때 그 자손과도 언약을 맺었던 것처럼 말이다.

아브라함에게 약속된 언약의 말씀을 듣는 모든 할례받은 자들은 언약의 자손이다. 하나님의 언약 공동체에 소속되었으니 언약의 자녀는 언약의 말씀에 순종하고 따라야 한다. 마치 대한민국에서 태어난 사람은 한국 법을 따라야 하는 것처럼 말이다. 국민이 나라의 역사를 배우고 익히는 것처럼 교회에서 태어난 언약 백성이 교회사를 공부하는 것은 마땅한 본분이며 권리다. 교회사를 배우면 먼저 자기 자신, 다음으로 교회, 그리고 과거와 미래의 보편 교회를 사랑할 수 있게 된다. 그리고 교회를 잘 섬기게 된다. 과거의 내가 현재의 나를 만들 듯, 과거 한국 교회 역사를 통해 현재의 교회를 돌아보고 더 나은 미래 교회를 고민해 보자. 편린(片鱗)처럼 알고 있던 교회 역사의 퍼즐을 맞추다 보면 나와 대한민국을 향하신 하나님의 놀라운 섭리를 깨달을 수 있을 것이다.

| 한국 역사도 교회사적 의미가 있을까?

한국에 개신교회가 소개된 것은 그리 오래되지 않았다. 5천 년의 유구한 역사를 자랑하는 한민족에 비하면 정말 짧다. 개신교 교회사는 겨우 1884년부터 시작된다. 150년도 되지 않은 역사다. 2천 년의 역사를 자랑하는 유럽 교회에 비하면 한국 교회는 아직 어린아이와 같다.

한국 교회사는 전 세계 교회사와 분리할 수 없다. 왜냐하면 교회는 하나의 보편적인 거룩한 사도적 교회이기 때문이다. 비록 한민족이 오랫동안 불신과 우상숭배로 살아왔지만, 그 근원으로 올라가면 종국에는 노아 그리고 더 멀리에는 아담과 하와로 온 인류 역사와 만난다. 하나님은 "모든 민족으로 자기들의 길들을 가게 방임하셨"(행 14:16)다. 한민족도 다른 민족과 마찬가지로 하나님을 섬기지 않았다. 안타깝게도 그 역사가 꽤 길다.

하지만 하나님은 "자기를 증언하지 아니하신 것이 아니"(행 14:17)다. 본래 인간은 모두 "한 혈통"이었으나, 각 민족과 나라는 "그들의 연대… 거주의 경계"를 정하고 각각 다른 역사를 이루어 왔다(행 17:26). 비록 복음이 전해지지 않았다고 하더라도 한민족은 "하나님을 더듬어 찾아 발견"할 수 있었다. 하나님은 "사람에게서 멀리 계시지 아니"하셨다(행 17:27). 한민족에게 복음이 전해지지 않고 교회가 세워지지 않았던 역사도 하나님의 다스림 가운데 있었다. 우리는 이것을 '일반 은총' 혹은 '일반 은혜' 또는 '자연 계시'나 '일반 계시'라는 용어로 정의한다. "창세로부터 그의 보이지 아니하는 것들 곧 그의 영원하신 능력과 신성이 그가 만드신 만물에 분명히 보여 알려졌나니 그러므로 그들

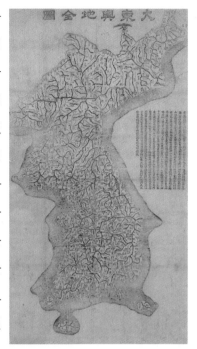

/ 대동여지도

이 핑계하지 못할지니라"(롬 1:20)라고 했다. 율법이 없는 민족은 "마음에 새긴 율법"(롬 2:15)에 따라 심판을 받는다. 그런 점에서 유구한 한민족의 역사도 기독교 역사와 무관하다고 할 수 없다.

하지만 이 책에서는 공식적으로 한반도에 교회가 들어온 전후의 역사에 집중할 것이다. 한국인은 현재 세계 전역으로 흩어져 있다. 교포 인구가 유대인 다음으로 많다고 할 정도다. 하지만 본서에서 다루고자 하는 한국 교회사는 기본적으로 대한민국에서 태어나고 자란 한국인으로 범위를 좁힌다. 한국 개신교 교인의 조상은 한(韓)민족이다. 그러니 한국 개신교인은 한국이라는 나라의 백성이다. 하지만 동시에 하늘나라 백성이기도 하다. 말하자면 이중 국적자인 셈이다. 그 독특하고 신기한 역사를 살펴보자.

| 이 책의 특징

이 책의 특징을 몇 가지 정리해 보자.

첫째, 성도를 위한 책이다. 이 책은 필자가 목회하는 다우리교회에서 몇 년 동안 가르친 내용을 정리한 것이다. 신학대학원에서 목사 후보생들에게 가르친 것과 다를 수 있다. 신학자들의 전문적이고 신학적이며 학문적인 작업의 결과물도 아니다. 역사관의 차이, 해석의 차이, 사료의 차이에서 발생하는 논쟁들을 자세히 이야기할 수 없다. 필자가 생각하는 한 관점을 유지할 수밖에 없는 한계를 지녔다.

둘째, 학술서가 아니라 교회라는 현장에서 발화(發話)된 이야기다. 2011년 다우리교회를 개척하고 매 주일 오전 10시에 40분 동안 '교회사 이야기'를 들려주었다. 이 책은 교회 현장에서 풀어 쓴 이야기책이다.

셋째, 목회적 결과물이다. 성도들을 위한 교회사 이야기가 책으로 엮어졌다. 첫 결과물이 《세계 교회사 걷기》(두란노, 2019)이고, 둘째 결과물이 이 책 《한국 교회사 걷기》다.

넷째, 종교개혁(Reformed) 역사관으로 기술했다. 이 책은 선교사적 역사관도 아니고, 민족사적 역사관도 아니며, 실증이나 연대 역사관에 의해 기록되지도 않았다. 종교개혁자들이 교회를 개혁하며 부르짖었던 '오직 성경'(Sola Scriptura) '오직 은혜'(Sola Gratia) '오직 믿음'(Sola Fide)의 관점으로 한국 교회사를 살펴보았다.

다섯째, 이 책에 나오는 여러 인물의 출생과 사망 연도는 음력과 양력에 따라 1년 정도의 차이가 남을 일러둔다. 본서는 한국 교회사 전반을 다루었지만, 해방 이후는 장로교를 중심으로 기술했음을 밝힌다. 필자가 속한 고신교회 관련 신사참배 부분을 좀 더 자세히 다루었다. 1960년대 이후의 내용은 너무나 복잡하여 다루지 않고 대신 주제별로 정리했다.

여섯째, 본서는 독창적, 학문적 연구서가 아니다. 앞서 연구한 여러 선생님들의 지식을 정리한 것이다. 참고한 책이 너무 많아 정리하기 어려울 정도다. 한국 교회사 은사인 이상규 교수님께 감사를 전한다. 교수님의 한국 교회사 저술들은 역사적 사료와 인물의 중요성 그리고 개혁신학으로 역사를 보는 시야를 열어 주었다. 교수님은 질문할 때마다 세세한 교회사의 단편들까지 가르쳐주셨다. 옥성득 교수님께도 감사한다. 원자료에 근거한 초기 한국 교회사 책들은 역사적 사실에 대한 확신을 갖는 데 큰 도움이 되었다. 특히 한국 교회사의 사진과 사료를 찾을 수 있는 요긴한 곳들을 안내해 주셨다. 언제나 자료 찾는 데 자기 일처럼 도와주시는 고려신학대학원 도서관 이창섭 팀장님과 남혜숙 과장님께 감사한다. 많은 도움에도 불구하고 이 책에 등장 가능한 오류는 필자의 책임임을 밝혀 둔다.

일곱째, 《세계 교회사 걷기》와 이 책을 기쁨으로 교정하고, 비평을 아끼지 않은 박승규 박사(역사)님께 감사를 전한다. 안재경 목사님과 이원평 목사님께 감사한다! 두 분은 초벌 원고 읽기와 교정 그리고 귀한 조언을 기꺼이 해 주셨다. 선교 부분 원고를 읽고 조언해 주신 권효상 선교사님께도 감사한다. 마지막으로 이 책을 출판할 동력이 되어주었을 뿐만 아니라 기도로 협력한 다우리교회 성도들에게 진심으로 감사드린다.

2021년 10월

임경근

PART　　　1

왜 구한말에 교회를 주셨는가

PART

__1

주전 2333~주후 1884년

1. 동쪽 끝 은둔의 나라에 전해진 복음

어린 교회란 없다

한국 교회는 서양 교회에 비해 역사가 매우 짧다. 교회 역사를 보면, 한국에 교회가 세워진 것은 그리 오래되지 않은 것이 사실이다. 그렇다고 한국 교회를 어리다고 할 수 있을까? 결론부터 말하자면, 한국 교회를 어리다고 말하는 것은 어폐가 있다. 본래 교회는 하나의 보편적이고 거룩하고 사도적인 교회(A Catholic Holy Apostolic Church)다. 우리 주 예수 그리스도의 완전한 교회다. 교회는 "과거·현재·미래의 머리인 그리스도 아래 하나로 모이는 택함 받은 사람들의 전체"(웨스트민스터 신앙고백 25.1)다. 교회는 시간과 공간을 초월하는 하나(A)의, 보편적(Catholic)이고, 거룩(Holy)하며, 사도적(Apostolic)인 교회(Church)다. 한국 교회도 그리스도의 교회에 속해 있기 때문에 결코 어리다고 할 수 없다. 한국 교회는 그리스도의 교회와 나이가 같다. 한국 교회는 그리스도로부터 동일한 성령님으로 말미암은 가르침의 사역과 말씀과 규례를 통해 세워지고 있다. 2천 년 전의 교회와 동일한 성령님과 동일한 사도적 복음을 가지고 있으니 다른 교회가 아니라, 같은 한 보편적 교회다. 단지 19세기 말에 한민족이 사는 한반도에 싹이 나고 움이 트고 무럭무럭 자라게 되었다. 그 뿌리는 예수 그리스도의 한 보편적 교회다. 한국 교회는 과거, 현재, 미래에 존재했고 동서남북 전 영역에 존재하는 그리스도의 교회인 것이다.

교회 세움 = 하나님의 큰일

교회는 누가 세우며 누가 주인일까? 한 지역에 교회가 세워지는 과정을 보면, 목사 혹은 장로, 아니면 몇몇 성도들이 힘을 합쳐 교회가 시작된다. 그러나 교회는 사람이 아니라 하나님이 세우신다. 사람이 교회를 세우지만 그 감독자는 하나님이시다. 하나님이 일하시는 방법과 관련된다. 하나님은 인간에게 일을 맡기신다. 하나님이 교회를 먼저 세우시고 그곳으로 사람을 불러 모으신다. 우리가 보는 교회는 바로 그 하나님의 교회 세움의 결과다. 물론 보편교회는 눈에 보일 수도 있고 그렇지 않을 수도 있다. 어느 특정 지역에 세워진 교회를 통해 보편교회를 본다. 어쨌든 하나님이 교회를 세우신다.

예수님은 교회의 머리로서 세상의 마지막 때 택한 백성을 교회로 불러 모은다. "또 그때에 그가 천사들을 보내어 자기가 택하신 자들을 땅 끝으로부터 하늘 끝까지 사방에서 모으리라"(막 13:27). 사람이 교회로 모이는 것처럼 보이지만, 사실은 하나님이 교회로 사람을 모으신다(행 2:39).

구약시대에는 이스라엘 교회를 세우셨다. 신약시대에는 이스라엘을 넘어 모든 민족에게로 교회의 범위가 넓어졌다. 사도행전은 하나님이 택한 당신의 백성을 어떻게 교회로 모으시는지 잘 보여 준다.

바로 섭리!

무신론자에게 우연(偶然)은 유신론자에게 필연(必然)이다. 하나님에게 우연은 섭리(攝理)일 뿐이다. 우연이란 없다. 우연처럼 보이는 일도 모두 하나님의 다스림 안에 있다. 하나님은 그의 뜻대로 계획한 영원한 목적을 따라 일어나는 모든 일을 미리 정해 일하신다. 그 기준은 하나님의 영광이다. 하나님이 좋아하는 것을 하신다는 뜻이다. 이것을 우리는 '작정'(作定)이라고 부른다. 이 작정은 어떻게 시행될까? 하나님은 작정을 '창조'와 '섭리'의 일로 이루신다. 하나님은 엿새 동안 아무것도 없는 중에 능력 있는 말씀으로 만물을 지으셨다. 그 모든 것들이 하나님이 보시기에 좋았다. 하나님은 자기의 형상대로 지식과 의와 거룩함으로 남자와 여자를 창조하시고 피조물을 다스리게 하셨다. 하나님은 만물을 창조했을 뿐만 아니라, 보존하고 다스리신다. 모든 피조물과 그 모든 활동을 가장 거룩하고 지혜롭고 능력 있게 섭리하신다.

/ 백의민족

/ 불당의 불상

한민족에 대한 하나님의 섭리도 마찬가지다. 한민족은 극동의 자그마하지만, 5천 년의 긴 역사를 가진 나라다. 고조선, 삼국, 통일신라, 고려를 거쳐 조선을 지나 오늘에 이르고 있는 한민족은 오랫동안 하나님을 알지 못하고 어둠 속에서 지냈다. 한민족도 아담의 후손으로 본질상 진노의 자녀였다. 모든 인류가 아담의 첫 범죄 때 그 안에서 죄를 짓고 그와 함께 타락했다. 한민족도 아담의 첫 범죄의 죄책과 원시의가 없는 것과 온 성품이 부패했다는 뜻이다. 그래서 온갖 종류의 종교를 만들고 우상을 만들어 섬겼다. 한민족이 섬겼던 종교는, 샤머니즘(Shamanism), 불교(佛敎), 유교(儒敎), 도교(道敎) 같은 것들이다. 한민족도 예외 없이 원죄와 자범죄를 가진 존재이기에 하나님과의 교제가 끊어지고 하나님의 진노와 저주 아래 있었다. 그래서 이 세상에서 온갖 비참함을 겪다가 결국 죽음에 이르고 영원히 지옥의 고통에 떨어질 수밖에 없다.

한민족은 한국사를 기록할 때 자랑스러운 부분과 자랑할 만한 인물을 내세우고 싶어 한다. 광개토대왕, 김유신, 장수왕, 이성계, 세종대왕, 이순신 같은 영웅들을 좋아하고 칭송한다. 반대로 나라에 해를 끼친 자들은 저주한다. 마치 나는 절대로 그런 사람이 되지 않을 것 같은 태도로 말이다. 한민족은 다른 나라를 침략하지 않은 평화를 사랑하는 나라임을 뿌듯해하기도 한다. '백의민족'(白衣民族)이라는 표현은 마치 평화를 사랑하고 도덕적으로 깨끗하다는 생각을 갖게 만든다. 본성이 착하니, 하나님도 한민족을 사랑하고 번성케 할 것이라고 믿고 싶어 한다. 한국이 성경의 '동방의 별' 같은 존재로 영광스러운 위치를 세계에서 누리게 될 것이라며 민족주의(民族主義)를 넘어 국수주의(國粹主義)적인 생각을 하기도 한다. 세계가 한국을 중심으로 돌아간다는 것이 그 얼마나 가슴 떨리는 말인가? 과연 그럴까? 한 국가가 하나님의 선택받은 민족이라는 생각은 어제오늘의 일이 아니다. 과거엔 로마, 영국, 독일, 일본이 그랬고, 지금은 미국과 중국이 세계 패권을 쥐고 있다.

그리스도인은 세상 역사와 국가의 흥망성쇠를 하나님 나라의 관점에서 보아야 한다. 국가와 정부 안에도 왕조와 정권이 바뀌며 역사가 진행된다. 국제 사회도 시대에 따라 흥망성쇠를 거듭한다. 하지만 하나님 나라는 변함 없이 지속된다. 하나님 나라의 시민은 교회로 모여 복음을 듣고 변화된 영적 나라의 시민으로 살아간다. 세상 나라는 절대적이지 않다. 상대적일 뿐이다. 세상 나라와 인간은 아담 이후 자기 의(義)로 하나님 앞에 인정받을 수 없다. 하나님 앞에 머리를 숙이고 그분에게 무릎 꿇고 겸손히 경배해야 한다.

한민족도 예외가 아니다. 한국 교회사를 공부할 때 하나님 나라 관점에서 냉철하게 평가해야 한다. 성경의 잣대로 평가하면 한민족도 죄를 짓고 비참한 삶을 살았다. 한민족이 선민(?)이라고 자만할 일이 아니다. 그리스도인은 하나님 나라 관점에서 한민족을 바라보아야 한다. 한국 역사에서 존경받는 인물을 볼 때 어떻게 평가해야 할까? 하나님 나라의 관점에서 평가하면 된다. 하나님은 시대마다 꼭 필요한 인물을 보내어 더 악한 일을 하지 않도록 도와주신다. 하나님은 인간의 죄를 오래 참으신다. 악인에게도 해와 비를 주시며 결실하도록 하신다. 사람들은 이순신이나 이성계 같은 인물의 사당을 만들어 놓고 절하며 숭배한다. 인간적으로 훌륭한 인물의 숭고한 삶을 본받는 것은 좋다. 하지만 그리스도인은 거기에 머물러서는 안 된다. 그리스도인은 이순신 장군의 용기와 희생적 삶과 세종대왕의 지혜와 사랑을

보면서 그런 은혜를 주신 하
나님의 인내와 사랑을 볼 수
있어야 한다.

／ 한국 장례 행렬(1908–1922)

어둠 속을 헤매며 멸망으
로 달려가던 한민족에게 하
나님은 선교사들을 보내 복
음의 빛을 비추셨다. 하나
님이 왜 19세기 말에야 복
음을 전해 주셨는지 궁금하
다. 하지만 그 답을 찾는 것
은 어쩌면 선을 넘는 시도
일 수 있다. 그것은 하나님
의 비밀이며 섭리의 신비다.
인간은 하나님의 깊은 뜻을
다 알 수 없다. 한 가지 분명
한 것은 한민족이 굴곡의 역
사를 거치면서 유구하고 찬

／ 마을 사당

란한 문화를 이룩했지만, 하나님을 알지 못한 채 죄와 비참함 가운데
스스로 멸망의 길로 걸어가고 있었다는 점이다. 세종대왕이나 이순
신 장군 같은 훌륭한 분도 아담의 자손으로 원죄(Original Sin)와 자범죄
(Actual Sin)를 가진 죄인임을 부정할 수 없다. 그리스도인이 한국사를
공부할 때 위대한 민족이라는 자긍심을 갖는 것도 중요하지만, 먼저
한민족도 하나님의 은혜가 있어야 구원받을 수 있는 죄인임을 인정해
야 한다. 하나님이 "때가 차매"(갈 4:4) 그리스도를 보내 당신의 백성을

구원하신 것처럼, 한민족을 구원하기 위해 때가 차매 복음 전파자들을 보내셨다. 이 복음이야말로 한민족을 향한 하나님의 놀랍고 기이한 기쁨의 복된 소식이다.

때가 차매!

하나님은 한민족을 위해 무엇을 준비하셨을까? 구한말 조선의 종교·정치·사회·문화적 정황은 복음을 갈망하는 분위기로 무르익고 있었다. 19세기 말 한반도는 조선의 마지막 시기로 그 영광과 기운이 다하고 있었다. 몇 가지 모습을 정리해 보자.

첫째, 조선(朝鮮) 후기의 전통 종교는 제 역할을 하지 못해 한민족은 영적으로 공허함 속에 있었다. 한민족에게 샤머니즘은 기본적으로 종교 생활 근저에 자리 잡고 있었다. 샤머니즘은 모든 시대에 영향을 주었고, 시대마다 주력 종교에도 스며들어 독특한 한민족만의 종교 양식을 조성했다. 삼국시대부터 융성한 불교(佛敎)는 고려시대에는 호국 종교로 국교의 지위에 올랐다. 조선시대에는 유교(儒敎)가 국가의 통치 철학과 생활 윤리로 정착되어 500년 동안 이어 왔다. 그러나 마지막 시기에는 그 힘이 다했다. 유교는 조상숭배와 부모에 대한 효(孝), 국가에 대한 충(忠)을 가르쳤으나, 허례허식으로 전락해 국민 생활에 기여하기보다 걸림돌이 되고 있었다. 불교는 민중의 아픔을 돌봐 주지 못했고 승려는 절을 유지하기에 급급했다.

구한말 조선의 문을 열고 세계를 향해 진출해야 한다고 주장한 개화파 박영효는 동료와 일본의 힘을 빌려 갑신정변(1884년)을 일으켰다가 실패한 후 일본으로 망명했다. 그는 일본에서 1885년 고종에게 조선의 개방을 호소하는 상소문을 보냈다. 박영효는 상소문에 '조선의 유교와 불교가 침체했다'라고 적었다고 한다. 심지어 1885년 입국한 장로교 선교사 언더우드(H. G. Underwood)는《와서 우릴 도우라》(The Call of Korea, New York, 1908)는 책에서 "조선 사람이 옛 종교에 대한 충성이 식었고, 믿음을 잃고 있으며, 인간이 만든 신앙의 공허와 거짓을 보고 있었다"고 평가했다. 이런 종교적 공허 속에서 선교사들에 의해 복음이 한반도에 전해졌다. 특별한 하나님의 섭리다.

둘째, 조선은 '은둔의 나라'로 지내 왔지만, 더 이상 변화하는 세상의 압력을 견딜 수 없었다. 흥선대원군이 중국과만 교역하고 다른 나라들과는 관계하지 않는 쇄국정책(鎖國政策)을 펼쳤지만, 결국 조선은 외세의 압력과 내부의 필요에 의해 백기를 들고 외국의 경제·문

/ 《은둔의 나라》(그리피스 저) 본문 일러스트

화·정치·종교·외교의 영향을 받아들일 수밖에 없었다. 조선은 세상을 향해 개방(開放)과 개화(開化)를 시작했다. 그와 더불어 기독교 선교사들이 한국에 들어왔고 교회가 생겨나 정착할 수 있었다.

셋째, 조선 말기 국가 공직자들이 부패해 백성은 보호는커녕 수탈의 대상으로 전락해 의지할 곳이 없었다. 탐관오리가 득세하고 정의가 사라져 연약한 백성은 아무런 소망이 없었다. '탐관'(貪官)은 '재물을 탐하는 관리'이고 '오리'(汚吏)는 '더러운 관리'를 말한다. 공직자는 사적 이익에 혈안이 되었고, 기울어져 가는 나라를 살리는 데는 일말의 관심도 없었다. 농업 국가이기에 농민이 행복해야 나라가 평안하지만, 농민의 삶은 고달팠다. "한 마을에 100가구가 있다면 그 가운데

끼니 걱정을 하지 않는 집은 한둘에 지나지 않고, 건너뛰어서라도 겨우 끼니를 이어 가는 집이 열 집 정도이며, 나머지는 겨울이 지나기도 전에 아침, 저녁 연기가 끊어진 채 굶주림에 울부짖는다"는 기록도 있다. 대부분의 토지는 양반들이 소유하고 있는데, 소작농은 소출의 절반을 주인에게 바쳐야 했다. 흉년이 들어도 평상시와 같은 소작료를 바쳐야 했으니 다음 해에 뿌릴 씨앗도 없는 경우가 많았다.

18세기와 19세기에 실학파 가운데 중농학파(中農學派)가 조세제도와 토지제도 개혁안을 정부에 제안했지만 실현되지 못했고, 겨우 만들어진 제도조차 실행되지 못하기 일쑤였다. 성인 남자에게 부과하는 세금인 군포제도(軍布制度)는 심지어 죽은 사람과 갓 태어난 어린 남자아이에게까지 적용했으니 수탈이 도를 넘었다. 세금을 내지 않으면 옥에 가두거나 매로 다스렸으므로 농민의 삶은 고통스러울 수밖에 없었다. '농자천하지대본야'(農者天下地大本也)라지만 실상은 그렇지 못했다. 양반들은 붕당정치(朋黨政治)와 사색당파(四色黨派)로 자기 집안이나 개인의 이익과 영화에만 몰두하여 백성을 위한 정치와 공무에는 관심이 없었다.

민중의 삶은 피폐했다. 견디다 못한 민중은 민란을 일으켰다. 1811년 평안도 지역에서 '홍경래의 난'이 일어났다. 1862년 진주에서 '농민 항쟁'이 일어나 부패한 탐관오리를 몰아냈다. 정부에서 파송한 안핵사(按覈使: 지방에서 발생한 민란을 수습하기 위해 파견된 임시 관리) 박규수가 민란을 일으킨 농민을 너무 관대하게 대했다고 조정으로부터 파면되는 어처구니없는 일도 있었다.

백성은 '이씨 왕조가 망하고 정씨 성을 가진 자가 계룡산에서 나라를 세운다'는 '정감록'(鄭鑑錄) 사상에도 미혹되었다. 몰락한 양반 출신의 최재우가 인내천(人乃天) 사상을 가르치며 많은 동조자를 모았다. 그는 나라가 서양의 침략과 탐관오리의 수탈로 망하게 되었다며 '서학'(西學)을 물리치고 '동학'(東學)을 부흥시키자고 외쳤다. 동학사상은 '사람이 곧 하늘이고 사람 섬기기를 하늘 섬기듯 하라'고 가르쳤고, '관리와 백성, 부자와 빈자, 남녀노소의 차별을 폐지하자'고 주장했다. 고통당하는 백성은 그의 가르침에 솔깃했다. 그러나 거의 종교적 세력으로 확장되던 동학도 큰 힘이 될 수 없었다.

백성은 종교·정치·경제 그 어디에도 기대지 못했다. 이런 상황에서 한반도에 들어온 기독교 복음은 한민족에게 생명수와 생명의 떡과 같았다. 복음은 사람의 영혼 구원뿐만 아니라, 삶의 변화까지 이끌어 냈다. 복음이 전파되는 곳마다 교회가 세워졌다. 설교를 듣고 회개하여 새 사람이 된 기독교인이 기하급수적으로 늘어났다. 한국 교회는 사도행전의 초대교회처럼 부흥했다.

넷째, 한민족에게 복음을 전해 준 국가와 한민족을 식민지화한 나라가 달랐다는 특징이 있다. 대체로 다른 나라들에서는 기독교를 전파한 서방 국가가 식민 지배를 했지만, 한반도에는 일본이 식민 지배를 했다. 근세 식민(植民) 역사를 보면, 식민지 개척국가와 기독교 선교사가 함께 들어왔기 때문에 정치적 이해관계와 교회 정착이 밀접하게 연결되어 있었다. 그 상황은 복음 전파에 걸림돌이 되었고 부정적 요인으로 작용했다. 하지만 한국은 그 반대였다. 일본이 식민 지배를 했고, 복음을 전한 선교사들은 대부분 식민 지배와 무관한 미국, 캐나다, 호주, 영국 출신이었다. 선교사들은 정치와 경제적 이해관계와 얽히지 않고 순수하게 복음을 전하고 교회를 세우는 데만 전념했다.

인도, 인도네시아, 필리핀, 베트남, 캄보디아, 미얀마 같은 국가는 서방 국가의 식민 지배를 받았다. 아프리카 대륙의 많은 나라들도 마찬가지다. 식민 통치와 더불어 선교사가 들어와 복음을 전한 까닭에 참된 교회로 뿌리 내리기 어려웠다.

만일 한반도에서 식민 지배 국가의 선교사가 전해 준 종교를 따랐다면 나라를 팔아먹은 매국노처럼 인식되었을 것이다. 식민 지배 국가와 선교사가 다른 국적을 가졌기에 한반도에서 교회는 오히려 일본의 식민 지배에 대항하는 3·1운동과 신사참배 반대 운동에 앞장설 수 있었다. 따라서 한반도에서 교회는 애국하는 종교라는 구도가 자연스레 생겨났다. 심지어 개신교회를 통해 한민족이 일본으로부터 독립하고 세계 속으로 약진해야겠다는 생각도 있었다. 실제로 교회는 대한제국이 일본의 식민 지배로부터 해방되고 근대화하는 데 크게 기여했다. 미국 출신의 개신교 선교사들은 한민족의 마음을 얻을 수밖에 없었다.

다섯째, 개신교가 한반도에 들어오기 이미 100년 전에 로마 천주교가 들어왔다. 로마 천주교가 1784년에 한국에 들어왔으니 그로부터 꼭 100년이 지난 1884년에 개신교 선교사가 들어왔다. 18-19세기 로마 천주교는 외국 종교로서 많은 오해를 받으며 무자비한 핍박을 받아야 했다. 로마 천주교는 전통 충효(忠孝) 사상을 거스르는 사악한 사교(邪敎)로 인식되었다. 조상 제사를 금하고 인간 평등을 가르쳤기 때문에 기존 조선 사회의 신분체제를 뒤엎을 것이라는 불안감을 주었다. 더구나 로마 천주교회가 외세의 힘을 빌려 조선을 압박하려는 시도가 발각되면서 박해의 구실을 제공했다.

그로부터 100년의 세월이 지난 후 개신교가 들어올 때는 환경이 전혀 달라졌다. 이런저런 방식으로 로마 천주교의 전파와 핍박은 개신교의 유입과 정착과 성장에 도움이 된 것이 사실이다. 로마 천주교 선교사들이 한국어를 배우던 노하우가 개신교 선교사들의 한국어 공부에 활용되기도 했다. 참고로 로마 천주교를 전파했던 국가와 개신교 선교사를 파송한 국가가 전혀 달랐다는 점도 부정적 인식을 없애고 긍정적 기대를 갖게 했을 것이다. 이런 변화된 환경 때문에 개신교 전래는 로마 천주교회의 앞선 전파와 달리 순조로웠다. 개신교는 옥토에 뿌려진 씨처럼 한반도에서 많은 열매를 맺을 수 있었다.

주후 638~845년, 1305~1610년

2. 한반도를 스친 복음의 흔적을 찾아서

비단길로 들어온 경교

오래전부터 동서양은 비단길을 통해 무역을 하며 교류했다. 자연스레 경제뿐만 아니라, 외교, 문화 그리고 종교적 교류도 있었다. 특히 당(唐) 시대(7세기)에는 서양에서 전파된 기독교의 한 분파가 '경교'(景敎)라는 이름으로 유행했다. '경교'(景敎)는 '빛의 신의 가르침'이라는 의미가 있다. 경교는 서양에서 5세기경 그리스도의 신성과 인성을 나눔으로 이단으로 정죄된 네스토리우스(Nestorius, 386-450)에 의해 세워진 기독교 종파다. 네스토리우스가 세운 이 기독교 종파는 페르시아에 정착했다가 중국에까지 전파되었다. 638년 당 태종이 경교를 공식적으로 승인할 정도로 번성했다고 한다. "이 교는 도덕적으로 숭고하며 심오한 신비성을 풍부히 가지고 평화를 존중하는 종교이므로 나라가 공인하는 종교로 한다." 650년 당 고종은 경교를 진종(眞宗)이라 하여 전국에 사원(寺院=교회당)을 세우고 심지어 국교로 인정했다. 그 후

845년 무종 때 외래 종교 대박해 사건으로
경교가 사라질 때까지 200년간 흥왕했다.
이때 경교는 당과 활발한 교류를
했던 한반도에도 영향을 끼쳤을
것으로 추측된다.

경교는 중국 변방으로 쫓겨나
명맥을 유지하다가, 그 후 원(元)나라 때
(1271-1368) 다시 부흥했는데, '야리가온
교'(也里可溫敎, Arkagun)라 불렸다. 심지어
칭기즈 칸(成吉思汗, 1162-1227)의 아내가

/ 경교 돌십자가

경교 신자였다고 한다. 그 유명한 《동방견문록》(東方見聞錄)을 쓴 마르
코 폴로(Marco Polo, 1254-1324)가 로마 교황청의 사절로 1275년 원나라
쿠빌라이 칸(忽必烈, 1215-1294)의 총애를 받으며 궁궐에서 일할 수 있
었던 것도 경교 덕분이었을 것이다. 하지만 경교의 예배 언어가 현지
어가 아니고 시리아어였기에 대중화에는 실패했다고 전해진다.

중국 땅에 전래되어 정착했던 '경교'가 당나라 시절 한반도에까지
전파된 흔적으로 보이는 증거들이 몇 있다. 1917년 영국의 고고학자
골든 여사(Mrs. E. A. Golden)가 동양 국가를 탐사 여행하고 있었다. 한
일강제병합 무렵 한반도에 4년간 머물며 기독교의 동양 전래 및 기독
교와 불교 교류에 대한 연구를 한 그녀는 한국 불교와 경교의 관계에
대해 긍정적인 결론을 내릴 수 있었다. 금강산의 장안사에서 '대진경
교유행중국비'(大秦景敎流行中國碑)의 '경교모조비'(景敎模造碑)를 발견했
다고 한다. 그녀는 신라시대에 경교가 전해졌다는 증거로 경주 석굴
암의 무인상(武人像)과 십일서관음상(十一西觀音像)의 옷 무늬와 신발, 유

리 장식이 페르시아의 것과 같다고 보고 경교의 흔적으로 해석했다. 또 1956년에는 경주 불국사에서 돌로 된 십자가(숭실대학교 박물관 소재)와 '아기 예수를 안고 있는 마리아상'(Piesta)이 발견되었다. 우리나라 불교에만 발견되는 '아미타불'(阿彌陀佛) '미륵불'(彌勒佛) '대일여래'(大日如來) 같은 신앙은 기독교의 재림 메시아 교리를 본받은 것이라고 보기도 한다. 이 경교는 나중에 일본 불교에까지 영향을 주었다는 주장도 있다.

어쨌든 우리나라 옛 역사 가운데 기독교의 한 분파인 경교가 전래되었던 흔적을 발견할 수 있기는 하지만, 더 분명한 기록은 없고 영향도 거의 미미해 후대에 미친 영향은 거의 없다고 본다.

제국주의와 함께 상륙한 로마 천주교

유럽의 로마 천주교는 11세기경부터 다른 민족 선교에 관심을 갖기 시작했다. 로마 교황청이 1305년 원나라에 선교사를 파송했다. 당시 북경(베이징)에 두 개의 성당이 세워졌다. 놀랍게도 6천 명이 세례를 받았다고 한다. 선교사는 7-11세의 소년 150명을 모아 그리스어와 라틴어와 성가를 가르치며 합창단까지 조직했다고 한다. 원나라가 멸망하면서 로마 천주교도 쇠퇴했다.

16세기 종교개혁이 진행되던 때 반동(Contra)-종교개혁

/ 마리아상 전면(오른쪽)과 후면(왼쪽)(경주 불국사 출토)

(Reformation)을 주도했던 예수회(Jesuits) 파송 선교사들이 포르투갈의 지원을 받아 중국에 들어와 선교했다. 도미니코 수도회(Dominican)와 프란치스코(Franciscan) 수도회는 스페인의 지원을 받아 중국으로 들어 왔다. 로마 천주교의 아시아 선교는 서방 국가의 지리상 발견과 식민 지 확장과 병행되었기 때문에 많은 반발을 샀지만, 일부 사람들한테 환영을 받았다. 선교사들이 가지고 들어온 서양의 선진 문물이 그들 을 매료시켰기 때문이다.

인도에서 선교를 하던 하비에르(Francisco de Xavier, 1506-1552) 신부 는 1549년 동료와 함께 일본 가고시마에서 선교했다. 2년 3개월간의 선교 결과는 대단했다. 1,500명의 일본인이 개종했고 '기리시탄'(キリ シタン, Christian)이라는 이름으로 융성했다. 포르투갈과 무역을 하기 위 해 일본 영주들이 앞다투어 개종했는데, 규슈 지방에는 1570년 3만 명의 '기리시탄'이 있었다고 한다. 1579년 10만, 1581년 15만, 1587년 20만 명의 그리스도인 개종자들이 늘어났으니 가히 폭발적이었다. 규 슈 3대 명문 가문의 소년들은 로마 교황청을 방문하고 서양 문물을 보 고 돌아왔다. 하지만 1587년 도요토미 히데요시(豊臣秀吉, 1537-1598)가 일본 전국을 무력으로 평정하고 기독교를 박해했다. 그의 후임 도쿠 가와 이에야스(德川家康, 1543-1616)도 1612년 기독교 금교령을 내려 대 대적으로 박해했고 이때 수많은 로마 천주교 순교자를 낳았다. 일본 은 1853년 외국에 문호를 개방하기까지 200년 동안 쇄국정책으로 일 관했다. 로마 천주교회는 한반도에서처럼 핍박을 받고 더 이상 전파 되지 못했다.

하비에르는 1552년 중국으로 돌아가 선교를 준비하다 사망했고, 1557년 포르투갈 상인들이 마카오에서 무역을 추진했다. 마카오는 포르투갈의 활동 무대가 되었고 중국 선교의 거점 역할을 했다. 1568년 이후 로마 교황은 중국에 40명의 선교사를 보냈는데, 그중에는 유럽에서 고등 교육을 받은 예수회 선교사 마테오 리치(Matteo Ricci, 1552-1610)도 있었다. 그는 주로 고관 지식인들에게 선교했다. 처음에는 불교의 승려 복장을 했다가 나중에는 유학자 복장을 하는 등 나름대로 토착화를 시도했다. 여러 과학적 지식을 겸비했던 로마 천주교회 선교사들은 중국 정부의 총애를 받았다. 1610년에는 2,000명의 신자를 얻었으니 대단했다.

마테오 리치가 개정 증보하여 출판한《천주실의》(天主實義)는 기독교 가치를 중국의 입장에서 설명했는데, 중국에서 베스트셀러가 되었다. 유교의 '상제'(上帝)는 기독교의 '천주'(天主)이며, 유교의 기초적 교리를 인정하면서 천국(天國)을 소개했다. 성선설을 지지하는 로마 천주교의 기본 입장도 들어 있다.《천주실의》같은 책은 북경을 방문한 조선 왕족이나 외교사절의 손에 의해 조선으로 들어왔다.

로마 천주교의 아시아 선교는 수도회에 따라 정책적 차이가 있었

/ 마테오 리치

다. 예수회 선교사들은 중국의 조상숭배인 제사제도를 허용했지만, 도미니코 수도회와 프란치스코 수도회 선교사들은 반대했다. 한편 로마 천주교는 고위 관직이나 식자층에서만 인기가 있었지, 일반 민중에게는 뿌리를 내리지 못했다. 1842년 중국이 아편전쟁에서 패배하고 남경조약(南京條約)으로 서방에 문호를 개방하기까지 로마 천

주교회는 별로 힘을 발휘하지 못했다.

3. 서학의 끈을 잡고 조선에 들어온 로마 천주교

한국에 로마 천주교회의 선교사로서 최초로 발을 디딘 사람은 임진 왜란 때(1592) 기리시탄으로 개종한 고니시 유키나가(小西行長, ?-1600) 의 군대와 함께 온 예수회 종군 신부 그레고리오 데 세스페데스 (Gregorio de Céspedes, 1551-1611)다. 그는 스페인 출신으로 1593년 12 월 27일 조선(부산)에 처음으로 발을 디뎠다. 침략자의 무리와 함께 한 반도 땅을 밟은 것이다. 그가 조선인에게 복음을 전하지는 않았지만, 그의 전도로 일본으로 잡혀간 조선인 포로 5만 명 가운데 7천 명 정도 가 로마 천주교 교인으로 개종했다고 한다. 일본의 로마 천주교는 조 선에 아무런 영향을 주지 못했다. 로마 천주교회는 침략자의 종교였 을 뿐이었다.

조선이 로마 천주교를 접한 것은 1636년 새롭게 등장한 청나라의 조선 침입, 즉 병자호란(丙子胡亂)으로 인조의 아들 소현세자(昭顯世子, 1612-1645)가 청나라로 인질로 잡혀가 9년 동안 머물 때였다. 소현세 자는 청나라에 머물면서 조선보다 앞선 문물을 접했다. 무엇보다도 독일 출신 예수회 신부 아담 샬(Johann Adam Schall von Bell, 1591-1666)을 만나 가까이 지내면서 천주교 교리를 소개받았다. 소현세자는 조선으 로 떠날 때 아담 샬에게서 천구의(天球儀)와 천문서(天文書) 등을 선물로 받아 돌아왔다. 기독교 관련 책도 선물로 받았지만 돌려주었다고 전 해진다. 소현세자가 조선에 돌아와 아버지 인조(仁祖, 1595-1649)에게 청나라 문물을 받아들일 것을 권고했다. 그때까지도 인조는 병자호란으로 청나라로부터 겪은 치욕을 잊지 못했다. 때가 되면 그 원수를 갚아 줄 기회만 찾고 있었다. 아들 소현세자가 청나라를 본받자고 하자, 인조는 노발대발해서 아들을 향해 옆에 있던 벼루를 집어 던졌다고 한다. 날아온 벼루는 소현세자의 머리에 정확하게 맞았고, 그 길로 세자는 드러누워 얼마 지나지 않아 죽고 말았다. 로마 천주교의 간접적 영향은 그렇게 사라지고 말았다.

그로부터 140년 정도 지난 18세기 후반, 중국으로부터 서학이 조선에 소개되기 시작했다. 서학(西學)은 '서쪽에서 온 학문'이라는 뜻으로 실용적 서양의 기술 과학과 서양 철학적 사고와 로마 천주교 교리를 말한다. 실용적 학문이라 해서 '실학'(實學)이라고도 불린다. 조선이 주자학을 받들어 공자 말씀이 이렇다 저렇다 하던 분위기에서 학자들은 경제, 과학, 지리, 농학, 과학에 관심을 기울였다. 청나라는 이미 서학을 받아들여 이 부분에서 앞서고 있었다. 이수광(李睟光, 1563-1628)이 《지봉유설》(芝峯類說)이라는 백과사전을 써 지리, 식물, 가축, 곤충 등에 관한 내용을 담았다. 유형원(柳馨遠, 1622-1673)은 토지, 군사, 교통, 통신 등을 정리한 《반계수록》(磻溪隨錄)을 썼다. 실제 생활에 도움이 되는 내용들을 기록했다지만 완성도는 떨어졌다. 하지만 처음 시도라는 의미가 컸다. 이때 이익(李瀷, 1681-1763)이 벼슬을 버리고 백성을 위한 학문을 하기 시작했다. 이익은 가난에서 벗어나는 방법을 고민했다. 그가 제자들과 문답을 나누던 것을 모아 쓴 《성호사설》(星湖僿說)은 천지만물의 이치와 사람을 쓰고 다스리는 일에 관한 이야기를 정리한 것이다.

이런 분위기를 타고 정약용(丁若鏞, 1762-1836)이 매부 이승훈(李承薰,

1756-1801)의 소개로 이익의 손자인 이가환(李家煥, 1742-1801)을 만났는데, 이익의 사상을 소개받고 큰 감명을 받았다. 정약용은 정조 임금의 특별한 도움으로 건축 기술을 개발하기도 했다. 무거운 돌을 들어 올리는 '거중기'(擧重機)를 발명해 수원성을 쌓을 때 이용했다는 것은 유명한 얘기다. 새로운 서학을 싫어하는 사람들의 모함으로 정약용은 여러 번 지방으로 쫓겨났지만 연구는 계속되었다. 나중에 홍역을 치료하는 방법을 개발한 《마과회통》(麻科會通)이라는 책도 썼다.

서학에는 서양에서 전해진 로마 천주교의 교리도 포함되어 있었다. 특히 1777년 정조가 왕이 된 해에 서학에 관심 있는 학자들 즉 이벽,

/ 정약용

권일신, 권철신, 정약전 그리고 정약용이 한강 경기도 여주의 산사인 주어사(走魚寺)에 모였다. 그들은 천주교 교리를 연구하며 10일 동안 수련회를 열었다. 그 후에도 1779년 일종의 세미나인 '강학회'(講學會)를 열어 로마 천주교 교리를 배우고 실천했다. 그중 이벽(李蘗, 1754-1785)이 제일 열심이었다. 천주교 교리를 혼자 공부한 후 매월 7일, 14일, 21일, 28일에 쉬면서 교리를 묵상하고 기도하는 일에 힘쓰며 전도했다.

"세상 사람 선비님네, 이 아니 우스운가/사람나자 한평생의 무슨 귀신 그리 많노/아침저녁 종일토록 합장배례 주문 외고/자고 깨자 행신언동 각기귀신 모셔 봐도/허위허례 마귀미신 민

지 말고 천주 믿세."

이때 정약전(丁若銓, 1758-1816)은 '십계명가'(十誡命歌)를 지었다. 이들은 로마 천주교 선교사의 활동 없이 한반도에 자생적으로 생겨난 로마 천주교 신앙 공동체였던 것이다. 이벽은 '천주공경가'(天主恭敬歌)를 지어 부르기도 했다.

"…이내 몸은 죽어져도 영혼 남어 무궁하리/인륜도덕 천주공경 영혼불멸 모르면은/ 살아서는 목석이요 죽어서는 지옥이라/천주 있다 알고서도 불사공경 하지 마소/알고서도 아니하면 죄만 점점 쌓인다네/ 죄짓고서 두려운 자 천주 없다 시비 마소/천당 지옥 가보았나 세상 사람 시비 마소/ 있는 천당 모른 선비 천당 없다 어이 아노/시비 마소 천주 공경 믿어 보고 깨달으면/ 영원무궁 영광일세."

18세기 중엽만 하더라도 상상도 못할 일이 그 세기 말엽에 지식인들 사이에서 일어나고 있었다. 1783년 이승훈이 아버지를 따라 북경으로 가게 되자, 이벽이 로마 천주교 교리를 배워 올 것을 부탁했다. 10월 14일 서울을 출발해 12월 21일에 북경에 도착한 이승훈은 서양 신부를 만나 천주교 교리를 배웠다. 놀랍게도 그는 다음 해 1784년 음력 정월에 조선에 귀국하기 전 프랑스 예수회 신부 장 그라몽(J. de Grammont)에게 세례를 받았다. 세례명으로 '베드로'라는 이름을 얻었다. 이 해가 바로 한민족에게 로마 천주교가 시작된 것으로 볼 수 있다. 이로부터 정확하게 100년 후, 1884년 알렌(Allen)이 첫 개신교 선교사로 한국에 들어오게 된다. 그러니까, 로마 천주교의 한국 전래와 개신교의 한국 선교에 100년이라는 간격이 있다. 이승훈은 수십 종의 교리서와 십자고상(十字苦像)과 성화, 묵주 등 진귀한 물품을 가지고 돌아왔다. 이벽은 그의 소식을 듣고 물건을 보고는 더욱 교리적 확신을 얻게 되었다. 이벽이 한 고백을 들어 보자.

> "이것은 참으로 훌륭한 도리이고, 참된 길이요, 위대하신 천주께서는 우리나라의 무수한 사람들을 불쌍히 여기셔서, 우리가 그들에게 구속의 은혜에 참여케 하기를 원하시오. 이것은 천주의 명령이요, 우리는 천주의 부르심에 귀를 막고 있을 수가 없소. 천주교를 전파하고 모든 사람에게 복음을 전해야 하오."

그해 이승훈은 이벽과 권일신에게 세례를 베풀었다. 다음 해부터 김범우(통역관)의 명동 집에서 이벽이 교리를 가르쳤다. 후에 그의 집 터 위에 명동성당이 세워졌으니 그 의미를 살린 것이리라. 그 집이 일종의 예배당 역할을 한 것이다. 이벽은 일종의 전도사였지만, 사제 역할도 했다. 천주교 교리는 주로 중인(中人)에게 인기가 있었고 특히 해외 문물의 영향을 받은 역관들이 쉬 받아들였다. 이 무렵 신도 수가 무려 1천 명에 이르렀다고 하니 그 열풍이 대단했다. 18세기 말 조선에 자생한 로마 천주교의 특징은 서양 선교사에 의하지 않고 조선인 스스로 천주교를 세웠다는 점이다.

1785년 김범우의 집에서 가진 종교 모임이 조선 정부에 의해 발각되고 말았다. 참석자들은 훈방조치 되었지만, 김범우는 체포되어 단양으로 유배를 갔고 1년 만에 죽었다. 한국 천주교의 첫 순교자가 된 셈이다. 하지만 로마 천주교 교리를 따르는 사람이 더 늘어났다.

1790년 윤유일이 북경을 방문해 구베아 베이징 주교(Alexandre de Gouvêa 湯士選, 湯亞立山, 1751-1808)에게 조상제사 문제를 물었을 때 그는 금지 입장을 밝혔다. 하지만 나중에 이 문제로 천주교는 많은 어려움을 겪어야 했다. 한국 최초의 로마 천주교 세례 교인 이승훈도 이 문제 때문에 배교했다가 곧 돌아왔다. 조상숭배를 효의 근본으로 여기던 조선 사회에서 이런 입장이 이해될 리 없었다. 조선의 양반과 보통 사람들에게까지도 '무부무군'(無父無君, 아버지도 없고 군주도 없다)의 종교로 비쳐 '이단자' 혹은 '사학'(邪學)으로 오해받았다.

신해박해(진산사건, 1791)

1791년 바로 이 '조상제사' 문제로 인해 '신해박해'(辛亥迫害)가 일어났다. 전라도 진산 출신의 윤지충이 모친 별세 후 장례식에서 제사를 지내지 않은 것이 정부에 알려지면서 체포되어 12월 8일 전주 풍남문 밖에서 참수당했다. 윤지충은 참수되면서 "양반 칭호를 박탈당해야 한다 해도 천주께 죄를 짓기는 원치 않는다"라고 말했다고 전해진다. 윤지충의 참수 처벌은 가히 충격적이었다.

신유박해(1801)

정조가 죽자 조선의 분위기가 급변했다. 정조의 아들 순조가 11세에 왕이 되었지만, 너무 어려 순조에게 할머니이며 영조의 아내인 정순왕후(貞純王后, 1745-1805)가 나라를 다스렸다. '수렴청정'(垂簾聽政)이었다. 수렴청정은 왕의 나이가 어릴 때, 왕대비나 대왕대비 등이 어린 임금을 대신해서 나랏일을 보는 것을 말한다. '수렴'(垂簾)은 '발을 친다'는 뜻으로, 수렴청정은 그 발 뒤편에서 나라를 다스린다는 의미다.

순조의 할머니 정순왕후는 무시무시한 명령을 내렸다.

"요사이 천주교가 나라 안에 퍼져 우리의 전통을 어지럽히고 있다. 지금부터 오가작통법을 실시하여 천주교 신자들을 감시하라. 만약 사사로이 천주교를 믿는 자가 있다면 능히 붙잡아 엄벌에 처하라."

정순왕후가 갑자기 천주교를 탄압한 이유는 당시 당파 싸움과 무관하지 않다. '시파'(時派)와 '벽파'(僻派)가 서로 싸웠는데, '시파'에 천주교인이 많았다. 정조 때는 문제가 없었지만, 정순왕후의 친정 오빠 김귀주가 '벽파'의 우두머리였다. 김귀주가 정순왕후를 앞세워 시파를 제거하려 한 것이다. 천주교가 부모와 임금을 공경하지 않고 신분의 평등을 주장하며 사회 질서를 무너뜨리는 사악한 종교라고 몰아붙여 정적을 제거하려 했다. 그 박해로 이승훈과 정약종, 그리고 이가환이 죽었다. 정약용과 정약전 형제는 천주교를 믿지 않겠다고 맹세하고 귀양을 갔다. 이때 중국인 신부 주문모(周文謨, 1752-1801)도 처형되었는데, 100여 명이 처형되고 400여 명이 유배되었다. 이것이 1801년 '신유박해'다.

신유박해의 도화선이 된 것은 '황사영 백서' 사건이었다. '백서'(帛書)는 비단에 글을 쓴 것을 말한다. 충북 제천의 산골 옹기점 토굴에 숨어 지내던 황사영(정약전의 형 정약현의 사위)이 북경의 구베아 주교에게 보낸 밀서가 발각된 것이다. 그 내

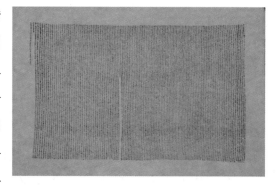

/ 황사영의 백서

용은 대략 다음과 같다.

> 1. 조선은 경제적으로 피폐하니 성교(聖敎, 천주교)를 통하여 서양의 도움으로 백성을 구제해야 하며,
> 2. 청나라 황제의 동의로 신부를 조선에 보내 줄 것이며,
> 3. 조선 땅을 청에 예속시키고 안무사를 평안도의 안주와 평양 사이에 두어 청 왕으로 하여금 이 나라를 감독하고 보호하도록 할 것이며,
> 4. 배 수백 척과 병사 5-6만의 힘으로 전교(傳敎)의 자유를 보장받도록 해주십시오.

길이 62cm, 너비 38cm의 흰 명주 비단에 13,311자의 작은 한자로 쓴 호소문, 소위 '황사영 백서'가 발각되면서 천주교는 매국 종교로 천하에 인식되었다.

한편, 신유박해로 강진으로 귀양을 간 정약용은 유배 생활 19년 동안 무려 400권의 책을 써 조선 후기 실학의 최고봉으로 인정받는 인물이 되었다. 그의 책《목민심서》(牧民心書)는 지금도 인정받는 명저다. 로마 천주교에 대한 박해는 이후로도 계속 이어졌다.

이어지는 박해들

천주교 박해는 조선 정부의 세력 싸움과 무관하지 않다. 뿐만 아니라 당시 국제정세와도 관련이 있다. 1832년 영국 동인도회사 상선 로드 앰허스트(Lord Amherst)호가 황해도 장산곶과 고대도에 나타나 조선에 통상을 요구했다. 영국은 아편전쟁(1840-1842)에 승리하며 이미 중국의 개방을 얻어 낸 뒤 1845년 군함 사마랑(The Samarang)호를 제

주도와 전라도로 보내 해안을 탐사했다. 프랑스도 1846년과 1847년 사이에 통상을 요구했고, 러시아 함대도 1853년 동해안을 측량했으며 1866년 통상을 요구했다. 그 후 서양의 압력은 더 거세졌다. 이런 와중에 1839년(기해박해)에 중국에서 들어온 프랑스 신부 세 명과 조선 천주교인 총 54명이 용산구 이촌동 부근 새남터에서 처형당했다. 1846년(병오박해)에는 한국 최초의 신부 김대건이 새남터에서 26세의 나이에 참수되었다.

홍선대원군은 열강들의 개항 요구가 거세지는 시점인 1863년부터 나라를 더 걸어 잠그는 '쇄국정책'(鎖國政策)을 폈다. 전국에 척화비(斥和碑)를 세우고 외세를 배척했다. 외교적으로 상당히 경직된 태도였다.

"서양 오랑캐가 쳐들어오니, 싸우지 않으면 이는 친히 지내자는 뜻이요, 친히 지내자는 것은 나라를 팔아먹는 행위로다."

국내 정세의 혼돈과 외세의 압력이 대원군으로 하여금 나라를 더 단단히 걸어 잠그도록 만든 측

/ 척화비

면도 있다. 이즈음 천주교인의 숫자는 19,748명까지 늘었다고 한다.

1866년(병인박해)에는 대원군이 천주교를 박해했는데, 프랑스 신부들을 처형했다. 가까스로 살아남은 리델(Felix Clair Ridel, 한국명 이복명, 1830-1884) 신부가 중국으로 도망가 프랑스 함대의 로즈(Pierre-Gustave

Roze, 1812-1882) 제독에게 상황을 알렸다. 프랑스는 그해 9월 일곱 척의 군함을 이끌고 강화도를 공격했다. 양헌수가 지키던 정족산성은 끝까지 저항했다고 한다. 프랑스 군대는 정조가 지은 외규장각의 역사적 사료 5천 점을 불태우고 일부 약탈해 갔다. 외규장각은 1782년 정조가 왕실 관련 서적을 보관한 (外)규장각이다. 그중 의궤(儀軌=의식의 궤범)를 비롯한 340여 도서가 약탈되었는데, 2011년 그 일부가 한국에 대여 방식으로 돌아왔다. 이 도서들은 2007년 유네스코 세계기록유산으로 지정되었다.

함대는 초가을에 인천 앞바다를 통해 한강을 거슬러 양화진 서강까지 올라와 대포를 쏴 사람들을 죽이고 역사 문서들을 강탈해 불태운 뒤 철수했다. 이에 격분한 흥선대원군은 천주교인을 더 많이 죽였는데, 3개월 동안 그 수가 무려 8천 명에 이른다.

로마 천주교는 한반도에 어떤 인상을 새겼을까?

로마 천주교의 한국 전래는 개신교와 아무런 관계가 없다. 시기적으로 전래의 시작이 거의 100년 차이나 나기 때문이다. 하지만 로마 천주교가 한국 사회에 준 인상은 개신교와 유사하다. 예를 들면 개신교회도 조상제사를 금지했다. 주일 성수와 인간 평등에 관한 가르침도 마찬가지다. 로마 천주교와 개신교 전래의 차이는 교리에 있다기보다는 오히려 역사적 정황에 있다고 봐야 할 것이다. 조선 내부의 세력 다툼으로 천주교 박해가 심했다.

하지만 아마도 한민족의 마음속에 서양 종교에 대한 인상이 남아 있었을 것이다. 로마 천주교 교리는 한민족에게 생소할 뿐만 아니라 새로운 시야를 열어 주었을 것이다. 인간, 죽음, 사회, 경제, 문화 등 모든 분야에 새로운 세상을 열어 줄 것이라는 기대를 낳기도 했을 것이다. 실학파 가운데 많은 사람이 천주교 교리에 심취했고, 천주교 신자가 나온 것은 그것과 무관하지 않다. 더구나 신분적으로 중인이나 평민과 천민 가운데서도 많은 신자가 있었던 것은 기본적으로 조선의 신분제 사회로부터 탈피하려는 욕구를 가지도록 했을 것이다. 후에 개신교 선교사가 들어와 복음을 전했을 때 로마 천주교가 한민족에게 남긴 인상을 연상했으리라는 가능성은 배제할 수가 없다.

PART   2

위기의 조선, 백성을 품은 교회

주후 1653~1883년

4. 쇄국의 문을 두드리는 용감한 사람들

제국주의의 오리엔탈리즘

요즘은 온 세계가 지구촌으로 하나의 생활권으로 들어왔지만, 옛날에는 그렇지 않았다. 동서양의 여행과 무역은 힘겨웠다. 물론 '실크로드'(Silk Road)를 통한 동서를 잇는 무역로가 있었다. 하지만 그 혜택은 왕족이나 귀족들에게나 해당되었다. 대부분의 사람은 자기 지역이나 나라 안에서 자족하며 살았다.

유럽이 동양에 관심을 가지기 시작한 것은 대대적인 십자군 전쟁(11-13세기) 이후였다. 먼 길을 달려가 체험한 동양 문화는 서양의 것과 너무나 달랐다. 이탈리아의 마르코 폴로는 호기심이 많은 여행가였는데, 24년 동안(1271-1295년) 동양의 여러 나라를 여행했다. 그는 조국으로 돌아가 《동방견문록》(東方見聞錄 Il Milione, 본래 《백만 가지 이야기》)이라는 책을 썼다. 세 권으로 된 이 책은 동방에 대한 호기심을 불러일으키기에 충분했다. 이 책의 영향을 받은 콜럼버스(Columbus)가 동방의 인도로 가는 바닷길을 개척하다가 아메리카(America)를 발견하기도 했다. 콜럼버스는 지구가 둥글다면 인도에 도달할 것이라 생각했다. 그러나 그가 도착해 인도라고 믿었던 곳은 현재 아메리카 대륙 중남미의 카리브제도였다. 나중에 아메리고(Amerigo Vespucci, 1454-1512)의 탐험으로 그곳이 새로운 대륙이라는 것이 밝혀졌고 지금은 '아메리카'로 불린다. 이런 지리상의 발견, 즉 동방에 대한 서방의 호기심은 식민지 개척을 부추기게 되었다.

한반도에 표류하게 된 네덜란드 불청객!

한반도가 서양 개신교 국가와 접촉한 것은 17세기로 거슬러 올라간다. 네덜란드에서 온 불청객들을 통해서다. 이들은 1627년 일본으로 가던 네덜란드 상선이 폭풍으로 경주 앞바다에 표류하던 중 물을 얻기 위해 육지에 내렸다가 붙잡힌 얀 벨트프레이(Jan Janse Weltvree 朴淵 1595년 - ?)와 헤이스베르츠(Direk Gijsbertz), 피터즈(J. Pieterz) 세 사람이다. 이들은 이후 정부 훈련도감의 외인부대에 배치되었다. 1636년 병자호란 때 전쟁에 참전했다가 두 사람이 죽고 벨트프레이만 생존했다. 그는 박연(朴淵)으로 개명하고 혼인하여 아들과 딸도 낳았으며, 조선 군대에서 화포 제작을 하며 평생을 한국인으로 지냈다.

벨트프레이가 조선에 억류되어 살던 시기는 네덜란드가 번성하여 세계 해양 무역을 주도하던 때였다. 배를 많이 만들어 아메리카와 동아시아로 무역선을 운영하며 무역을 했다. 당시 네덜란드인은 칼뱅의 신앙을 받아들인 개혁교회와 직간접적으로 관련이 있었을 것이다. 벨트프레이는 '하늘이 갚는다'는 말을 하거나 '선악(善惡)과 화복(禍福)'에 대해 이야기하는 것을 좋아했는데, 도(道)를 믿는 사람처럼 살았다고 전해진다. 그는 복음 전도자는 아니었지만 기독교인으로 살았던 것이 아닌가 추론된다.

벨트프레이가 잡힌 지 28년이 지난 1655년 또 다른 네덜란드인 하멜(Hendrik Hamel, 1630-1692)이 36명의 선원과 함께 제주도에서 서울로 오게 되었다. 본래 64명을 태운 네덜란드 동인도회사 상선(De Sperwer)이 일본 나가사키를 향해 항해하고 있었는데 갑자기 만난 폭풍으로 표류해 제주도에 좌초하게 되었다. 그때가 1653년이었다. 그는 전라도를 거쳐 2년 후 한양에 도착하여 동족 벨트프레이를 만났다. 그들은 한양에서 14년 동안 살면서 몇 번이고 탈출하려 했지만 실패했다. 그들은 한양을 방문한 청의 사신에게 자신들의 억류 상황을 해결해 줄 것을 호소하기도 했다. 그 벌로 몇 번이고 지방으로 귀양을 가야 했다.

/ 《하멜 표류기》

그리고 한반도가 흉년으로 고통 속에 있을 때 전라도 일원으로 분산되어 억류되었다. 하멜 일행은 전라도 여수에 살았다. 그중에 하멜을 포함한 7명이 조선인의 도움을 받아 배를 구해 일본으로 탈출하여 14년 만에 본국으로 돌아갈 수 있었다. 하멜은 1668년 《하멜 표류기》(《1653년 바타비아발 일본행 스페르베르호의 불행한 항해일지》)를 썼다. 이것이 최초로 한국을 서방에 알린 책으로 기록된다. 그가 일본 해안에 도착했을 때 일본 관리에게 붙잡혀 취조를 당했다. "왜 조선은 당신들을 본국으로 돌려보내지 않았느냐?" 그때 하멜이 한 말이 의미심장하다. "조선은 외국에 알려지는 것을 원하지 않습니다. 조선을 알게 되면 침략해 올 것이라 두려워합니다." 그러니까 조선은 이미 17세기부터 쇄국정책을 취하고 있었다는 것을 알 수 있다.

이들이 개신교인이었을까? 기록에 의하면 이들은 그리스도인이었음이 분명하다. 일본인이 그들에게 물었다. "너희는 서양 기리시탄(リシタン, 吉利支丹)이냐?" '기리시탄'은 '그리스도인'이라는 뜻이다. 그러자 그들이 대답하기를 "야야"(耶耶)라고 했다. 네덜란드 말로 '야'(Ja)는 '예'라는 뜻이다. 그렇지만 이들이 조선에서 그리스도를 적극 선교하지는 않았던 것으로 보인다. 단지 하멜이 그의 책에 기록하기를 자신이 살아 돌아온 것은 "하나님의 은혜였다"고 했고, 어려울 때마다 하나님께 기도했다고 한 것으로 보아 그는 그리스도인이었을 것이다. 하멜은 네덜란드 개혁교회 소속이었다고 볼 수 있다.

이렇게 한반도는 개신교를 간접적으로 접촉했던 것으로 보인다. 그들은 초청받지 않은 한반도의 네덜란드 불청객이었다. 복음이 스치고 지나가는 정도의 접촉은 있었지만, 아직 조선을 향한 복음은 저 멀리 있었다.

/ 폭풍으로 표류하다 제주도에
좌초하다

/ 하멜의 표류 루트

귀츨라프가 뿌린 한 알의 복음 씨앗

서방 국가는 지리상의 발견을 이용해 경제적 부를 축적하려고 경쟁적으로 전 세계를 돌아다니고 있었다. 영국, 네덜란드, 프랑스, 독일이 동인도회사를 만들어 아프리카, 아시아 그리고 아메리카 국가들과 무역을 시작했다. 아시아는 유럽 국가와 해양을 통한 접촉이 활발해졌다.

조선에 개항의 문을 두드리는 나라들이 몰려오기 시작했다. 서양의 군함들이 종종 나타나 접촉을 시도했다. 1797년(정조 21년) 부산에 영국 군함 프로비던스(Providence)호가 찾아왔지만 의사소통이 되지 않아 물러갔다. 1816년(순조 16년) 9월 영국 군함(Acest)이 서해안을 조사하러 왔다가 충청도 마량진(서천) 앞바다에 정박했고, 당시 마량진 첨사였던 조대복(趙大福)이 이들과 접촉한 사실이 있다. 맥스웰 함장은 배에 오른 조대복에게 여러 가지 시설을 보여 주고 선물도 주었다. 특별히 도서관을 보여 주었는데, 그 가운데 성경을 선물로 주었다고 전해진다. 조대복이 받은 영어성경은 우리나라에 들어온 최초의 성경인 셈이다. 맥스웰 함장이 통상을 요구했지만 조대복은 거절했다. 결국 그들은 빈손으로 돌아갔다.

네덜란드 개혁교회 교인들의 조선 접촉 이후 약 200년이 지난 1832년에 한반도에 첫발을 내디딘 네덜란드 선교회가 파송한 개신교 선교사가 있었다. 그는 귀츨라프(Karl F. A. Gützlaff, 1803-1851)다. 당시 선교사들은 유럽 국가들이 상선을 보호하기 위해 보낸 군함이나 상선을 타고 선교지에 들어가 복음을 전하곤 했다. 귀츨라프는 본래 독일에서 태어나 경건주의 신앙으로 세워진 할레(Halle) 대학에서 신학을 공부한 후 중국에 복음을 전하는 선교사가 되기로 하고, 1826년 네덜란드 선교회(The Netherlands Mission Society) 파송으로 인도네시아에서 활동

했다. 3년 후 귀츨라프는 네덜란드 선교회를 탈퇴하
고 중국 선교를 위해 1829년 태국으로 갔다가, 다
시 1831년에 마카오로 이동했다. 그는 마카오를
중심으로 중국 동해안을 따라 전도 여행(6개월)
을 했다. 어느 날 귀츨라프는 중국 연안 도시에
시장을 개척할 목적으로 출항하는 영국 동인도
회사 소속 '로드 앰허스트'(Lord Amherst)호를 타게
되었다. 그는 의사와 통역 신분으로 승선했지만 목
적은 선교였다.

/ 칼 귀츨라프

    1832년 2월 26일 마카오를 출발한 배는 중국 해안
을 돌다가 한반도 서해안까지 오게 되었다. 그때가 7월 17일이었는
데, 백령도 부근에 상륙해 주민들에게 한문성경을 나눠 주기도 했다.
조선 정부에 무역을 하자고 서신을 전달해 줄 것을 제안했으나 거절
당했다. 배는 남쪽으로 내려가다가 7월 25일쯤 고대도 안항에 도착했
다. '로드 앰허스트'는 그곳에서 홍주의 목사(牧使) 이민회를 통해 순조
왕에게 진귀한 서양 물품과 성경 등을 선물로 보내면서 영국과 통상
을 요청했다. 답을 기다리는 동안 귀츨라프는 고대도 사람들과 친하
게 지냈다. 잔치에 초대되기도 하고 배운 의술을 발휘하여 병자를 고
쳐 주며 복음도 전했다. 그러나 당시 천주교 박해가 심했기 때문인지
받아들이려 하지 않았다.

    그런데 '양'이라는 이름을 가진 한 사람은 달랐다. 그에게 한자로
'주기도문'을 써 주고 한글로 써 보라고 했다. 이것이 최초의 한글성경
번역이었다. 귀츨라프는 이때 배운 한글을 나중에 서양에 소개해 한
글의 우수성을 알리기도 했다. 뿐만 아니라 (돼지)감자 씨를 주며 심는

법과 포도로 즙을 만드는 법을 가르쳐 주었다. 지금도 고대도 포도주와 감자는 유명하다. 8월 9일 서울에서 순조로부터 온 특사는 선물을 돌려주며 통상을 거절했다. 결국 그들은 고대도를 떠나야 했다. 귀츨라프는 이렇게 말했다고 한다.

"조선에 뿌려진 말씀의 씨앗이 열매를 맺을 수 있을까요? 나는 믿습니다. 주님이 예정하신 때에 반드시 풍성한 열매를 맺을 것입니다."

1832년 개신교 선교사 귀츨라프가 한국에 발을 디딘 것은 1836년에 프랑스 로마 천주교회 사제 모방(P. P. Maubant, 1803-1839)이 한국에 들어오기 4년 전의 일이었다. 로마 천주교가 개신교보다 먼저 들어왔지만 실제 해외 선교사가 들어온 것은 개신교가 먼저였던 셈이다. 물론 귀츨라프는 잠시 접촉한 후 떠나야 했기에 정주한 선교사는 아니었다. 하지만 이때는 천주교회가 많은 박해를 받고 있던 시기였으므로 개신교회가 한반도에 발을 붙일 때는 아직 아니었다. 만약 이때 개신교 선교사들이 대거 들어왔다면 어떻게 되었을까? 하나님의 섭리와 일하심은 우리가 다 이해할 수 없다.

토머스 선교사, 죽음으로 놓은 복음의 디딤돌

귀츨라프가 고대도를 다녀간 이후 34년이 지난 1866년 평양 대동강변에서 피를 흘리며 죽어가던 27세의 젊은 선교사가 있었으니, 그가 바로 토머스다. 로버트 토머스(Robert J. Thomas, 1840-1866)는 영국웨일스(Wales) 회중교회 목사의 아들로 런던 대학교에서 신학을 공부하고 고향 하노버(Hanover) 교회에서 1864년 6월 4일 목사가 되었다. 그는 런던 선교회(London Missionary Society)에 소속되어 아내와 함께 청나라로 선교를 떠났다. 안타깝게도 중국에 도착한 아내는 유산

/ 토머스 선교사

을 하고 몸이 약해져 곧 죽고 말았다. 엎친 데 덮친 격으로 토머스는 상하이 주재 런던 선교회 책임자와도 사이가 좋지 못해, 그해 12월 런던 선교회를 사직했다. 그는 1865년 1월부터 8월까지 청나라 세관에서 통역관으로 일했다.

이때 스코틀랜드 성서공회 주재원으로 중국 산둥에 와 있던 장로교 선교사 윌리엄슨(A. Williamson, 1829-1890)이 그를 성경 연구반과 영어로 예배하는 교회에서 일하도록 도와주며 런던 선교회와의 관계도 개선되도록 주선해 주었다. 토머스는 윌리엄슨이 들려준 조선 사람과 조선의 상황을 듣고 조선 선교에 관심을 갖게 되었고, 일단 조선을 방문해 봐야겠다고 생각했다. 그는 중국인에게 부탁해 배를 타고 윌리엄슨 선교사에게 얻은 한문성경을 가지고 1865년 9월 4일 서해안 황해도 자라리(紫羅里)에 도착했다. 그곳에서 두 달 정도 머물며 조선 사람들에게 신약성경 복음서를 나눠 주는 한편, 그들에게서 한국어를 배웠다. 1866년 1월 북경으로 돌아와 런던 선교회로부터 복직과 함께 북경이 새 임지로 정해졌다는 사실을 통고받았다.

토머스는 북경에서 조선 동지사(冬至使, 해마다 동지에 중국으로 파송된 사신)로 온 평양감사 박규수를 만나 교제하고 한국 선교의 뜻을 전하여 동의를 얻어 냈다. 평양에 오면 반갑게 맞아 준다는 약속도 받았다. 동지사 일행 가운데 한 사람이 몰래 토머스의 주머니에 쪽지 하나를 넣어 주었는데, 거기에는 한 외국인이 서해안의 섬에서 전해 준 마태복음 한 권을 구해 달라는 내용이 들어 있었다 한다. 그런데 그 '한 외국인'은 놀랍게도 바로 자신이었다고 한다. 한반도에 대한 토머스의 선교 열정은 점점 불타올랐다. 하지만 그해(1866) 정월부터 대원군이 일으킨 병인박해로 로마 천주교인 8천 명이 죽임을 당했다. 조선의 분위기는 살벌했다.

토머스 선교사는 자신의 임지가 북경인데도 불구하고 마음은 한반도로 향해 있었다. 마침 미국 상선 '제너럴셔먼'(General Sherman)호가

/ 제너럴셔먼호

조선으로 가려는데 토머스에게 통역과 안내를 부탁하자 덜컥 허락했다. 이 상선은 좀 특별했다. 상선이지만 무장을 한 배였다. 선교사가 무장 상선을 타고 가는 것은 문제가 없지 않지만, 복음을 향한 열정에는 걸림돌이 되지 못했다. 하지만 목적이 옳다고 방법은 아무래도 상관없는 것은 아니다. 복음을 전하기 위해 군함이나 무기를 동원하는 것은 옳지 않다. 복음을 향한 토머스의 열정과 열심이 뛰어났던 것은 분명하다. 단지 복음 전도사로서 신중한 행동은 아니었다.

우여곡절 끝에 토머스는 한문성경을 한가득 싣고 제너럴셔먼호에

올랐다. 1866년 8월 9일 출항해 일주일 만에 대동강 입구에 도착했으며, 강을 거슬러 8월 20일 신장포구에 이르렀다. 평양 관리는 대동강에 배가 들어오면 사정을 알아보도록 파견하는 '문정관'(問情官) 이현익을 보내 접근하지 말 것을 전했다. 그럼에도 불구하고 제너럴셔먼호는 홍수로 불어난 물을 따라 대동강 깊숙이 들어왔다. 토머스는 이현익에게 현재 조선의 로마 천주교 박해 사정에 대해 묻고 자신은 로마 천주교와 달리 개신교 선교사라고 소개했다. 방문 목적은 첫째, 선교이고 둘째, 무역이며 셋째, 관광이라고 전했다. 그리고 토머스는 배에서 내려 강변의 석호정과 만경대에 나가 주민들에게 자신이 가지고 온 전도지와 성경을 나눠 주었다.

그러는 동안 문정관 이현익을 배 안에 억류하였고, 또 다른 문정관 안상흠을 붙잡아 그가 가진 문서를 확인해 보니 '선원 전체를 유인 상륙시킨 뒤 죽이자'는 계획이 있었다. 제너럴셔먼호는 조선인 대장을 납치하고 '인신'(印信, 관리의 신분 증명서)을 빼앗았다. 그동안 토머스는 평양성에 들어가 평양목사 박규수를 만나 설득하려고 했을 것이다. 그러나 병인양요로 인해 외국인에 대한 마음이 좁아질 대로 좁아져 있었기에 그것은 불가능했다. 제너럴셔먼호는 썰물로 강물이 줄어들자 모래톱에 걸려 꼼짝도 할 수 없게 되었다. 조선의 병사들은 돌멩이와 (불)화살, 그리고 화승총으로 공격하여 결국 제너럴셔먼호를 침몰시켜 버렸다.

토머스는 9월 5일 양각도 옆 쑥섬에서 참수당했다. 27세의 어린 나이로 한반도에서 순교한 첫 개신교 선교사가 되었다. 목을 벤 조선의 병사는 박춘권이었던 것으로 보인다. 그는 배에 잡혔던 이현익을 구출한 용감한 병사였다. 토머스 선교사는 자신이 죽기 전에 가지고 있던 성경책을 박춘권에게 주었다고 전해진다. 그는 훗날 마포삼열 (Samuel. A. Moffett, 1864-1939) 선교사가 세운 평양제일교회(나중에 널다리 교회 ⇒ 평양중앙교회 ⇒ 평양장대현교회)의 교인이 되었고 이후 장로가 되었다. 마포삼열 선교사가 성경 교리반에서 그를 만났다는 일설이 있다. 만경대에서 성경을 받은 사람 중에는 최치량도 있었다. 나중에 마포삼열 선교사와 평양제일교회를 세우는 데 큰 역할을 했다고 한다. 토머스 선교사에게 받은 성경을 벽지로 썼던 박영식도 결국 나중에 예수님을 믿게 되었는데 평양제일교회 널다리골 기와집이 바로 박영식의 집이었다고 한다.

1927년 제16회 장로교 총회는 토머스 목사 순교기념회를 조직했다. 1932년에는 그가 순교했을 것이라고 추정되는 장소에 '토머스 목사 순교 기념예배당'을 세웠다. 토머스는 장로교가 아니라 회중교회 선교사였지만, 한국 장로교회가 장로교 선교사인 것처럼 대우했다. 중국에서 스코틀랜드 장로교 선교사와 가까운 관계를 가진 것이 전부였지만 말이다. 회중교회는 장로교회와 교회법에서 차이가 날 뿐 신앙고백에서는 큰 차이가 없다. 토머스 목사가 선교사로서 신중하지 못한 것은 틀림없지만, 그의 순교는 한국에 개신교 선교의 토대를 놓게 되었다.

힘겹게 열린 개방의 문

홍선대원군의 쇄국정책은 10년 통치 기간 중에 계속되었지만 더 이상 지속하기에는 역부족이었다. 제너럴셔먼호 사건으로 미국은 1867년 12월과 1868년 3월에 군함을 보내 책임을 물었다. 별 성과를 거두지는 못했다. 결국 1871년 5월 미 극동함대 사령관 로저스(John Rogers) 제독은 제너럴셔먼호 사건의 책임을 묻고 통상을 교섭하기 위해 5척의 군함으로 강화도에 침입했다. 이 함대에는 해병대를 비롯해 총 1,230명의 군인이 타고 있었다. 초지진이 점령당하고 광성진까지 포위당했다. 미군의 공격을 방어하기에는 역부족이었던 조선 병사 350명이 죽었다. 부상을 당한 사람은 훨씬 많았다.

그러나 그냥 물러날 조선이 아니었다. 강화읍 수비대장 이장렴이 밤에 초지진을 공격해 미군에 세 명의 전사자와 열 명의 부상자를 냈다. 조선은 이 싸움에서 지고 강화도를 점령한 미군은 조선과 무역통상조약을 맺을 것을 요구했지만, 아무런 결과도 얻지 못하고 강화도를 버리고 떠났다. 흥미로운 점은 두 나라 모두 이 전쟁의 승리자라고 주장한다는 사실이다. 이것을 '신미양요'(辛未洋擾)라고 부른다.

바로 이 사건을 계기로 흥선대원군은 전국(200여 지역)에 '척화비'를 세우고 나라의 문을 꼭꼭 걸어 닫았다. 비문은 다음과 같다.

> "서양 오랑캐가 침입하는데 싸우지 않으면 화해를 하는 것이니, 화해를 주장하면 나라를 파는 것이 된다. 우리의 만대자손에게 경고하노라. 병인년에 짓고 신미년에 세우다."(洋夷侵犯非戰則 和主和賣國 戒我萬年子孫 丙寅作 辛未立)

그 후 1875년 9월 일본 운요(雲揚 うんよう, 운양호) 군함이 강화도에서 싸움을 벌여 조선군 35명이 죽고 16명이 포로로 잡혀갔는데, 일본군은 사망 1명에 부상자 1명에 그쳤다. 그런데 일본은 그것을 핑계로 12월 6척의 군함을 이끌고 전권대사를 보내 조선이 책임을 지라며 압력을 넣었다. 그 결과 일본과 '강화도조약'(江華島條約)을 맺게 되었으니, 이것이 외국과 맺은 첫 번째 근대 조약이면서 동시에 매우 불평등

한 조약이었다. '조선과 일본이 평등한 권리를 갖는다'가 제1조이지만, 일본이 조선의 해안을 마음대로 측량하고 조사할 수 있고, 일본인이 조선에서 저지른 범죄는 일본 관리만이 죄를 물을 수 있다는 조항이 길게 달린 잘못된 조약이었다. 일본이 1857년 미국과 통상조약을 할 때 당한 그대로 조선에게 행한 것이다. '강화도조약'은 후일 조선을 침략하는 하나의 발판이 되었다.

조선은 급변하는 국제정세 가운데 나라를 새롭게 정비하지 않을 수 없었다. 고종은 서양 문물을 받아들이기 위해 청과 일본에 사람들을 보내 국가를 재정비하고자 했다. 고종은 1880년 12월 통리기무아문(統理機務衙門)이라는 새 기관을 설치하고 정치·군사·보안 업무를 맡겼다. 이 기관은 전권을 가지고 개혁을 추진할 수 있었다. 1881년 일본에 신사유람단(紳士遊覽團)과 청에 영선사(領選使)라는 사절단을 보내 군사제도와 공업 시설을 비롯해 각종 선진문물을 배워 오도록 했다. 4월에는 근대식 군대를 창설하고 '별기군'(別技軍)이라 불렀다. 조선은 이렇듯 새로운 변화의 물결을 타며 순풍에 돛단배처럼 순항하는 듯했다.

하지만 1882년 국가 재정비에 찬물을 끼얹는 사건이 터졌다. 구식 군대의 군인이 열세 달치나 받지 못하던 월급을 받았는데, 당시 월급이던 쌀이 '쌀 반 돌 반'이었던 것이다. 분노한 군인들은 담당자 민겸호(명성황후의 형제) 집을 아수라장으로 만들었다. 민겸호는 군인에게 주어야 할 쌀을 빼돌려 부당한 이익을 챙겼던 것이다. 명성황후 일가는 백성의 어려움을 돌보기보다 하루가 멀다 하고 무당을 불러 굿을 했다. 왕자가 탈이 없기를 기원하기 위한 것이다. 대원군의 사주를 받은 구식 군인들은 무기고를 습격하고 일본 공사관까지 습격해 별기군 훈련소에서 일하는 일본인 교관과 조선어를 배우던 일본인 학생 3명을 죽였다. 성난 군인들은 대궐까지 들어가 명성황후를 죽이려 했지만 성공하지 못했다. 엄청난 사건이었다. 이것을 '임오군란'(壬午軍亂)이라 부른다.

일본은 이 일로 조선에 배상을 요구하며 '제물포조약'을 맺도록 강요했다. 수치스런 조약이었다.

1. 20일 이내에 이 난리를 일으킨 자를 체포하여 중벌로 다스릴 것
2. 피해 입은 일본인을 융숭한 예로 장사 지낼 것
3. 일본인 피해자 유족들에게 5만 원을 지급할 것
4. 폭거로 입은 손해 배상금 50만 원을 5년 거치로 1년에 10만 원씩 청산할 것
5. 조선은 대관을 특파하고 국서를 보내 일본에 사죄할 것

명성황후는 청의 군대에게 도움을 구하면서 대원군을 잡아 갈 것을 요청했다. 명성황후의 이 요청은 나중에 큰 잘못임이 드러나게 되는데, 청과 일본이 조선을 침략하는 빌미가 되었기 때문이다. 더구나 조선은 내부적으로 '개화파'와 '수구파'로 나뉘어 하나가 되지 못했다. 그 와중에 일본을 자주 드나들며 외국 문물에 눈이 밝은 김옥균이 근대화를 가속하기 위해 일본의 힘을 빌려 '갑신정변'(甲申政變)을 일으켰다. 김옥균은 1884년 12월 6일 저녁 6시 우정총국 축성식장에서 수구파들을 모두 죽이고 새 정부를 선포하려 했다. 계획은 야심 차고 대담했다. 새로운 정부를 구성하고 문벌을 폐지하며 능력자를 평등하게 임명하고 청나라 조공을 없애며 세금제도를 바꾸고 관리의 부정부패를 즉시 처벌한다는 내용이었다. 그러나 일본이 발을 빼면서 거사는

실패하고 말았다. 청나라 군대가 궁궐로 진입했기 때문이다. 거사를 계획한 김옥균과 서재필 그리고 박영효는 일본으로 망명하고, 홍영식은 처참하게 살해당했다. 조선은 다시 청나라의 간섭에 끌려다니게 되었고, 더 어려운 상황에 처하게 되었다.

조선은 1882년 미국과 한미수호통상조약에 서명하고 최혜국 대우를 약속했다. 이 조약은 1883년 1월 미 의회에서 비준되고 같은 해 6월 4일에 서울에서 공포되었다.

한반도에 밀어닥친 구한말의 변화는 개신교 선교사들이 복음을 들고 들어올 수 있는 디딤돌이 되었다. 한미수호통상조약이 이루어지면서 1884년 중국에서 선교 활동을 하던 미국 개신교 장로교 선교사 알렌(Allen, 1858-1932)이 의사로서 공식으로 첫발을 내딛게 되었다.

주후 1874~1885년

5. 선교사보다 먼저 한반도에 도착한 한글성경

중국에서 한글성경이 출간되다

영국 교회는 적어도 1914년까지는 미국 교회보다 더 많은 해외 선교사를 파송했다. 1870년 당시 만주 지역에는 영국과 스코틀랜드 선교사들이 많이 활동했다. 이때는 한반도에 입국할 수 없었다. 1866년 토머스 선교사가 평양 대동강에서 처참하게 살해당한 것을 알고 있었기 때문이다. 스코틀랜드 장로교 성서공회 소속 윌리엄슨(Alexander Williamson, 1829-1890)은 중국 선교를 위해 성경을 인쇄하여 보급하는 중요한 일을 하고 있었다. 그는 하나님 말씀의 능력이 얼마나 큰지 알고 있었던 것이다. 조선 선교를 위한 성경 번역은 같은 스코틀랜드 선교사 존 로스(John Ross, 1842-1915)에 의해 시작되었다.

/ 스코틀랜드 선교사 존 로스

존 로스는 1872년 8월 그의 매제가 된 매킨타이어(John MacIntire, 1837-1905) 선교사에 이어 산둥반도에서 선교 사역을 시작했다. 로스의 아내가 아이를 출산한 후 죽고 말았기 때문에 본국에 있는 여동생을 불러 아이 양육을 맡겼다. 그런데 그 여동생과 매킨타이어가 혼인하면서 처남 매부 관계가 되었다. 이 둘은 윌리엄슨으로부터 순교자 토머스 선교사 이야기를 듣고 감명을 받아 조선 선교에 관심을 갖게 되었다. 로스는 1874년 10월 조선 사람을 만나기 위해 만주 고려문(高麗門)을 찾았다. 고려문은 선양(瀋陽, 당시 봉천) 아래쪽에 위치한 조그만 마을로 조선과 중국인 무역 상인들이 1년에 봄여름 두 번씩 찾아 무역을 하는 곳이었다. 로스는 물건을 사고팔기 위해 오는 조선 무역 상인들에게 한문성경을 팔며 전도했지만 별 성과가 없었다. 장사꾼의 관심은 돈이었기 때문이다. 그는 거기서 50대의 한 남자를 만나게 되는데 그로부터 한글을 배우다가 한문성경을 건네주게 된다.

2년 후 1876년 4월 말 로스는 다시 고려문을 찾았다. 로스는 조선어를 배우기 위해 조선인 이응찬을 만났다. 그는 인삼 장사를 하는 의주 출신 상인인데 최근 사업에 실패해 실의에 빠져 있었다. 그는 돈도 벌고 서구의 앞선 학문도 배울 욕심으로 선교사의 요청을 받아들여 한글을 가르쳐 주었다. 로스는 한글이 현존하는 문자 가운데 가장 완전한 언어라는 것을 발견했다. 열심히 한글을 공부한 로스는 1877년 《한국어 첫걸음》(A Korean Primer)이라는 89쪽의 한글 입문 책을 만

 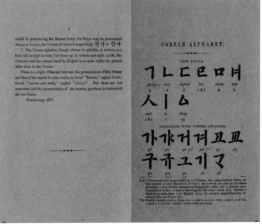

/ 《한국어 첫걸음》 표지   / 한글 입문 책

들었다. 정말 대단했다. 이 책은 영어로 된 최초의 한국어 회화책이다. 매킨타이어도 한국에 대한 열정이 대단했는데, 1879년《한국 언어론》 (Notes on the Corean Language)이라는 책을 썼다. 이 책들은 후일 한국에 들어온 미국 선교사들이 한글을 공부하는 데 큰 도움이 되었다.

한글 실력을 닦은 로스는 1878년 봄까지 한글 요한복음과 누가복음 초벌 번역을 시도했다. 그해 로스는 안식년으로 본국으로 돌아가 성경 인쇄 비용을 모금하기 시작했고, 번역 일은 매킨타이어 선교사가 계속했다.

3년 전 로스가 한 상인을 만나 한글을 배우고 한문성경을 준 적이 있는데, 그의 아들 백홍준(白鴻俊, 1848-1893)이 한문성경을 읽고 기독교로 개종하고 압록강을 넘어와 세례를 받았다. 이응찬도 자극을 받아 세례를 받았는데, 같은 해 두 사람을 합쳐 모두 네 명의 개신교 세례 교인이 생겼다. 백홍준, 이응찬, 이성하, 김진기가 그들이다. 한국인 최초의 개신교 세례 교인들이다. 로스는 그 사건을 이렇게 기록했다.

"매킨타이어는 4명의 유식한 조선인들에게 세례를 베풀었습니다. 이들은 앞으로 계속될 놀라운 결실의 첫 열매들이라고 확신합니다. 비록 지금은 조선이 서구 제국들과 어떤 형태의 접촉도 철저하게 금하고 있지만, 그 쇄국도 곧 무너질 것이고… 기독교가 전파되기만 하면 곧 급속하게 퍼져 나갈 것으로 확신합니다."

로스 선교사의 이 말은 앞으로 전개될 한국 교회의 번성을 정확하게 예견한 것이었다. 이 네 명의 조선 세례 교인도 성경 번역에 동참했다. 모두 평안도 의주 출신이었다. 그렇다 보니 성경 번역은 평안도 사투리 일색이었다. 장점은 일반적으로 평민이 사용하는 어휘를 썼다는 것이다. 예를 들면 유식한 한자어보다는 한글식 설명을 택한 것이다. '무교절'(無酵節)은 '누룩을 금하는 날'로 번역하고, '유월절'(逾越節 Passover)도 '넘는 절기'라고 번역했다. 그리고 당시 한글에는 한문처럼 띄어쓰기가 없었지만, 하나님과 예수 그리스도라는 이름이 나오면 띄어쓰기를 해 하나님을 경외하는 마음을 한글 번역 성경에 표시했다. 선교사와 조선 번역가 사이에 이견이 있을 때는 깊은 토론을 통해 적절한 용어를 결정했다.

마침내 1879년 사복음서 모두가 한글로 초벌 번역되었다. 이렇게 한민족이 자국어인 한글로 된 성경을 가지게 되었으니 이 얼마나 복된 일인가! 성경 말씀을 읽고 들음으로 구원에 이를 수 있으니, 선교를 위한 가장 중요한 도구가 마련된 것이다.

"그러므로 믿음은 들음에서 나며 들음은 그리스도의 말씀으로 말미암았느니라"(롬 10:17)

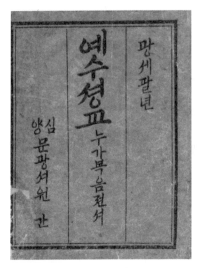
/ 《예수성교누가복음젼셔》 표지

바로 그해 중국으로 돌아온 로스는 홍삼 무역업자 서상륜과 동생 서경조를 만났다. 서상륜은 외지에서 장질부사(腸窒扶斯, 장티푸스)에 걸려 죽을 위기에 있을 때 매킨타이어 목사가 병원을 소개해 치료해 준 것을 계기로 기독교를 접하게 되었다. 그는 1881년 세례를 받고 로스의 한글성경 번역에 동참했다. 1882년 가을 선양 문광서원(文光書院)에서 《예수성교누가복음젼셔》(누가복음)와 《예수성교요안내복음젼셔》(요한복음)가 출판되었다.

이때가 정확히 1882년, 한미통상조약이 체결되던 해다. 한반도의 외교와 무역의 문이 열리고 한글성경도 출판되었으니, 복음의 전달자인 선교사가 들어가는 일만 남았다. '고려문'에서 시작된 한글성경 번역 작업이 완성되면서 조선 선교와 복음의 문이 활짝 열리게 된 셈이다. 한반도를 향한 하나님의 큰일이 착착 진행되고 있었다. 로스 선교사는 누가복음과 요한복음 인쇄본을 1천 부씩 일본 주재 톰슨 총무에게 보내고 다시 권서인을 통해 부산에 뿌렸다.

1883년에는 《예수성교성서누가복음뎨자행적》과 수정본 《예수성교성셔요안내복음》이 발행되었다. 특이하게도 1882년 '하느님'이라고 표기했던 것이 1883년 판부터는 '하ᄂ님'으로 바뀐다. 그리고 평안도 사투리에서 서울말 채택이 늘어났다. 1884년에는 《예수성교전셔말코복음》과 《예수성교전셔맛ᄃᆡ복음》이 각각 5천 부 출간되고 1887년에는《예수셩교젼셔》라는 신약성경 전부가 출판되었다. 놀라운 일이다! 일본에서 번역된 한글 번역 성경보다 5-6년 앞선 것이다. 선교사가 조선에 들어오기도 전에 이미 한글성경이 만주에서 번역되었으니, 하나님의 구원 계획이 놀랍다. 조선을 향한 하나님의 사랑은 치밀한 사전 준비 작업부터 시작되고 있었다.

조선의 마케도냐인 이수정, 일본에서 한글성경을 번역하다

1882년 만주에서 누가복음이 한글로 번역되어 출판될 무렵 조선은 임오군란으로 어수선했다. 흥선대원군(수구 세력)과 명성황후(진보 세력) 사이의 무력 충돌이었다. 이 혼란 속에서 명성황후의 목숨을 지키는 데 공헌한 이수정(李樹廷, 1842-1886)이라는 인물이 있었다. 고종은 그의 공로를 인정해 일본 유학 기회를 제공했다. 이수정은 온건 개화파로서 선진 문화를 배우기 위해 수신사 박영효의 비공식 수행원으로 일본으로 갔다. 거기서 그는 네덜란드 농업기술을 배운 농학자 츠다센(津田仙, 1873-1908)에게 기독교 복음을 듣게 되었다. 츠다센은 이수정에게 한문성경을 선물로 주었다. 이수정은 한문성경(특히 산상수훈)을 읽다가 예수님을 만났고, 1883년 4월 29일 동경의 한 장로교회(一致敎會)에서 세례를 받았다.

복음에 대한 뜨거운 열정을 가진 이수정은

/ 이수정의 성경번역(일본)

미국 장로교 선교사 녹스(G. W. Knox, 1853-1912)와 감리교 선교사 매클레이(R. S. MacLay, 1824-1907)에게서 성경을 배웠다. 이수정은 스스로 자신을 구원하려는 불교와 하나님의 은혜와 오직 믿음으로 구원을 얻는 기독교는 분명히 다르다는 것을 파악했다. 당시 미국성서공회 총무로 섬기고 있던 헨리 루미스(Henry Loomis, 1839-1920) 목사는 믿음직한 이수정을 찾아가 조선 선교를 위해 성경을 한글로 번역할 것을 제안했다. 이수정은 문물을 배우는 것보다 동족을 위해 진리의 도(道)를 전하는 것이 더 중요함을 깨닫고 성경 번역에 착수했다. 그는 먼저 '현토성경'(懸吐聖經), 곧 한문성경에 한글로 토를 다는 방법으로 1883년 5월 한 달 만에 신약 전체를 완성했다. 그해 11월 인쇄에 들어가 1884년 8월까지 사복음서와 사도행전 등 5권을 각각 1천 부씩 출판했다. 현토성경이 일본 유학 중이던 한국 기독 학생들에게 큰 유익이 된 것은 말할 것도 없다.

현토성경 번역을 마친 이수정은 1883년 6월부터 1884년 4월까지 마가복음 한글 번역을 마치고, 1885년 2월 《신약전서 마가복음셔언해》(마가복음) 6천 부를 인쇄했다. '언해'(諺解: 한문을 한글로 번역하는 것)라고 한 것은 유교와 불교 서적의 한글역을 그렇게 불렀기 때문이다. 바로 이수정의 번역본 성경을 언더우드와 아펜젤러가 한반도에 들어올 때(1885년 4월 5일) 들고 들어왔다. 하나님의 일하심은 놀랍고 신비롭다.

이수정은 일본에서 활동하던 미국 선교사들에게 편지를 썼다. 이 편지는 'Condition of Korea'라는 제목으로 미국에서 발행되는 선교 잡지에 소개되었다. 그 편지(1883년)로 이수정은 '조선의 마케도냐인'(Macedonian of Korea)이라는 별명이 붙게 되었으며, 1년 후 언더우드가 한반도 선교를 결심하는 계기가 되었다.

한반도에 복음이 전파되기 전 이미 중국과 일본에서 성경이 번역되면서 선교 준비가 착착 진행되고 있었다. 마치 그리스 로마의 공용어인 헬라어로 성경이 기록된 후 복음이 전파되었던 것처럼, 하나님의 일하심은 인간의 계획과 상상을 초월한다.

주후 1881~1885년

6. 권서인들, 한글성경을 전하는 아름다운 발

로마서 10장 14-15절에는 복음을 전파하는 자의 아름다움을 이렇게 말한다.

> "듣지도 못한 이를 어찌 믿으리요 전파하는 자가 없이 어찌 들으리요 보내심을 받지 아니하였으면 어찌 전파하리요 기록된 바 아름답도다 좋은 소식을 전하는 자들의 발이여 함과 같으니라"

조선 밖, 중국과 일본에서 번역된 한글 성경은 어떤 경로로 한국에 전달되었을까? '아름다운 발'의 역할은 '권서인'(勸書人, Colporteur)이라고 불리는 한국인 개종자들을 통해 이루어졌다. 외국 선교사가 아니라, 한인 권서인의 활동을 통해 성경이 전달된 것은 놀랍다. 선교사 입국 전 이미 한인이 복음을 전달하였음은 주목할 만하다. 벌써 1880

/ 성경과 문서를 리어카에 싣고 나르는 권서인

년부터 한문성경이 한반도에 전달되었는데, 백홍준은 이 금서를 옮기다 발각되어 3개월간 옥살이를 해야 했다. 그럼에도 불구하고 1881년 한인 100명 정도가 매킨타이어 선교사로부터 복음을 듣기 위해 만주에서 일주일 정도 머물다 귀국할 때 한문성경을 가지고 입국했고 여러 사람에게 전달했다. 존 로스는 1882년 인쇄된 한글성경을 가지고 식자공이던 김청송에게 권서인 역할을 하도록 했는데 아주 성공적이었다. 압록강변에 위치한 옛 고구려의 고도 집안(集安, 광개토왕릉비가 있고 국내성이 있었던 곳)에 있는 한인촌을 중심으로 선교한 결과 많은 결신자를 얻었다. 그들은 로스에게 찾아와 세례를 요청했다고 한다. 1884년 압록강 연안 계곡에 있는 28개의 한인촌에 100명의 세례자, 600명의 세례 요청자가 있었다니 대단했다. 매일 가정예배를 드리고 하나님의 말씀을 듣는 수천 가정들이 있었다고 전해진다.

압록강 하류 한반도 쪽에 위치한 평안도 의주(義州)에는 1879년 백홍준의 전도로 구도자가 생겨나면서 성경에 대한 요구가 점점 증가했다. 그는 1882년에 발간된 누가복음과 요한복음을 폐지 속에 넣어 밀반입하기도 했다. 당시 성경 반입은 금지되었다. 일찍이 이성하(李成夏)가 성경을 숨겨 국경을 넘다가 발각되어 실패한 것을 알고 있던 백홍준은 복음서 성경을 한 장씩 풀어 말아 노끈을 만들어 고지(故紙) 속에 숨겨 들어온 후, 다시 그것을 풀어 책을 만들어 배포했다고 한다. 그는 고향인 의주와 강계 등지에서 복음을 전했다. 그의 신분은 성경을 판매하는 '매서인'(賣書人)이고, 선교사의 일을 돕는 '조사'(助事)였다.

1883년 10월 서상륜(徐相崙, 1848-1926)이 '권서인'으로 파송되어 의주에 왔을 때는 백홍준이 교리 문답반을 개설하여 가르치고 있었다. 나중에 백홍준은 1885년 18명의 신자와 예배처소를 마련했다. 한국인 스스로 만든 개신교 신앙 공동체였으니 바로 '의주교회'(義州敎會)다.

이성하는 압록강 중국인 여관에 성경책을 쌓아 두었는데, 여관 주인이 성경이 금서인 것을 알고 불에 태워 압록강에 던졌다고 한다. 그 소식을 들은 로스 목사는 "그 압록강 물을 마시는 사람이나, 불탄 성경의 재가 떨어지는 집의 생명들이 그리스도를 믿게 될 것입니다"라고 말했다고 한다.

서상륜은 압록강 근처 의주 출신으로 홍삼 장사를 하며 생계를 이어 가는 고달픈 삶을 사는 사람이었다. 그런데 그가 1882년 대영성서공회 최초의 조선인 권서인으로 만주 지역에 사는 조선인을 대상으로 전도했다. 얼마나 영광스러운 일인가. 당시 개신교회는 성경을 전하며 선교했고, 천주교와 다르다는 평가와 함께 좋은 반응을 얻었다. 서상륜은 1883년 한글성경과 한문성경을 가지고 압록강을 건너다가 국경 검문소에서 발각되어 모든 성경을 몰수당하고 생명의 위협까지 받았지만, 관리의 묵인으로 탈출할 수 있었다. 고향 의주에서 친지들을 중심으로 복음을 전하다가 관가에 발각되어 1884년 봄 동생 서경조(徐景祚, 1852-1938)와 함께 외삼촌이 살고 있는 황해도 장연군 대구면 송천리(松川里), 곧 솔내(소래)로 내려와 성경을 팔며 복음을 전했다.

서상륜은 1885년 20여 명의 개종자와 함께 개신교 공동체를 시작했는데, 그것이 '소래교회'(송천교회)다.[1] 이들 중 3명은 1887년 언더우드 선교사에게 가서 세례를 받았고 나머지는 나중에 언더우드를 초청하여 세례를 받았다. 후에 소래마을 58가구 가운데 52가구가 개종할

---

1   소래교회 설립과 관련해 여러 견해가 있다. 1883년(김대인·이상규), 1884년(민경배·이만열·옥성득), 혹은 1885년(김양선.한규무)으로 보기도 한다.

정도로 복음의 영향력은 대
단했다. 이렇듯 '소래교회'
는 한반도 최초의 교회이자
장로교회의 요람이었다. 소
래는 '대구면'에 있었는데
'대구'(大救)는 '큰 구원'이라
는 뜻이다. 정말 이 지역에

/ 소래교회

'큰 구원'이 일어났다! 이 교
회에는 직분자도 없고 조직과 제도도 제대로 갖추어지지 않았지만,
말씀을 통한 하나님의 능력이 역사하고 있었다. 성경이 그리스도 안
에 있는 믿음으로 말미암아 구원에 이르게 하는 지혜가 있게 한 것이
다. 번역된 한글성경은 구원하는 하나님의 능력이었다.

동생 서경조는 1900년 소래교회에서 한국 최초의 장로(1896년 장로
피택)가 되었다. 그는 후에 평양신학교에서 신학을 공부한 후 1907년
한국 최초의 목사 7명 가운데 한 명이 되었다. 서경조의 아들 서병호
(徐丙浩, 1885-1972)는 한국 최초로 유아세례를 받았고 나중에 새문안교
회 장로가 되었으며 경신학교 교장을 지냈다. 대를 잇는 예수 믿는 집
안의 면모를 보여 준 것이다.

소래교회 출신 성도들은 1887년에 문을 연 서울 새문안교회의 주
력 교인이 되었다. 서울여자대학교 설립자 고황경 박사의 조부 고학
윤(高學崙) 조사, 한국 여성 지도자 김필례(金弼禮, 1891-1983), 남궁혁 박
사의 부인 김함라, 여성 독립운동가로서 후일 김규식 박사의 부인이
된 김순애(金淳愛, 1889-1976), 여성 독립운동가 김마리아(金瑪利亞, 1891-
1944), 연세대학교 부총장을 지낸 김명선(金鳴善, 1897- 1982) 박사도 소

래교회 출신이다. 과연 소래교회는 한국 교회의 요람이었다.

1883년에는 김청송에 이어 두 번째 식자공이 된 동지사 수행원 출신의 한 청년이 고향인 평양으로 돌아와 1천 권의 성경을 뿌려 평양교회의 밑거름이 되었다. 한편 서상륜은 두 번째 식자공으로부터 400권의 복음서를 가지고 와 서울에서 6개월간 전했는데, 그 결과 여러 명의 기독교인이 생겼다. 그는 로스 선교사에게 13명의 친구에게 세례 줄 것을 요청하면서 교회를 조직해 달라고 부탁했다. 하지만 사정이 여의치 않았다.

이렇듯 한반도에 복음이 전해질 때 먼저 조선 '권서인' 혹은 '매서인'을 통해 선교가 이루어진 것을 볼 수 있다. '권서인'은 한인 전도자 혹은 선교사라고 불러도 과언이 아니다. 한민족이 아직 복음을 잘 알지 못하던 시절이었지만, 그럼에도 성경이 한글로 번역된 덕분에 전도가 매우 용이했다.

주후 1866~1883년

7. 미국 선교사들은 왜 조선을 향했는가

견미사절단이 기차 안에서 만난 그 사람

미국은 1866년 제너럴셔먼호 사건 이후 1871년 신미양요를 겪으면서 1882년 한미수호통상조약을 맺기에 이르렀다. 일본이 1876년 조선과 무역을 위한 교두보를 마련하자 청이 일본을 견제하기 위해 미국과 조선의 수교통상을 중매 섰다. 이 조약에는 종교의 자유를 금지하거나 혹은 보장한다는 조문은 없다. 바로 이 조약에 의해 선교사는 의사나 교사 신분으로 한반도에 발을 디딜 수 있었다. 그 후 체결된 다른 나라와의 수호통상조약을 보면 선교의 자유가 허용되는 분위기로 변해 간 것을 볼 수 있다. 1883년 11월 영국과 독일과의 수호통상조약이 체결되었는데, 이 조약문에는 외국인이 지정된 곳에서 종교의식을 할 수 있다고 언급했고, 1886년 6월 프랑스와의 조약문에는 '교회'라는 문구가 들어가 선교의 자유가 어느 정도 허용되는 상황으로 바뀌어 갔음을 알 수 있다.

조선은 미국과 한미수호통상조약을 맺은 후 민영익(공사), 홍영식(대리공사) 등 여러 명의 특명전권사절단을 미국으로 보냈다. 이는 조선을 세계 속에 독립국으로 드러내려는 의도가 있었다. 견미사절단(遣美使節團)이라 불리는 대표들은 1883년 7월 16일 제물포를 출발, 요코하마를 경유해 9월 2일 샌프란시스코에 도착했다. 환대를 받은 사절단은 9월 4일 대륙횡단열차(1869년 완성)를 이용해 시카고와 뉴욕 등을 거쳐 워싱턴에 도착했다. 대통령을 만난

/ 최초의 외교 사절단 미국 방문 기념

후 사절단 일부는 12월에 귀국했지만, 나머지 민영익과 서광범, 변수 등은 유럽을 돌아 다음 해 5월 말에 귀국했다. 견미사절단은 미국을 다녀온 후 입장이 반반으로 나뉘었다고 한다. 대표였던 민영익은 서구 문명을 받아들이는 데 부정적이었다. "서구 문명은 빛나고 불타는 등불입니다. 조선은 그 주변을 날아다니는 나방입니다. 조심하지 않으면 빨려 들어가서 죽을 것입니다." 그는 청과의 관계로 충분하다고 여

기고 개방을 반대했다.

한편, 견미사절단이 샌프란시스코에서 시카고로 가는 도중에 놀라운 만남이 있었다. 볼티모어 감리교 목사 존 가우처(John F. Goucher, 1845-1922)가 기차 안에서 사절단 일행을 만난 것이다. 그날의 만남으로 한반도를 향한 감리교회 선교에 불이 당겨졌다. 대륙 횡단 열차의 침대차 좌석을 구하지 못한 가우처가 할 수 없이 한국인 사절단이 여행하는 특별 차량의 2층 칸을 이용한 것이 이들의 만남을 성사시켰다. 가우처 목사는 아침에 낯선 방언으로 말하는 소리를 들었고, 커튼 밖으로 한 번도 본 적 없는 한무리의 이방인 남자들을 보았다. 그는 한국인 사절단들과 한나절 대화를 나누었다. 가우처는 이미 중국과 일본 선교에 헌신하며 병원과 학교를

/ 존 가우처 목사

세우고 지원하는 일을 하고 있었다. 그해 11월 6일 감독에게 편지를 써 한반도에 선교사를 파송해 줄 것을 요청했고, 2천 달러의 선교 기금을 약속했다. 1884년 1월 31일, 일본 선교사로 있던 매클레이에게 편지를 써 한반도를 방문하여 선교 가능성을 타진해 줄 것을 부탁했다. 신기하고 놀라운 만남이었다.

미국에서 한국 선교 바람이 불다

18세기 말부터 시작된 미국의 제2차 대각성 운동은 1840년까지 이어졌다. 그리고 찰스 피니(C. F. Finny, 1792-1875)와 드와이트 무디(D. L. Moody, 1837-1899)의 부흥운동은 수많은 젊은이들로 하여금 선교에 헌신하도록 했다. 이런 부흥운동의 결과 수많은 선교단체들이 생겨나게

되었는데, 미국 감리교회는 1818년 여러 선교회가 연합한 '성경과 선교회'(The Bible and Missionary Society)를 조직하여 아프리카, 남아메리카, 인도, 중국, 일본, 멕시코, 말레이시아, 불가리아에서 선교 사업을 했다.

한미수교 후 미국을 방문하던 견미사절단을 기차에서 만나 한반도에 대해 알게 된 가우처의 요청으로 일본에서 선교하던 북감리교회 매클레이 선교사는 주일 미국 공사와 주한 미국 공사의 후원으로 1884년 6월 24일부터 7월 8일까지 2주간 한국을 방문해 선교의 초석을 놓는 일을 했다. 매클레이는 일본에서 친분을 쌓은 조선 정부의 김옥균을 통해 고종을 만나 미국 선교부가 병원과 학교를 지을 수 있다는 허락을 받아 내기도 했다. 학교는 조선이 환영할 것이고 병원은 낙후된 위생 상태에서 꼭 필요한 것이었다. 교육과 의료는 선교를 위한 좋은 방편임에 틀림없다. 뿐만 아니라 가우처는 미국에서 2천 달러의 선교헌금을 약속하면서 감리교 선교회로 하여금 8100달러의 선교 예산을 준비하도록 했다. 여러 신문에 조선 선교에 관한 15편의 기사가 실리기도 했다. 가우처의 이 같은 노력으로 감리교회에서 선교사를 파송하기에 이르렀는데, 아펜젤러가 교육 사업을 위해, 스크랜턴이 의료선교 사업을 위해 한국에 선교사로 들어오게 되었다.

미국 장로교선교회는 교회 차원보다는 독립 기구로 1796년 뉴욕선교회를 조직하면서 시작되었다. 1870년 장로교회는 총회 산하로 모든 선교회를 통합하고 멕시코, 남아메리카, 서시리아, 페르시아, 인도, 태국, 중국, 일본에 선교 사업을 하고 있었다.

조선 선교에 대한 관심은 중국과 일본에서 선교하던 장로교 선교사들로부터 시작되었다. 이수정의 회심으로 조선 선교에 대한 관심은 고조되었다. 특별히 이수정의 '한국 마케도냐인의 호소'라는 편지가 소개되면서 조선 선교에 대한 관심이 더 높아졌다. 선교 잡지에 조선 선교의 필요성이 언급되면서 분위기가 무르익었다. 여러 사람이 조선 선교를 위해 호소할 뿐만 아니라 기금을 내기 시작했다. 특별히 1884년 2월 뉴욕주 브루클린에 거주하는 맥윌리엄스(David W. McWilliams)가 프레데릭 마칸드(Frederick Marquand, 1799-1882)로부터 받은 유산 중 5천 달러를 조선 선교를 위해 쾌척했다. 이를 계기로 장로교 선교회는 1884년 의술이 뛰어난 젊은 헌신자 헤론(John W. Heron, 1856-1890)을 한국 최초의 의료선교사로 임명했다. 그리고 인도 선교를 목표로 신학을 공부하고 의학 공부를 한 언더우드(Horace G. Underwood 元杜尤, 1859-1916)를 1884년 7월 28일 한국 최초의 목사 선교사로 임명했다.

그런데 정작 한국에 가장 먼저 발을 디딘 선교사는 1884년 중국에서 입국한 의사 알렌(H. N. Allen, 安連 1858-1932)이다. 알렌은 1883년 중국 상해(상하이)로 파송된 의료선교사였다. 하지만 조선을 위해 선교 기금을 마련한다는 소식을 듣고 선교회의 허락을 받아 중국에서 조선으로 발길을 돌렸다. 알렌은 1884년 6월 조선으로 선교지 변경을 요청했고, 7월 22일 허락을 얻어, 9월 20일 제물포(인천)로 입국함으로써 한국 땅을 밟은 최초의 서양 개신교 선교사가 되었다. 이미 1883년 미국 공사관이 서울에 있어 미국인들이 상당수 있었기에 의사 알렌은 환영을 받았다. 알렌은 선교사였지만, 의사로 대우받으며 조선 정부의 묵인 아래 개척 선교사로서 임무를 다하려 했다.

8. 조선으로 속속 들어오는 복음의 일꾼들

최초의 한반도 선교사, 알렌

이미 언급했듯이 미국 장로교회가 1884년 헤론을 의료선교사로, 언더우드를 교육선교사로 보내기로 동시에 결정했다. 하지만 가장 먼저 한반도에 발을 디딘 선교사는 알렌이었다. 알렌은 일찍이 오하이오

웨슬리언 대학에서 공부했지만, 북장로교회 해외선교부 소속으로 중국 난징 선교사로 파송되었다. 알렌은 일단 조선 주재 미국 공사관에서 공의(公醫)로 취직했다. 그해 12월 4일 명성황후의 사촌동생 민영익이 갑신정변 때 중상을 입어 출혈이 심하자, 고종 밑에서 외교와 세관 업무를 담당하던 독일인 묄렌도르프(P. G. von Möllendorff, 1848-1901)[2] 의 주선으로 알렌이 치료를 하게 됐다. 알렌

/ 알렌 선교사

은 민영익의 출혈을 멎게 하고 상처를 수술로 치료했다. 조선 정부는 그의 의료기술에 감명을 받고 알렌을 고종 황제의 주치의로 임명했다.

그의 명성과 영향력이 갈수록 높아지면서 갑신정변 때 살해당한 홍영식(洪英植, 1856-1884)의 집을 '광혜원'(廣惠院 병원)으로 사용하게 되

2 주 톈진 독일 영사였던 파울 게오르그 폰 묄렌도르프는 청국 재상 이홍장의 천거로 1883-1885년까지 조선 왕국의 외무협판(차관급)으로 임명되어 대서양 외교 정책 수립에 큰 역할을 했다. 조선이 독일, 영국, 러시아, 이탈리아 등과 통상우호조약을 체결할 때 조선의 입장에서 결정적 공헌을 했다.

었다(1885년 2월). 1885
년 4월에는 '제중원'(濟
衆院)으로 이름을 바꿔
정부가 관여하여 설립
한 최초의 '왕립병원'
이 되었다. 그해 6월
의사 헤론이 입국하여
사역했다. 알렌은 선

/ 제중원

교사로서 3년을 사역한 후 1887년 의료선교사를 사임하고, 미국 정부
워싱턴 주재 조선 영사관 서기를 하다가 나중에는 조선 주재 미국 대
리 공사와 총영사, 특명 대사를 지냈다. 알렌이 선교사로서 역할을 계
속하지는 못했지만, 그가 조선에 끼친 개신교에 대한 신뢰는 이루 말
할 수 없이 크다. 알렌은 한글을 열심히 공부해 한국어로 의사소통하
려고 노력했다. 날마다 가정예배를 통해 기도하고 찬양하고 말씀을
읽고 공부하는 일을 게을리하지 않았다고 한다. 그런 알렌 가정의 삶
은 한글을 가르친 노도사(盧道士, 노춘경盧春京으로도 알려짐)라는 어학 선
생의 마음을 움직였다. 노도사는 해외 선교사가 베푼 최초의 세례자
가 되었다.

언더우드와 아펜젤러

언더우드는 영국에서 태어나 자라다가 어릴 때 미국으로 이민을 갔
다. 네덜란드 개혁교회에서 신앙훈련을 받았고, 뉴욕 대학(New York
University)과 럿거스 대학(Rutger's University)에서 공부한 후 뉴브런스윅
(New Brunswick)에 있는 개혁교회(The Reformed Church in America) 신학

교에서 신학을 공부하고 목사가 되었다. 그는 개혁 신앙을 누구보다도 잘 아는 몇 안 되는 선교사 가운데 하나였다. 뉴저지주의 폼프턴에서 목회를 하면서 인도 선교사가 되기 위해 1년간 의학을 공부하기도 했다. 그는 1884년 7월 선교사로 임명받은 후 미혼으로 조선으로 가기 위해 1885년 2월 일본에 도착해 입국할 시기를 보고 있었다. 조선은 갑신정변으로 나라가 어지러웠다. 한편, 미국 감리교 선교사로 파송받은 아펜젤러(H. G. Appenzeller 亞扁薛羅, 1858-1902) 부부와 함께 일본에 머물던 한인들로부터 두 달 동안 한글을 배웠다. 1885년 3월 31일 세 명의 선교사는 이수정이 번역한 마가복음을 들고 나가사키를 떠나 4월 2일 부산을 거쳐 4월 5일 부활 주일 오후 인천 제물포에 도착했다. 아펜젤러는 미국 선교부에 편지를 보내면서 그의 마음을 이렇게 표현했다.

"우리는 부활 주일에 여기 왔습니다. 이날에 죽음의 철장을 부순 주님이 이 백성을 얽매고 있는 줄을 끊고 그들로 하나님의 자녀들이 얻는 빛과 자유를 누리게 하소서!"

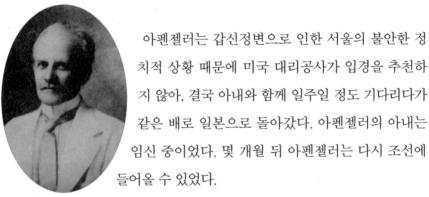
/ 언더우드 선교사

아펜젤러는 갑신정변으로 인한 서울의 불안한 정치적 상황 때문에 미국 대리공사가 입경을 추천하지 않아, 결국 아내와 함께 일주일 정도 기다리다가 같은 배로 일본으로 돌아갔다. 아펜젤러의 아내는 임신 중이었다. 몇 개월 뒤 아펜젤러는 다시 조선에 들어올 수 있었다.

언더우드는 서울로 들어와 알렌 선교사와 만나 사역

을 시작했다. 장로교 언더우드와 감리교 아펜젤러는 교파가 달랐지만, 한반도 선교에서 긴밀히 협력했다. 감리교 선교사 아펜젤러는 본래 독일계 개혁교회 전통의 집안에서 자랐지만 대학에서 특별한 체험을 하면서 감리교회로 적을 옮겨 드루 신학교에서 공부했다. 두 사람은 신앙에 투철하고 열정이 남달랐다. 1883년 10월 미국 코네티컷주 하트포트에서 열린 초교파 신학생 수련회에 참석한 두 사람은 그때 이미 조우했는지도 모른다.

/ 아펜젤러 선교사

언더우드와 아펜젤러는 먼저 외국인 대상 교회를 시작했다. 그것이 나중에 주한 외국인 교회인 '서울연합교회'(Seoul Union Church)의 시작이다. 한반도에 들어와 있는 선교사와 공사관 직원의 가족이 모여 예배하는 곳이었다. 그들의 아픔과 고통과 슬픔을 위로하고 풍토병으로 죽어 가는 자녀와 선교사의 장례를 책임지기도 했다. 1887년 9월 언더우드가 정동에서 '새문안교회', 10월에는 아펜젤러가 '정동(제일)교회'를 시작했다. 둘은 1888년 4월 북부 지방 전도여행에 함께하기도 했다. 그들은 경쟁하지 않고 서로 협력하며 복음을 전했다. 나중에 조선 선교를 효율적으로 하기 위해 지역을 나누어 선교하면서 교파별, 선교부별로 분할하게 되지만, 복음을 위해 협력했다. 나중에 선교사 존스가 평가한 두 사람의 모습은 다음과 같다.

"언더우드는 지칠 줄 모르고 늘 희망적이었고, 아펜젤러는 건설적이고 통찰력이 있었다."

둘은 선교 사역에서 최고의 협력자였다. 이들의 협업으로 한반도 선교는 성공적으로 정착되고 있었다.

조선으로, 조선으로

1885년 5월 3일 **북감리교** 선교사 윌리엄 스크랜턴(William B. Scranton 施蘭敦, 1856-1922)이 아내와 어머니 메리 스크랜턴(Mary F. B. Scranton 施蘭敦, 1832-1909)을 일본에 남겨 두고 홀로 입국했다. 엄밀히 말해서 감리교 첫 선교사는 아펜젤러가 아니라 스크랜턴이다. 아펜젤러는 7월 29일(6월 20일 제물포 도착)에야 그의 아내와 스크랜턴의 아내와 어머니와 함께 서울에 들어왔기 때문이다.

북장로교 의료선교사 헤론 부부도 1885년 6월 20일 제물포에 함께 도착해 바로 서울로 들어가 사역을 시작했다. 대부분의 미국 선교사들은 미국 공사관 근처 정동(현 덕수궁 주변)에 양반 집을 매매해 터전을 마련하고 선교를 시작했다. 1886년 7월에 북장로교회 선교회는 여성 간호사 선교사 애니 엘러스(Annie J. Ellers, 1860-1938)를 파송해 조선 왕비와 궁중 여성들을 진료하기 시작했다. 엘러스가 혼인 때문에 곧 미국으로 돌아가자 1888년 3월 여의사 호톤(L. S. Horton, 1851-1921) 선교사를 파송했다. 호톤은 명성황후의 시의로 활동하는 동시에 제중원의 부인과를 담당했다. 1889년 3월 호톤은 언더우드 목사와 혼인했고, 나중에 언더우드의 전기를 책으로 저술하기도 했다.

1884년 중국 만주에서 선교하던 영국 성공회 소속 울프(J. R. Wolfe, 1832-1915) 선교사가 그 전에 일본에 요양차 왔다가 알렌 선교사를 만나 조선 선교의 필요성을 절감하고, 1885년 중국인 전도자들과 부산에 와서 2년간 선교했다. 1888년에는 게일(J. S. Gale 奇一, 1863-1937) 선교사가 캐나다에서 소속 없이 한국에 왔다. 한편, 울프 선교사가 호주

교회에 선교를 요청해서 데이비스(J. H. Davies, 1856-1890)가 파송되었다. 데이비스는 울프 선교사의 조선 선교 호소문을 읽고 선교사로 지원했다. 그는 성공회의 지원을 받지 못하게 되면서, **호주 장로교**로 옮겨 목사 안수를 받

/ J.H. 데이비스 선교사

은 후 교인과 친지의 협조로 세 살 많은 누나와 1889년 10월 한반도로 왔다. 서울에서 5개월 한글을 공부하고, 1890년 수원, 공주, 대구를 거쳐 부산까지 20일이나 걸려 갔다. 안타깝게도 데이비스는 무리한 여행에 몸이 쇠약해져서 천연두에 폐렴까지 겹쳐 아무것도 먹지 못했다. 4월 부산에서 사역하던 게일 선교사의 집에 도착했으나 다음 날 일본인 병원으로 옮겨져 결국 숨을 거두었다. 그의 죽음을 지켜본 게일 선교사가 서울에 머물고 있던 데이비스 선교사의 여동생에게 편지를 썼는

/ 게일 선교사

데 그것이 호주 장로교회 소식지에 실렸다.

　"…1시 그는 아주 평온한 모습으로 숨을 거두었는데, 마지막 순간까지 예수님에 대해 뭔가를 중얼거렸습니다."

　이 소식은 호주 장로교회 교인들의 마음을 흔들어 놓았다. 그 후 호주 장로교회는 백여 명의 선교사를 한국에 파송했다. 한 알의 씨앗이 떨어져 썩음으로 수많은 결실을 맺은 바로 그 현장이었다. 하나님의 일하심은 참으로 놀랍다.

　울프 선교사가 영국 선교회에 조선 선교의 필요성을 재차 요구한 결과 **영국 성공회**는 1890년 코르페(C J. Corfe 고요한, 1843-1921) 주교를

6명의 목사와 2명의 의사와 함께 파송했다. 그리고 1891년 9월 30일 최초의 성공회 예배당이 건립됐다. 덕수궁 돌담 북쪽에 로마네스크 양식으로 고풍스럽게 지어진 전형적인 서양식 교회 건물이다. 시청에서 서쪽 건너편에 있다. 2015년 정부청사 건물을 허물면서 지나가면서도 잘 볼 수 있게 되었다.

1891년 언더우드는 안식년으로 미국에 돌아가 내슈빌에서 열린 '미국 신학교 해외 선교연맹'(Inter-Seminary Alliance for Foreign Missions) 집회에 참석해 조선 선교에 대한 강연을 했다. 그때 밴더빌트 대학에 재학 중이던 윤치호도 강사로 참여했다. 이 집회에서 남장로교 소속 신학생들이 대거 한국 선교사로 지원했다. 처음에는 미국 **남장로교회**(PCUS: The Presbyterian Church in the United States)가 재정 부족으로 난색을 표했지만, 1892년 조선 선교를 결심한 7명을 선교사로 파송했다. 그들은 10월 17일과 11월 3일 한반도에 도착했다. 그들은 매코믹 신학교의 루이스 테이트(L. B. Tate 崔義德, 1862-1925), 윌리엄 전킨(W. M. Junkin, 全緯廉, 1865-1908), 레이놀즈(W. D. Reynolds 李訥瑞, 1851-1951), 마티 테이트(M. S. Tate 최마태, 테이트의 여동생, ?-1940), 린니 데이비스(L. Davis, ?-1903), 메리 레이번(M. Leyburn 윌리엄 전킨의 아내), 팻시 볼링(P. Bolling)이었다.

1898년에는 그리어슨(R. G. Grierson) 의사 부부와 푸트(W. R. Foote) 목사 부부, 맥케어(D. M. McCare) 선교사가 함경도에서 선교했다. 1893년 유진 벨(E. Bell 배유지, 1868-1925)이 목포와 광주, 1912년 윌리엄 린튼(W. A. Linton 인돈, 1891-1960)이 군산과 전주, 그리고 엘리자베스 셰핑(E. J. Shepping 서서평, 1880-1934)이 서울과 광주에서 선교사역을 이어갔다.

윤치호의 역할도 컸다. 그는 미국에서 유학하면서 **남감리교**에 조선 선교를 호소했다. 그는 일찍이 개화사상가로서 궁궐에서 통역을 하기도 했다. 그는 갑신정변으로 피난을 가 중국 상하이에서 유학하다가 남감리교 선교부가 운영하던 중서학원(Anglo Chinese College)에 재학하던 중 신앙을 갖게 되었다. 1888년 미국으로 유학 가 밴더빌트 대학과 에모리 대학에서 공부했다. 윤치호는 미국에서 조선 선교를 요청하며 사역하다가 갑오개혁으로 개화 정부가 들어선 1895년 2월 귀국했다. 그 후에도 계속 선교를 요청하여 남감리회도 적극적으로 선교사를 보냈다. 1895년 10월 유진 헨드릭스(E. R. Hendrix, 1847-1927) 감독이 한반도에서 선교사역을 시작했다. 1897년 5월 중국 남감리교 선교회가 '조선 선교부'를 조직하고 레이드(C. F. Reid 이덕 李德, 1849-1915)를 의료 선교사로 파송했다. 북감리교와 남감리교는 1930년 12월 2일 '기독교 조선 감리회'로 통합되었다.

캐나다 장로교는 1898년부터 본격적으로 한국 선교를 시작했다. 하지만 캐나다 출신 선교사들은 이미 토론토를 중심으로 개인 자격으로 조선 선교를 시작했다. 1888년 게일(J. S. Gale)이 토론토 대학 YMCA의 후원을 받고, 1890년 하디(R. A. Hardie 河鯉永, 1865-1949)가 토론토 의대 YMCA의 파송, 그리고 1893년 에이비슨(O. R. Avison 魚丕信, 1860-1956)이 같은 단체의 지원으로 선교하고 있었다. 1893년 맥켄지(W. J. McKenzie 梅見施 혹은 金世, 1861-1895)가 메리타임즈(Maritimes) 지역 장로교학교 선교협회의 파송을 받아 선교를 시작했다. 그는 황해도 소래교회에 머물며 조선인처럼 살면서 복음을 전했다. 조선의 시골 위생 상태는 열악했지만, 맥켄지는 개의치 않고 복음을 전하다가 1895년 소래에서 죽어 소래교회 예배당 뒤에 묻혔다. 그 소식을 들은 캐나다 장로교회는 1897년 조선 선교를 정식으로 결정하고 1898년 그리어슨, 맥크레(D. M. McRae 馬具禮, 1868-1949), 푸트(W. R. Foote 富斗一, ?-1930)를 한국 선교사로 파송했다. 맥켄지의 죽음 이후 백여 명의 캐나다 장로교 선교사들이 한반도에 들어왔다. 한 알의 씨가 많은 선교사를 한국 땅에 불러온 것이다.

침례교는 1889년 캐나다 대학교 YMCA의 파송을 받은 말콤 펜윅(M. C. Fenwick 片爲益, 1863-1935)을 통해 선교를 시작했다. 미국 침례교회는 1895년에 폴링(E. C. Pauling, 1864-1960)과 아만다 가드라인(A. Gadeline, 1896-1901)을 중심으로 부산과 공주 지역에서 선교를 시작했지만, 1900년 재정난으로 중단했다. 이 선교를 펜윅이 1906년 인계받아 '동아 기독교'라는 이름으로 일제 말까지 선교했는데, 해방 후 침례교회로 바뀌었다.

성결교는 '동양 선교회'(The Oriental Missionary Society)가 파송한 선교사들이 선교를 시작했다. 미국 감리교인인 오하이오주 전신기술자 카우만(C. E. Cowman, 1870-1960)과 동료 킬보른(E. A. Kilbourne, 1865-1928)이 일본 선교사로 사역했는데, 의료나 교육을 통한 간접 선교가 아니라, 개인 선교와 노방 선교 등 직접 선교 방법을 활용했다. 도쿄에 복음 전도관(성서학원)을 세워 전도집회를 열고 성경을 가르쳤다. 우리나라의 김상준과 정빈이 그 학교에서 공부한 후 1907년 귀국했다. 서울 염곡동에 '동양선교회복음전도관'(東洋宣敎會福音傳道館)이라는 이름으로 전도를 시작했다. 1911년 무교동에 '경성성서학원'을 설립하고, 1921년 '조선예수교동양선교회성결교회'라는 이름으로 바꾸어 오늘의 성결교회가 시작되었다.

구세군은 1908년 10월 1일 로버트 호가드(R. Hoggard 許加斗, 1861-

1935) 선교사가 아내와 함께 한국에 와 선교를 시작했다. 구세군 창시자로 알려진 옛 감리교 목사 윌리엄 부스(W. Booth, 1829-1912)가 동방 순방 중 일본에 들렀다가 한국인 두 명으로부터 선교 요청을 받고 한국에 선교사를 보낸 것이다. 구세군은 지금도 크리스마스 시즌의 '구세군 냄비' 혹은 '자선 냄비'로 유명하다. 그렇게 거둔 구제금으로 가난하고 어려운 처지에 있는 자들에게 자선을 베푼다.

자유교회, 일명 '플리머스 형제단'(Plymouth Brethren)도 한반도에 선교사를 파송했다. 1896년 즈음 일본인 전도자 노리마츠 마사야스(乘松雅休, 1863-1921)가 조선에 들어와 서울과 경기 지방을 중심으로 선교를 했다. 1898년 일본에서 활동하던 브랜드(H. G. Brand, 1865-1942) 선교사가 들어와 수원을 중심으로 본격적으로 선교를 했는데, '성서강당' '기독 동신회' 혹은 '기독 신우회'라는 이름으로 작은 모임을 만들어 성경을 가르쳤다. 나중에 이것이 '수원동신교회'가 되었다. 서울에는 '기독 동신회 서울중앙교회'가 있다.

주후 1882~1888년

9. 바로 그 이름, 복음입니다

죽음을 각오하게 만든 은둔의 나라

해외 선교사들은 한반도에 대해 어떻게 생각하고 있었을까? 복음 전도자들은 한반도에 대한 지식을 일본이나 중국을 통해 간접적으로 알 수밖에 없었다. 조선은 언제나 중국과만 교제하고 일본과는 그리 친하지 않았다. 한민족은 해외에 그리 많이 알려지지 않았다. 일본 동경대학에서 동양학과 자연과학을 가르치던 윌리엄 그리피스(William E.

/ 남산에서 바라본 서울

Griffis, 1843-1928)가 한반도에 대해 기록한 것이 있다. 그것이 바로 '은 둔의 나라'(The Hermit Nation)라는 표현이다. 서양인의 입장에서 본 표현이며 편견이다. 한반도, 한민족, 한문화에 대한 편견이 많을 수밖에 없었다. 한반도에는 미개한 야만인이 살고 있다거나, 서양인에게 호의적이지 않아 방문하기에 위험한 나라라고 여겼을 법하다.

한반도에 대한 최초의 기록을 남겼던 네덜란드인 하멜도 그의 책에서 조선이 자기를 풀어 주지 않은 이유로 "조선은 조선이 세계 여러 나라에 알려지는 것을 원하지 않는다"고 썼다. 조선 정부가 조난당한 불쌍한 네덜란드 선원을 가족과 고국으로 돌려보냈다면, 만국 상호 인륜적 호혜를 베푼 것이 되고, 그로 인해 좋은 관계를 맺을 수도 있었다. 하지만 그렇게 하지 않고 외인을 억류하고 붙잡아 두었다. 그것이 국익에 도움이 되는 것도 아닌데 말이다. 흥선대원군이 쇄국정책을 처음 시작한 것이 아니라, 본래 다른 나라와의 교역을 좋아하지 않았음을 알 수 있다. 조선은 외국인에게 신비롭고도 비밀스러운 나라

였음은 논란의 여지가 없다. 그래서 초기 해외 선교사들은 한반도에 들어올 때 다시 살아 돌아가지 못할 것이라는 각오를 해야 했다. 이미 1866년 영국 선교회 소속 토머스 선교사가 대동강에서 순교했기 때문이기도 하다. 로마 천주교인에 대한 무시무시한 박해는 말할 것도 없다.

당시 조선의 일반적 상황은 어땠을까? 선교사들에게 비친 한국인의 남성 신장은 167.6cm, 여성은 158.5cm였다. 인구는 약 1,500-1,600만이고 85%가 농업에 종사했다. 소농이 50%이고 소작농이 50%였다. 신분은 양반이 5만 5천 명 정도이고 중인이 100만 정도, 나머지 평민(천민 포함)이 1,300만 정도였다. 오랫동안 유지해 온 노예제도가 1894년 갑오개혁 때 폐지되었다. 한민족은 대체로 건강한 편이지만 몇 가지 질병으로 고생하기도 했다. 말라리아(학질), 천연두, 장티푸스, 디프테리아, 발진티푸스, 콜레라, 나병환자도 많았다.

한반도에는 역사적으로 무교(巫敎), 불교, 유교가 한데 어우러져 서로 영향을 주고받으며 공존했다. 세 종교가 서로 크게 충돌하지 않고 공생했다. 자식 교육을 위해서는 유교, 자식 출생을 위해서는 불교, 불운을 벗어나기 위해서는 무교에 의지했다. 무(속종)교는 자연의 권위 아래 안정감을 주고, 불교는 마음의 평안을 주고, 유교는 인륜을 가르쳐 주었다.

/ 짐승 얼굴 무늬 기와(8-9세기)

한민족은 제사의식을 통해 부모를 모시는 것이 바른 인간의 도리라 여기며 생명처럼 지켜 왔다. 처첩제도는 심각한 인권유린을 불러일으키는 악습이었다. 신분제도와 연관된 빈부격차는 심각하게 비참한 삶을 양산했다. 공직자들의 부패는 여러 민란의 원인이 되기도 했다. 농한기에는 일거리가 없으니 술에 취하고 노름으로 재산을 탕진하고 패가망신하는 일이 비일비재했다. 이런 조선의 내적 문제는 새로운 변화를 기대하게 만들었다. 백성은 영적으로 피폐하고 지쳐 있었다.

하나님은 당신의 택한 백성을 구원하시기 위해 오랫동안 인내하며 준비하고 계셨다. 때가 차매 그리스도를 세상에 보내신 것처럼 하나님은 심오한 섭리 가운데 한민족에게 복음을 전하기 위해 여러 일들을 계획하고 실행하셨다. 여러 측면에서 아주 적절한 때 서양 선교사들이 복음을 가지고 한반도에 들어왔다.

달라도 너무 다른 당신

한반도에 입국해 생활하며 사역하던 선교사들의 삶은 어떠했을까? 이국만리 낯선 땅에서의 삶은 결코 쉽지 않았을 것이다. 뿐만 아니라 생명의 위협이 도처에 도사리고 있었다. 조선의 정치적 상황은 불안했다. 서양 선교사들이 비교적 안전하게 머물 수 있었던 것은 1890년이 지난 후였다. 그 이전에는 매우 불안한 생활을 해야 했다. 미국과 1882년 상호통상조약을 맺었지만 그것은 제물포(인천), 원산, 부산에만 해당되었다. 서울에는 선교사들을 보호할 수 있는 아무런 안전장치가 없었다. 1866년 병인박해 때 프랑스 선교사 10명과 한인 천주교인 19,748명이 죽었다. 무시무시한 박해였다. 그런 분위기는 여전히 남아 있었다. 로마 천주교 신부들은 신부복을 벗고 상복을 입고 커다란 모자와 얼굴을 가리는 작은 손부채를 들고 다녔다. 당시 상(喪) 중에 있는 자와 교제하는 것은 법으로 금지되어 있어 보호받을 수 있었기 때문이다.

19세기 말 조선의 정치적 상황은 폭발 직전의 화산과 같았다. 명성황후와 홍선대원군 간에 극심한 불화가 있었다. 두 인물 중심으로 치열한 당파 싸움이 전개되고 있었다. 그것은 1884년 갑신정변에서 폭발했다. 그런데 갑신정변 때 알렌이 결정적 역할을 했다. 선교사의 안전이 보장되지 못하고 있던 때 알렌이 민영익을 치료하면서 고종과 명성황후의 신임을 얻게 된 것이다. 이후로 선교사를 대하는 분위기가 바뀌었다. 물론 법적 보호를 보장받지 못했지만 왕실의 보호를 확보한 것이다. 그즈음 미 공사관이 덕수궁 뒤편에 자리를 잡았다. 본디 경희궁에서 남대문 사이에는 하층민들이 모여 살았다. 그곳에 몰락한 양반의 집들이 있었는데 선교사는 그런 곳을 구입해 터전으로 삼았다. 물론 시세보다 더 좋은 가격으로 구입했다고 전해진다. 이렇게 왕이 묵인하거나 인정해 주는 분위기 가운데 선교사들은 서울 도심에 정착할 수 있었다.

1890년 헤론이 갑자기 죽었을 때 마땅한 장지(葬地)를 찾지 못했다. 이때 고종이 사대문 밖 양화진에 매장지를 허가해 주었다. 그 후 그곳은 선교사들의 공동묘지로 발전해 오늘에 이르고 있다.

한국인은 외국 선교사들을 어떻게 생각했을까? 덩치가 크고, 눈도 크고, 피부와 머리 색깔도 다르니 신기했을 것이다. 그러나 모든 사람이 호기심만 가지고 있지 않았다. 어떤 사람은 편견과 오해로 외국 선교사들을 대했다. 1888년 발생한 '영아 소동'이 그 예다. 사건의 발단은 장안에 한 어린아이가 실종되면서 일어났다. 사람들은 '혹시 서양인들이 어린아이를 데리고 간 것 아닌가?' 하는 의구심을 가졌다. 불한당들이 아이를 유괴해 중국 상인에게 노예로 팔았다가 붙잡히면서 사건의 진실이 밝혀졌지만, 소문은 또 다른 소문이 붙어 어처구니없는 풍문이 되어 번져 나갔다. 선교사의 집에서 고아들이 먹고 자는 것을 보고 아이를 잡아갔다고 오해한 것이다. 선교사들이 바비큐를 해 먹은 것을 보고, '저들은 조선 아이를 죽여 그 고기를 통째로 구워 먹는다'라든가, '아이를 죽이기 전에 외국인 주택의 지하실로 데려가 눈알과 혀를 빼 약을 만들고 그 약으로 사진을 만든다'라든가, '조선인 손님들에게 주는 음식에 그 약을 넣어 먹이면 마음이 변하여 기독교인이 된다'는 유언비어가 나돌았다. 이런 내용은 로마시대 기독교인들이 받았던 오해와 비슷했다.

선교사가 타 문화권에 살면서 만인에게 적용 가능한 보편적 복음을 전하는 것이 얼마나 어려운 일인지 모른다. 그 어려운 장애물이 무엇인지 살펴보자!

첫째, 당시 전반적으로 위생 상태가 좋지 못했다. 양반을 제외하고는 일반 대중의 위생 상태는 매우 열악했다. 우물과 샘이 시궁창과 가깝고 그 곁에서 빨래도 했다. 위생적이지 못한 데다 불편하기도 했다. 나중에 서울과 인천 등지에 공공 상수도를 설치하면서 점차 좋아졌다.

둘째, 선교사들은 우유를 즐겨 마셨지만, 조선인은 동물이나 먹는 우유를 사람이 먹으니 짐승 같다고 놀렸다.

셋째, 조선인이 소나 돼지를 도살할 때 목을 따 피를 그대로 받아 마시는 것을 선교사들은 야만적이라고 생각했다.

넷째, 선교사의 아내와 자녀들이 아버지와 겸상을 하는 모습을 조선인이 이해하기 어려웠다.

이런 것들은 문명과 문화의 차이에서 오는 어려움이다. 그런 것들은 쌍방적 측면이 있다. 이런 차이와 오해와 편견은 점차 시간이 지나면서 이해하고 받아들이고 동화되면서 해결되었다.

차라리 완벽한 타인이라서 좋았다

구한말 여러 강대국들(청·러시아·일본)은 한반도를 향한 식민지 야욕을 갖고 있었는데, 이는 비교적 거리가 먼 태평양 너머에 있는 미국에 대한 무한 신뢰를 일으키는 요인이 되었다. 열강들 중에서 미국이 정치·외교적으로 가장 좋은 점수를 받은 것이다. 그렇기 때문에 복음을 전하러 온 미국 선교사에게 호의적일 수 있었다. 그와 동시에 캐나다와 호주, 그리고 영국과 그 선교사에 대한 반감도 적었다.

미국 선교사들이 비교적 정치와 외교적 영향으로부터 자유로웠기에 오로지 복음 전파에 집중할 수 있었다는 점도 주목할 부분이다. 한반도에서 급변하는 개화의 물결과 더불어 몰아닥친 정치적 불안 속에서 선교사들의 의료와 교육 사역은 불안한 조선인의 마음에 위로와 희망이 되어 주었다. 이제 의료선교와 교육선교를 정리해 보자.

주후 1884~1913년

10. 조선의 마음을 열어젖힌 의료선교

1885년 문을 연 제중원에는 연간 만 명의 환자가 방문할 정도로 융성했다. 알렌과 조선 왕실 간의 좋은 관계는 수십 년간 지속되었다. 선교 불가능이 가능한 상황으로 바뀐 것이다. 제중원은 고위 관직뿐 아니라 신분이 낮은 하층민들까지 드나드는 곳이었다. 의료선교는 조선 사회의 신분제도를 허무는 데도 큰 역할을 했다.

제중원은 훗날 남대문 밖의 세브란스 병원으로 옮겼다가 연희전문학교와 통합해 오늘의 '연세대학교'(**연**희전문학교+**세**브란스 의과대학)가되었다. 1893년 11월 에비슨(O. R. Avison 어부신, 1860-1956)이 제중원의 원장이 되어 재정적 책임을 맡은 장로교 선교회의 기관으로 체제를 변경했다. 에비슨은 안식년에 미국에서 세브란스(L. H. Severance, 1838-1913)로부터 5만 달러의 후원금을 얻어 내는 데 성공했다. 그렇게 해서 1904년 9월 23일 병원 건물을 증축하고 '세브란스 병원'으로 개명했다.

1885년 입국한 북감리교 의료선교사 스크랜턴은 정동에 최초의 민간인을 위한 '시병원'(侍病院)을 세우고 가난한 자들을 대상으로 무료로 치료해 주었다. 물론 병원에 예배실을 두고 복음을 전하는 일도 겸했다. 스크랜턴은 더 가난한 자들을 치료하기 위해 1894년에 남대문 근처 빈민 지역인 상동으로 병원을 옮겼다. 이렇게 상동(지금의 서울역 근처)으로 옮긴 병원에서 나중에 '상동교회'가 생겼다. 후에 정식 병원은 아니지만 간단한 치료와 약을 나눠 주는 '시약소'(dispensary)를 서대문 밖 애오개(아현)와 동대문에도 마련했는데, 그것이 아현교회와 동대문교회로 발전한다.

'보구여관'(保救女館)은 1887년 10월 20일 감리교 여선교사 미스 하워드(Miss. Dr. Meta Howard, 1858-1932)가 이화학당 안에 세운 한국 최초의 여성 전용 병원이다. 명성황후가 친히 이름을 지어 주었다고 한다. 1892년 동대문에 분원을 설치하고 '볼드윈시약소'라고 했는데, 1899년 본원을 분원과 합쳐 나중에 '동대문부인병원'이 되었다. 스크랜턴과 그의 어머니 메리 스크랜턴이 '보구여관'을 위해 많은 노력을 기울였다고 한다. 남녀가 유별한 전통으로 의료 서비스를 받지 못하는 여성들에게 큰 힘이 되었다. 나중에 로제타 홀(Rosetta S. Hall 허을, 1865-1951)이 이어 받아 운영했는데, 이때부터 한국 여성들에게 의료 교육을 실시했다. 그중에 박에스더(김점동, 1877-1910)는 미국 존스 홉킨스

의대에서 공부하고 귀국해 1901-1910년까지 한국인 최초의 여의사로 일했다. 그녀는 과로로 폐질환에 걸려 사망했다. '동대문부인병원'은 현 이화여자대학교병원이 되고, '경성여자의학전문학교'는 현재의 고려대학교 의과대학으로 이어진다.

1895년 한국 전역에 콜레라가 창궐했을 때 서울에서만 한 달 반 만에 5천 명이 죽어 나갔다. 그때 세브란스 의료선교사 에비슨은 초교파적으로 팀을 만들어 콜레라 퇴치를 위해 조선 정부와 함께 일을 해 국민들로부터 신뢰를 얻었다.

존 헤론(John W. Heron)은 미국 의과대학을 수석으로 졸업할 정도로 실력 있는 의사였다. 병원을 개업한 동업자의 딸과 혼인했으니 앞날이 창창했다. 그런 그가 '조선의 마케도냐인'이라 불리는 이수정의 편지글을 읽고 조선 선교를 결심했다. 그의 마음은 조선을 향해 불타올랐다. 어디에 있는지도 모를 정도로 멀리 떨어진 미지의 나라에 선교사로 간다는 것은 생명을 건 결정이었다. 헤론은 미국 장로교 소속으로 혼인한 지 한 달도 채 안 돼 아내와 신혼여행 하듯 한반도를 향해

/ 세브란스 병원(1897)

출발해 1885년 6월 20일 아펜젤러 부부와 함께 인천(제물포)에 도착했다. 그는 고종의 주치의로 활동하다가 나중에 제중원 원장으로 일했다. 그는 지방을 순회하며 전염병 퇴치에도 헌신했다. 그러나 그에게 의술은 단순히 육체의 질병을 치료하는 것이 아니었다.

"나의 소명은 단순히 의학 기술을 시행하는 것이 아닙니다. 그들을 위해 죽으신 예수님을 알리기를 소망합니다."

안타깝게도 헤론은 1890년 7월 26일 전염성 이질로 사망했다. 하나님은 그를 영원한 안식으로 부르셨다. 그가 조선을 위해 일한 지 5년이 되는 해였다. 그는 최초로 양화진에 묻힌 개신교 선교사였다. 그의 묘비에는 이렇게 기록되어 있다.

"하나님의 아들이 나를 사랑하고, 나를 위하여 자신을 주셨습니다."

조선의 첫 간호선교사인 애니 엘러스 벙커는 알렌의 지휘 아래 정부 병원의 간호사로 왕실에서 일했다. 엘러스는 명성황후의 특별한 총애를 받았는데, 본국에 여성 의사선교사를 요청하기도 했다. 그 결

/양화진 최초의 선교사 묘, 헤론 선교사

과 여의사 릴리어스 호톤(L. S. Horton) 선교사가 입국하여 왕비의 시의가 되었다. 여성과 어린이를 대상으로 선교에 힘쓰던 호톤은 언더우드 선교사와 혼인했다. 초기에 그녀는 남편보다 훨씬 더 큰 선교적 영향력을 끼쳤다. 이는 1890년 언더우드 부부의 선교 상황을 본국에 보고한 문서에서도 잘 드러난다.

"언더우드 부부가 올해 한국 내륙 지방을 여행하였습니다. 그것을 통해 백성들 편

에서는 선교사 활동을 기꺼이 받아
들이려는 개방적 조심성들이 발견
되었으나, 반면에 정부 관리들로부
터는 아직은 복음 전도를 허용치 않
겠노라는 입장을 수없이 확인할 수
있었습니다. 이 점에 있어 언더우드
목사는 직접적이고 개방적인 선교
사업을 전개함에 아직은 자유롭지
못함을 느끼고 있으나, 언더우드 부
인만큼은 숙련된 의사로 환자들을

/ 로제타 홀과 한국 최초의 여의사가 된
박에스더 부부

치료할 기회를 수없이 가졌고 그것을 통해 의혹을 씻어 내고 백성의
신뢰를 획득할 수 있었습니다."

　　1891년 12월 조선에 온 북감리교 의료선교사 윌리엄 제임스 홀
(William James Hall, 1860-1894) 가문은 한국 선교에 많은 영향을 미친 것
으로 유명하다. 윌리엄 홀은 평양에서 의료선교를 시작했다. 그리고
1892년 6월 벙커 선교사의 주례로 1887년 캐나다 선교부 파송으로
이미 한국에서 사역하고 있던 로제타 셔우드 홀(Rosetta Sherwood Hall,
1865-1951)과 혼인하게 되었다. 1893년에 두 사람은 아들 셔우드를 낳
은 후 평양에서 자그마한 집을 구입해 의료선교를 시작했다. 평양 사
람들은 그들을 반기지 않았다. 평양감사 민병석은 환자들을 위협하고
훼방 놓았다. 심지어 주민을 충동질해 홀의 집에 돌을 던지기도 했다.
하지만 홀 부부는 생명의 위협을 받는 중에도 '죽으면 죽으리라!'는
마음으로 전혀 위축되지 않았다.

　　그러던 중 1894년 7월 '청일전쟁'이 발발했다. 늘 그런 것처럼 평양

은 청과 일의 전쟁터가 되었다. 수많은 사람이 죽거나 다쳤다. 윌리엄 홀은 부상당한 한국인을 치료하기 위해 자기 몸도 돌보지 않고 헌신 했고, 그러다 그만 전염병에 걸려 1894년 11월 24일 사망했다. 조선에 서 사역한 지 3년 만이었다.

아내 로제타 홀은 한 살 된 아들과 복중의 딸(7개월)과 함께 남게 되 었다. 로제타 홀은 남편을 한반도에 묻고 12월 2일 캐나다로 돌아갔 다. 그녀는 선교 사역을 그만두었을까? 그렇지 않았다. 그녀는 오히 려 더 큰 사역을 준비하기 위해 캐나다로 갔다. 김점동(남편의 성을 따 박 에스더라 불림)과 그녀의 남편이 로제타 홀과 동행했다. 김점동은 미국 에서 의학을 공부한 후 조선 최초의 여성 의사가 되어 돌아왔다. 로제 타 홀은 캐나다에서 딸을 낳았고, 고통 속에 있는 조선 맹인들을 위해 점자 개발에 힘을 쏟았다. 그리고 병원을 짓기 위한 모금도 진행했다. 로제타는 한국에 돌아와 1897년 2월 평양에 근대식 병원을 건축하고 '기홀병원'(紀忽病院)이라 이름 붙였다(후에 '평양연합기독병원'으로 발전). 윌리엄 홀의 한국식 이름 '홀'(忽)을 따서 '홀을 기념하는 병원'이라는 뜻이다.

슬프게도 로제타는 딸 에디스도 잃고 말았다. 하지만 그 슬픔도 그 녀의 사역을 멈추게 하지 못했다. 맹인에게 점자를 개발하여 가르쳤 고 농아들을 위한 학교도 설립했으며, 어린이와 여성 전문 병원(광혜여 원)을 개원했다. 그녀는 43년 동안 한민족을 위해 헌신적으로 일했다.

후에 그녀의 아들 셔우드 홀(Sherwood Hall, 1893-1991)이 미국에서 의학을 공부한 후 한국에 돌아왔다. 그는 결핵으로 죽은 김점동을 생 각하며 한국인의 결핵 퇴치를 위해 온갖 노력을 기울였다. 해주에 결 핵 전문 병원인 '구세요양원'을 건립했고 1932년 우리나라 최초의 크리스마스 씰(Seal)을 발행하여 결핵 퇴치 운동에 앞장섰다. 그는 이렇게 모은 돈을 조선의 독립을 위한 자금으로 썼다는 죄명으로 일본에 의해 강제 추방되기도 했다.

홀 가문의 한국 선교 역사를 보면 "한 알의 밀이 땅에 떨어져 죽지 아니하면 한 알 그대로 있고 죽으면 많은 열매를 맺느니라"는 말씀이 생각난다.

서울에서 시작된 의료선교는 1890년부터 지방으로 확장되었다. 주로 장로교 의사들은 서울에서 활동하고 감리교 의사들은 지방에서 사역했다. 호주 선교사들은 부산, 북장로교 선교회는 평양, 성공회는 인천에서 주로 사역했다. 평양에는 '기홀병원'(1893)과 '제중병원'(1895), 대구에는 '동산병원'(1899)과 '나병원'(1913), 청주에는 '진료소'(1912), 부산에는 '일신병원'(1893)과 '나병원'(1910), 전주에는 '예수병원'(1904) 등이 생겨났다.

정리하자면, 초기 조선 선교의 물꼬를 튼 것은 의료 사역이라고 할 수 있다. 의료 사역이 선교의 밑거름 역할을 한 셈이다. 물론 의료 행위 그 자체가 그리스도인의 자비 행위이고, 그 자체로도 충분히 의미가 있다. 구원받은 자의 감사에서 우러나오는 긍휼 행위다. 의료인의 역할은 대단했다. 그리스도의 사랑으로 자신의 몸을 아끼지 않고 헌신적으로 진료하는 동시에 복음을 전했다. 그들의 역할이 얼마나 컸는지는 1892년까지 의료선교사의 숫자가 목사 선교사의 숫자와 거의 같았다는 데서도 알 수 있다.

의료선교가 복음을 전하는 중요한 역할을 했다는 것을 부인할 사람은 없다. 하지만 언제나 의료 행위는 복음에 나타난 하나님 사랑의 결과에 머물러야지 그 반대가 되면 주와 객이 혼돈되는 상황이 발생할 수 있음을 잊어서는 안 된다. 선교사의 궁극적 목표는 복음 전파를 통한 전인의 구원에 있다.

의료 사역의 규모가 커지면서 선교사들의 염려도 커져 갔다. 세브란스 병원 신축을 앞두고 선교사들 중에는 종합병원 같은 큰 기관들이 한반도 복음화에 이익이 되기보다는 방해가 될 수도 있다고 보았다. 특히 모펫(Samuel A. Moffett 마포삼열, 1864-1939)을 비롯한 여러 선교사들은 '말씀의 전파와 선포'가 선교사들이 해야 할 가장 중요하고 유일한 일인데 병원을 짓는 것은 '세속적 수단'이므로 '영적 수단'이 손해를 볼 것이라고 염려하며 지적했다. 이 염려는 신중하게 고려해야 할 요소였다. 한국인의 기독교에 대한 인식 변화와 복음 전파의 초석을 놓는 데 중요한 역할을 했던 의료선교가 계속 긍정적 역할을 했는지는 냉철하게 따져 보아야 할 부분이다.

/ 닥터 홀 기념 병원(평양)

11. 느리지만 확실한 방법 교육선교

조선의 교육기관으로 '서당'과 '향교'가 있다. '서당'(書堂)이 초등학교라면 '향교'(鄕校)는 중등학교다. 사립으로 운영된 중등교육기관으로 '서원'(書院)도 있다. 대학 수준으로는 성균관이 유일한 교육기관이다. 1911년 통계에 의하면 서당이 16,540개로 학생은 141,604명이 있었다고 한다.

조선이 개화를 시도하면서 근대식 학교를 하나 세웠다. 그것이 '육영공원'(育英公院)이다. 일찍이 견미사절단으로 미국을 다녀온 민영익은 공립학교 제도에 감탄했다. 그는 근대 교육을 감당할 학교에 대한 노하우와 교사를 보내 줄 것을 부탁했다. 그래서 미국은 조선에 선교사로 가기 원하는 유니온 신학교 출신 길모어(G. W. Gilmore 길모 吉毛, 1884-1984), 벙커(D. A. Bunker 방거 房巨, 1853-1932), 헐버트(H. B. Hulbert 허할보 許轄甫, 1863-1949) 등 세 명의 교사를 보냈다. 미국 정부 교육위원회 위원장이던 이튼 장군이 독실한 신자여서 가능했다. 이들은 1886년 9월 고종의 허락을 받고 30명의 학생들을 받아 '육영공원'에서 근대식 교육을 시작했다. 개혁 의지가 별로 없는 양반의 자제들과 현직 관료들이 이 학교의 학생들이었다. 그들은 변화에 소극적이어서 별 교육 효과를 보지 못했다. 나라를 일본에 팔아먹은 매국노로 악명 높은 이완용도 바로 이 학교 출신이다. 수업은 영어로 진행했는데, 한문, 역사, 영어, 수학, 의학, 농학, 지리를 가르쳤고 3년 과정이었다. 물론 수업료는 무료였다. 양반 자제들은 엄격한 학교 규율을 어려워했고 태만했다. 학생들의 좋지 않은 수업 태도 때문에 수업 시간을 단축

했을 정도로 학교는 무
질서했다. 1894년 육영
공원은 정부의 재정난
으로 문을 닫았고, 세 명
의 교사들은 선교사로서
한국에 남아 사역했다.
육영공원은 최초의 근대
식 국립학교였던 셈인

/ 연희전문학교

데, 영어학교로 명맥을 유지해 오다 '한성외국어학교'로 통합되었다.

의료선교는 자연스럽게 교육선교와 연결되었다. 병원을 시작하면
서 동시에 의학 교육을 시작했기 때문이다. 1885년 제중원이 시작된
후 1년이 지나 1886년 4월 10일 조선인을 위한 의학 교육을 시작했는
데, 그것이 세브란스 의과대학의 시작이다. 언더우드 목사가 교사로
영어와 수학을 가르치고, 알렌과 헤론이 해부학과 생리학을 가르쳤다.
1899년 정식 학교로 인가를 받아 한국 최초의 의학 교육기관으로서
근대 고등교육기관의 시작을 알렸다. 1908년 첫 졸업생을 배출하여
한인 의사가 나왔다. 언더우드가 1886년 설립한 경신학교(1905년 정식
등록)를 1915년 '연희대학'으로 발전시켰는데, '세브란스 의과대학'과
1920년대부터 협력하다가 결국 1957년 통합하면서 오늘의 '연세대학
교'가 되었다.

언더우드나 아펜젤러는 목사였지만 공식적으로는 교사 자격으로
한반도에 들어왔다. 이들은 복음을 공개적으로 전할 수 없었다. 일단
제중원과 정동 진료소에서 교사로 있으면서 영어를 배우러 온 조선
학생들을 몇 명 가르쳤다. 개화기를 맞아 영어에 관심을 보이는 사람

/ 배재학당(1908-1922)

들이 꽤 있었다. 그 동기를 물으면 "벼슬을 얻기 위해서요"라고 대답했다고 한다. 예나 지금이나 영어를 출세의 지름길로 여긴 것 같다.

학교를 본격적으로 시작한 사람은 감리교 선교사 아펜젤러다. 1884년 일본 주재 감리회 선교사 매클레이가 일본을 방문했던 민영익과 김옥균의 중재로 고종에게 학교 설립 허락을 받았다. 아펜젤러는 1885년 8월 3일 첫 학생을 가르쳤고, 1886년 6월 8일 7명의 학생으로 최초의 근대식 학교인 '배재학당'(培材學堂)을 설립했다. 같은 해 9월에 시작된 최초의 근대 국립학교인 '육영공원'보다 앞선다. 고종이 직접 지어 준 이름, '배재'(培材)는 '인재를 늘리는 집'이라는 뜻이다. 32명의 학생이 몰려와 관심이 대단했다. 지금까지 서당에서 사서삼경(四書三經)만 배웠지만, 이곳에서는 언어, 사회, 생물, 과학, 역사, 지리, 음악, 미술 등을 가르쳤으니 근대식 교육이 처음 시작된 것이다. 물론 학생들 중에는 선교사가 전해 준 성경을 읽거나 교회에 참석하고 세례를 받은 이들이 있었다. 1887년 두 명의 학생이 예수님을 영접하고 믿게 되었다. 1887년 아펜젤러는 르네상스식 벽돌 건물(강의실·도서실·예배실)을 지었다. 현재 이곳에는 1916년에 지은 '동관'이 남아 있는데 배재학당 역사박물관으로 사용되고 있다.

배재학당을 나온 유명한 인재들이 많다. 이승만, 윤치호, 주시경, 나도향, 김소월 등이 이 학교 출신이다. 선교사들이 세운 학교가 근대 한국에 미친 영향이 컸음을 알 수 있다.

/ 고아학교

장로교 선교사 언더우드는 제중원에서 영어를 가르치다가 1886년 1월부터 부모가 없는 아이를 데려다가 고아원을 설립하면서 일종의 기술학교를 시작했다. 1886년 5월 11일 한옥을 구해 학생 한 명으로 시작한 '언더우드 학당'은 일종의 고아원이면서 학교였다. 이 학교는 나중에 1905년 '경신학당'(儆新學堂)으로 정착하여 '경신학교'의 모체가 된다. '경신학당'은 '새로운 것을 깨우치는 학교'라는 뜻이다. 1915년 3월 언더우드의 노력으로 '조선기독교학교'가 시작되었는데, 그것이 나중에 '연희전문학교'로 발전한다.

스크랜턴 선교사의 어머니 메리(Mary F. Scranton, 1832-1909)가 정동 미공사관 건너편 언덕에 초가집 19채를 구입해 200여 칸 되는 한옥 기와집을 지어 학교를 시작했다. 여성들을 위한 학교였다. 그것이 1886년 5월 31일에 시작된 '이화학당'(梨花學堂)이다. 먹고 자고 공부할 수 있는 기숙사를 갖추었으니 가난하고 소외된 자들에게 문이 열린 학교였다. 충청도에 사는 한 가난한 선비의 딸 이경숙은 신혼 3일

만에 청상과부가 되었는데, 스크랜턴 대부인의 친절함에 감동을 받아 이화학당에서 공부한 후 나중에 최초의 근대 교육을 받은 여성 교사가 되었다. '이화학당'이라는 이름은 다음 해 명성황후로부터 하사받은 것이다. 배꽃이라는 뜻의 '이화'(梨花)는 조선 왕실의 문양이며 동양 미인을 상징한다. 이화학당은 현재 정동 이화여고 자리에 있었는데, 한옥 교사 자리는 이화여고 본관 앞 잔디밭이다.

알렌이 살던 정동 집에서 1886년부터 호톤(Lilas S. Horton), 헤이든(Mary E. Hayden) 등 독신 여선교사들이 살았는데 이곳에서 '정동여학당'(貞洞如學堂)이 시작되었다. 1887년 6월 언더우드가 고아가 된 다섯 살배기 여자아이를 데려다 키우며 교육시켰는데, 간호사 엘러스가 이 아이를 가르친 것이 계기가 되어 장로교 최초의 여자 학교가 세워졌다. 1895년에 지금의 종로5가 연지동으로 이전했고, '연동여학교'라고 불리다가 1909년 '정신여학교'란 이름으로 정식 사립학교 허가를 받았다.

여성 학생을 모집하는 것은 쉽지 않았다. 남존여비 사상 때문이었다. 초기 학생들은 주로 고아, 과부, 첩과 같은 소외계층의 자녀들이 많았다. 이들이 잘 교육받아 대한민국을 위해 중요한 역할을 감당하게 된다.

선교사들은 지방에 병원뿐만 아니라, 학교를 많이 세웠다. 평양에는 숭실학교(1894 북장로교), 숭의여학교(1903 북장로교), 광성학교(1894 감리교), 정의여학교(1896 감리교)를 세웠고, 대구에는 신성학교(1906 북장로교), 보성여학교(1907 북장로교)가 세워졌으며, 부산에는 일신여학교(1895 호주 장로교), 공주에는 영명여학교(1906 감리교), 영명학교(1907 감리교), 전주에는 신흥학교(1900 남장로교), 기전여학교(1900 남장로교), 광주에는 숭일학교(1907 남장로교), 수피아여학교(1908 남장로교)가 세워졌다. 그 외에도 선천, 재령, 강계, 인천, 이천, 수원, 군산, 목포, 순천, 함흥, 성진, 원산, 개성, 마산에 선교사들이 세운 학교가 들어섰다.

/ 베어드 선교사

대체로 지방에서 사역한 선교사와 학교는 잘 알려지지 않은 경우가 많다. 그 가운데 하나가 평양의 숭실학교(崇實學校)를 세운 윌리엄 베어드 선교사(William M. Baird 배위량, 1862-1931)와 그의 아내다. 이들은 장로교 선교사로서 근대 교육을 통한 복음 전도에 힘쓰며 한국 교회를 위해 귀한 일을 했다. 베어드 선교사는 1891년 미국 북장로교회 파송 선교사로 한반도에 들어와 부산에서 4년간 선교했다. 지금의 대청동과 영주동 사이 언덕에 선교관을 짓고 권서인 서상륜과 순회전도를 하며 선교했다. 선교관을 사랑방으로 개방하여 복음을 전한 것이 오늘의 '초량교회'가 되었다. 영주동 사무소에 주일학교를 시작한 것이 '영주동교회'가 되었다. 1895년 대구로 옮겨 '대구제일교회'를 설립하고 '계성학당'(현재의 계명대학교)을 설립했다. 1897년에는 평양으로 사역지를 옮겨 '숭실학당'(현재의 숭실대학교)을 창설하고 1906년 숭실대학으로 발전시켰다. 그의 아내 애니 베어드(Annie Baird, 1864-1916)는 1890년 윌리엄 베어드와 혼인한 후 바로 다음 해인 1891년에 입국해 선교 활동을 도왔다. 애니는 한글을 능숙하게 구사했을 뿐만 아니라, 외국인 선교사들을 위한《한국어를 학습하는 데 도움이 되는 50가지》라는 책을 출판하기도 했다. 애니는 문학적 재능도 있어 몇 가지 신앙 소설도 지었다.《고영규전》과《부부의 본분》《따라 따라 예수 따라가네》라는 책도 있고 또 찬송가도 만들었다. 그 찬송가들이 지금도 한국 찬송가에 수록되어 있다. 새찬송가 375장의 '나는 갈 길 모르니', 387장 '멀리 멀리 갔더니'가 애니가 작곡한 곡이다. 안타깝게도 1916년 애니는 암으로 사망했다. 남편 윌리엄 베어드는 1918년 로즈 베어드(Rose May Fetterolf Baird 裵路使, 1862-1931) 부인과 재혼하여 선교 사역을 계속했다.

베어드는 최초로 웨스트민스터 신앙고백을 한국에 소개한 선교사로도 유명한데, 1925년 《신도게요서》(信徒揭要書)라는 이름으로 번역 출간되었다. 그의 신앙 고백적 선교 입장은 평양 숭실대학교가 신사참배 반대로 폐교된 것에서도 엿볼 수 있다. 그와 비슷한 시기에 서울에 세워진 연희전문학교는 신사참배를 지지해 학교가 살아남을 수 있었지만, 숭실대학교는 폐교해야 했다.

'교육선교'는 '의료선교'와 더불어 한국 선교의 발판을 놓는 쌍두마차와 같은 역할을 했다. 한국은 정부뿐만 아니라 일반 백성이 기독교에 대해 막연한 거부감을 가지고 있어 직접적으로 복음을 전하는 것이 쉽지 않았기 때문에 먼저 학교를 세워 서구 문물을 가르치고 개화를 열망하는 한국 사회의 요구를 충족시키는 방식으로 선교를 했다. 이런 방식은 조금 느리긴 해도 상당한 효과를 거두었다. 학교에서 노골적으로 성경을 가르칠 수는 없었지만 은연중에 성경을 가르치거나 교육할 수 있었다.

클라크(C. A. Clark 곽안련, 1878-1961) 선교사가 외국 선교사의 사역을 평가한 것을 들어 보면 어느 정도 당시의 분위기를 읽을 수 있다.

"한국은 자국에 처음 온 선교사들의 자질과 관련하여 볼 때 특별한 은총을 받은 나라다. 언더우드는 대단히 열정적이고 창의적인 사람이었고, 모펫은 전도자로서 그 열정이 충만했으며, 에비슨은 의료 분야의 지도적 인사였고 의과대학을 설립했다. 베어드는 인문대학의 설립자였고, 게일은 오늘에 이르기까지 그 누구도 필적할 수 없는 탁월한 번역가이자 학자다. 선교 초기에 이와 같이 재능 있는 인적 자원으로 시작된 선교지는 거의 찾아볼 수 없다."

선교사들이 세운 미션스쿨의 교육 방향은 세 가지였다. 첫째, 서구 학문의 전달, 둘째 기독교 정신의 전파, 셋째 한국 전통문화의 진작이었다. 미션스쿨의 영향은 일제 강점기 동안 그리스도인들에게 컸다. 3·1운동의 독립선언문 작성 33인 가운데 16명이 기독교인이었다는 것에서도 알 수 있다. 뿐만 아니라 수많은 독립운동가들이 기독교인이었다. 미션스쿨의 영향 때문이라고 할 수 있다.

그러나 선교사가 학교를 세운 목적은 단순히 조선을 근대화시키기 위함이 아니라 복음을 전하기 위해서였다. 평민은 병원이나 학교를 통한 선교가 감사할 거리였지만 양반이나 지배계층에게는 여전히 종교적 적대감이 쉽게 없어지지 않았다. 그럼에도 불구하고 의료와 교육 사업으로 인해 외국 선교사를 통해 전파되는 복음에 대한 오해와 선입관이 많이 옅어졌다. 기독교에 대한 배타적 태도도 사라지기 시작했으니, 100년 전에 들어왔던 로마 천주교회의 상황과는 많이 달랐다고 볼 수 있다. 이렇게 개신교 선교는 점점 그 기반을 튼튼하게 놓고 있었다.

한국 찬송가

초기 한국 교회에서는 새로운 음률의 노래를 배우고 부를 수 있었다. 한국인에게는 생소한 경험이 아닐 수 없었다. 흥과 한이 많은 한국인들에게 감정을 음률에 맞춰 표현하는 노래가 미친 영향은 이루 말할 수 없다. 서양 멜로디에 붙여 부르는 노래는 이국적이기까지 했으니 말이다.

선교사들은 예배를 위해 노래를 번역하거나 직접 만든 찬송가를 엮어 한글 찬송가 책을 출판했다. 《찬미가》(1892) 《찬양가》(1893) 《찬셩시》(1895)가 만들어졌다.

한국 교회 초기에는 중국어 찬송가를 불렀다고 한다. 새문안교회도 초기 예배 때 중국 교회가 부르던 중국어 찬송을 불렀다. 그에 비해 이화학당이나 배재학당에서는 선교사들이 전해 준 영어 찬송을 불렀다. 기독교의 한국화가 아직 이루어지기 전이었던 것이다.

한글 찬송이 필요했다. 첫 찬송가는 1892년 감리교 존스(George H. Jones 趙元時, 1867-1919)와 로드와일러(L. C. Rothweiler, 1853-1921)가 편집한 《찬미가》다. 27편으로 된 악보 없는 찬송가로서 이 찬미가에는 북장로교회 선교사 애니 베어드(Annie Baird)가 만든 10곡도 포함되었다. 1900년 제5판을 내면서 총 176편으로 늘어났다가 1902년엔 207편이 되었다.

1894년 장로교회 선교사 언더우드도 117편으로 된 《찬양가》를 출판했다. 찬미가보다 발전된 형태로 위쪽에는 악보가, 아래쪽에는 가사가 기록되었다. 서양식 악보로 인쇄된 최초의 음악책인 셈이다.

1895년 장로교회 선교사 그레이엄 리(Graham Lee)와 기포드(Gifford) 부인이 편집한 《찬셩시》가 54곡을 담아 출간되었다. 주로 서북지방에서 사용되다가 1902년에는 장로교 공의회에 의해 공식 찬송가로 채택되었다. 1905년 이 찬송을 기초로 모펫이 《곡보찬셩시》를 만들어 사용했다.

특이한 찬송가가 하나 있었는데, 총 15편으로 된 《찬미가》다. 1907년 윤치호가 만든 것으로 1장에 '황상폐하송', 14장에 '애국가'가 들어 있다. 예배를 위한 찬송가에 이런 내용이 들어간 것은 좀 생뚱맞아 보이지만, 당시 정치와 사회적 분위기가 찬송가 편집에 영향을 주었음을 알 수 있다.

한편 침례교는 펜윅(M. C. Fenwick)이 《복음찬미》를 만들어 1899년 14곡, 1939년 274곡으로 늘렸다.

특이한 것은 장로교와 감리교가 연합으로 《찬송가》(1908)를 발행한 것이다. 선교에서 장로교와 감리교가 연합한 대표적인 예라고 할 수 있다. 262곡으로 된 이 찬송가는 이전의 번역을 다듬어 세련되게 만들었다. 특별한 것은 한국 고유의 곡조로 만들어진 찬송가 6곡이 들어간 것이다. 선교사들은 초기부터 한국 고유의 음률로 만들어진 찬송가를 만들어 보급하려고 애를 쓴 것으로 알려져 있다. 하지만 실행에 옮기기는 쉽지 않았다. 아쉬움으로 남는 대목이다. 편집위원은 베어드 부인과 밀러, 벙커였다. 1908년 초판 6만 부, 1910년 22만 5천 부, 1911년 한 해 동안 무려 5만 부를 찍었다.

이렇게 한국 교회는 장로교와 감리교, 그리고 다른 타 교단들과 연합해 한 찬송가를 소유하게 되었는데, 세계 교회사에서 찾아보기 어려운 모습이다.

12. 한글을 대중의 언어로 올려놓은 한글성경

선교사는 현지 언어를 반드시 익혀야 한다. 한반도에 온 초기 선교사들도 한글을 배우는 데 전력을 기울였다. 언더우드와 아펜젤러는 한반도에 도착하기 전 일본에서 이수정으로부터 한글을 몇 달 동안 배웠다. 알렌은 환자를 치료하는 제중원에서 한글을 배우고 익혔다. 초기 선교사들 가운데 가장 한글을 잘 알고 정리했던 선교사는 캐나다 토론토 대학교 출신 게일(Gale)이라고 알려져 있다. 그는 한글 사전과 문법책을 만드는 데 헌신했다. 그가 쓴 한글 언어책은 한반도에서 사역하는 모든 선교사가 애용하는 표준서가 되었다. 모든 외국 선교사는 한글에 있어서 권위자라고 해도 과언이 아닐 정도였다. 게일 다음가는 한글 실력자는 언더우드라고 전해진다. 언더우드는 1915년 한글 문법책을 발간했다. 애니 베어드가 쓴 소책자 《한국어를 학습하는 데 도움이 되는 50가지》도 큰 도움이 되었다.

선교사의 한글 실력은 복음 전파를 위해 매우 중요했다. 선교사가 한글을 못하면 선교는 실패할 수밖에 없었다. 외국인이 한글을 공부할 때 어려운 점은 수많은 형태의 존댓말이었다. 한글에는 높임말, 예사말, 낮춤말이 있다. 말하려는 상대방의 사회적 지위, 출신 집안, 나이를 잘 알아서 어떤 종류의 말을 사용할지를 결정해야 한다. 더구나 한글을 품위 있게 말하려면 천천히 말해야 하는데 그게 외국인으로서는 쉽지 않았다.

외국 선교사들이 한글을 배우고, 성경을 번역하고, 전도 문서들을 발간하면서 한글에 미친 영향이 의외로 컸다고 한다. 그 영향을 몇 가지 정리해 보자.

첫째, 한글로 기독교 문서와 기독교 학교에서 쓸 교재를 번역하면서 새로운 단어를 2만 5000개나 더 추가하게 되었다. 근대화 과정에서 새로운 문명의 유입으로 생겨난 물건과 새로운 개념을 정리한 한글 표현이 만들어졌기 때문이다. 둘째, 언문(諺文)이라고 천대받던 한글이 대중의 언어로 활용되는 데 역할을 했다. '언'(諺)은 '속되고 상스러운 말'을 의미한다. 세종대왕이 한글을 만들었지만 400년 동안 여자들만 사용하는 '촌스럽고 상스러운 언어'로 취급되었는데, 인식의 변화를 조성했다. 셋째, 언어로서 한글이 과학적이어서 배우기 쉽고 쓰기에 편리하다는 객관적 사실을 발견했다. 제3자의 시각에서 한글의 우수성이 드러나게 된 것이다. 선교사들은 성경과 기독교 문서를 한글로 적극 출판하기 시작했다. 신문과 교과서, 일반 문학책도 한글로 인쇄되었다. 한글을 일반화시키고 보급하는 데 큰 역할을 한 것이다. 넷째, 한글 철자법의 표준화에도 기여했다. 성경 번역이 대표적 역할을 했다. 성경은 처음부터 끝까지 통일된 철자법으로 인쇄된 첫 번째 언문(한글) 출판물인 셈이다. 또 언문은 띄어쓰기를 하지 않고 세로로 길게 썼으며 문장부호도 마지막 단어로 표시했을 뿐인데, 선교사들이 연구를 거듭한 결과 띄어쓰기를 도입해서 가독성이 훨씬 좋아졌다. 이런 한글의 발전이 오늘 우리

/ 한글성경번역위원(1903)

에게까지 유익을 주고 있다.

처음 만주에서 번역된 성경은 한반도 북쪽 지방의 사투리가 많이 포함되어 있어 중부와 남부 지방 사람들에게는 불편했다. 모든 국민이 사용할 수 있는 보통 한글로 번역하는 작업이 필요했다. 성경 용어도 여러 번역으로 인해 불편함이 많았다. 1887년 선교사들은 교파를 초월해 '성경번역위원회'를 조직했다. 로스 성경을 개정하려 했지만 딱딱한 문체, 불분명한 표현, 책의 고전적 형태 때문에 수정을 포기하고 말

/ 언더우드의 한영문법 책(1890)

았다. 1890년 언더우드와 스크랜턴이 중심이 되어 '예수교서회'를 만들어 성경 번역을 새롭게 시도했다. 1892년《마태복음젼》이 출판되었고, 1900년에 '신약전서'를 완성했다. 그렇지만 마태복음부터 로마서까지만 이루어진 시험 역본이고 나머지는 최종 회의도 거치지 않았다. 1904년에야 개정본이 나왔고 1906년 공인 역본인《신약전셔》가 완성되었다. 구약성경 번역은 그보다 더 늦은 1910년에 번역되어 신구약 전체가 완성되었다.

성경 번역의 원칙이 몇 가지 있었다.

첫째, 선교사가 한인 번역자와 함께 짝을 이뤄 초벌 번역을 한다. 둘째, 초벌 번역을 다른 번역자에게 보여 의견을 듣고 수정 번역을 한다. 셋째, 수정본을 또 다른 번역자에게 보여 의견을 듣고 수정한다. 넷째, 번역자 회의를 열어 한 절씩 읽어 가면서 토론과 표결을 거쳐 최종 확

정한다. 선교사들은 헬라어 성경과 개정판 영어성경(Revised Version)을, 한인 번역자는 한문성경(Delegates Version)을 가지고 번역했다. 후에 이 단체는 '대한성서공회'로 발전하였고, 1937년 개역(改譯)성경이 출판되어 오래도록 사용되었다.

주목할 만한 것은 선교사들이 유식자의 언어만 선택하지 않고 무식자도 이해할 수 있는 단어를 사용하려고 고심했다는 점이다. 일반 백성이 이해할 수 있도록 노력했다는 점이 높이 평가받을 대목이다. 당시 천대받던 한글이 한글성경 번역으로 인해 모든 국민에게 보편적 언어로 통용되는 기틀이 마련됐다. 한글성경 번역은 한글 역사에서 가장 커다란 도약의 분기점이 되었다.

선교사들은 병원과 학교를 통해 선교했을 뿐만 아니라 문서를 통해서도 전도했다. 기독교 정기 간행물이 나왔는데, 1897년 아펜젤러가 만든《죠션크리스도인회보》와 언더우드가 발행한《그리스도신문》이다. 이 두 신문은 주간지로 기독교 진리 보급이 목적이었지만 서구 문화와 문명을 소개하기도 했다. 그 결과 민족의 개화사상에 끼친 영향도 커서 일제강점기 민족주의 형성에 큰 영향을 주었다. 1905년 장로교와 감리교가 연합해《그리스도신문》으로 통합되었다가《예수교신보》로 바뀌어 1910년까지 이어졌다.

그 외에도 교리서들이 한글로 출판되었다. 1883년 만주 봉천에서 로스가 만든《예수성교문답》과《예수성교요령》, 1885년 일본에서 이수정이 번역한《랑자회괴》도 있었다. 한국에서 나온 것으로는 1889년에 나온 아펜젤러의《성교촬요》와 언더우드의《속죄지도》가 있다. 그리고 스크랜턴 부인이 쓴《크리스도쓰 성교문답》(1890)도 있다. 이런 책들을 이용해 기독교 교리를 가르쳤다.

문서 선교는 배재학당 내에 인쇄소가 생기면서 활발해졌다. '삼문'(三文)은 한글, 한문, 영어 이렇게 세 문자로 인쇄할 수 있는 출판사라는 뜻인데, 이 인쇄소 덕분에 선교사들을 위한 영문 잡지들도 출간되었다. 감리교회에서는《The Korean Repository》(1892) ⇒《The Korea Review》(1901) ⇒《The Korea Methodist》(1904)를, 장로교회에서는《The Korea Field》(1901)를 출판하였다. 그러다가 1905년 장로교회와 감리교회 선교부가 연

/ The Korea Mission Field(1907)

합하는 분위기에 편승해《The Korea Mission Field》라는 통합 선교지를 1941년까지 내면서 선교사들의 선교 관련 보고를 실었다. 이 문서들은 모두 한국 선교 역사와 한국 교회역사에 귀중한 자료다.

주후 1889~1895년

13. 때로 흩어져서 때로 연합으로, 선교부 연합 활동

한반도에 온 선교사들은 복음을 위하여 가능한 한 연합하여 일하기 원했다. 1889년 '미국 북장로교회'와 '오스트레일리아 빅토리아장로교회'가 연합선교공의회를 만들었다. 그 후 '캐나다 장로교회'와 '오스트레일리아 장로회'도 가입했다. 선교에 관해 서로 협조하고 모여 의

1900년

1911년

1908년

논하는 기구였다. 감리교는 '남감리교'와 '북감리교회'로 나뉘어 통합되지 못했다.

1905년 9월 11일 이화여학교 예배실에서 장로교회 4개 선교부와 감리교 2개 선교부가 '한국복음주의선교회연합공의회'를 설립해 하나 된 대한민국 개신교회를 세우려 했다. 이 단체는 선교로 협력할 뿐만 아니라, 한국에 하나의 교회를 설립하는 것이 목적이었다. '대한예수교회'라는 이름으로 하나 된 개신교회가 가능했을까? 이런 분위기는 당시 캐나다에서 장로교회와 감리교회가 통합하는 작업이 이루어진 것과 관련이 있다.

하지만 이 계획은 더 이상 진전되지 못했다. 장로교와 감리교의 교리적 차이를 넘을 수 없었던 것이다. 그러나 선교를 위한 실제적 공통 사역에는 많은 부분 협력했다. 그 일례로, 1905년 선교사들을 위한 영문 잡지 《The Korea Mission Field》와 1906년 《그리스도신문》이 발행되었고, 1908년 장로교와 감리교가 연합해 《찬송가》를 발간했다. 교육과 의료사업에도 협력했다. 1905년 배재학교와 경신학교가 통합 운영되고, 1906년 평양의 숭실대학교, 1915년 연희전문학교가 장·감리교 연합으로 운영되었다. 기독교청년회(YMCA) 운동도 연합운동이었다.

연합이 불가능했던 것은 역시 신학교였다. 장로교는 연합해서 평양에 1904년 '장로회신학교'를 설립했고, 감리교는 1907년 남·북 선교회가 '협성신학교'를 개교했다.

선교 지역 분할 협정은 선교사들이 연합한 좋은 모델이 된다. 이 협정(1892)은 감리교의 반대로 실현되지 못했지만, 선교사들 사이에 무언의 규칙이 생겼다. 그것은 대략 이런 것이었다.

1. 인구 5천 명 이상의 도시는 공동 선교할 수 있다.
2. 5천 명 미만의 도시나 지방에 한 선교사가 있으면 다른 선교회가 들어가지 않는다.
3. 새롭게 시작하는 선교사는 미답지 지역에서 시작한다.
4. 각 교회 교인은 교파 소속을 옮길 수 있는 권리가 있지만, 반드시 추천장을 받아야 옮길 수 있다.
5. 다른 교회의 규칙을 상호 존중한다.
6. 교회의 조선 사역자는 책임 있는 자의 문서화된 요청으로 지원을 받을 수 있다.
7. 문서는 판매하고 가격은 통일성을 유지한다.

장로교 선교회 내부에서는 선교 지역을 분할해 불필요한 힘의 낭비를 피하려 했다. 1893년 원칙적으로 미국 남장로교가 미국 북장로교로부터 한반도 서남 지역인 충청도와 전라도를 할당받았다. 1898년 캐나다 장로교가 함경남도와 북도 지역을 할당받았다. 1909년 오스트레일리아 장로회가 부산과 경남 지역을 할당받았다.

감리교도 비교적 늦게 한국 선교를 시작한 미국 남감리교가 1901년 미국 (북)감리교로부터 강원 지역을 할당받았다.

선교부의 지역 안배를 대략 살펴보면 이렇다. **미국 북장로교**는 경기·충북·경북·황해·평남·평북, **미국 남장로교**는 충남·전북·전남·제주, **호주 장로교**는 부산·경남, **캐나다 장로교**는 함남·함북, **미국 (북)감리교**는 경기·충북·강원·황해·평남·평북, **미국 남감리교**는 경기·강원·함남을 중심으로 선교했다. 이 같은 지역 분할 선교 협력은 지금까지도 그 영향이 남아 있음을 확인할 수 있다.

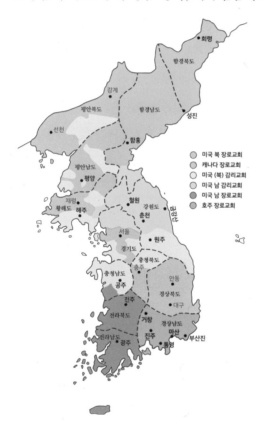

미국 북 장로교회
캐나다 장로교회
미국 (북) 감리교회
미국 남 감리교회
미국 남 장로교회
호주 장로교회

/ 1903년 한반도 선교지 분담도

14. 한국 교회에 깊이 영향을 미친 네비우스 선교 정책

한반도 선교에 헌신한 선교사들은 대체로 젊었다. 젊은 선교사는 열정이 장점이지만 한편으로 경험 부족이 단점이었다. 선교사들이 사역을 시작할 때의 나이를 보면, 스크랜턴과 헤론이 29세, 알렌과 아펜젤러가 27세, 언더우드는 26세였다. 1890년 입국한 모펫 선교사도 26세, 1888년 입국한 게일은 25세였다. 대부분 열정 넘치는 젊은이였다.

/ 존 네비우스 선교사

그렇다 보니 선교사들 간에 선교 방법을 두고 입장 차를 보이면서 갈등이 적지 않았다.

1890년 6월 중국 산둥의 즈푸(芝罘)에서 이미 30년 이상 선교사로 사역하던 베테랑 선교사 북장로교 소속 네비우스(J. L. Nevius, 1829–1893)가 서울을 방문해 한반도 선교사를 대상으로 2주간 선교 방법에 대한 특강을 했다. 이 네비우스 선교 방법을 한반도 장로교 선교사들이 이어받았다. 그가 제안한 방법은 현지 전도자를 통해 토착 교회를 세울 때 재정 지원을 신중히 결정해야 한다는 것이었다. 즉 외국 선교기금에서 재정을 지원하는 것을 지양하고 토착 교회 스스로 해결하도록 해야 교회가 건강하게 선다는 것이었다. 그는 '선교 착수' '새신자 관리' '신앙공동체 관리' '교인 훈련과 교육' '사경회' '신조와 교리' '교회 질서' '타 교파와의 관계' '학교와 의료 사업' '타 종교와의 관계' '교인들의 경제 생활' 등 광범위한 선교 영역을 강론했다. 이것은 그의 개인적 아이디어가 아니라 장로교 신앙고백과 정치 질서에서 유추한 것이었다. 이때 언더우드는 자신만의 네 가지 선교 방법을 요약했다.

1. 자신을 필요로 하는 곳이 있으면 그리스도의 사역자가 되어야 한다. 그리고 이웃에게 그리스도를 드러내야 하며 자신의 생계를 스스로 책임진다.
2. 교회의 조직은 토착 교회가 감당할 수 있는 수준에서 한다.
3. 교회 스스로 가능한 인력과 재정을 공급하여 복음을 전하되, 은사가 있는 자를 별도로 관리한다.
4. 교회당은 현지 교인들이 마련하고 건물은 토착적이어야 한다.

이에 근거해 1893년 장로교연합선교회는 10가지 구체적인 선교 정책을 결정했다.

1. 전도 대상을 상류층보다 근로 계급으로 한다.
2. 중점 전도의 대상을 부녀자와 청소년으로 한다.
3. 군 소재지에 초등학교를 설립하고 선교부 학교에서 교육한 남자를 교사로 파송한다.
4. 교회 교역자도 이런 교육시설에서 배양될 것이다.
5. 말씀이 영혼을 변화시키니 정확한 말로 성경을 번역한다.
6. 모든 문서는 한자보다 순 한글을 사용한다.
7. 경제적으로 자립하는 교회가 되도록 한다.
8. 조선 전도자를 철저하게 훈련시켜 조선인 스스로 전도하게 한다.

9. 의료선교사는 외래진료보다는 개별적으로 병실이나 환자의 집에 방문하여 오랜 시간을 두고 환자가 깊은 감격을 느낄 수 있도록 기회를 만들어 선교한다.
10. 퇴원한 환자의 주소를 알아 심방하고 사후 상황을 돌보면서 복음을 전할 기회를 얻는다.

1895년 10월 5일 미국 북장로교선교회가 8개 조항의 선교 정책을 채택했는데 흥미로운 것들이 있다.

1. 선교회는 복음주의임을 확인한다.
2. 학교는 영어를 가르치기 위해 존재하거나 적어도 학교만을 위한 학교가 될 수 없다.
3. 초등교육은 반드시 필요하며 그 후 필요에 의해 고등교육을 한다.
4. 종교 사업을 위해 현지인을 고용하되, 외국 선교자금 지출을 최소화한다.
5. 현지인이 교회와 관련해서 자급자족하도록 한다.
6. 현지인 교회가 조직을 갖출 때까지는 네비우스 사업 방식을 적용해 선교사가 지도자를 임명하고 교리 학습반을 운영하며 지도자 훈련을 위해 신학반을 운영한다.
7. 선교회 간 그리고 선교사 간의 협의가 있을 때 상대의 권리를 보호한다.
8. 선교의 최종 목적은 그리스도 안에서 영혼을 얻고 세우는 것인데, 교인은 성령의 인도하심에 따라 겸손하게 가르침을 받아야 한다.

이를 모두 요약 정리하면 다음의 세 가지 자립(Self)이라 할 수 있다.

자진전도(**自進傳導**, Self-Propagation)

자력운영(**自力運營**, Self-Support)

자주치리(**自主治理**, Self-Government)

사실 이 네비우스 선교 정책은 미국 북장로교회의 선교 정책이었고 그 근본 핵심 원리는 성경 말씀이 성령의 인도하심에 의해 영혼을 부르고 구원하여 교회를 이룬다는 것이다. 웨스트민스터 신앙고백에 정리된 교회의 원리를 잘 적용한 것이다. 네비우스 선교 정책은 방법론 이전에 말씀에 대한 강조가 더 근본적 본질이라고 할 수 있다.

네비우스 선교 정책으로 선교사들은 부지런히 말씀을 가르치는 모임을 가졌는데 그것이 '사경회'(査經會)다. 일정 기간 집중적으로 성경을 강해하고 가르치고 교육하고 배우는 일종의 세미나다. 감리교의 '부흥회'(復興會)와는 그 특징에서 차이가 있다. 부흥회는 성경을 읽고 가르치지만 인간의 감정에 호소하며 체험과 감동을 강조하는 집회의 성격이 강하다. 사경회는 이지적이고 부흥회는 감성적이다.

네비우스 선교 정책은 중국에서는 큰 열매를 거두지 못했다고 한다. 하지만 한국에서는 큰 성과가 있었다. 우리가 하나님의 큰 구원 역사를 다 이해할 수 없지만 감사할 일이다. 하나님이 네비우스 선교 정책을 사용해 한국 교회의 성숙과 성장을 도우셨다.

어떤 사람은 이런 방식의 선교를 비판하기도 한다. 예를 들면, 한국 교회가 경제적으로 자립하도록 한 것은 성공적이지만, 선교사가 한국인 사역자에게 성례 집행을 금지한 것은 지나친 간섭이고 제한이라는 것이다. 이것은 결코 적절하지 않은 비판이다. 성례는 목사만이 할 수 있기 때문이다. 목사가 아닌 한인 전도사에게 성례를 맡기지 않았다고 선교사가 한국인을 무시했다고 해석할 수는 없다. 또 어떤 사람은 선교사가 양반과 귀족층의 전도를 소홀히 한 것은 한국 교회가 전통 문화를 잃게 된 요인이라고 비판한다. 그러나 그것은 결과론적인 비판에 불과하다. 일본이나 중국의 경우, 상류 계층에 먼저 기독교가 전해졌으나 성공했다고 보기 어렵다. 그리고 그것은 비난받을 일이 아니라 오히려 칭찬받아야 마땅하지 않은가. 유교적 양반 문화가 비교적 약한 한반도 북부지방에서 교회가 훨씬 빨리 성장한 것을 보면 가난하고 천대받고 고통 속에 있는 자들이 복음을 잘 받아들인다는 것을 확인할 수 있다.

한편, 한국인 지도자를 미국에 보내 고등교육을 받게 하는 것을 꺼린 점을 비판하는 사람이 있는가 하면, 한국 교회의 구성원들과 비교해서 수준 차가 너무 많이 나는 한국인 교역자의 교육과 훈련을 불필요하게 보는 사람들이 있다. 그러나 복음 전파가 사회, 문화, 경제적인 면보다 더 중요하다고 본 선교사의 정책은 지혜로웠다고 볼 수 있다.

사경회

한국 선교의 특이점은 해외에서 먼저 성경이 번역되고, 그 한글성경을 한국인이 보급하고, 성경을 읽은 사람이 교회로 몰려들었다는 것이다. 좀 과장해서 말하면 외국 선교사는 이미 뿌려진 씨앗이 자라 열매를 맺어 추수할 시점에 들어왔다고 할 수 있다.

> "…나는 너희에게 이르노니 너희 눈을 들어 밭을 보라 희어져 추수하게 되었도다"(요 4:35).

하나님이 한반도의 마음밭을 좋은 땅으로 만들고 씨 뿌리는 자를 보내 씨를 뿌리신 뒤 선교사들이 들어와 이미 싹이 나고 자란 마음밭에서 열매를 거두었던 것이다.

장로교회 선교의 원리를 포함한 네비우스 선교 정책의 핵심과 기초는 '성경'이다. 선교는 하나님 말씀의 선포다. 말씀을 담고 있는 성경을 통해 성령님이 일하신다는 점이 강조된다. 아주 단순하지만, 그것이 실제로 실행되기는 쉽지 않다. 선교사들은 정치, 경제, 사회, 문화, 교육이라는 수단을 이용해 말씀을 전해야 했다. 그렇다 보니 정작 중요한 말씀을 앞세우기가 여의치 않았다.

네비우스 선교 정책은 성경 말씀이 사람을 변화시키고 구원한다고 믿고 그것을 실천한 것이다. 선교사는 성경을 가르칠 수 있는 기회를 되도록 많이 만들었다. 겨울 농한기에 여러 교회가 연합해 새벽과 오전, 저녁에 모여 성경을 읽고 배우는 '사경회'를 개최했다. '사경회'(査

經會)에서 '査經'은 베뢰아 성도들이 말씀에 반응한 것을 실천에 옮긴 것이라고 볼 수 있다.

> "베뢰아에 있는 사람들은 데살로니가에 있는 사람들보다 더 너그러워서 간절한 마음으로 말씀을 받고 이것이 그러한가 하여 날마다 성경을 상고하므로"(행 17:11).

"성경을 상고"한다는 것이 바로 '사경'(査經)이다. 사경회는 노회 단위로 하는 도(道) 혹은 노회(老會) 사경회, 읍(邑) 사경회, 지도자 사경회, 남전도회 사경회, 여전도회 사경회, 주일학교 사경회, 연합 사경회 등 다양했다. 2박 3일 사경회도 있지만, 종종 1주일 혹은 2주일 연속으로 진행하는 사경회도 있었다. 집회 규모는 수십 명과 수백 명, 아니 수천 명이 모이기도 했다.

사경회에서 하는 성경공부의 즐거움과 기쁨, 그리고 열정을 지속하기 원하는 사람들이 늘어났다. 그들을 모아 집중 교육하는 '성경학교'가 곳곳에 생겨났다. 여기에는 목사가 되고자 하는 사람들이 아니라 순수하게 성경을 배우고자 하는 사람들이 모였다. 교회의 직분자나 혹은 열심 있는 여성도 많이 참여했다. 이렇게 한국 교회는 사경회를 통해 성경을 공부하며 건강하고 튼실한 교회로 발돋움하게 되었다. 이 사경회는 주로 장로교회를 중심으로 넓게 유행했다.

성미

성미(誠米)는 '쌀 연보'를 말한다. 본래 '성미'란 '신불에게 바치는 쌀'이란 의미다. 하지만 교회에서 '성미'는 '하나님께 바치는 쌀'이 아

니다. 성도에게 영적 양식을 공급하는 교역자의 생활을 위한 것이라
는 의미가 컸다. 한국 교회 초기에는 교회가 교역자에게 생활비를 제
대로 줄 수 없었기에 교역자들이 경제적으로 어려웠다. 교인들은 대
체로 가난했다. 그들의 헌금으로는 교역자의 생활비를 감당하기 어려
웠던 것이다.

선교사들은 네비우스 선교 정책을 따랐다. 중요한 원리 가운데 하
나가 '자립'이다. 교회는 스스로 교회 건물을 마련하고 스스로 사역자
의 생활비를 제공해야 했다. 외국 선교사들로부터 재정적 도움을 받
지 않았다. 어린 교회로서는 쉽지 않았지만 그것이 교회의 원리에 맞
는 정책이었다. 농촌 지역 교회는 사역자의 생활비를 제대로 지급할
수 없었다. 교인이 할 수 있는 것은 매일 가정에서 식사를 준비할 때
쌀을 한두 숟갈 사역자를 위해 떼어놓는 것이었다. 그것을 일주일간
모아 주일 예배 때 교회 입구에 마련된 고리에 걸어 두었다. 그렇게 모
은 사역자는 양식을 샀다. 성미는 한국 교회의 아름다운 헌물이자 사
랑의 섬김의 표였다.

성미가 언제부터 생겼는지는 정확히 알 수 없다. 전해 오는 말에 의
하면 진주교회에서 시작되었다고 한다. 진주교회에는 과거 천도교 신
도였던 장정현 성도가 있었다. 그녀는 신앙을 갖게 된 후 여전도회 간
부로서 교회를 방문하는 사역자의 식사를 대접하기 위한 방법을 고민
했다. 그녀는 자신이 천도교인으로 있을 때 했던 성미제도를 시행하
면 좋겠다고 담임목사와 의논했다. 이후 여전도회 회원에게 교회 입
구에 성미 주머니를 달아 놓고 주일마다 성미를 하게 했다. 그렇게 모
은 쌀을 가지고 교회를 방문하는 손님을 접대하고 나머지는 교역자의
양식으로 드렸다. 이때가 1920년경이었다. 1929년 4월 그 교회에 부

임한 이약신 목사는 총회에 진주교회의 좋은 전통을 전국 교회가 실시하면 좋겠다는 건의문을 냈다고 한다. 성미는 한국 교회의 미풍양속으로 전국적으로 시행되었다.

성미 풍습은 여성이 할 수 있는 아름다운 헌신의 방법이었다. 물론 이 방식은 이미 로마 천주교회, 불교 그리고 천도교에도 있었다. 그것이 개신교에 도입되었다는 점에서 생각해 볼 점이 있지만, 그 동기는 참으로 귀하고 선하다. 지금은 성미 풍습이 더 이상 남아 있지 않다.

15. 선교 1-3기로 보는 한국 교회

선교 1기 ➡ 1884-1894년: 서울에서 자리를 잡는 시기

선교 2기 ➡ 1894-1905년: 전국으로 확장되는 시기

선교 3기 ➡ 1905-1916년: 토착 교회가 출현하고 민족 복음화를 위해
한국 지도자들이 세워지는 시기

한반도에 시작된 개신교 선교는 세 시기로 나눌 수 있다. 선교 1기는 1884-1894년으로 서울에서 자리를 잡는 시기다. 선교 2기는 1894-1905년으로 전국으로 확장되는 시기다. 선교 3기는 1905-1916년으로 토착 교회가 출현하고 민족 복음화를 위해 한국 지도자들이 세워지는 시기다. 선교 1기는 중요했다. 서울은 500년 동안 조선의 수도였고 나라의 심장과 같은 곳이었다. 예부터 지방 어느 방향에서 출발하든 서울로 가면 '올라간다'라고 말하고, 다시 지방으로 갈 때는 '내려간다'라고 말했다. 그런 경향은 100여 년이 지난 지금도 마찬가지다.

미국인 선교사의 서울 선교는 그리 녹록지 않았다. 첫째는 미국 공사관 직원들의 조선 정부에 대한 조심성 때문이고, 둘째는 조선 당국이 보이는 적대감 때문이었다. 그렇지만 선교사들은 가만히 앉아만 있지 않았다. 그들은 '죽으면 죽으리라!'는 마음으로 복음을 전했다. 열매는 쉽게 열리지 않았다. 더구나 어떤 한국인은 선교사를 '양대인'(洋大人)이라 부르며 그들에게 기대면 뭔가 얻을 수 있으리라는 속셈으로 접근했다. 실제로 서양 선교사는 조선 정부가 어떻게 하지 못하는 치외법권의 힘을 가지고 있었다. 조선 정부 관료들도 그들의 말

을 대체로 잘 들어주었다. 그래서 선교사에게 문제 해결을 요구하거나 일자리나 재정적 지원을 요구하기 위해 찾아오는 사람이 더러 있었다. 실제로 선교사들은 한인이 직면한 다양한 문제를 해결해 주었다. 돈을 빌려주거나, 옥에 가는 것을 막아 주거나, 관리에게 빼앗긴 땅을 찾아 주거나, 힘 있는 이웃에게 빼앗긴 묏자리를 찾아 주었다. 어떤 사람은 대대로 내려오는 어떤 잘못에 대해 앙갚음을 해 주면 교회에 기꺼이 입교하겠다고도 했다. 당연히 그런 동기로 교회에 온 사람은 신앙이 제대로 자라지 못했다. 알곡과 가라지는 곧 드러나게 마련이다. 그렇게 교회에 나온 사람들 중에는 다시 술을 마시거나, 제사를 몰래 지내고, 혹은 첩을 얻는 옛 습관으로 다시 돌아간 자들이 적지 않았다.

선교 사역이 확장되면서 한인 신자 가운데서 어학 선생, 한글어학 조사, 선교학교 교사, 전도부인 등을 고용해야 했는데, 그들의 신앙의 진위를 파악하는 일은 쉽지 않았다. 소위 '쌀신자'라는 말이 있었다. '쌀신자'란 먹을 것 때문에 믿는 척하며 교회에 나오는 사람을 말한다. 이런 것들이 선교사들을 힘들게 하고 실망과 절망을 안겨 주었지만 쭉정이 사이에는 알곡도 많았다. 그 알곡은 선교사의 기쁨이고 소망이었다.

1898년 6월 한국 정부가 북장로교 선교사 스왈런(W. L. Swallon 蘇安論 소안론, 1859-1954)에게 최초로 선교사 자격을 주고 '전도하는 일'을 공식적으로 허락했다. 이전부터 선교사들의 복음 전도가 없지 않았지만 이때부터 비로소 선교사들이 공식적으로 전도를 할 수 있게 되었다는 뜻이다. 이제 맘껏 전하는 복음을 듣고 교인이 되는 사람이 늘어나기 시작했다. 최초의 한국 교회의 모습을 한번 살펴보자.

노춘경, 죽음을 각오한 최초의 세례자

한반도 최초의 개신교 세례식은 1886년 7월 18일에 있었다(한국인 최초의 개신교 세례는 1879년 만주에서 4명이 받음). 세례를 받은 사람은 언더우드의 한글 교사인 노춘경이다. 그는 본래 1885년 헤론의 한글 교사였다. 헤론이 그를 언더우드에게 소개했다. 노춘경은 언더우드에게 한글을 가르쳤지만 언더우드가 전하는 복음에는 관심이 없었고 오히려 적대적 생각으로 가득했다. 그래도 노춘경의 마음에 기독교에 대한 호기심이 어느 정도는 있었던 듯하다. 그는 다음 해 알렌의 통역관으로 옮겼다. 어느 날 알렌의 집에 갔다가 그가 집을 비운 사이 책상 위에 있던 한문으로 된 '마가복음'과 '누가복음' 성경을 몰래 한복 소매 속에 넣고 집으로 가져가 문을 걸어 잠그고 읽었다. 좀 우스워 보일지 모르지만 당시는 기독교를 위험한 종교로 보았다. 기독교에 대해 더 배우고 싶던 노춘경은 언더우드 선교사를 찾아갔다. 그는 언더우드로부터 한문 사복음서와 전도책자들(《묘축문답 廟祝問答》, 《구영혼설 救靈魂說》, 《진리이지 眞理易知》)을 빌려다 읽고 종교 집회에도 참석하면서 신앙을 갖게 되었다. 마침내 노춘경은 하나님을 위해서라면 목숨이라도 바치겠다는 각오를 하는 신앙인으로 자랐다. 그런데 왜 목숨까지 바칠 각오를 했을까? 당시 기독교 개종은 집안에서 쫓겨나고 사회에서 축출당할 것을 각오해야 하는 일이었다. 개종으로 집안에서 몰매를 맞아 죽을 수도 있었다.

그는 1886년 7월 18일 공적으로 신앙을 고백하고 언더우드의 집례로(아펜젤러의 보좌) 세례를 받았다. 이것이 한반도 내 최초의 개신교 세례 기록이다. 선교사들은 그를 노도사(盧道士)라 불렀다. '도사'(道士)란 '도를 닦는 사람'인데, 그가 열심히 성경을 공부하고 신실한 신자가 되어 그렇게 부른 것이다. 노도사는 나중에 감리교인이 되어 신실한 권서로 사역했다.

"점점 더 많은 사람이 세례를 받고 싶어 합니다"

1885년 소래교회를 세운 서상륜은 존 로스 목사의 추천서를 가지고 언더우드를 찾아가 새 신자에게 세례를 베풀어 줄 것을 요청했다. 이 요청으로 1887년 1월 23일 3명의 한인이 세례를 받았다. 이 세 명은 서상륜이 황해도 바닷가 소래 지역에서 복음을 전할 때 예수를 믿었는데, 세례를 받기 위해 선교사가 있는 서울로 와서 죽음의 위협 앞에서도 예수님을 부인하지 않을 것을 각오했다. 서경조, 정공빈 그리고 최명오가 바로 그들이다.

이렇게 해서 서울에는 1887년 9월 세례교인이 11명으로 늘어났고, 그들을 중심으로 같은 해 9월 27일 언더우드의 집에서 장로교 정동교회(현 새문안교회)가 시작되었다. 이때 세례교인은 14명이었다. 이후 지방에서 올라온 개종자들로 인해 정동교회는 1887년 말 25명의 세례교인이 생겨났다. 당시 언더우드의 고백을 들어 보자.

"누가 봐도 교회는 나날이 성장하고 있습니다. 상당수의 세례 지원자들이 있는데 모두 남성들로 열심 있어 보입니다. 조선인들이 세례를 베풀어 달라고 북에서, 남에서, 동에서 요청하고 있지

/ 언더우드가 세운 첫 장로교회(새문안교회 1887년)

만 학교 일 때문에 갈 수가 없습니다. 우리는 지금 이곳 서울에 매서인 한 명과 전도인 한 명을 두고 있습니다. 곧 한 사람 더 평안도 지역에 보낼 예정이며, 서울에 있는 매서인은 남쪽에 보낼 예정입니다. 백성들이 점점 더 복음을 받아들이는 것 같습니다."

언더우드는 1887년 10월 말에 한 달 동안 한반도 서북쪽으로 전도여행을 떠났다. 이런 방식의 전도를 '순회전도'(巡廻傳導)라 부른다. 4주에 걸쳐 송도와 소래, 평양을 거쳐 저 멀리 압록강 근처 의주까지 돌아보았다. 여행 도중 소래교회에서 4명의 개종자에게 세례를 주었다. 언더우드는 다음 해(1888) 다시 아펜젤러와 함께 전도여행을 동북쪽으로 떠났다. 비록 정부의 소환 명령으로 평양에서 중단해야 했지만, 소래에서 6명에게 세례를 주었다. 하나님의 일은 정말 신비롭다. 선교 초기에 선교사의 사역이 중요한 역할을 했지만 그와 함께 한인 전도자를 적극 활용하셨다는 것을 확인할 수 있다. 그 결과 1888년 장로교회에만 65명의 세례자가 있었다고 한다.

아펜젤러는 1887년 7월 24일 배재학당의 학생 한 명(박중상)에게 세례를 주었다. 그 외에도 존 로스가 만주에서 한글 성경을 번역할 때 함께한 최성균이 아펜젤러의 매서인으로 일했고, 그의 아내가

/ 평양에 도착한 첫 장로교 선교사 팀(1892)

여성 최초로 세례를 받았다. 아펜젤러도 자신의 집 근처에 '벧엘'이라는 별도의 예배당을 만들어 모이며 1885년 10월에 교회를 시작했는데, 그것이 '정동제일교회'가 되었다. 이렇게 장로교 정동교회(새문안교회)와 감리교 정동제일교회가 모(母)교회가 되어 교회는 거미줄처럼 전국으로 확산되기 시작했다. 정동교회는 1893년 곤당골(현 승동교회), 1894년 연못골(현 연동교회), 1896년 잔다리(현 서교동교회), 1906년 한강(현 노량진교회)에 교회를 개척했다. 그 외에도 경기도 일대에 지교회를 세워 나가기 시작했으니, 그 전파는 우후죽순 같았다.

선교사들에 동병상련을 느낀 평양 사람들

평양에도 1887년 봄 아펜젤러가 선교여행을 가면서 선교가 시작되었지만, 1892년 감리교 의료선교사 홀이 9월 30일 평양에 도착하면서 본격적으로 복음이 전해지기 시작했다. 닥터 홀은 환자들을 치료하며 시민들에게 좋은 인상을 주었다. 다음 해 1893년 2월 감리교 노블 선교사(W. A. Noble 魯픒乙 노보을, 1866-1945)와 함께 평양에서 한인 조사를 내세워 집 두 채를 사서 진료 활동을 시작했다.

/ 모펫 선교사의 첫 집(평양 1893)

장로교 선교부는 1893년 1월 사무엘 모펫(S. A. Moffett)과 그레이엄 리(Graham Lee 李吉咸 이길함, 1861-1916), 스왈런(W. L. Swallen)을 평양 선교사로 임명했다. 이들은 3월에 조선인 서상륜과 한석진을 대동하고 평양에 도착했지만, 이들에게 집을 판 사람이 관가에 잡혀 가는 등 소란이 발생했다. 장로교 선교사들은 성난 군중의 돌팔매를 맞고 평양을 떠나야 했다. 이때 군중 가운데는 나중에 목사가 된 '이기풍'도 있었다고 전해진다. 이기풍이 던진 돌에 모펫 선교사가 맞아 얼굴에 피가 났다는 이야기도 있다. 하지만 장로교 선교사들은 포기하지 않고 두 달 후인 5월에 다시 평양에 돌아와 전도했고, 20명의 교인들을 모아 '널다리골 교회'를 세워 예배를 드렸다. 널다리골 교회는 후에 '장대현교회'로 발전했는데, 1907년 한국 부흥운동이 시작된 곳이다.

1894년 홀 부인이 갓 태어난 아기를 데리고 서울에서 평양으로 왔을 때 평양 시민이 떼를 지어 구경을 하고 가까이 다가와 머리와 옷을 만지며 야단법석이었다. 서양 사람에 대한 호기심이었다. 그런데 평양에서 김낙구라는 사람이 음력 정월을 맞아 마을을 돌면서 '우물제사'

/ 장대현교회(1921)

를 지낼 비용을 걷다가 홀 선교사의 통역사인 노병선에게 거절을 당하자 나쁜 마음을 품고 평양감사 민병석에게 백성을 현혹하는 선교사들을 혼내 줄 것을 요청했다. 평양감사 민병석은 외국인 선교사를 잘못 건드리면 문책을 받게 될 것이 두려워 한인 교인들만 체포하도록 명령을 내렸다. 5월 10일 새벽, 한인 성도들이 체포되어 매를 맞고 옥에 갇히는 수모를 당했다. 선교사들은 즉시 이 소식을 서울에 있는 미국과 영국 영사관에 알렸다. 영사관은 정부 외무부에 부당한 폭력을 중지할 것을 요청했다. 정부는 평양으로 전보를 보내 핍박을 중단할 것을 명령했다. 11일 오후가 되어 한인 성도들이 석방되었다.

이런 박해를 받았지만 한인 성도들은 위축되지 않았다. 오히려 더 신앙공동체가 굳건해졌다. 뿐만 아니라 평양 시민은 처음에는 선교사들을 오해하고 미워했으나 점점 좋아하고 믿고 따르게 되었다. 그런 박해와 시험이 오히려 전화위복이 된 것이다. 개신교가 권력자를 위한 종교가 아니라 시민을 위한 종교라는 인상을 주게 된 것도 큰 변화라고 할 수 있다. 가난하고 약한 시민은 관가의 횡포에 괴로워했는데, 교회와 선교사들도 자신들과 다르지 않은 것을 보고 동병상련을 느끼기도 했다. 평양 시민이 교회와 선교사들을 긍휼히 여기는 마음을 가지게 된 것이다.

성례(세례와 성찬)

초기 세례는 조선 땅에서 행하기가 어려웠다. 세례는 적극적 종교행사였기 때문이다. 만주 땅에서 서상륜(1879)과 일본에서 이수정(1883)이 세례를 받았지만, 조선 안에서 세례가 있었던 것은 1886년 노춘경이 처음이다. 정말 대단한 결심이 아니면 불가능한 일이었다. 당시 헐버트 선교사에 의하면, 노춘경의 세례가 있던 날 언더우드가 집례하는 동안 누군가 집 밖을 감시해야 했다. 전도가 합법화되지 않았기 때문이다. 포교와 종교행사를 조선인에게 행한 것이 들통날 경우 추방될 위험도 있었다. 그랬기에 1889년 의주에서 33명에게 세례를 베풀어야 했을 때 배를 타고 만주로 넘어가 베풀었다. 1887년 세 명에게 세례를 주어 정동교회(현 새문안교회)가 시작된 것은 목숨을 건 행동이었고 아무런 문제 없이 지나간 것은 은혜였다.

조선에서 최초의 성찬이 있던 날은 1885년 10월 11일로 기록되어 있다. 물론 선교사들이 모여서 행한 성찬이었다. 11명의 선교사들이 참여했는데, 일본에서 오랫동안 선교했던 성공회 선교사 루미스(Loomis)의 집례와 언더우드와 아펜젤러의 도움으로 행해졌다고 한다. 1887년 정동교회(현 새문안교회)가 세워진 후 한인이 참여한 첫 성례는 그해 성탄절이었다고 한다.

임시 직분(영수·조사·서리집사·전도부인·권사)

한국 교회에는 직분자인 목사와 장로, 그리고 집사가 생겨나기 전에 특별한 임시 직분들이 있었다. 그것은 '영수'와 '조사' '전도부인'

그리고 '서리집사' 등이다. 왜 이런 것들이 생겨났을까?

선교사들은 교회를 세우고 바로 직분자를 세우는 데 조심했다. 바울 사도의 경고 때문이었다.

> "새로 입교한 자도 말지니 교만하여져서 마귀를 정죄하는 그 정죄에 빠질까 함이요"(딤전 3:6).

임시 직분은 '서리' 혹은 '대리'의 의미가 강했는데, '영수'는 장로, '조사'는 목사, '서리집사'는 집사를 대신한 셈이었다. 그리고 여성을 위한 사역자로 '전도부인'과 '권사'가 있었다. '전도부인'은 여성을 위해 특화된 여성 사역자로 '조사'에 해당하고, '권사'는 여성을 위해 특화된 여성 직무로 '영수'에 해당한다고 볼 수 있다.

영수

1900년 즈음 장로교회는 무려 326개에 이르렀다고 한다. 하지만 그 이전까지 한국인 목사와 한국인 장로는 한 사람도 없었다. 선교사들이 이 많은 교회를 감당하기엔 무리였다. 교회가 너무나 급성장한 탓에 한국인 목사를 양성할 시간이 없었고, 또 교회를 이끌 장로를 쉽게 세울 수도 없는 상황이었다.

> "아무에게나 경솔히 안수하지 말고"(딤전 5:22).

사실 1887년 서울 새문안교회가 9월 27일에 시작된 후 10월 2일 두 명의 조선인 장로를 선출하고 임직하면서 조직교회로 출발했다. 이들은 만주 봉천에서 온 사람들의 사촌들이었는데 이미 6년 전부터 신앙 생활을 시작했다. 그럼에도 너무 빨리 장로가 된 것은 분명한 사실이었다. 안타깝게도 두 장로는 장립한 지 얼마 안 되어 중징계를 받고 장로직을 내려놓아야 했다. 한 사람은 출교를 당하기까지 했다. 1889년 그런 일이 있었던 것으로 보인다. 그 충격 때문인지 새문안교회는 새로운 장로를 세우는 데 매우 조심스러웠다. 새문안교회가 장로를 세운 것은 그로부터 17년이 지난 1904년이었다. 새문안교회 안에 설립된 구세학당(救世學堂 ⇒ 영신학당 永信學堂)의 학생이었다가 교사가 된 조사 출신인 송순명(宋淳明, 1878-미상) 장로가 바로 그다.

이런 상황에서 선교사들이 교회의 영적 책임을 맡길 임시 직분자를 생각해 냈는데, 그것이 바로 '영수'라는 직책이었다. '영수'(領袖)란 본디 '여럿 중의 우두머리'라는 뜻이다. 교인들 가운데 모든 면에서 으뜸 되는 사람을 '영수'로 세운 것이다. 영수는 가르치는 목사, 치리하는 장로, 그리고 섬기는 집사의 역할 모두를 감당해야 했다. 선교사가 임명했고 임기는 1년이며 연임될 수 있었다.

한국 최초의 영수는 평안남도 대동군 남궁리교회의 이세수와 남리교회의 김세석이라고 한다. 이렇게 교회에 영수가 세워져 예배 인도와 교회 관리를 담당했다. 나중에 장로가 세워진 뒤에도 영수라는 제도가 한동안 병존했는데, 1960년대 초반에 거의 사라졌다.

덧붙이자면, 감리교에서는 웨슬리가 성장하는 교회의 지도자를 얻기 어려울 때 성도 가운데 믿음이 좋고 충성된 자를 선택해 '권사'(Exhorter)로 세워 목사에 준하는 사역을 맡겼던 것을 적극 활용했다. 이는 로마서 12장 8절의 "위로하는 자"에 근거한 것이었다. 미국 감리교회도 '권사'라는 직분을 가지고 있었다. 감리교의 '권사'는 한국 교회 초기의 '영수'와 비슷한 역할을 했다고 볼 수 있다. 그에 비해 한국 장로교회는 1955년부터 감리교회의 '권사' 직무를 여성에게만 부여하는 결정을 해 여성을 위한 특화된 사역을 맡겼다.

조사

'장로'를 대신하는 '영수'(사실은 장로 이상의 역할)가 있다면, '목사'를 대신하는 '조사'(助事)가 있었다. 요즘은 '조사'라는 직책이 없다. 목사를 돕는 전도사를 조사라고 부르긴 했지만, 그와는 좀 다른 성질의 직무다. 본디 '조사'는 선교사를 '돕는 자'(helper)다. 쉽게 말하면 선교사가 하는 일을 돕는 '조수'(助手)였다. '조사'는 선교사에게 한글을 가르치기도 하고, 선교지를 방문할 때 길을 안내하기도 하고, 행정적으로 도움을 주기도 했다. 한국인 목사가 세워지기 전까지는 선교사 대신 지역 교회 사역을 했다. 선교사가 다른 교회로 가면 그 교회의 조사가 대신 설교하고 목회했다. 요즘 목사나 전도사가 하는 일을 했다고 보면 된다. 목사를 모실 수 없는 시골 교회는 요즘도 전도사가 설교도 하고 주일학교도 맡아 일을 하는 것처럼 말이다. 단지 조사는 성례를 집행하지 못했다. 선교사와 목사 밑에서 목사와 같은 권위로 일한 직무가 바로 '조사'인 셈이다.

한국 최초의 조사는 1888년 백홍준, 서상륜 그리고 최명오였다고 전해진다. 또 다른 조사는 한석진이었는데, 그는 1892년부터 모펫 선교사의 조사였다.

서리집사

본래 집사는 '서리집사'나 '안수집사'로 구분되지 않는다. '서리집사'란 한국에만 있는 직무다. 한국에서 '집사'는 '성도' 혹은 '기독교인'에 해당하는 호칭 정도로 남용되고 있는 형편이다. 교회에 다니고 혼인한 젊은 사람이라면 "집사님!" 하고 부르면 거의 맞다.

'서리집사'의 '서리'(署理)는 '직책에 결원이 생겼을 때의 대리 행위 및 그 대리자'라는 의미로 쓰인다. 지금은 '서리' 대신 '대리'(代理)를 많이 사용한다. 조선 말기 고종이 1894년에 권한 대행자에게 붙이는 형태로 시작됐다. 예를 들면, '국무총리 서리' 혹은 '장관 서리'라고 했다. 그러니 '집사 서리'라고 할 것을 '서리 집사'로 활용한 것이다. '집사'로 세울 사람은 없고 당분간 집사의 역할을 감당할 자로 '서리집사'를 세운 것이다. 임기는 1년이고 당회가 임명한다. 본디 교회의 직분자는 전 성도의 투표를 통해 선출하지만 '서리집사'는 임시직이기 때문에 당회가 임명한다.

본래 장립받고 집사가 세워지면 '서리집사'는 사라져야 한다. 하지만 한국 교회에서는 '서리집사'가 하나의 직분처럼 고착화되었다. 이것이 주는 함의가 무엇일까? '서리집사'의 현존은 교회 직분의 세속화를 보여 준다. 교회 직분은 직무와 관련된다. 직무가 없는 직분은 무의미하므로 없어져야 한다. 그런데 직무도 없는 직분이 살아 있으니 한국 교회의 영적 손해는 이만저만이 아니다. 신앙을 직분의 호칭으로 치환하려는 경향이 없지 않기 때문이다. 사실 '서리집사'는 직분도 아닌데 말이다. 현재 '서리집사'는 남녀가 모두 가능하다.

전도부인

'조사' 중에 여자에게는 '여자 조사'라고 불렸는데, 1918년 57명이나 있었다고 한다. '여자 조사'는 이전에 '전도부인'이라 불렸다. '전도

부인'의 역할이 무엇인지는 선교사들이 '바이블 우먼'(Bible Woman)이라고 불렀던 것에서 알 수 있는데, 성경을 잘 알면서 선교사의 역할을 대리하는 여성을 말한다.

지금의 동대문감리교회는 1892년 볼드윈 부인의 진료소 안에서 시작되었다. 이때 기도회와 예배 인도를 한국인 '전도부인'이 이끌었다. 1894년 백홍준이 순교하자 선교사들이 그의 아내 한씨를 '전도부인'으로 임명하고 생활비를 후원하기도 했다.

전도부인은 1905-1907년 사이에 많이 세워졌다. 남녀가 유별한 시대에 남자 선교사가 여성에게 접근하는 것이 조심스러웠기 때문에 특별히 여성 사역자가 필요했던 것이다. 전도부인 중에는 무당 출신도 있어서 귀신을 쫓는 역할을 감당하기도 했다. 하지만 1920년대 이후 교회가 자리를 잡고 남성 사역자들이 생겨나면서 전도부인의 역할은 점점 사라졌다. 지금은 '여전도사'가 전도부인의 역할을 이어받고 있다. 하지만 그 역할은 많이 축소되었다.

권사

여기서 다루려는 '권사'(勸師 Exhorter)는 감리교회의 '권사'(남성)와는 다른 개념이다. 장로교에 존재하는 여성에게 주어지는 임시 직분 '권사'로 제한한다.

남녀가 유별한 한국적 상황에서 주어진 독특한 직무가 권사다. 권사는 주로 여성 신자를 방문하고 위로하고 격려하는 역할을 감당했다. 권사는 종교개혁자들이 성경에서 찾아 정착시킨 목사와 장로와 집사에 포함되지 않는다. 그래서 직분이라기보다는 직무라고 볼 수 있다. 하지만 그 사역의 무게로 보면 거의 장로와 맞먹는다.

장로교회에서 권사 제도가 시작된 것은 1955년 제40회 예수교장로회 총회에서다. 봉사를 잘 감당하는 여성을 '권사'로 임명한 것이다. 이 권사 제도는 장로교회가 여성 장로가 없는 상황에서 여성에 대한 차별을 해결하기 위한 방편이었다는 비난도 있다. 즉 '권사 제도'는 여성 차별의 산물이라는 것이다. 하지만 그것은 정당한 평가로 보기 어렵다. 당시 장로교회 안에서는 여성 직분에 대한 요구가 거의 없었기 때문이다. 하지만 교회 봉사에 열심이 있는 여성들에게 적절한 직무를 주는 것이 옳다고 생각한 장로교회는 종신직으로 권사 직분을 도입했다.

　어쨌거나 권사로 임명받은 신실한 여성들은 남성이 섬기기 어려운 교회 사역에 당회와 목사의 권위 아래 많은 봉사를 해왔다. 결과적으로 권사 제도는 여성의 직분 요구를 누그러뜨리는 역할을 했을 것이라고 짐작할 수 있다.

16. 한국판 부림절 사건

1900년 한국 보수파는 친미 개화파를 제거하기 위해 '기독교인 진멸 음모'를 꾸몄다. 다행히 사전에 발각되어 실현되지 못했는데, 일명 '한국판 부림절 사건'이다.

1899년 말부터 1901년 9월까지 중국에는 의화단 운동(義和團運動)이 일어났다. 외국 세력에 반대하는 운동으로 수많은 외국인, 특히 선교사와 기독교인이 끔찍한 박해를 받고 처참히 학살당했다. 외국 선교사 241명과 중국 기독교인 2만 3000명이 목숨을 잃었다. 그런 분위기에 편승한 한국 정부의 보수파 일부가 비밀리에 고종의 어인이 찍힌 칙령('기독교인 살해 칙령')을 전국으로 내렸는데, 12월 6일 지방의 유림들이 일어나 외국인과 기독교인을 죽이고 교회와 학교와 병원을 불태우라는 내용이었다. 고종도 모르는 가운데 꾸며진 반란에 가까운 일이었다.

마침 언더우드는 1900년 황해도 해주로 순회전도를 하고 있었는데, 교회의 한 영수가 그 칙령을 언더우드 선교사에게 전해 주었다. 언더우드는 문제의 심각성을 알아보고 미국 공사 알렌에게 그 소식을 전했다. 그런데 영어로 보내면 중간에 차단될 것을 염려해 당시 라틴어를 배우던 아들과 함께 문법책을 찾아 가며 라틴어로 간단한 전보문을 보냈다. 그리고 미국 공사관에 바로 보내지 않고 먼저 에비슨 선교사에게 보내 전달하도록 했다. 그 전보문이 나중에 발견되었는데, 이런 내용이었다.

"Omnibus praefecturis mandatum secreto mittus est In mensis decima Idibus omnes Christianes occident." (모든 현감에게 비밀리에 지령이 보내졌다. 10월 15일에 모든 기독교인을 살해할 것이다.)

라틴어에 능숙했던 에비슨은 영어로 번역하여 알렌에게 전달했고, 알렌은 고종을 만나 사실을 보고했다. 고종은 즉시 살해 칙령은 조작된 것이니 기독교인을 보호하라는 새로운 칙령을 내렸다.

음력 10월 15일을 양력으로 셈하면 12월 6일이 되는데 그날 한국의 모든 그리스도인이 죽을 운명이었다. 그런데 사전에 음모가 발각되었고 음모 주동자들은 처형되었다. 이것이 한국판 부림절 사건이다. 하나님이 한국 교회를 지켜 주셨다.

한편, 미국 북장로교회는 1900년 11월 한 달을 한국에 파송된 선교사들을 위해 기도하는 달로 정했다. 미국의 그리스도인이 한국에 파송된 선교사들과 선교 사역과 한국 그리스도인들을 위해 드린 기도가 하늘에 상달된 것이다.

/ 언더우드 친필 전보문

17. 죽창과 낫으로 어찌 총칼에 맞서랴

1892년 전라도 고부에 조병갑이라는 군수가 새로 부임했다. 그는 백성에게 세금을 과도하게 부과해 자기 배를 불리고 있었다. 가령 효도를 하지 않는다고, 친구와 사이가 좋지 않다고, 자기 아버지의 묘비를 세운다고 세금을 거두었다. 어처구니가 없었다. 조병갑은 만석보라는 저수지를 만드는 데 노동력을 제공하면 저수지의 물 세금을 받지 않겠다고 약속했지만 약속을 어기고 세금을 거두었다. 억울해 항의를 하는 사람들에게 오히려 곤장을 때려 벌을 주었다. 농민은 당시 동학의 지도자였던 전봉준을 찾아가 도움을 요청했다. 1894년 1월 10일 새벽 전봉준은 농민과 함께 흰 수건을 두르고 대나무로 창을 만들어 고부 관아를 습격해 억울하게 옥에 갇힌 농민을 풀어 주고 빼앗긴 곡식을 주인에게 돌려 주고 만석보를 터트렸다.

정부는 조병갑을 해임하고 박원명을 대신 군수로 세우고 이용태라는 안핵사(지방에 사건이 일어나면 조사를 하기 위해 보낸 임시 관리)를 파송했다. 그런데 안핵사 이용태는 조병갑과 다를 바 없었다. 반란을 일으킨 농민과 동학 주동자들을 잡아들여 옥에 가두었다.

농민들은 다시 전봉준을 찾아갔다. 3월 21일 전봉준은 수천 명의 동학교도와 농민을 모아 4월 27일 전라에서는 가장 큰 성 전주성을 점령했다. 그러자 명성황후는 고종과 상의도 없이 청에 지원군을 요청했다. 6월 6일 청 군인 2,400명이 한반도에 들어왔다. 그러자 일본도 6월 8일 그보다 더 많은 4,500명의 군인을 보냈다. 고종이 두 나라 군대에게 돌아갈 것을 명령했지만 그들은 거절했다. 조선 정부는 급히 동학농민과 조약을 맺고 그들이 요구하는 것을 들어주었다. 그 내용은 다음과 같다.

탐관오리의 횡포를 금지한다.
노비문서를 불태운다.
과부의 재혼을 허락한다.
토지를 골고루 나누어 경작한다.
......

이것이 '전주성 화약'(和約)이다. '화약'은 '평화의 약속'이라는 뜻이다. 농민은 집강소(執綱所)를 세우고 그들 스스로 통치할 수 있게 되었다. 최초로 민주주의 자치를 허락한 셈이다. 조선 정부가 그들의 요구를 거절할 수 없을 만큼 허약해진 까닭이기도 했다.

조선에 진출한 일본 군대는 1894년 7월 25일 청 군대와 전쟁을 시작했다. 19세기 중엽 미국의 강압적 개항 요구로 서양 문물을 적극적으로 받아들인 일본은 빠른 속도로 힘을 길렀다. 청의 군대는 오합지졸이었지만 일본의 군대는 잘 훈련되고 현대식 무기로 무장했다.

청일전쟁에서 승리한 일본은 1895년 4월 17일 시모노세키조약에서 청이 조선을 종주 관계에서 자주독립 국가로 인정하도록 했다. 이는 결국 조선을 일본의 손아귀에 넘긴다는 것을 의미했다. 뿐만 아니라 랴오둥반도와 타이완, 펑후열도를 일본에게 주고 배상금 2억 냥을 지불해야 했다. 이 금액은 청의 1년 예산의 두 배에 해당하는 금액이었다. 일본은 그 돈을 받아 군비에 쏟아부어 힘을 더 키웠다. 그런데 이때 러시아·프랑스·독일 3국이 일본에게 랴오둥반도를 청나라에 돌려주라고 압박했다. 그러는 한편, 각 나라들이 청의 일부 땅들을 빌려 사용하기로 했다. 이렇듯 청은 기울고 일본은 부강해졌다.

일본은 이제 조선 정부를 손아귀에 넣고자 했다. 전봉준과 동학농민은 이런 나라의 상황을 지켜볼 수 없었다. 나라의 주권이 빼앗길 위기에서 전봉준은 10월에 다시 농민을 불러 모아 탐관오리를 제거하고 일본 군대를 조선에서 몰아내자고 결의했다. 하지만 안타깝게도 동학 농민은 공주 우금치 전투에서 일본군의 현대화된 무기에 밀려 패배하고 5만 명의 농민군이 처참하게 죽음을 맞았다. 현대식 무기로 무장한 일본군과 죽창과 낫으로 전쟁에 나선 농민들은 싸움이 되지 않았다. 동학 농민군은 겨우 500명만 살아남았으며, 12월 2일 전봉준도 붙잡혀 다음 해 처형되고 말았다.

조선 정부는 나라를 제대로 다스리는 데도 역부족이었고 외세의 침입을 막아 낼 능력도 없었다. 정부가 백성을 돌보고 보호해야 하는데 그럴 능력이 없었다. 동학혁명은 그런 당시의 상황을 잘 보여 준다. 무엇보다도 영적으로 백성을 이끌 종교도 없었음을 알 수 있다.

/ 전봉준, 서울로 압송(1895)

동학농민운동의 영향과 일본의 압력 때문에 조선 정부는 개화파를 중심으로 나라를 재정비하기 시작했다. 그것이 소위 1894년 시작된 '갑오개혁'(甲午改革)이다. 조선은 여러 차례 개혁으로 근대식 면모를 갖추어 가고 있었는데, 그런 과정은 일본이 조선을 집어삼키려는 계획된 절차에 불과했다, 일본이 정말 조선을 독립된 나라로 세워 주기 위한 목적이 아니었다. 일본은 음흉하게도 발톱을 숨기고 자기들이 통치하기에 좋도록 체계를 바꾸어 나가고 있었던 것이다.

1895년 10월 8일 일본의 눈엣가시 같은 존재인 명성황후를 시해하는 '을미사변'(乙未事變)이 일어났다. 조선의 왕비가 일본의 자객에 의해 궁궐에서 살해당한 것이다. 참으로 안타깝고 비참한 상황이 아닐 수 없었다. 이제 고종의 신변도 안전하지 않았다. 고종은 이런 일본의 노골적이고도 강압적인 내정 간섭과 생명의 위협 때문에 당시 믿

/ 명성황후(1890)

을 만하다고 판단한 정동 안쪽 언덕에 있던 러시아 공사관으로 피신을 했다. 한 나라의 황제가 얼마나 힘이 없었으면, 외국 공사관에 숨어야 했을까! 1896년에 일어난 이 일을 '아관파천'(俄館播遷)이라고 한다. 러시아가 일본이 청일전쟁으로 빼앗은 랴오둥반도를 반환하도록 압력을 넣어 성공하는 것을 본 고종은 러시아의 힘을 빌려 일본을 막아 내려 했던 것이다.

1895년 김홍집 등이 실시한 '을미

개혁'(乙未改革)에는 단발령(斷髮令)이 있었다. 조선인은 성인이 되면 상투를 틀었는데, 그것이 비위생적이니 자르라는 명령이었다. 고종과 순종이 모범을 보였다. 단발령은 실용적 개혁이지만, 신체발부수지부모(身體髮膚受之父母)의 전통을 가진 조선인의 정서에는 수치감을 불러일으키는 것이었다. 전국에서 단발령을 거부하는 움직임이 있자, 이들을 진압하기 위해 일본 군인이 서울을 빠져나갔다. 이 틈을 타 고종은 경복궁에서 경운궁(현재 덕수궁) 옆에 있는 러시아공사관으로 피했다. '아관'(俄館)은 러시아 공사관을 말하고 '파천'(播遷)은 임금이 도성을 떠나 난리를 피하는 것을 말한다.

일본은 러시아가 세력을 확장하는 것을 싫어했지만 어쩔 수 없이 당분간 두 나라가 조선을 공동으로 관리하는 데 합의했다. 그렇게 조선 조정은 친러 세력들이 1년 동안 득세하게 되었다. 1년 후 경운궁(덕수궁) 수리를 마치고 1897년 2월 20일 고종이 미 대사관 옆에 위치한 왕궁으로 거처를 옮겼다. 하나님은 조선을 어디로 인도할 것인가?

/ 경운궁(1911년 석조전)

18. 대한제국의 시작과 열강의 쓰나미

마침내 고종은 큰 결심을 단행했다. 1897년 10월 12일 국호 조선을 버린 것이다. 대신에 '대한제국'(大韓帝國)을 선포하고 실질적 자주 국가가 되기 위해 여러 개혁을 시도했다. 하지만 국력은 이미 쇠퇴한 상태였다. 하나의 몸부림에 불과했다.

한편 개화파 인물들이 '**독립협회**'를 창립(1896)했다. 고종의 개화 정책을 따르던 젊은 개화파들이 고종을 돕기 시작한 것이다. 1884년 일본의 힘을 믿고 일으킨 갑신정변에 연루되었던 서재필(徐載弼, 1864-1951)이 미국으로 망명했다가 돌아오면서 독립협회가 창립되었고, 이들의 활동은 고종에게 힘이 되었다. 독립협회가 한 첫 번째 일은 청의 사신을 맞이하던 '영은문'(迎恩門) 터에 '독립문'(獨立門)을 세운 것이다. 청과 일본과 러시아 등 열강을 의지하지 않고 한민족 스스로 나라를 세운다는 뜻이 담겨 있다.

서재필은 《**독립신문**》을 창간해 자주독립 국가를 만들기 위한 국민 계몽 운동을 시작했다. 이 일을 위해 신진 지식층이 많이 모여들어 근대국가로 나아가는 민간 계몽 운동에 일조했다. 고종 황제도 지원했다. 《독립협회회보》와 《황성신문》이 이 일에 함께했다. 독립협회는 고종이 고안하고 박영효가 그렸다는 국기를 만들고 애국가를 최초로 만들어 보급하는 일에 적극적이었다.

또 독립협회의 제안을 받아들인 고종이 1897년 10월 12일 '환구단'(圜丘壇)을 짓고 그곳에서 나라의 이름을 청이나 일본처럼 '**대한제국**'(大韓帝國)으로 바꾸고 자신은 '황제'(皇帝)로 즉위시켰다. 환구단은 지금의 소공동에 있는 '황궁우'(皇穹宇) 옆에 지어졌는데, 예부터 왕이 하늘에 제사를 드리기 위하여 돌이나 흙으로 높이 쌓은 터로 국가적 기우제를 드리는 곳이었다. '황궁우'는 하늘과 땅의 모

/ 고종

든 신령의 위패를 모시는 곳인데, 그때까지 중국의 눈치를 보느라 감히(?) 세우지 못하던 것이었다. 청과 일본 그리고 러시아는 고종의 독립 행진을 반대할 수 없었다. 국기를 '태극기', 국가를 '애국가'로 결정했다. 하지만 강대국은 고종의 이런 움직임에 동조하지 않았고 인정해 주지도 않았다. 군사력을 높이기 위해 나라 살림의 40%를 쏟아붓다 보니 국가 재정이 제대로 돌아가지 않았다. 백성의 불만도 이만저만이 아니었다.

정부가 힘이 없다 보니 뜻있는 국민이 주도하여 나라를 바로 세워 보자는 운동들을 일으켰다. **'만민공동회'**(토론을 통해 의사를 결정하는 대중 집회)는 외세의 간섭과 정부의 부패에 맞선 운동으로 국민의 뜻을 모아 정부에 전달하기 위한 대중 집회였다. 하지만 힘을 결집하기에는 한계가 있었고, 고종도 왕권이 무너지고 민주공화제로 바뀌는 것을 두려워했다. 고종은 모든 단체의 집회를 금지했으며, '독립협회'를 강제 해산했다. 고종의 입장에서 황제의 권위에 대항하는 모든 세력은 없어져야 했다. 과연 대한제국의 권위는 스스로 설 수 있을 정도로 탄탄했을까?

대한제국은 1899년부터 5년간 전국 토지의 절반 이상을 측량해 토지 소유자에게 소유권 증명서를 발급하며 조세 수입을 늘렸다. 그리고 화폐제도를 개혁하기 위해 외국 차관을 들여오려 했으나 실패했다. 상공업을 장려하고 섬유, 운수, 철도 등의 분야에 근대적 회사들을 설립하도록 지원했다. 해외에 유학생을 파견하고 산업학교와 기술교육 기관을 세웠다. 그러나 이렇게 좋은 근대화 정책도 지배층의 부패와 열강들의 간섭으로 큰 성과를 거두지 못했다.

열강은 대한제국의 정치적 불안과 경제적 약점을 이용해 자기들의 이익을 챙기기 바빴다. 일본은 경부선(서울-부산, 1898), 경의선(서울-신의주, 1904), 경원선(서울-원산, 1898) 철도 부설권을 가져갔다. 미국은 전화와 전차 부설권(1896)을 가져갔다. 러시아, 독일, 영국 등은 광산 채굴권을 가져갔다. 근대화 과정에서 열강들이 경제적 이익을 독차지한 것이다. 또 일본은 은행업과 해운사업을 독점했다. 이 과정에서 정보를 많이 가진 대한제국 관리들이 앞장서 회사를 경영했다. 가장 큰 피해자는 힘없고 가난한 백성이었다. 토지가 없던 백성에게 달라진 것이라곤 소작료를 더 내야 하는 것이었다. 농민이 열심히 일한 소득의 대가는 일부 사람들에게 몰리며 부익부 빈익빈 현상이 가속화되었다. 당연히 국민의 삶은 피폐했다.

주후 1904~1910년

19. 안중근, 일본의 죄를 묻다

일본은 1904년 2월 23일 고종 황제의 측근 세력을 실각시키고 '**한일 의정서**'를 체결했다. 러시아 같은 외세의 침입에 대비해 일본이 군사력을 주둔시켜 대한제국을 도와준다는 것이 그 내용의 골자였다. 또 대한제국이 외교와 재정 관련 일을 결정할 때 일본이 세운 외교 고문 미국인 스티븐스(D. W. Stevens)와 재정 고문 일본인 메가타를 앞세우도록 했다. 일본은 1904년 시작된 '**러일전쟁**'에서 승리한 후 대한제국을 침략하려는 의도를 노골적으로 드러냈다. 포츠머스 강화조약에서 러시아의 대한제국에 대한 간섭을 포기하도록 한 것이다.

이런 과정에서 고종은 러시아와 일본의 중간에서 아무의 편도 아닌 '중립국'을 선언했다. 그렇지만 힘없는 대한제국의 중립국 선언은 누구도 인정해 주지 않는 공허한 메아리였다.

일본은 러시아와 영국, 심지어 미국과도 조약을 맺어 대한제국에 대한 지배권을 승인받았다. 가쓰라-태프트 밀약(1905년 7월 29일)이 그 예다. 일본 내각 총리였던 가쓰라 다로와 미국 육군 장군 윌리엄 하워드 태프트가 맺은 밀약으로, 미국의 필리핀에 대한 지배권과 일본의 대한제국에 대한 지배권을 상호 인정하는 것이었다. 국가적 공식 협정은 아니지만 미국 입장에서는 손해 볼 일이 없는 것이었다. 미국은 그 뒤로 이어진 일본의 대한제국 식민 통치를 사실상 묵인했다.

같은 해 1905년 11월 15일 일본은 이토 히로부미를 대한제국 대사로 보내고 군사를 궁궐에 배치해 '보호조약'을 맺자며 고종에게 압력을 넣었다. 하지만 고종은 거절했다. 이토 히로부미는 대한제국의 대신들을 불러 모아 '**을사조약**'을 밀어붙였다. 사실은 '조약'이라고 할 수 없고 '늑약'(勒約)이라고 불러야 맞다. 강요에 의한 것이기 때문이다. 많은 대신들이 반대했지만, 그중에 다섯 명(이완용, 이근택, 이지용, 박제순, 권중현)이 찬성하고 조약을 맺었다. 내용은 대략 다음과 같다.

- 일본은 대한제국의 외교에 관한 일을 감독하고 지휘하며 대한제국은 일본의 대표가 보살핀다.
- 대한제국은 일본의 중개가 없이 다른 나라와 조약을 맺을 수 없다.
- 일본은 대한제국의 황제 밑에 한 명의 통감을 두어 외교권을 맡긴다.

고종이 서명하지 않은 효력이 없는 조약이었지만 일본은 밀어붙였다. 수많은 백성이 이를 반대하며 일어났지만, 일본은 군대의 총과 칼로 억눌렀다.

고종은 **을사늑약**의 부당함을 알리며 이승만과 선교사 헐버트를 미국 특사로 파송해 도움을 요청했으나 거절당했다. 고종은 마지막으로 외교권을 박탈당한 대한제국의 상황을 알리기 위해 1907년 6월 '**만국 평화회의**'가 열리는 네덜란드 헤이그로 세 명의 특사(이준, 이상설, 이위종)를 파송했다. 4월에 출발해 블라디보스토크를 거쳐 러시아를 가로질러 유럽 저편 네덜란드에 도착했다. 그러나 일본의 방해로 그들은 회의에 입장도 하지 못하고 회의장 밖에서 기자들을 불러 회견을 열고 을사늑약의 부당함을 폭로하는 데 그쳐야 했다. 이때 헐버트 선교사는 미국에서 네덜란드로 건너와서 세 명의 특사들을 도왔지만 국제정세는 냉혹했다.

/ 헤이그 밀사

일본은 이 일을 빌미 삼아 고종을 황제에서 강제 퇴위시키고 그의 아들 순종을 대신 앉혔다. 그리고 이틀 후 '**한일 신협약**'(1907년)을 체결해 일본 통감이 외교뿐만 아니라, 법령 제정, 고등 관리 임명과 내정까지 장악하도록 했다. 또 9천 명 정도 되는 대한제국의 군대를 해산시켰다. 이제 일본은 노골적으로 대한제국을 침략했다. 대한제국은 항거할 힘이 없었다. 일본은 전국에 재무서를 두어 징세 업무를 관장하고 소작료와 홍삼 전매 수입을 정부로 통합시켰으며, 1909년 사법과 감옥 사무까지 장악했다. 이제 대한제국은 일본의 속국이 된 것이나 다름없었다. 나라가 이렇게 되자 국민의 저항 운동이 여기저기서 일어났다.

1907년 일본인 재정 관리 메가타가 일본으로부터 반강제로 빌린 돈이 무려 1396만 원이었다. 국민은 '**국채보상운동**'(國債報償運動)을 시작했다. 일본은 이 운동의 주동자를 잡아들이며 박해했다. 결국 실패로 끝났지만 침략자 일본에 대항하며 애국심을 키운 최초의 운동이었다. 이런 상황에서 독립을 위해 싸우는 사람들이 늘어나기 시작했는데, 1909년 10월 26일 아침 7시에 **안중근**이 만주 식민지를 위해 러시아 블라디보스토크와 하얼빈을 방문하는 이토 히로부미를 권총으로 암살하는 데 성공했다. 이 소식은 온 세계로 퍼져 나갔고, 대한제국 사람뿐만 아니라 청나라도 충격을 받아서 일본 식민제국에 대한 저항 운동에 불을 붙이는 계기가 되었다. 안중근이 이토 히로부미를 죽인 이유를 열다섯 가지로 심문 중에 말했다고 알려진다.

1. 대한제국의 명성황후를 죽인 죄
2. 고종 황제를 황제의 자리에서 내쫓은 죄
3. 을사조약과 한일신협약을 강제로 맺은 죄
4. 독립을 요구하는 죄 없는 대한제국 신민을 마구 죽인 죄
5. 정권을 강제로 빼앗아 통감 정치 체제로 바꾼 죄

6. 철도, 광산, 산림, 농지 등을 강제로 빼앗은 죄

7. 제일은행권 지폐를 강제로 사용하여 경제를 혼란에 빠뜨린 죄

8. 대한제국 군대를 강제로 해산시킨 죄

9. 민족 교육을 방해한 죄

10. 대한제국 신민의 외국 유학을 금지시키고 대한제국을 식민지로
    만든 죄

11. 대한제국 역사를 없애고 교과서를 모두 빼앗아 불태워 버린 죄

12. 대한제국 신민이 일본인의 보호를 받고자 한다고 세계에 거짓말
    을 퍼뜨린 죄

13. 현재 대한제국과 일본에 전쟁이 끊이지 않고 있는데도 대한제국
    이 아무 탈 없이 편안한 것처럼 일본 천황을 속인 죄

14. 대륙을 침략하여 동양의 평화를 깨뜨린 죄

15. 일본 천황의 아버지를 죽인 죄

안중근은 1910년 3월 26일 형장의 이슬로 사라졌다.

1910년 드디어 일본은 야욕을 실행에 옮겼다. 8월 22일 '**한일강제
병합**'(韓日强制倂合)을 체결한 것이다. 1910년 5월 일본은 데라우치 마
사다케를 통감으로 임명했다. 그가 가장 먼저 한 일은 대한제국의 경
찰을 해산시킨 것이다. 일본은 헌병을 2천 명이나 뽑고, 5천 명의 경
찰을 늘렸으며, 헌병 보조원 4천 명을 선발했다. 8월 29일 결국 대한
제국은 사라지고 일본의 속국으로 전락했다. 한민족에게는 치욕의 날
이었다. 일본 헌병경찰은 재판을 하지 않고도 대한제국인을 처벌할
수 있는 막강한 힘을 가지게 되었으며, 기존 신문, 잡지, 교과서를 모
두 폐지하거나 없앴다. 심지어 종교의 자유도 억압하여 일본식 종교
를 도입했다. 일본 관리의 허락 없이는 종교 활동을 할 수 없도록 통제

했다. 한국 선교사들과 교회에 미칠 환난이 예견되었다.

 일본은 1912년 토지조사령을 내려 조선 땅의 40%를 빼앗아 일본 사람들에게 싼 값으로 팔았다. 돈이 되는 광공업도 일본 사람들에게 넘어갔다. 이렇게 대한제국은 일본의 식민지가 되었고, 백성은 나라 없는 설움을 안고 1945년 8월 15일 해방이 되는 그날까지 암울한 시대를 살아야 했다.

/ 안중근 의사

/ 일제의 토지 수탈(1910)

20. 나라를 잃고 교회에 기대는 백성들

급변하는 구한말과 대한제국 시기의 한국 교회와 선교사는 어떻게 활동했을까? 1894년 '동학혁명', 1894-1895년 '청일전쟁' 그리고 1904-1905년 '러일전쟁'에 이르기까지 한반도는 전쟁의 소용돌이에 휘말렸다. 당연히 백성의 삶은 불안하기 그지없었다. 교회는 이때 백성의 안식처요 보호처로 역할했다. 사람들은 교회에 '십자기', 곧 '성 게오르기우스의 십자기'를 걸어 놓기도 했다. 외국 선교사들이 있는 곳인 교회를 함부로 할 수 없었기 때문이다. 실제로 '청일전쟁' 때 일본군은 교회를 함부로 하지 못했다. 전쟁 중에도 생명과 재산을 보호할 수 있는 곳이 바로 교회당과 선교사들이 운영하는 병원이나 학교였다. 이는 한민족이 개신교회에 대한 부정적 인상을 제거하고 긍정적 인상을 갖도록 기여했다.

1898년 장로교인 전체 숫자가 대략 7,500명이었는데, 평안도와 황해도, 곧 서북지방의 교인 수가 5,950명이었으니 전체 교인의 거의 80%에 해당한다. 이렇게 서북지방에 교인이 많은 것은 청일전쟁의 전투가 그곳을 중심으로 치열하게 전개된 것과 무관하지 않다. 전쟁 중에 가족과 재산을 잃은 많은 사람들이 교회로 몰려왔으며, 전쟁으로 이웃 지방으로 피난 갔던 사람들에 의해 교회가 세워졌던 것이다. 전쟁 중에 교회당은 민중의 피난처가 되었다. 위기는 교회로 더 많은 사람들이 모이도록 했다.

21. 한반도를 이끈 선교사들

이제는 선교사들을 중심으로 그들의 활동을 살펴보자. 한국 교회는 선교사들의 복음 전도와 활동으로 세워져 갔기 때문이다.

정교분리를 분명히 하다

갑신정변에서 알렌이 민영익을 치료하면서 시작된 왕실과 선교사들의 관계는 점점 더 가까워졌다. 1888년 여성 의료선교사 호톤(L. Horton)이 황후의 주치의로 섬겼으니, 언더우드와 혼인 후에는 다른 선교사들과의 관계도 덩달아 가까워졌다. 명절이면 왕실은 선교사들에게 선물을 하사했다. 1893년 에비슨(Avison)이 고종의 주치의가 되

/ 소래교회에 달린 성 게오르기우스의 십자기(1895)

었다. 고종은 1894년 동학혁명과 청일전쟁의 발발로 위기로 치닫는 나라를 구해야 했고, 1895년 명성황후가 시해당하는 고통과 치욕까지 겪었다. 이때 고종이 의지한 것은 기독교 선교사들이었다고 한다. 선교사들도 고종을 최선을 다해 보호해 주었다. 선교사들은 고종 옆에서 밤을 지새우며 그의 생명을 보호했다. 혹시라도 음식에 독약이 들었을까 봐 선교사들이 직접 음식을 만들어 주기도 했다. 고종은 언더우드를 가장 좋아했다고 한다.

당시 쇠약해진 조선을 침탈하려고 열강들은 혈안이 되어 있었다. 특히 신흥 강국으로 등장한 일본의 침략 행위가 심각했다. 이미 동학혁명을 빌미로 조선으로 진출한 일본군은 청일전쟁을 통해 조선을 노골적으로 점령하려는 야욕을 드러냈다. 러시아도 조선을 향해 야욕의 손길을 뻗어 왔다. 고종은 미국 선교사들의 도움을 받아 조선을 살려 보려 했다. 궁궐의 모든 사람이 세례를 받고 장로교회를 국교로 받아들여서 미국과 좋은 관계를 맺음으로써 일본과 러시아로부터 나라를 지키려 한 것이다. 그러나 언더우드는 장로교회의 정교분리 원칙을 설명하며 그 제의를 거절했다고 한다. 만약 그렇게 했다면 선교가 매우 쉬워졌을 것으로 예측할 수 있지만, 신앙은 정치적 동기와 강압적 방식으로 가질 수 있는 것이 아니다.

1896년 고종의 생일을 교회가 연회를 열어 축하해 주었다. 교회는 축하일이나 주일에 십자가와 태극기를 동시에 게양함으로써 나라 사랑의 모습을 보여 주었다. 이 또한 개신교의 이미지 개선에 도움이 되었을 것이다.

미국적 복음주의를 전파하다

한국에 파송된 미국 선교사들의 대부분은 기본적으로 청교도적 신앙을 가지고 있었다. 그들은 성경을 완전한 하나님의 말씀으로 믿고, 주일성수, 춤과 담배와 카드놀이를 죄악으로 금지했으며, 자유주의 신학을 거부했다. 장로교 선교사의 경우 웨스트민스터 신앙고백과 요리문답을 인정했다. 하지만 그들이 정말 장로교 신앙고백과 요리문답을 강조했을까? 그렇지 않았다. 한국에 온 대부분의 장로교 선교사들은 '미국적 복음주의 부흥운동'의 영향을 받았다. 이것은 19세기 미국 교회의 역사와 관련이 있다.

미국 교회는 19세기에 나타난 걸출한 두 부흥사의 영향 아래 있었다. 먼저 찰스 피니(C. G. Finney, 1792-1875)가 19세기 중반부를 이끌었고, 후반기는 무디(D. L. Moody, 1837-1899)의 영향이 대단했다. 두 사람은 당시 유행하던 자유주의 신학에 대항해 복음을 지켜 냈다. 하지만 정작 교리와 신앙고백을 불필요하게 여기며 멀리했다. 그들은 초교파적으로 활동했는데, 공유되는 복음의 '단순성'을 강조하며 대단한 부흥의 불길을 이끌었다. 이런 부흥운동의 복음주의는 모든 교파를 초월하여 영향을 주었다. '초교파주의'가 바로 여기에서 시작되었다. 그들은 '포용주의' 입장을 취하면서 신앙의 선배들이 물려준 소중한 신앙고백을 중요하게 여기지 않았다. 그런 분위기를 경험한 젊은 일꾼들이 한국 선교사로 오게 되었다는 점을 기억해 둘 필요가 있다.

언더우드는 그런 영향 가운데 있던 대표적인 인물이다. 그는 영국 태생이지만, 미국으로 건너와 네덜란드 계열의 개혁교회 신학교인 뉴브런즈윅 신학교(New Brunswick Theological Seminary)에서 공부했다. 이 신학교는 정통 개혁교회 입장에 서 있지는 않았다. 언더우드의 신학 색깔은 포용주의적이고 초교파적이었다. 한국에서 감리교 선교사 아펜젤러와 쉽게 협력할 수 있었던 것도 이 같은 성향 때문이다. 언더우드와 아펜젤러는 모든 교파를 초월하는 하나의 교회를 한국에 세우고 싶었지만 뜻을 이루지는 못했다. 언더우드는 복음주의자이자 근본주의적 세대주의자인 스코필드의《스코필드 관주 성경》을 번역하는 데 참여했다. 그의 신학적 경향을 보면 별로 이상한 일도 아니었다. 또 그는 1915년 연희전문학교 설립 허가를 총독부로부터 받아 내기 위해 일본이 만든 '개정사립학교규칙'에 동의했다. 이 법은 성경 교육을 금지하고 종교적 중립을 요구했다. 그는 성경 교육을 포기하고서라도 학교를 설립하는 것이 더 중요하다고 본 것이다. 평양 숭실학교를 폐교하고서라도 그 법을 따르지 않던 베어드 선교사와 비교되는 모습이다.[3]

1909년 당시 북장로교회 선교사 40명 가운데 미국 '맥코믹 (McCormick) 신학교' 출신 11명이 한국 교회에 가장 주도적인 영향을 끼쳤다. 숫자로 보자면 프린스턴(Princeton) 신학교 출신이 16명으로 제일 많았지만, 그 영향력으로 보면 맥코믹 신학교에 미치지 못했다. 대표적인 맥코믹 신학교 출신 선교사는 모펫(S. A. Moffett 마포삼열), 그레이엄 리(G. Lee 이길함)와 스왈런(W. L. Swallon)이다. 이들은 1893년 평양에서 선교를 시작했고, 평양신학교에서 가장 오래 가르친 교수들이다. 평양신학교에서는 맥코믹 신학교 출신 선교사들의 영향이 컸다. 1902년에 입국한 클라크(C. A. Clark 郭安連 곽안련) 선교사도 맥코믹 신

---

3   일본에 의한 1911년과 1915년의 사립학교 규칙에서 문제가 된 것은 사립중학교를 고등보통학교로 승격할 때 성경 과목과 기도회를 정규 교과목에서 제외하도록 한 것인데, 장로교 선교부와 모펫과 베어드는 이에 대하여 끝까지 반대했다.

학교 출신으로 평양신학교에서 오랫동안 가르쳤고 50권의 한글책, 6권의 영어책을 출판했다. 그의 영향력도 대단했다.

맥코믹 신학교는 1829년 '인디애나(Indiana) 신학교'로 시작되었다. 1859년 장로교 총회가 직영 신학교로 인준했다. 1886년 거액의 기부자인 맥코믹(Cyrus H. McCormick, 1809-1884)의 이름을 따 개명했다. 맥코믹 신학교는 1812년에 시작된 전통적인 장로교회의 신앙과 질서를 중시하는 프린스턴 신학교와는 분위기가 달랐다. 맥코믹 신학교는 부흥운동의 영향을 많이 받은 복음주의적 학교였다. 무디의 부흥운동은 이 학교에 많은 영향을 미쳤다. 신앙고백과 교리문답보다는 복음이라는 넓은 스펙트럼으로 연합하는 데 많은 관심을 기울였다. '신학생 연합회'(The Theological Student Association)가 1897년 이 학교를 중심으로 시작되었고, 초교파 청년단체 YMCA의 활동에도 이 학교가 적극 기여했다. 맥코믹 신학교는 초교파적 복음주의 분위기에 편승한 신학교였다.

한편, 1909년 선교사 상황을 보면 목사가 아닌 의료 혹은 평신도 선교사들이 74명 정도 되었다. 그리고 이들의 상당수는 '성경학교'(Bible School) 출신이었다. 특별히 무디 성경학교(Moody Bible Institute) 출신이 많았다. 성경학교에서는 성경을 가르쳤지만 정통 교리와 신앙고백은 가르치지 않았다. 대체로 주한 선교사들은 복음주의 연맹(Evangelical Alliance)에 가입하고 참여하는 폭넓은 복음주의자들이었고, 이런 점은 장로교 선교사들이 첫 독노회를 시작할 때, 웨스트민스터 표준문서를 권장하는 수준으로 언급하면서 대신 인도에서 영국 장로교 선교사들이 만든 '12신조'를 기본 교리로 채택한 이유였다. 1905년 장로교와 감리교의 연합을 시도한 점도 그런 경향의 한 측면이다. 그렇다 보니 종말론에 있어서도 정통 종교개혁가들의 입장인 '무천년설'이 아닌 세대주의의 영향을 받은 '전천년설'을 지지하는 경향이 있었다. 이런 점에서 선교사들은 한국에 '정통 종교개혁 신앙'보다는 '보수적이고 복음주의적인 기독교'를 전했다.

이런 선교사들의 영향을 받은 한국 지도자들은 좀 더 극단적인 보수주의로 빠지거나 세상과 문화에 대하여 분리주의적 방향으로 많이 흘러갔다. 선교사들의 신학적 입장은 자유주의적 신학을 막아 내는 데는 큰 역할을 했지만 종교개혁 신앙을 잘 심어 주어 전체 삶에 영향을 미치는 데는 약점을 보였다.

미국 장로교의 전형적 분위기는 1801년 장로교회가 회중교회와 연합하면서 시작되었다. 회중교회는 교리적 측면에서는 장로교회와 차이가 없지만 정치 체계에서 달랐다. 동질성만을 찾아 연합한 것이다. 장로교회와 회중교회가 연합을 했으니 미국에 대단히 큰 교회가 하나 탄생한 셈이었다. 많은 사람이 열광했지만 사실은 제대로 된 연합이 아닌 무리한 결합이라는 것이 역사를 통해 드러났다. 회중교회의 느슨한 교회 질서 때문에 교회 가운데 다양한 자유주의적 신학이 득세하기 시작했다. 결국 1837년 총회는 구학파(Old School)의 주도로 통합을 취소하고, 이듬해 교회는 구학파와 신학파(New School)로 분열하게 되었다.

1861년 5년간의 남북전쟁의 소용돌이를 거친 뒤, 1869년 북쪽에 있던 장로교회는 구학파와 신학파가 재통합하게 되었다. 장로교회에서 신학파의 영향력이 점점 커지면서 마침내 1903년에는 웨스트민스터 신앙고백을 수정하게 되었고, 이 변화는 알미니안주의를 포용하기에 이르렀다. 마침내 1906년 컴벌랜드 장로교회(The Cumberland Presbyterian Church)와 합동하면서 장로교회의 정체성이 흐려졌고, 결국

/ 장로교 공의회(1907) 평양신학교

포용주의적 분위기로 흘러갔다. 이로 인해 프린스턴 신학교의 정체성
도 좌로 향하면서 뜻있는 교수들이 1929년 프린스턴 신학교에서 나와
서 웨스트민스터 신학교(Westminster Theological Seminary)를 세웠다. 그
리고 '정통장로교회'(Orthodox Presbyterian Church)도 생겨났다.

한국에 온 선교사들은 미국 교회의 영향으로부터 자유로울 수 없었
다. 이런 분위기가 한국 교회에 고스란히 스며들었다고 보면 된다.

순회전도로 한반도가 뜨거워지다

복음주의적 선교사들의 열정은 참으로 대단했다. 언더우드는 순회
전도를 가장 잘 활용한 선교사로 알려져 있다. 그는 1887년 1월과 10
월, 그리고 1888년에 북쪽 지방으로 순회여행을 떠났다. 성경책과 전
도책, 그리고 의약품(해열제)을 가지고 다니면서 팔기도 했다. 1889년
의료선교사 호튼과 결혼한 후에도 북쪽 지방으로 순회전도를 떠났다.
신혼여행이 순회전도였던 셈이다. 한국인에게 복음을 전하려는 그의

뜨거운 헌신의 마음은 정말 굉장했다.

언더우드의 순회전도 방식은 다른 선교사들에게도 영향을 주었다. 호주 선교사 데이비스가 부산까지 순회하다 무리한 여행으로 1890년 사망했다. 1890년 모펫도 평안도와 황해도를 순회전도 했다. 게일도 평안도, 함경도, 강원도를 3개월이나 순회전도 했다. 이런 순회전도는 선교사들로 하여금 한국을 더 잘 이해할 수 있도록 했고, 선교 영역을 확장할 수 있는 안목을 갖도록 했다. 나중에 1891년 베어드 선교사는 부산, 1892년 게일은 원산, 1893년 모펫은 평양에 선교기지를 세웠다.

/ 공주 부근 선교사 순회전도 사역(1908-1922)

/ 언더우드 부부 전도여행(1900)

PART   3

암울한 한반도를 쓰다듬은 영적 대부흥

주후 1903~1907년

22. 한국 교회의 자랑, 1907년 평양 대부흥

1905년 을사늑약을 체결한 대한제국은 생명 없는 꼭두각시와 같은 처지가 되고 말았다. 세계 열강의 지위에 오르려는 신흥 강국 일본은 아시아에서 제국의 야욕을 하나씩 실현해 가고 있었다. 이미 청과 러시아와 싸워 승리한 일본은 마침내 외교권을 가져감으로써 대한제국의 주권까지 박탈했다. 대한제국의 신민은 한없는 절망 가운데 무너져 갔다.

교회는 절망에 빠진 대한제국 신민에게 용기와 위안, 그리고 위로를 주는 유일한 곳이었다. 교회 입장에서 보면 심령이 가난해진 한민족에게 복음을 전할 수 있는 좋은 기회이기도 했다. 대한제국이 망망대해에서 파선한 배와 같은 처지가 되었을 때, 교회가 구원의 방주와 같은 역할을 하게 되었고, 교회를 찾는 사람들이 점점 늘어났다. 개인적 위안과 위로를 얻으려고 교회로 향한 사람도 있겠지만, 교회가 위기를 맞은 나라를 구원해 줄 수 있으리라는 기대로 오는 사람도 많았을 것이다.

그러나 복음에 목말라 교회를 찾는 일은 사회심리학으로 다 설명할 수 없다. 이것은 놀라운 성령 하나님의 은혜의 일하심이다. 양반과 종이 한자리에 앉아 형제자매로 예배를 드리는 모습! 남녀가 유별한 세상에서 한 처마 밑에서 남자와 여자가 앉아 같은 찬송을 부르며 같은 말씀을 듣고 은혜를 차별 없이 받고 있는 모습! 어린이도 차별 없이 교회에서 찬송을 배우고 성경을 배우는 모습! 교회는 대한제국 신민에게 새로운 영적 삶과 변화하는 사회생활을 제공했다. 대한제국의 미래는 암울하기만 했지만 그런 가운데서도 한반도에는 영적 대부흥의 역사가 불어닥치고 있었다. 평양을 중심으로 불붙은 대부흥의 물결은 전국으로 퍼져 나갔는데, 그것을 역사가들은 '1907년 평양 대부흥'이라고 부른다.

부흥의 진원지는 회개

1907년 평양 대부흥은 어느 날 갑자기 일어난 것이 아니다. 전조 현상이 여럿 있었다. 선교사의 기도회 모임에서 선교사들이 자신의 무능과 교만의 죄를 고백하며 하나님의 은혜만이 선교를 가능하게 한다고 고백하는 일이 있었다. 1903년 원산 지역에서 사역하던 미국 남감리교 선교사 하디(R. A. Hardie, 1865-1949)는 일주일간 매일 저녁 기도회에 참석하면서 자신의 죄를 고백

/하디 선교사

했다. '3년 동안 선교를 했지만 아무런 열매가 없었던 것은 자신의 무능력 때문이며, 이런 실패는 한인을 무시하고 교만한 마음을 품었기 때문이다'라고 회개한 것이다. 하디의 이 고백은 마치 오순절 성령님이 강림하셨을 때 예루살렘의 유대인이 '죄를 고백하며 회개하고 믿는 역사'가 있었던 것과 맥을 같이한다.

1904년 정월 초 장로교·감리교·침례교 선교사들이 모여 연합 사경회를 개최했다. 캐나다 장로교 선교사 롭(A. F. Robb, 1872-1935)이 특별한 은혜를 받아 여러 날 금식 통회하며 길거리에서도 기도하는 것을 중단하지 않았다. 불신자들이 술에 취했다고 생각했을 정도다. 1905년 여름 제직 사경회가 있었다. 그리고 이 '사경회'는 '부흥회'가 되고 말았다. 선교사 롭이 인도했는데, 곧 회개로 이어졌고, 이것은 들불처럼 번져 나가 전남 목포에까지 이르렀다.

1906년 8월 평양에서 장로교와 감리교 선교사들이 하디 선교사를 초청하여 부흥 사경회를 가졌다. 다음 해에도 사경회를 열자고 약속했다. 그해 10월에는 미국으로부터 온 존스턴(H. Agnew Johnston) 목사가 인도, 영국, 웨일스에 있는 교회가 성령의 은혜를 받게 되었다는 소식을 전해 주었다. 한국 교회도 그런 회개와 믿음의 역사가 일어나기를 바랐다.

"기도를 멈출 수 없습니다"

한국 선교사들은 매년 초 일주일 동안 '사경회'를 하는 관습이 있었다. 1907년 1월 2일(월요일)부터 15일까지 2주간 평양 장대현교회에서 사경회가 열렸다. 농한기라 가능했다. 이북의 400여 개 교회에서 온 선교사와 교회 직분자들이 모였다. 처음에는 장소가 비좁아 남자들만

/ 장대현교회 집회 모습

모였다. 그들은 쌀을 지고 와 성도들의 가정집에서 '홈스테이'(home stay)를 하면서 사경회에 참석했다. 낮에는 관심사별로 반을 나누어 '축첩'(여러 아내를 두는 결혼 풍습) '조혼'(너무 이른 나이에 딸을 시집보내는 풍습) '음주' '흡연'에 관한 강의와 토론을 했다.

이 사경회의 강사 중 한 명이 길선주 장로였다. 그는 이 사경회를 특별하게 준비했다. 선교사들이 사경회를 위해 저녁에 모여 기도회를 했는데, 나중에는 정오에 기도회를 가지며 준비했다. 하지만 길선주는 이른 새벽에 기도

/ 길선주 장로. 훗날 목사가 되었다.

하며 준비했다. 그는 이미 1905년부터 새벽에 기도해 오고 있었다. 그는 평양의 신도들에게 차가운 냉기가 감도는 것을 느끼고 자기 교회의 장로 한 사람과 매일 새벽 예배당에서 기도하기로 했다. 두 사람은 아무한테도 알리지 않고 겸손하게 매일 새벽 4시면 무릎을 꿇었다. 두 달여 후 어떻게 알게 되었는지 여러 사람이 찾아와 새벽기도회 참석

을 물었고 결국 공개적으로 광고를 하여 새벽기도회를 시작했다. 4시 반이면 종을 쳤다. 처음부터 대성황을 이루어 첫날 500명이 모이더니 2-3일 지나자 700여 명이 모였다. 그리고 4일째, 기도 중에 온 회중이 자신들이 무관심하고 냉랭하며 봉사할 마음이 적고 열심이 부족한 것을 깨닫고 통회하기 시작했다. 그날 이후 그들은 죄 사함의 기쁨을 맛보았고 하나님께 헌신하고자 하는 강한 욕망을 갖게 되었다. 이처럼 대부흥 이전에 이미 놀라운 영적 각성의 일들이 있었다.

1907년 1월 2일 첫날 저녁 집회에 1,500명이 참석했다. 길선주 장로는 저녁 설교에서 "맛을 잃은 말라빠진 사람들이여!" 하고 외쳤다 한다. 그러자 회중이 죄를 자복하고 통회하기 시작했다. 어떤 사람은 마음이 너무나 괴로워 예배당 밖으로 뛰쳐나가고 전보다 더 극심한 근심에 사로잡혔다. 어떤 사람은 죽음에 떠는 영의 모습으로 예배당으로 되돌아와서 "오 하나님, 저는 어떻게 하면 좋겠습니까?"라며 울부짖었다고 한다.

1월 12일 토요일 밤 북장로회 소속 선교사 방위량 목사(W. N. Blair, 1876-1970)가 고린도전서 12장 27절 "너희는 그리스도의 몸이요, 지체의 각 부분이라"는 설교를 했다. 이 설교를 통해 참석한 모든 자들은 선교사와 한인 그리스도인이 모두 한 몸인 그리스도에게 붙어 있다는 것을 느꼈다. 선교사가 더 우월하고 한인은 열등한 것이 아니기에 갈등과 반목을 물리치고 사랑해야 할 대상임을 깨달았다.

1월 13일 주일 밤에도 모인 성도들이 '신비스러운 체험'을 했다. 그리고 본격적인 평양 대부흥은 14일 밤에 시작되었다. 1월 14일 월요일 밤이었다. 저녁 8시에 시작한 사경회는 새벽 2시까지 무려 6시간이나 이어졌다. 그 밤 사경회 분위기는 다른 때와 달랐다. 어떤 선교사는 예배당에 들어설 때 하나님의 임재가 가득함을 느꼈다고 한다. 선교사 이길함(그레이엄 리)은 "나의 아버지여!"라고 기도하자 밖으로부터 밀어닥치는 강력한 힘에 모두 압도당하는 성령의 일하심을 체험했다고 전했다. 온 회중이 소리 내어 기도하기 시작하자 말로 표현하기 어려운 일들이 일어났다. 예배당은 어떤 혼돈도 없었고 성령님의 질서로 가득했다. 기도 소리는 폭포 소리처럼 컸고, 하나님의 보좌에 부딪치는 파도처럼 들렸다. 죄에 대한 통회가 일어났다. 한 사람이 울기 시작하자 순간적으로 전 회중이 울었다. 이길함 선교사가 전하는 증언을 들어 보자.

"사람들은 앞다투어 일어나 죄를 고백하고 울음을 터뜨리며 마룻바닥에 쓰러지고, 죄에 대한 고통을 참지 못해 주먹으로 마루를 쳤습니다. 이따금 한 사람이 죄를 고백한 후에 전 회중이 통성으로 기도했습니다. 수백 명의 통성기도의 결과는 형언할 수 없는 어떤 것이었습니다. 다시 다른 사람이 고백한 후에 모두는 억제할 수 없는 울음을 터트렸습니다. 우리는 다 울었습니다. 이는 어찌할 수 없는 일이었습니다. 집회는 고백과 애통과 기도로 밤 2시까지 계속되었습니다."

조지 매큔(Mc Cune) 선교사가 선교부에 전한 당시의 상황을 들어 보자.

"몇 사람은 믿기 전에 자기 친구를 살해했음을 고백했고, 많은 사람들이 하나님의 율법을 모조리 범했음을 고백했으며, 교회 직원들이 도둑질했음을 고백했고, 그들 가운데 있었던 질투와 미움도 고백했습니다…. 우리는 요즈음 우리 모두가 경험하고 있는 대단한 즐거움을 어떻게 다 말로 표현할 수가 없습니다. 상당수가 교회의 지도자들인 이들 1000명이 집으로 돌아간다면 얼마나 놀라운 능력이 임할까요! 그것은 측량할 수 없을 것입니다. 우리 모두는 그러한 임재 앞에 매우 겸비하며, 몇몇은 그들이 허풍을 떠는 것처럼 보일까 봐 성령의 역사를 기술하는 것을 겁내고 있습니다. 나는 하나님께서 우리 모두로부터 모든 영광을 받으셨다고 확신합니다."

15일 선교사들은 정오 기도회로 잠시 모였다. 그런데 그 기도회는 무려 2시간이나 길게 이어질 정도로 성령님의 강력한 역사가 있었다.

15일 저녁 마지막 날 사경회에도 성령 하나님은 사람들의 마음속에 있는 죄를 보도록 하셨고 죄를 아파하며 회개하고 고백하게 했다. 길선주 장로의 '회개하라'는 말씀의 선포는 강력한 힘으로 역사했다. 많은 사람들이 자신의 죄, 곧 공금 횡령, 도둑질 등을 고백했다. 추악하고 부끄러운 죄의 고백을 듣는 분위기는 죄의 공포로 두렵고 떨려 견딜 수 없을 정도였다. 양심의 갑작스러운 찔림으로 마치 심장이 화살에 꿰뚫린 것 같았다. 그날 공개적이든 개인적이든 자신의 죄를 고백하지 않은 사람이 없었다. 선교사를 도와 일하던 자가 선교사를 미워한 죄를 고백하고 선교사도 마찬가지로 자신의 죄를 고백했다. 심지어 어떤 여자 신도는 청일전쟁 때 어린아이를 업고 도망하다 무거워 빨리 갈 수 없어 아기를 나무에 부딪쳐 죽이고 혼자서 달아났던 참혹한 일까지 고백했다. 어떤 사람은 과거 강도 짓을 하고 다닌 것을 회개하고 스스로 경찰에 자수하여 옥에 구속되기도 했다. 오직 예수 그리스도의 사죄의 은총만을 바라며 죄를 고백하고 회개한 것은 순전히 말씀과 성령의 일하심의 증거였다.

그날 저녁 선교사들은 이처럼 통제가 불가능한 회개의 릴레이가 두려워 강단 앞에서 잠시 모여 회의를 했다. 분위기를 진정시키기 위해 이길함 선교사가 찬송을 부르자 조금 누그러지는 듯했으나 다시 회개가 시작되었고 새벽 2시까지 계속되었다. 날이 밝자 회개한 사람들은 자신의 잘못을 되돌리기 위해 애를 썼다. 도둑맞은 물건이 되돌아오고 빚이 청산되었다. 옛 생활을 청산하고 새로운 삶을 시작한 것이다.

장대현교회에서 시작된 성령의 역사는 평양 시내 다른 교회로 퍼져 나갔다. 여자 고등성경학교, 장대현교회 남자학교, 여자 보통학교, 그리고 선교사들의 기도회에서 부흥의 역사가 반복적으로 일어났다. 성령의 일하심을 사람이 통제할 수 없었다. 장로교회에서 시작된 대부흥의 역사는 감리교회로도 전파되었다. 평양 남산현감리교회에서 2월 22-3월 22일까지 감리교 선교사와 지도자들이 신학회를 위해 모였는데, 이때 성령님의 강력한 일하심이 있었다고 한다.

부흥은 전국구로!

부흥의 불길은 꺼질 줄을 모르고 전국으로 퍼져 나갔다. 이미 400여 개 교회의 직분자들이 자신의 지역 교회로 돌아가 부흥에 관한 얘기를 전하며 기도에 힘썼다. 흩어진 사람들에 의해 성령님의 일하심이 전해졌을 뿐 아니라, 성령의 일하심이 여러 사경회를 통해 들불처럼 진국으로 번져 나갔다.

숭실대학교 기숙사 학생들이 장대현교회에 출석하며 부흥의 역사를 경험했다. 그들은 교수들과 함께 매일 오후 4시에 기도회로 모였는데, 거기에서 동일한 일이 일어났다. 2월 개학을 했지만, 300명의 학생들은 수업을 중단하고 오전 오후 저녁에 성경공부와 기도회를 하는 특별 시간을 가졌다. 그들은 '예수 그리스도의 십자가'에 집중했다. 학생의 90%가 성령의 일하심으로 은혜를 받았다. 회개의 물결이 밀려왔다. 감리교 숭덕학교에서도 부흥의 물결이 일어나 학생들이 울면서 자신의 죄와 잘못을 나누느라 수업을 할 수 없었다.

당시 평양 장로교신학교는 1년에 3개월, 곧 4월 말부터 6월 말까지 집중 수업을 통해 신학 교육을 하고 있었다. 길선주 장로는 당시 7년 과정 가운데 마지막 졸업반이었다. 1906년 장로교 신학연구위원회는 민족과 민족 교회를 살리기 위해 수업하는 3개월 동안 매일 저녁 1시간씩 특별 기도회와 심령 사경회를 열 것을 결정했다. 이때 신학교는 성령의 놀라운 역사를 경험했다. 신학생들은 자신의 기만과 교만, 속됨, 간음, 증오, 질투와 같은 죄를 고백했다. 그들이 신학 교육을 통해 교리적 구원과 죄 용서가 무엇인지 배웠다면, 사경회를 통해 구원의 은혜와 십자가의 놀라운 사랑을 배웠고 말씀과 기도를 통한 성령의 역사를 몸소 체험했다. 신학교는 곧 첫 졸업생을 배출하고, 장로교는 첫 독노회가 조직될 예정이었다. 청일전쟁과 러일전쟁, 을사늑약과 고종의 하야로 이어지는 민족의 위기 가운데 대부흥의 물결은 교회 지도자들로 하여금 영적으로 무장하도록 만들었다.

서울 승동교회는 길선주를 초청하여 부흥 집회를 열었는데 부흥이 일어났다. 이길함은 선천, 스왈런은 광주, 한위렴은 대구에서 부흥회를 인도하며 불을 붙였다. 부흥의 분위기는 중국 만주에까지 미쳤다고 한다.

평양 대부흥이 남긴 것

평양 대부흥을 어떻게 평가할 수 있을까? 그 의미를 여러 측면에서 정리해 보자.

첫째, 평양 대부흥은 성령의 강력한 일하심이 집중적으로 나타난 '하나님의 큰일'이었다. 부흥은 사람이 만들어 내거나 조작할 수 있는 것이 아니다. 죄를 보고 회개하며 삶이 변하는 것은 오직 하나님만이 하실 수 있다. 그리스도의 속죄를 사람에게 적용하는 일은 성령 하나님의 일을 통해 일어난다. 1907년 초 장대현교회에서 시작된 평양 대부흥은 일정 기간에 집중적으로 강력하게 일어났다.

둘째, 평양 대부흥은 '하나님의 큰일'을 경험할 때 나타나는 회개와 삶의 갱신이었다. 보통 사람은 자신의 죄를 숨기고 회개보다는 변명하려 한다. 그런데 평양 대부흥 동안 사람들은 자신의 죄를 부끄러워하지 않고 하나님 앞에서뿐만 아니라 사람 앞에서도 공개하며 진심으로 회개했다. 그뿐만 아니라 실제로 삶으로 돌아가 잘못을 고치고 변화된 모습을 보였다. 그저 일시적인 감정에 머물지 않았다는 뜻이다.

셋째, 평양 대부흥은 은혜의 방편인 '말씀과 기도'로 이루어진 하나님의 큰일이었다. 평양 대부흥은 다른 여러 부흥과는 차별이 있다. 소위 부흥 강사들은 '부흥회'에서 분위기를 조작하기도 한다. 찬송과 음악을 이용해 사람들을 무아지경으로 이끌고 심리적 흥분 상태로 몰아가 신기한 체험을 하게 한다. 그리고 그것이 마치 성령의 역사라고 믿게 만든다. 하지만 평양 대부흥은 그런 의도적 조작이나 강제가 없었다. 교회 지도자들은 부흥회가 감정적 통제 불능 상태나 무질서로 나아가지 못하도록 조심했다. 평양 대부흥의 동력은 '말씀과 기도'였다. 한국 교회는 개신교 선교 초기부터 성경이 번역되었고 성경을 읽고 공부하는 분위기가 강했다. '사경회'가 그것이다. 또 한국 교회에는 기도의 불꽃이 피었다. 길선주 장로가 시작한 '새벽 기도회'가 그것이다. 평양 대부흥은 감정적이고 의도적이며 광신적이지 않은 '말씀과 기도'에 바탕을 둔 하나님의 큰일이었다. 부흥은 성도로 하여금 '말씀과 기도' 생활에 더 정진하도록 하는 효과를 낳았다. 나라가 풍전등화 같은 위기에 처했을 때 한국 교회는 나라를 위해 매일 기도회를 열고 통곡하며 기도했다.

넷째, 평양 대부흥은 한국 교회가 정치화되는 것을 피할 수 있게 만들었다. 나라가 일본의 손아귀에 넘어가고 있을 때 한국 교회는 주일이면 집과 교회에 국기를 달고 나라를 위해 기도했다. 많은 애국주의자들이 교회로 몰려들었다. 기독교의 힘을 빌려 나라를 살려 보겠다는 사람들이었다. 그런 동기로 교회에 와서 회개하고 예수님을 믿게 된 사람도 있지만, 그들로 인해 교회가 정치화되는 위험도 있었다. 교회는 정치 집단이 아니다. 예수님을 따른 사람들 중에는 로마의 압제로부터 해방되는 것이 구원이며 메시아는 그런 일을 해주는 분으로 여긴 사람이 많았다. 열심당원이 대표적인 사람들이었다. 교회는 국가의 문제를 의논하고 해결하는 기관이 아니다. 그런 의미에서 국가와 종교는 다르고 분리되어야 한다. 선교사들은 교회가 국가의 일을 다뤄서는 안 된다고 분명하게 선을 그었다. 정교분리 원칙을 고수한 것이다. 이런 행동은 당시 선교사들의 모국인 미국이 일본과 가쓰라-태프트 밀약(1905)을 맺고 일본을 지원하는 상황에서 오해를 살 수도 있었다. 일본의 식민지배가 노골화되는 시점에서 선교사들이 정교분리를 권고하는 것은 쉽지 않은 일이었다. 하지만 교회는 영적 기관이며 영혼의 구원을 위해 일해야 한다. 그런 점에서 평양 대부흥은 국가의 흥망보다는 근본적 죄로 인한 인간의 비참과 영적 죽음이 더 심각하고 근본적 문제임을 보여 주었다고 할 수 있다.

이런 분위기를 간파한 정치 교인은 실망하고 교회를 떠났다. 어떤 교회는 교회를 폐쇄해야 할 정도였다. 그런 의미에서 평양 대부흥은 교회를 깨끗하게 하는 역할도 했다. 그런데 '정교분리'를 오해하지 말아야 한다. '정교분리'는 제도로서의 교회가 국가의 대소사에 관여하지 말아야 한다는 것이지, 그리스도인 개인이 국가의 일에 무관심해야 한다는 뜻이 아니다. 그리스도인은 중생자로서 자신이 속한 나라의 일을 걱정하며 기도하고 적극적으로 활동해야 한다. 일제강점기에 그리스도인 가운데 많은 애국자들이 나온 것은 바람직한 일이었다.

다섯째, 평양 대부흥은 교회의 성장 요인이었다. 평양 대부흥은 교인들의 영적인 성장과 성숙(질적)을 가져왔다. 뿐만 아니라 수적 성장도 가져왔다. 사경회가 열리면 새벽과 오전에 성경공부를 하고 오후에는 가가호호 방문하여 저녁 전도 집회에 불신자들을 초대했다. 평양 대부흥으로 교회 성도의 숫자가 크게 증가했다. 다음 표는 장로교회의 수적 증가를 보여 준다.

	교회수	전도소	세례교인	학습인	헌금(원)
1905년	321개	470개	9,760명	30,136명	1,352,867
1907년	642개	1,045개	18,964명	99,300명	5,319,785

여섯째, 평양 대부흥 이후 '조선예수교장로회'가 조직되었다. 평양 대부흥은 한국 교회가 이제 독자적으로 교회로서 역할할 수 있음을 보여 주었다. 마치 사도행전에서 예루살렘의 사도들이 이방인 백부장

고넬료가 성령 하나님의 구원을 받는 것을 본 후 그것을 인정하게 된 것처럼, 평양 대부흥으로 선교사들은 한국 교회 성도를 참 형제로 확인하고 인정하게 되었다.

일곱째, 평양 대부흥은 부정적 부분을 고착화시킨 측면도 있다. 평양 대부흥은 미국과 세계 복음주의의 흐름과 맥을 같이하는 평가를 받을 수 있다. 평양 대부흥도 인도와 웨일스 등에서 일어난 부흥운동의 한 줄기였던 것이다. 이 부흥운동의 특징은 종교개혁의 역사적 신앙고백과 교리 영역을 무시하거나 중요하게 여기지 않는 경향을 더욱더 강화시켰다. 부흥회를 통해 특별한 은혜를 받기만 하면 강력한 신앙생활이 보장되니 평소에 신앙고백과 교리 교육은 필요 없다는 생각이 팽배해지게 된 것이다. 평양 대부흥의 어두운 면이라고 할 수 있다. 신앙 체험이 중시되고 지성이 소홀해짐으로 이단의 득세를 막을 길이 없게 된 것이다.

부흥회

부흥회는 평양 대부흥(1907)을 기점으로 한국 교회에 유행한 집회 형태 가운데 하나다. 부흥회는 장로교에서 유행한 사경회와 달리, 체험, 육체의 질병 치유, 경도된 성경 해석과 적용, 개인 구원에 대한 강조가 특징으로 자리 잡았다. 길선주 목사는 장로교 목사이지만 부흥회를 이끈 주역으로 알려져 있다.

한국 교회의 부흥회는 한국 고유의 것이 아니라 세계적으로 유행하던 부흥운동의 흐름 속에 있다고 보는 것이 옳다. 복음주의 운동으로 표현되는 웨슬리와 횟필드의 부흥운동, 찰스 피니와 무디의 부흥회, 그리고 미국 캘리포니아, 웨일스, 인도 등지에서 일어난 부흥운동의 흐름과도 관련이 있다.

부흥회에서 주로 행해지는 '통성기도'(通聲祈禱)는 한국만의 독특한 형태의 기도로 알려져 있다. 외국에서는 '통성기도'를 'Korean Prayer'라고 표현한다. 기도를 시작할 때 "주여"를 삼창하고 큰 소리로 건물이 떠나갈 듯 기도하는 것을 통성기도라고 하며 부흥 집회 때마다 등장한다. 부흥회는 언제나 이런 통성기도로 마무리를 하는 것이 하나의 패턴이다. 이런 형태의 기도는 예수님이 가르쳐 주신 기도의 개념과 너무나 거리가 멀다.

> "너는 기도할 때에 네 골방에 들어가 문을 닫고 은밀한 중에 계신 네 아버지께 기도하라 은밀한 중에 보시는 네 아버지께서 갚으시리라 또 기도할 때에 이방인과 같이 중언부언하지 말라 그들은 말을 많이 하여야

들으실 줄 생각하느니라"(마 6:6-7).

언제부터인가 교회가 '사경회'와 '부흥회'를 붙여 '부흥 사경회'라고 부르고 있다. 두 가지 장점을 모두 취하겠다는 의도일 것이다. 최근엔 '세미나'라는 용어를 더 많이 사용한다. 시대와 사회의 변화에 따른 변신인 셈이다.

새벽기도

새벽기도를 하는 교회는 세계 교회 가운데 한국이 유일할 것이다. 세계 교회는 한국 교회의 특징을 '새벽기도'라고 말하기도 한다. 한국 교회는 정말 기도를 많이 하는 것처럼 보인다. 새벽에도 모여 기도하기 때문이다. 새벽기도는 한국 교회의 마스코트(?)가 되었다. 새벽기도는 어떻게 누구에 의해 언제부터 시작된 것일까?

새벽기도는 길선주 장로가 평양 장대현교회에서 시작했다. 본래 길선주 장로는 선도(仙道)에 열심인 도인이었다. 도를 닦아 무시무시한 힘을 자랑하는 일명 도사(道士)였다. 평양 시내에서 길선주는 9명의 장정들과 손가락 하나로 줄다리기를 해서 이겼다고 한다. 그가 기도할 때면 가부좌를 틀고 참선을 했는데, 공중부양도 했다고 하니 과연 도사였던 셈이다. 그는 자신이 그렇게 할 수 있는 것은 새벽 일찍 일어나 찬물에 냉수마찰을 한 후 기도한 덕분이라고 생각했다. 그러던 그가 선교사로부터 성경을 받아 읽은 뒤 회심을 했다.

길선주는 예수님을 믿고 난 후 세례를 받고 1901년 33세에 평양 장대현교회의 장로가 되었다. 그리고 그는 동료 장로들과 함께 새벽 일찍 교회에 모여 새벽기도를 하기 시작했다. 그들의 새벽기도는 자발적이었다. 아무에게도 알리지 않았지만 기도한 지 두 달이 지났을 때 사람들이 알기 시작했고, 새벽기도에 동참하는 사람이 생겨났다. 길선주는 장로이면서 신학을 공부하고 있었으니, 전도사 신분이었다. 그는 함께 기도하고 싶은 사람들이 있다는 것을 알고 공개적으로 새벽에 기도할 사람은 나오라고 광고한 후 새벽 4시 30분이면 교회 종을 쳤다. 그런데 다음 날 밤 1시에 이미 교인들이 교회에 오기 시작했다고 한다. 밤 2시에는 수백 명이 모였고, 첫 종을 쳤을 때는 400-500명, 며칠 후에는 이른 새벽에 모인 교인이 600-700명이나 되었다고 한다.

이렇게 시작된 새벽기도 운동은 대한민국 전역으로 퍼져 나갔고 새벽기도는 한국 교회의 전형이 되었다. 이 새벽기도 운동은 1907년 평양 대부흥과 연결되어 한국 교회의 특징을 형성했다.

23. 부흥의 주인은 누구인가

1907년 평양 대부흥의 물결은 4-6개월이 지나면서 식어 갔다. 장로교회의 경우 3월, 감리교회의 경우 4월 그 열기가 수그러들었다. 교회는 일상으로 돌아온 것이다. 선교사들은 마음이 불안했다. 성령의 일하심이 없는 것처럼 느껴졌기 때문이다. 사실 특별하고 신기한 일이 일어나지 않아도 하나님은 일하고 계신다. 성령님은 말씀을 통해 사람의 마음에 살아 있고 영혼을 구원하신다. 단지 사람이 그것을 느끼지 못할 뿐이다.

부흥의 열기를 일으키려 애쓰는 사람들이 있었다. 주로 감리교회 선교사들이었다. 1909년 여름 개성 송도에서 남감리회 소속 세 명의 선교사들(F. K. Gamble 1880-1969; C. F. Reid 1849-1915; M. B. Stokes 1882-1968)이 일주일 동안 산상 기도회를 가졌다. 그중 스톡스 선교사는 지방 전도여행을 떠났다. 전도여행을 떠나기 전에 자신이 섬기는 교회 교인들에게 1년 안에 5만 명의 새 신자가 생기도록 기도해 줄 것을 당부했다. 이 기도가 과연 적절했을까? 과연 가능하단 말인가? 평양 대부흥보다 더 강력한 성령의 일하심이 있어야 한다는 뜻이다. '부흥'에 아무리 거룩한 뜻이 있더라도 인간의 기대, 바람, 욕망, 욕심, 탐욕으로 인한 것이라면 그것은 잘못이다. 인위적 부흥은 애초에 없다. 그런 것처럼 보일지라도 그것은 하나님의 일이 아니라 사탄의 졸개인 거짓 영들의 역사인 경우도 있다.

같은 해 가을 바로 그 세 명의 선교사들이 참석한 남감리회의 제13차 송도 선교연회가 '20만 명의 심령을 그리스도에게'라는 표어를 채택했다. 뿐만 아니라 주한 6개 선교부가 연합하여 개최한 '복음주의 선교부 통합 공의회'(The General Council of the Evangelical Missions)도 '100만 심령을 그리스도에게!'라는 목표를 정했다. 하나님의 일하심을 기다리기보다 인간의 적극성, 노력과 열정을 호소하는 분위기가 두드러졌다.

1910년 9월 19일 선천 장로회 제4회 독노회도 '백만인구령운동' 결의안을 채택하여 함께 동참했다. 길선주 목사가 독노회 전도국장이었다. 그는 이미 1908년 부흥회를 다니면서 거국적 전도운동을 하고 있었다. 이즈음 마침 아시아를 방문 중이던 미국 부흥사 채프먼(J. W. Chapman, 1859-1918)과 복음성가 가수 알렉산더(C. M. Alexander, 1867-1920) 등이 초청받아 서울과 평양 등 대도시 부흥회를 인도했다. 일행 중 데이비스(G. T. B. Davis, 1873-1967)는 계속 한국에 남아 전국을 순회하며 부흥 사경회를 인도했다. 이런 분위기를 타고 평양, 서울 등 전국 각지에 기독교 학교와 학생, 그리고 교사와 교회들이 전도운동에 참여했다. 많은 사람이 가가호호 방문하며 소위 '축호(逐戶)전도'를 했다. 전도자들이 팀을 이뤄 학교와 가정에 마가복음 성경 70만 개와 300만 장의 전도지를 나눠 주었다.

'백만인구령운동'에서 보이는 특이한 것이 있어 소개한다. 그것은 '날연보'(日捐補)다. '날연보'는 부흥회에서 헌금이 없는 대신 '날'(日)을 바치는 것을 말한다. 주님과 교회와 복음을 위해 한 날을 바친다는 것이다. 당시 기독교인의 숫자가 겨우 8만 명에 불과했는데 100만 명을 전도하려 했으니 많은 전도자가 필요했다. '전도문서'와 '쪽복음서'(사복음서가 묶여 있지 않고 마태복음, 마가복음, 누가복음, 요한복음으로 나뉘어 있는 것)를 가가호호 배포하기 위해 많은 봉사자가 필요했다. 그래서 전도

/ 백만인구령가(1909)

집회에서 날을 바칠 것을 작정하는 순서가 있었다. 그때 "나는 O일을 바치겠습니다"라며 날을 연보했다. 그렇게 연보한 날짜를 교회가 적어 놓고 관리했다. 개인적으로 편리한 때를 정해 인근 지역으로 전도를 나가겠다고 서원하는 것이다. 〈북장로교회 선교회 25주년 보고서〉에 따르면, 부산의 한 사경회에서 35명이 900일을 '날연보'로 기부했다고 한다. 선천에서는 2200일을 약속했다. 전국적으로 무려 4만일을 작정했다. 이렇게 복음이 전파되지 않은 곳에 적극적으로 전도할 수 있도록 '날연보'가 활용되었다. 세계 선교 역사에서도 찾아보기 드문 한국 교회만의 독특한 특징이다. '날연보'는 교회에서 필요한 사소한 노동을 위해서도 활용되었다. 교회 마루를 닦고, 마당을 쓸고, 화단을 정리하는 일도 했다. 돈으로만 연보하는 것이 아니라, 시간과 노력을 하나님의 일을 위해 바친 한국 교회의 '날연보'는 오늘 우리가 어떻게 하나님의 일을 위해 헌신할 수 있는지를 보여 주는 좋은 예다.

'백만인구령운동'의 결과는 어땠을까?

첫째, 열매는 초라했다. 1911년 초까지 계속된 이 운동은 목표한

100만의 1/10에도 미치지 못했다. 대구에서 1천 명의 회중이 모였고, 그중 500명이 개종 결심을 했지만 실제 교인이 된 사람은 50명에 불과했다.

둘째, 이 운동은 부흥을 인간이 만들고 조작할 수 없다는 것을 깨닫게 했다. 1907년 평양 대부흥은 인간이 만들어 낸 것이 아니다. 하나님의 주권적 사역이다. 1909년 시작된 '백만인구령운동'은 하나님의 주권보다는 인간의 열심이 더 많이 보인다. 그리스도인은 무슨 일이든지 과장하거나 부풀리는 것을 조심해야 한다. 열심과 열정이 귀하지만 인간 자신의 주권이 앞서고 하나님을 들러리 세우는 것을 조심해야 한다.

셋째, 이 운동의 긍정적 효과가 없진 않았다. 함께 전도하면서 기독교인으로서 자긍심과 정체성을 좀 더 분명하게 다질 수 있었다.

넷째, 대한제국을 병합한 일본은 '백만인구령운동'을 '백만 명의 기독교 십자군병'으로 오해해 기독교를 위험한 단체로 인식했다. 일본제국에게 기독교는 제거되어야 할 대상이었다. 나중에 일본제국은 기독교회를 조직적으로 핍박한다.

다섯째, 1910년 한일강제병합이 이루어진 슬픈 현실에서 기독교의 '백만인구령운동'은 '영혼 구원'과 '천당 지옥'만 강조하고 현실 생활과 국가적 위기를 무시한 몰역사적 종교라는 인상을 주기도 했다. 하지만 영혼 구원은 교회의 중요하고 핵심적인 사역이며 특권이라는 점에서 교회가 엉뚱한 일을 했다고 비판하는 것은 옳지 않다.

24. 한국 교회, 영적 내공을 키우다

교회는 인간이 시작하고 세운 기관이 아니다. 교회는 성부 성자 성령 하나님이 시작하고 세우고 보존하고 통치하신다. 이 점을 절대로 잊어서는 안 된다. 단지 인간적인 눈으로 볼 때 사람이 시작하고 세우는 것처럼 보일 뿐이다. 눈으로 보고 느끼는 것만으로 교회를 평가해서는 안 된다. 보이지 않는 배후인 하나님을 볼 수 있는 혜안이 있어야 한다.

한국 교회에 복음을 전해 준 사람은 미국, 캐나다, 호주 등에서 온 선교사들이다. 그것은 팩트다. 하지만 그들을 보낸 분은 하나님이시다. 뿐만 아니라 하나님은 선교사가 들어오기 전 성경을 번역하도록 조치를 취하셨다. 그 번역된 성경을 읽고 이미 하나님을 만난 사람들이 교회를 세웠다. 나중에 들어온 선교사들은 이미 하나님이 뿌려 놓은 씨앗이 자라 열매를 맺고 있으니 그 열매를 거두는 일을 해야 했

/ 선교사 모임(1878)

다. 어떤 선교사는 1895년 한국 선교 사역을 표현하기를 '뒤처리'라고 했다. 이미 누룩처럼 퍼져 간 하나님의 구원 역사를 추수할 뿐이라는 것이다.

장로교는 감리교와 달리 빠른 속도로 성장했다. 장로교가 크게 성장할 수 있었던 이유는 네비우스 선교 정책을 적용한 덕분으로 본다. 특별히 '성경공부'를 강조한 것이 큰 영향을 미쳤다고 평가한다. 1909년 북장로교회 선교사가 사역하고 있던 지역에 성경공부반이 무려 800개나 있었다고 한다. 성경공부에 참석한 사람의 숫자는 세례 교인의 두 배로 5만 명이나 되었다. 열기는 대단했다. 성경공부 기간 동안 숙식비는 자신들이 부담했다. 새벽기도회 때 공부를 시작했는데, 오전에 성경을 배우고 오후에는 전도를 했다. 저녁에는 다시 사경회로 모였다.

/ 선교사 연례회(평양, 1919)

성경공부반의 종류는 네 개였다. 선교사들이 개설한 성경공부반은 '보통 성경공부반'으로 선교사들이 있던 지역에서 주로 농한기에 열렸다. 지방 교회를 위해서는 '지역 성경공부반'이 있었다. 또 여름에 2-3주간 열리는 '고급 성경공부반'도 있었다. 마지막으로 신학 교육을 위한 '특별 성경공부반'이 있었다.

이렇게 교회는 평양 대부흥 운동 이후 양적 성장뿐만 아니라 질적 성장도 이루고 있었다.

25. 한국 교회, 자립을 시작하다

/ 첫 장로회 총회(1912)

장로교

장로교 선교사는 한국 교회를 장로교 원리에 따라 세워 나갔다. 한국인 목사가 없던 시기(1893년부터)에는 선교사들이 '선교사 공의회'를 만들어 전국 교회를 이끌었다. 1901년 한국인 총대도 들어와 '합동 공의회'를 구성했다. 이름을 '조선예수교장로회 공의회'라고 불렀다. 한국인 장로 3명, 조사 6명, 선교사 25명이었다. 회장은 스왈런(W. Swallen) 선교사였다. 이 '합동 공의회'는 과도기적으로 '영어사용위원회'(English Session)와 '한국어사용위원회'(Korean Session)로 나뉘어 운영되었다. 이런 방식으로 한국 교회의 지도자들에게 교회를 치리하는 법을 가르쳤다.

/ 평양신학교 건물(1923)

1901년 선교사들은 중요한 두 가지를 결정했는데, 하나는 '장로교 헌법번역위원회'를 선정한 것이고, 다른 하나는 '신학교'를 설립하기로 결의한 것이다. 모펫 선교사가 초대 교장이 되었다. 1902년부터 장로 학생 2명으로 평양신학교가 시작되었다. 학생은 집중 교육을 받았는데 5년 동안 3개월씩 공부했다. 1905년 학교 이름을 '평양신학교'라고 지었는데, 영어 이름은 '유니온신학교'(The Union Theological Seminary)였다. '연합'선교회가 만든 신학교라서 붙여진 이름이다.

1907년 드디어 제1회 평양신학교 졸업생이 생겼다. 그들은 7명으로 서경조, 한석진, 송인서, 양전백, 방기창, 길선주, 이기풍이었다. 1907년 9월 17일 최초의 독노회를 조직하고 평양신학교 졸업생 7명에게 목사 안수를 했다. 평양신학교는 1920년부터 1년에 두 학기로 나누고 3년 교육과정으로 바뀌었다.

당시 장로교회는 목사가 7명, 장로가 53명, 교인이 7만 명이었고 그 중에 세례 교인이 1만 9천 명이었다. 새로 조직된 한국 장로교회 첫 노회는 '12신조'(인도 장로교회를 위해 선교사들이 만든)를 신앙고백으로 채택했다. 인도 교회의 신앙고백이라고 이상할 것이 없다. 웨스트민스터 신앙고백도 외국의 것이지만, 보편교회의 신앙고백은 나라와 민족을 초월한다. 독노회는 선교부를 구성하고 이기풍 목사를 제주도 선교사로 파송했다.

그 후 1912년 한국 장로교회 제1회 총회가 조직된다. 52명의 목사와 125명의 장로, 44명의 선교사가 총대로 참석했다. 언더우드가 총회장, 방위량이 회계, 나머지 임원은 한국인이 맡았다. 1913년 목사 총대와 장로 총대가 동수로 구성되었다. 이렇게 하여 한국 장로교회는 이제 명실공히 세계 보편교회의 한 교회로서 면모를 갖추게 되었다.

감리교

한국 선교는 미국 북감리교가 먼저 시작했다. 감리교의 한국인 목사 안수는 장로교에 비하면 비교적 이른 편이었다. 1901년 김창식과 김기범, 1902년 최병헌, 1903년 이은승이 목사 안수를 받았다. 그것은 목사에 대한 감리교와 장로교의 관점 차이에 따른 것으로 보인다. 감리교는 단기 2주 교육을 3년 실시하고 목회자로서 신앙과 인성을 갖추었다고 판단되면 목사 안수를 주었다. 단기 3개월 교육을 5년간 실시한 장로교에 비해 훨씬 간단했다. 한인 지도자가 빨리 세워지니 교회의 모습도 훨씬 이른 시기에 갖추게 되었다. 1908년 제1회 한국연회가 구성되면서 정식 교회로서 기능할 수 있었다.

남감리교는 10년 늦게 한국 선교를 시작했는데, 1904년 김흥순, 1906년 정춘수와 주한명을 전도사로 임명하고 1918년 10월 31일 남감리교 연회가 시작되었다.

이렇게 미국 북·남감리교가 독자적으로 선교를 펼쳤지만, 한국의 신학교는 연합으로 세웠다. 1907년 서울에 협성신학교(協成神學校, The Union Theological School)를 세우고, 초대 교장을 존스(G. H. Jones, 1867-1919) 선교사가 맡았다. 1911년 12월 20일 첫 졸업생 45명을 배출했다. 그 후 1929년 3월 여자 협성신학교와 합동하고 교육과정 3년에서 4년 과정의 신학교로 발전했다.

한국 북감리교와 남감리교는 우여곡절 끝에 1930년 연합하여 '기독교조선감리회'라는 이름으로 제1회 총회를 개최하고 오늘에 이르고 있다.

26. '아직 여기'에서 교회는 무엇을 할 것인가

개신교의 사회적 기여

개신교는 기본적으로 정교분리를 추구한다. 교회와 국가의 역할은 분명하게 구분된다. 교회는 국가를 위해 기도하며 그 권위에 복종한다. 국가는 교회의 안녕을 보장하고 그 영역에 간섭하지 않는다. 20세기 초 풍전등화와 같던 한국을 위해 교회는 기도했다. 뿐만 아니라 개신교인들은 국가의 독립과 미래를 위해 일하는 경우가 많았다. 기독교 신앙은 한국인의 전근대적 생각과 행동을 계몽하고 가치관의 변화를 이루는 데 큰 역할을 했다. 신분 질서와 계층 간의 위화감을 넘어서는 기독교 신앙에 근거한 남녀평등과 기회균등의 원칙을 신설되는 근대식 기독교 학교에서 가르쳤다.

근대식 학교들은 대부분 기독교인이 세워 운영했다. 1905년 이후 민족의식을 고취시키는 사립학교들이 세워지기 시작했는데, 이동휘(1873-1935)는 군인 생활을 그만두고 강화도에 보창학교(普昌學校=널리 번창하는 학교)를 세워 애국계몽운동을 시작했다. 1907년 외국에서 귀국한 안창호(1878-1938)는 평양에 대성학교(大成學校)를 세워 많은 기독교 학교의 모범으로 운영했다. 안창호의 영향을 받은 이승훈(1864-1930)도 오산학교(五山學校)를 세웠다. 신흥학교 등도 민족정신을 고취하기 위해 세워진 학교들이다.

기독교인으로서 나라를 위해 할 수 있는 가장 큰일은 무엇보다 기도였다. 교회는 기본적으로 국가의 안녕을 위해 기도했다. 길선주 장

/ 김구 선생

로는 1905년 11월 감사절 다음 날부터 일주일간 구국 기도회가 전국에서 이뤄지도록 주선했다. 을사늑약이 체결되었을 때 서울 상동교회의 청년학원과 감리교회 청년회가 연합하여 11월 일주일 동안 기도회를 가졌는데, 이때 수천 명이 모였다. 이 기도회를 주도한 사람 중에 상동교회 담임목사인 전덕기와 김구도 있었다.

'새로운 백성' 신민회의 애국 활동

그리스도인의 애국 활동은 신민회(新民會) 조직으로 집약되었다. '신민회'는 말 그대로 '새로운 백성'이라는 의미다. 백성의 도덕적 타락에 대해서는 '신윤리', 문화적 타락에 대해서는 '신문화', 경제적 부진에 대해서는 '신모범', 정치적 부패에 대해서는 '신개혁'을 추구했다. 과거 전근대적 모습을 탈피하고 새로운 근대적 국민이 되고자 하는 국민계몽운동이었다.

신민회는 비밀조직이어서 회원 관리를 아주 엄격하게 했다. 1907년 4월 20일경 시작했는데, 안창호가 미국에서 귀국한 지 2개월 만에 만들었다고 전해진다. 지도급 인사들 대부분은 상동교회 청년회 회원들이었다.《대한매일신보》의 주필 양기탁 선생과 이승훈, 이동휘, 윤치호, 전덕기, 신채호 등의 걸출한 인물이 함께했다. 신민회의 회원이 800명 정도 되었다고 하는데(일본 경찰 추산 20만 명), 대부분이 기독교인이었다. 그러니 신민회는 기독교 운동이었다. 신민회의 창립 목적은 '부패한 사상과 습관을 바꾸어 국민을 새롭게 하고, 산업을 개량하고, 사업을 융성하게 하여 자유문명국을 만드는 것'이었다. 요약하면 생각을 바꾸고 경제를 부흥시켜 자유롭고 문명화된 나라를 만드는 것이 목적이었다. 그렇지만 이들이 추구한 더 구체적 방향은 나라를 회복하고 외세를 물리쳐 근대적 '공화정치'로 자주독립 국가를 만드는 것이었다. 이 목적을 이루기 위해 '준비'와 '실력 양성' 그리고 '의식개혁'과 '계몽운동'에 주력했다. 신민회는 무장투쟁을 택하지 않았다. 연설회와 언론과 학회 활동을 통해 의식을 깨우치는 일을 했다. 이렇게 기독교인은 국가적 어려움과 과제 앞에서 적극적으로 할 일을 찾았다.

알고 싶어요 〰〰〰〰〰〰〰〰〰〰〰〰〰〰〰〰〰〰〰〰

학습

한국 장로교에는 다른 개신교회에는 없는 학습(學習)이라는 제도가 있다. '학습'이 시행된 것은 1891년으로 보인다. "특별한 경우를 제외하고 세례 희망자 전원은 6개월 혹은 그 이상의 교육과정을 밟게 한다"(1891년 북장로교회 선교회 규칙과 세칙)는 기록이 있다. 교회에 등록하고 출석하는 사람 가운데 세례를 받기 위해 교리 학습을 받겠다고 다짐하는 약속이 '학습문답'이다. 적어도 앞으로 6개월은 교리를 공부하겠다고 결심하는 일종의 의식이다. 이렇게 학습교육을 받는 교회 출석인은 '학습인'이 된다. 교회에서 신분이 '성도'도 아니고 '교인'도 아니다. 그냥 '학습인'이다.

본래 개신교에서는 교인이 되는 단계가 '세례' 하나만 있었다. '세례'만 성례에 포함된다. 비록 '학습'이 세례처럼 예배 가운데 행해지지만 성례와는 그 결이 다르다. '학습인'은 세례를 받기 전 단계의 신분에 해당한다. '학습인'이라는 단계는 한국 교회에만 있는 독특한 모습이다. 전해지는 말에 의하면, 한국 선교 초기 세례를 받은 자들의 고백이 의심스러운 경우가 많았다고 한다. 소위 경제적 유익을 위해 교회에 출석하는 '쌀교인'이나 정치적 신념을 달성하기 위한 '정치 교인'도 있었기 때문이다. 거짓 신앙고백을 하고 세례를 받는 경우가 많았는데 그런 폐해를 줄이기 위해 세례 이전 단계로 '학습제도'를 둔 것이다.

초대교회 때부터 세례를 받기 위한 사전 학습 단계가 있었다. 반드시 3년 동안 세례를 위한 학습 기간을 가져야 했다. 한국 교회도 세례를 받기 전에 적어도 6개월 이상의 학습 기간을 둔 것은 지극히 바람직한 모습이다. 문제는 시간이 지나면서 '학습제도'가 또 하나의 성례 비슷한 하나의 단계로 정착했다는 것이다. '학습'이 '세례'와 같은 또 하나의 과정으로 자리 잡은 것이다. 하지만 둘은 다른 과정이 아니고 하나의 과정에 속하는 것이 옳다. 가만히 보면 '학습교육'과 '세례교육' 내용이 비슷하다. 현 '학습문답'을 보면 '세례문답'과 큰 차이가 없다.

"(1) 여러분은 모든 죄를 버리고 하나님만 의지하기로 서약합니까? (2) 여러분은 주 예수 그리스도를 자신의 구주로 영접하고 그분을 신뢰하며 그분의 명령에 복종하기로 서약합니까?"

이 질문은 세례문답이라고 해도 전혀 이상하지 않다. 학습 단계에서는 공적으로 신앙을 고백할 것이 아니라 교리 공부를 하겠다는 다짐을 하는 정도로 충분하다. 군이 예배 중에 세례처럼 '학습문답'을 할 것이 아니다. 그렇게 함으로 학습제도에 대한 오해를 불러일으키는 측면이 있기 때문이다.

조선 선교 초기인 1890년에 2-3명의 학습인이 심사를 받고 2주간 교육을 받았다는 기록이 나오는데, 이들이 첫 학습인이다. '학습인'은 세례 희망자로서 교육을 받고 있는 자다. 아직 정식 교인이 아니다. 1891년 15명, 1892년 62명의 학습인이 있었다. 1896년 북장로교 통계에 의하면 학습인이 2천 명, 1902년 5,968명, 1906년에는 1만 1,025명, 1909년에는 2만 4천여 명이었다. 1900년 이후에도 이런 6개월 이상의 학습교육이 제대로 이루어졌는지는 확실치 않다.

PART   4

일제강점기 교회는 민족의 등불이 되었는가

주후 1905~1910년

27. 교란종 일본 제국주의, 한반도를 점령해 가다

일본은 세계 무대에 등장한 신생 강국이었다. 서구식으로 훈련된 군인과 현대화된 무기를 가진 일본은 청(1894년)과 러시아(1904년)와 전쟁을 벌여 승리함으로써 막강한 힘을 세계에 과시했다. 또 1905년 11월 강압으로 을사늑약을 맺고 대한제국의 외교권을 강탈했다. 한국에 머물던 열강의 공사관은 미국을 시작으로 발을 빼야 했다. 일본은 '고문정치'(顧問政治)와 '차관정치'(次官政治)를 통해 한국 식민지배를 착착 진행했다. 어떻게 이런 일이 가능했을까?

/ 남산에 포대를 설치하고 한국을 지배한 일제

일본은 1905년 7월과 8월 일본 장군 가쓰라와 미

국 장군 태프트 사이에서 이루어진 '가쓰라-태프트' 밀약과, 같은 해 영국과 맺은 '제2차 영일동맹'에 의해 한국의 지배권을 확보했다. 일본은 국제무대에서 그동안 갈고닦은 실력을 이용해 한국을 병합하고 있었던 것이다. 한국은 그런 움직임을 알면서도 저항할 힘이 없었다. 참으로 처참한 상황이었다.

일본은 1906년 한국에 통치기구 통감부를 설치하고 초대 통감으로 이토 히로부미를 파견했다. 그는 기독교에 대해 겉으로는 우호적 관계를 유지했다. 한국에서 선교하는 선교사에게는 치외법권과 면세특권(가옥세·주세·담배세)을 인정해 주었다. 영국과 미국이 일본에게 한국 식민지배를 묵인해 준 것에 대한 일종의 보상이었다. 미국은 일본의 이런 정책에 대해 만족했다. 일본의 한국 지배는 한국인에게 행복을 가져다 줄 것이라고 착각할 정도였다.

이토 히로부미는 일본 주재 감리교 감독을 부추겨 통감부 정책 지지를 얻어 냈다. 평양 감리교 예배당에 건축 비용 명목으로 1만 엔을 지원하기도 했다. 외국 외교관이 없는 상황에서 한국 주재 외국 선교사들이 일본의 한국 식민지배에 대해 좋은 말을 해 준다면 결국 일본에 대한 좋은 인상을 남길 것이라는 교활한 책략이었다. 1906년 인천에 일본인 조합교회(회중교회)를 세웠다. 당연히 이 교회는 어용이었고, 회중교회는 러일전쟁을 '하나님 나라를 위한 성전(聖戰)'이라고 지지했었다.

/ 이토 히로부미와 순종

교육 분야에서도 일본의 계략은 교묘히 작용하고 있었다. 일본은 한국인이 세운 학교를 교란시키며 혼란을 주었다. 이토 히로부미는 조선 정쟁을 연구한 조선 역사 전문가인 시데하라 다히라(幣原坦, 1870-1953)에게 식민 교육의 기초 작업을 맡겼다. '한국 교육 개혁안'에 의하면 소학교를 보통학교로, 중학교를 고등보통학교로 개편하면서 수업 연한을 단축해 우민화 정책을 폈다. 또 일본어 교과서 편찬을 시도했다. 1907년 학부차관 다와라 마이고치(俵孫一)가 와서 '순명적 교육'과 '실용주의적 교육'을 모범 교육으로 삼았다. 그럴듯한 말이지만 실상은 한국인을 일본인으로 만드는 것이었다. 신문명국 일본이 구문명국 한국을 교육으로 지도한다는 뜻이다. 그들은 한국인이 세운 학교가 정치적이고, 비문명적이며, 야만적이라고 폄하했다. 그렇게 폄하한 이유는 한국인이 세운 학교가 현실을 타파하고 국권을 회복하며 자주독립을 가르치기 때문이었다.

1908년 '사립학교령'을 만들어 5천 개에 달하는 '강습소'와 '야학교' 그리고 '소학교'를 포함한 '사립학교'를 820개로 정리했다. 그중 장로교 소속 학교가 501개이고 감리교 소속 학교가 158개나 되었다. 그 외 다른 기독교 학교를 합하면 무려 796개나 되었으니 기독교계 사립학교의 비중이 97%를 넘었다. '사립학교령'은 학교 운영 전반에 대한 시설과 감시를 강화하였고, 민족계 인사들에 의해 설립되고 운영되던 소규모 학교의 운영권을 빼앗았다. 이 법을 피하는 방법은 치외법권 혜택을 누리는 외국 선교사의 명의로 학교를 등록하는 것이었다. 모펫 선교사는 134개, 노블 선교사는 74개, 쿤스 선교사는 35개 학교의 운영자 겸 교장의 직함을 갖게 되는 기현상이 일어났다.

일본은 1905-1909년, 한일강제병합 이전까지 비교적 조용한 방법으로 학교를 점령하고 간섭함으로써 결국 기독교의 영향을 줄이고자 했다. 하지만 1910년 한일강제병합 이후로 일본의 자세는 완전히 달라졌다. 안중근, 장인환, 전명운, 이재명 등 한일강제병합 전후에 일어난 테러 사건의 연루자들이 모두 기독교인이었기 때문에 기독교는 경계의 대상이었다. 데라우치 마사타케(寺內正毅, 1852-1919) 총독은 반기독교적이고 오만한 태도와 정책으로 기독교를 박해했다. '무단통치'(武斷統治)가 시작된 것이다. 데라우치의 권력은 한국 주재 천황(天皇)과 같았다. 그가 한국에서 할 수 없는 것이 하나 있었는데 바로 '여자를 남자로 만들 수 없는 것'이었다. 그만큼 그에게 절대 권력이 쥐어졌다.

주후 1910~1912년

28. 교회, 일제 항거의 산실이 되다

일제의 식민통치가 시작되었을 때 한국 교회는 어떠했을까? 선교사들은 처음에 조선 정부의 눈치를 보며 선교를 시작했지만, 나중에는 대한제국 황제인 고종의 든든한 보호자 역할을 할 정도로 좋은 관계를 맺었다. 여러 열강이 대한제국 지배권을 놓고 다투던 시절이라 한국인은 기독교에 의지하는 마음이 컸다. 한국 교회는 1907년 평양 대부흥을 거치면서 상당히 튼실하게 세워져 갔고 독립적 교회의 면모도 갖추게 되었다. 그러나 일본의 식민통치가 시작되면서 그런 밀월도 끝나고 말았다. 한국 교회는 국가의 비운과 함께 시련과 고난을 겪으면서 민족 종교의 역할을 감당하게 된다. 교회는 고난 가운데 있는 민족을 위해 기도하는 제사장으로서 역할해야 했다.

1910년 이토 히로부미가 안중근 의사에 의해 암살된 후 부임한 데라우치는 1910년 8월 22일 한일강제병합을 주도했다. 그는 한국의 총독으로서 2만 명의 헌병을 동원하여 한국인의 자유를 무참히 짓밟았다. '내선일체'(內鮮一體) '황국신민화'(皇國臣民化) '창씨개명'(創氏改名) 등 한국의 문화와 역사를 말살하는 정책을 폈다. 심지어 일제는 '신사참배'(神社參拜)를 강요했다.

일본은 종교의 자유를 인정했으며 일본인은 개신교회에서 자유롭게 신앙생활을 할 수 있었다. 일본은 기독교 자체에 대한 적개심은 없지만 한국을 식민지화하는 데 가장 큰 걸림돌이 된 한국 교회와 외국인 선교사는 눈엣가시였다. '신민회'는 대부분이 개신교인이었다. 황해도에 1908년 '해서교육총회'(海西敎育總會)가 결성되었는데 개신교인이 주도했다. 모두 한국 독립을 위해 만들어진 단체였다. 서울 상동에 있던 감리교회인 상동교회도 민족 해방운동의 요람이었다.

한국 주재 외국 선교사들은 교회가 정치적 소용돌이에 휩싸이길 원하지 않았다. 선교사의 입장은 어땠을까?

"일본의 권세에 대항하려고 하지 말고 자기 자신을 개선하도록 힘쓰시오. 무력으로 대항해 보아야 아무것도 성취하지 못합니다. 여러분의 자녀들을 교육하여 여러분의 가족과 함께 더 나은 수준에 도달하도록 하십시오. 여러분의 선행과 자제를 보여 줘 여러분이 일본인에 비하여 못하지 않음을 알게 하도록 하십시오."

그럼에도 불구하고 일본제국은 한국에 머문 외국 선교사를 자신에게 대항하는 존재로 보았다. 뿐만 아니라, 일본은 한국 개신교회를 정치적 집단으로 간주했다. 실제로 뜻 있는 개신교인은 민족의 비운 앞에서 독립을 위하여 국민계몽운동을 펼쳤다. 안창호는 평양, 이승훈은 정주, 양전백은 선천에서 기독교 학교를 설립하여 다음 세대에게 민족정신을 고쳐시키려 애를 썼다.

기독교 박해의 시작, 105인 사건

1910년 8월 29일 경술국치가 공포되던 날, 특별한 소요나 반대 집회는 없었다. 1907년 대한제국의 군대가 해산되면서 한국인은 모든 것을 체념한 것일까? 망국적 패배주의와 좌절감으로 자포자기에 빠진 것일까? 당시 경무총감이던 아카시 겐지로(明石元二郞, 1864-1919)는 "불평분자가 폭도로 나타나는 것은 오히려 제압하기 쉬우나, 제압하기 어려운 것은 위험한 비밀결사의 발생이다"라고 말했다. 일제는 일본의 식민지배에 반대하고 대항할 사람은 주로 외국 문물을 경험한 자들이고, 또 다른 위험인물은 기독교계 사람들이라고 보았다. 한일강제병합 이후 일본은 한국인을 네 종류의 사람으로 나누었다고 한다.

첫째, 무식하고 착해 관리를 호랑이처럼 무서워하는 자, 둘째, 이완용과 같이 드러내 놓고 일본에 충성하는 자, 셋째, 주색잡기에 빠져 세상사를 잊고 사는 자, 넷째, 지방에서 이름이 있는 자로 일본에 복종하는 듯하지만 어찌 보면 그렇지 않은 자다. 네 번째 부류의 사람들은 일본 관리가 벼슬을 하라고 하면 공손히 거절하고, 교회 속에 묻혀 교육이나 전도에 힘쓰고, 혹은 일본인이 돈을 주며 비밀 청탁을 하여도 듣지 않고, 주색잡기로 유혹을 해도 빠져들지 않았다. 이들이 주로 기독교인이었다. 일본 경무총감이 볼 때 기독교인이 식민통치에 가장 부담이 되는 존재였던 셈이다.

아카시 겐지로는 기독교인들 중에서 반일본 주동자들을 제거하기 위해 '105인 사건'을 조작했다. 공식 죄목은 '데라우치 총독 모살 미수 사건'이다. '105인 사건'이라고 부르는 것은, 1911년 6월 1차 재판에서 700명을 붙잡아 그중 123명을 기소했는데, 유죄 판결을 받은 사람이 105명이었기 때문이다. 사악한 일제 경찰이 자행한 악행이었다.

기소 내용은 무엇이었을까? 1910년 윤치호와 양기탁, 안태국, 이승훈, 옥관빈 등이 서울에서 비밀리에 데라우치 총독을 암살하는 계획을 세웠고, 그 후 8-10월까지 세 번의 준비를 했으나 실패했다는 것이다. 1910년 12월 27일 초대 총독 데라우치가 압록강 철교의 낙성식에 참석하기 위해 선천역에 들러 선교사 맥큔과 악수할 때 기독교인이 그를 암살하도록 계획했다는 것이다. 이 기소는 증거에 의한 것이 아니라 72가지의 잔인한 고문으로 얻어 낸 허위 자백서에 기초해 조작한 것이었다.

이 조작 사건으로 비밀조직이던 신민회는 완전히 와해되었고 고문을 받다가 세 사람이 옥에서 죽었다. 일제 경찰은 공갈과 위협으로도 통하지 않으면 곤봉으로 온몸을 사정없이 후려치는 고문을 가했다. 가장 힘든 고문은 고문 후에 몰려오는 허기였다고 한다. 잔인한 고문으로 거의 죽을 지경이 되었을 때 조작된 자백서에 서명하도록 했다. 선교사 24명도 이 사건에 연루되어 조사를 받아야 했다.

이 사건을 기점으로 한국 교회는 일본제국의 식민통치에 중립적 입장을 취하려 했지만 방향을 선회하게 되었다. 한국 선교부가 '105인 사건'을 미국에 알렸지만 본국 선교부는 별 다른 조치를 취하지 않았다. 어쩔 수 없이 한국 YMCA 총무 질레트(P. L. Gillett, 1872-1938)가 중국인 친구에게 이 사건의 실상을 편지에 써서 보냈다. 그것이 홍콩 뉴스에 알려지면서 세계 언론이 대서특필하게 되었다. 제1심이 있던 1912년 6월 28일 세계 언론사들이 재판 과정을 지켜보았다.

새롭게 세계 열강 가운데 끼어 문명국가의 면모를 자랑하고 싶던 일본은 상황이 이렇게 되자 막무가내로 밀어붙일 수가 없었다. 1심에서 105인이 유죄 판결을 받자 세계 언론이 세찬 비난을 쏟아 부었다. 검사의 증거만 듣고 피의자의 증거는 하나도 받아들이지 않았기 때문이다. 결국 2심은 105명 가운데 99명을 무죄 선고했다. 검사의 기소 내용에 의하면, 60명이 정주역에서 사건 전날 새벽 기차로 선천까지 왔다고 했지만, 조사해 본 결과 그날 아침 선천행 기차표는 겨우 5장밖에 팔리지 않았다. 그 외에도 안태국이 주모자로 1910년 12월 26일 선천에 왔다고 했지만, 그는 그날 서울에 있었다는 알리바이가 확인되었다. 그럼에도 윤치호, 안태국, 양기탁, 이승훈, 임치정에게 6년 형을 내리고, 옥관빈에게 5년 형을 선고했다.

세계 언론은 이 사건을 명백한 '기독교 박해'로 규정하고 비난했다. 기소된 123명 가운데 기독교인이 92명이고, 천주교

/ 수감 후 무죄로 풀려난 학생들(1912). 선교사들은 이 사건의 부당함을 온 세계에 알렸다

인 2명, 천도교인 2명, 무교가 12명이었다. 기독교가 절대다수였다. '105인 사건'은 명백한 기독교 박해였다.

일본이 기독교를 핍박한 것은 1909년에 실시한 백만인구령운동을 '백만십자가군병'으로 이해한 것과 무관하지 않다. '105인 사건'으로 인한 기독교 박해는 매우 큰 충격을 주었는데, 1911-1912년 사이에 교인 총수가 144,261명에서 127,228명으로 줄어 17,033명이나 감소했다. 이만열 교수는 이 사건의 의의를 세 가지로 정리했다.

첫째, 이 사건으로 선교사와 민족운동 진영의 기독교인 사이에 있던 불신과 괴리 현상이 크게 회복되었다. 둘째, 다소 열악했던 기독교인의 민족의식과 항일의식을 높여 준 계기가 되었다. 후에 1919년 삼일운동으로 이어지는 계기가 되었다. 셋째, 기독교는 고통과 수난을 통해 성숙한 신앙을 가지게 된다는 점을 확인하게 되었다.

주후 1911~1918년
29. 기독교 학교와 교회에 대한 정교하고 치밀한 방해

1911년 8월 일제는 '조선교육령'을 만들어 한국의 민족 교육과 기독교 교육을 방해하려 했다. 선교사들은 1911년 '선교교육연합회'(Educational Federation of Missions in Korea)를 설립하여 총독부와 소통하는 역할을 하고자 했다. 한국 기독교인 20만 명 가운데 4만 명이 학령기 아이들인데 그중에 50% 이상이 기독교 학교에 다니고 있었기 때문이다.

1915년 3월 발표된 '개정사립학교규칙'으로 기독교 학교에서 '예배의식'과 '성경 교육'을 하지 못하게 되었다. 뿐만 아니라 '신사가 종교가 아니고 국민의례이니, 학교에서 신사참배를 해야 한다'고 했다. 일본 천황이 있는 동쪽을 향하여 절하는 '궁성요배'(宮城遙拜)도 요구했다. 일본의 신민(臣民)으로 만들기 위해 일본 천황과 황실을 숭배하도록 강요한 것이다.

/ 경신학교 졸업식(1909)

기독교 학교는 10년 안에 이 모든 것을 선택해야 했다. 감리교 해리스 감독은 '선교교육연합회'를 탈퇴하고 일제의 요구에 응하기로 했다. 그는 기독교 학교에서 '성경을 가르치지 않고도 기독교 교육을 할 수 있다'는 논리를

/ 평양 숭실학교(Union Christian School, 1901)

내세웠다. 어처구니가 없었다. 하지만 장로교는 달리 대응했다. 만약 기독교 학교가 예배와 성경 교육을 하지 못한다면 학교 정체성을 포기하는 것이라고 여겼다. 결국 일제 총독부에 학교 인가 신청을 포기했다. 장로교 기독교 학교는 학력 인정을 받지 못하는 불이익을 감수해야 했다. 졸업장을 인정받지 못하면 상급학교 진학뿐만 아니라 취업도 어려웠다. 월급도 적게 받아야 했다. '선교교육연합회'의 항의가 여러 번 있었지만 효과가 없었다. 수많은 기독교 학교가 문을 닫거나 불이익을 감수하고 버텨야 했다. 평양 숭실학교 교장 모펫이 했던 말을 들어보자!

"우리는 계속 하나님을 의지해야 합니다. 아직도 우리에게는 기한이 몇 해 남아 있습니다. 우리는 정부에게 성경을 가르치지 않고는 학교를 유지하지 못한다는 사실을 알리도록 해야 합니다. 이 일을 하나님께 맡깁시다."

세월이 지나면서 '개정사립학교규칙'의 영향은 점점 더 커졌다.

1910년 전 기독교 학교가 796개였으나, 1918년 323개, 1919년 5월 말에는 298개로 줄어들었다. 기독교 학교의 손해는 이만저만이 아니었다.

교회에 대한 통제와 간섭도 시작되었다. 1915년 10월 '포교규칙'을 통해 교회도 정치적 통제 아래 관리했는데, 교회 조직과 개인 전도교역을 일본총독부가 감독하려 했다. 명목은 사이비 단체를 규제하겠다는 것이었지만 의도는 교회 통제에 있었다. '교회'나 '강설소'를 설립할 때 반드시 총독부에 신청해 허가를 받아야 했다. 포교자는 총독부가 발행하는 자격증이 없으면 불법으로 간주했다. 교회의 전도회, 사경회, 부흥회, 기도회와 심지어 예배에까지 경찰이 와 감시하고 설교와 기도를 트집 잡을 수 있었고 또 그렇게 했다. 기독교 출판물도 검열했다. 심지어 한 유인물의 "조선의 형제여, 각각 마음속에 있는 악마를 격퇴해야 합니다"라는 말을 문제 삼기도 했다. '악마'는 일본인을 연상케 하는 것이라는 어처구니없는 트집이었다.

그럼에도 불구하고 한국 교회는 성장했다. 1918년 당시 장로교회는 16만 명, 감리교회는 3만 명, 기타 교회를 합치면 20만 명을 훌쩍 넘었다.

일본은 계속 기독교를 탄압했다. 선교사와 한국 교회는 일본총독부에 매우 불쾌한 감정을 가질 수밖에 없었다. 민족과 국가가 없는 서러움을 뼈저리게 경험하게 된 것이다. 이런 박해는 결국 교회로 하여금 일제에 저항 또는 항거하도록 하는 요인이 되었다.

30. 민족자결주의가 쏘아 올린 희망의 공

1910년 한일강제병합 이후 대한제국과 한민족은 역사에서 사라졌다. 한반도를 일본제국이 무력으로 점령하고 정부를 없애 버렸기 때문이다. 뜻있는 사람들은 중국 혹은 미국으로 망명해서 대한 독립을 준비했다. 국내에서도 비밀리에 독립을 위한 조직이 꾸려졌다. 안중근이 이토 히로부미를 암살했지만 그것으로 일본의 조선 통치를 무력화시킬 수는 없었다. 또 다른 인물로 계속 대체되기 때문에 근본적 해결책이 될 수 없었다.

그런 가운데 한국인은 일제의 잔악한 군정과 횡포, 한민족 말살 정책에 고통받았다. 사법기관이나 행정기관의 한국인 배제 및 차별은 심각했다. 임금, 교육, 법 적용에 있어서 한국인에 대한 차별도 노골적이었다. 언론, 집회, 결사의 자유가 박탈되었고, 종교의 자유, 한국인의 해외여행과 유학이 제한되었다. 비옥한 토지를 빼앗아 갔다. 공창제도를 활성화하고, 마약을 방임하는 등 한국 청년을 비도덕적 퇴폐에 빠지도록 조장했다. 한국인 강제 이주(만주)도 있었다.

한편, 국제정세는 한국인의 독립 염원에 희망의 불씨를 당겨 주었다. 1914-1918년 제1차 세계대전이 끝난 후 1919년 6월 28일 패전국의 식민지를 어떻게 처리할 것인지 논의하기 위해 파리강화회의(Paris Peace Conference 1919.1.18-6.28)가 열렸다. 이미 미국의 윌슨(W. Wilson) 대통령은 1918년 1월 8일 '14포인트'(the Fourteen Points)를 통해 민족자결주의(民族自決主義 National Self-determination)를 외쳤고 많은 공감대를 불러일으켰다. 패전 강대국이 약소국, 즉 피식민 국가들을 지배하는 일이 끝나야 함을 천명한 것이다. 그렇게 제1차 세계대전 후 터키, 오스트리아, 핀란드, 폴란드, 체코슬로바키아, 유고슬라비아는 독립국가가 되었다. 일본은 뒤늦게 전쟁에 개입했지만, 승전 5개국에 포함되면서 중국과 한국을 강점한 것에 대한 문제가 전혀 다뤄지지 않았다.

사실 윌슨의 민족자결주의는 한국과 전혀 관계 없었다. 그럼에도 불구하고 새로 편성된 세계 질서 가운데 모든 민족은 자기 결정권을 가질 수 있고 그래야 한다는 보편적 당위성을 천명한 것이니, 국가 재건과 독립이라는 희망의 불씨가 다시 살아났다. 이런 분위기는 외국에 거주하던 독립운동가들에게 먼저 감지되었고 한국인의 자주독립 추구는 당연하다는 자의식이 생겨났다. 대한민국의 독립이 당연함을 온 세계에 외치려는 움직임이 국내뿐만 아니라 중국과 미국과 일본에서 자생했다.

가장 먼저 1919년 2월 8일 일본에 거주하던 한국 유학생들이 '독립선언서'와 '결의문' 그리고 '민족대회소집청원서'를 일본 정부와 각국 공관과 언론기관에 발송한 후 조선 YMCA 회관에서 400(600)여 명이 모여 독립선언을 발표했다. 이것이 삼일운동의 도화선이 된 것은 말할 것도 없다.

3·1만세운동

1919년 3월 1일 '3·1만세운동'이 촉발된 하나의 계기는 1919년 1월 21일 고종 황제의 붕어(崩御, 왕의 죽음)였다. 고종 황제를 일본인이 독살했다는 소문이 파다했다. 백성은 임금의 죽음을 매우 슬퍼했다. 고종 황제의 장례식이 3월 3일이었는데, 이날 독립을 위한 시위를 계획했다가 일본 경찰의 경계가 강화될 것을 염려해 3월 1일로 바꾸었다.

본래 이 일의 시작은 천도교인이 주도했다.

/ 태화관 독립선언

거사의 핵심 키워드를 '대중화'(大衆化)와 '일원화'(一元化)와 '비폭력'(非暴力)으로 정했다. 나중에 기독교와 불교도 동참했다. 기독교 지도자들은 처음에 천도교의 동학혁명에서 보여 준 폭력적 경향 때문에 꺼렸으나, 비폭력임을 확인하고 동참했다. 독립선언서에 서명한 33인 가운데 천도교인이 15명, 기독교인이 16명, 불교인이 2명이었다. 독립

/ 유관순 열사

선언서 초안을 기독교인 최남선이 썼고, 천도교 인쇄소인 보성사에서 2만 1000여 장을 인쇄해 비밀리에 배포했다. 일본 경찰은 이 움직임을 전혀 몰랐다고 하니 얼마나 주도면밀했는지 알 수 있다.

3·1만세운동은 1919년 3월 1일 오후 2시에 시작되었다. 33명의 독립선언서 발기인들 가운데 불참한 4명을 뺀 29명이 서울 태화관에 모였다. 그들은 총독부에 거사를 미리 신고했다. 그러자 80명의 경찰이 들이닥쳤다. 그들은 경찰이 보고 듣는 현장에서 '독립선언서'(獨立宣言書)를 낭독하고 독립만세를 불렀다. 그리고 당당히 모두 잡혀갔다.[4]

---

4 나중에 독립선언서를 인쇄했던 '보성사'와 독립선언서를 낭독했던 '태화관'은 일본인들에 의

우리는 이에 우리 조선이 독립한 나라임과 조선 사람이 자주적인 민족임을 선언하노라. 이로써 세계 모든 나라에 알려 인류평등의 큰 뜻을 밝히며 이로써 자손만대에 알려 민족 자존의 정당한 권리를 영원히 누리게 하노라…. 오늘 우리의 조선 독립은 조선인으로 하여금 정당한 삶을 누리게 하는 동시에 일본으로 하여금 그릇된 길에서 벗어나 동양을 붙들어 지탱하는 무거운 책임을 온전히 이루게 하는 것이며, 중국으로 하여금 꿈에서도 피하지 못하는 불안, 공포에서 탈출하게 하는 것이며, 또 동양 평화로 중요한 일부를 삼는 세계평화 인류행복에 필요한 계단이 되게 하는 것이니 이 어찌 구구한 감정상 문제이리오.
……

공약삼장

하나, 오늘 우리의 거사는 정의, 인도, 생존, 존영을 위하는 민족적 요구이니 오직 자유적 정신을 발휘할 것이요, 결코 배타적 감정으로 그에 벗어난 행동을 하지 말라.
하나, 마지막 한 사람까지 민족의 정당한 의사를 시원히 발표하라.
하나, 모든 행동은 가장 질서를 존중하여 우리의 주장과 태도로 하여금 어디까지든지 떳떳하고 정당하게 하라.

　　같은 시간 파고다 공원에는 학생과 시민이 '독립선언서'를 낭독하고 만세를 불렀다. 이렇게 시작된 만세운동은 삽시간에 전국으로 퍼져 나갔다. 3월 1일을 기점으로 거의 1년 동안 시위가 계속되었다. 참가한 연인원이 200만 명, 회집 수가 2달 동안 1,500회 이상이나 되었

해 불태워졌다. '태화관' 건물은 사라지고 지금 인사동 태화빌딩 앞에 표지석만 남아 있다.

다고 한다. 물론 '3·1만세운동'은 비폭력으로 지극히 평화적으로 진행되었다.

평양 숭덕학교, 선천 신성학교, 경북 계성학교 학생을 중심으로, 부산 일신학교 여학생이 주동이 되어 독립을 선언하고 시위했다. 또 강서 지역에는 1919년 3월 3일 '독립단 통고문'이라는 전단이 뿌려졌는데, 그 내용은 일본인을 모욕하거나 폭력을 행하지 말고 오히려 기도와 말씀 묵상에 전념하라는 것이었다. 신자는 매일 세 번 기도하고 주일에 금식하며 매일 성경을 읽도록 권했다고 한다. 월요일 이사야 10장, 화요일 예레미야 12장, 수요일 신명기 28장, 목요일 야고보서 5장, 금요일 이사야 59장, 토요일 로마서 8장을 읽으라고 안내했다.

제암리 학살 사건

일제 헌병은 평화적 시위 '3·1만세운동'을 무자비한 폭력으로 진압했다. 뿐만 아니라 학살, 파괴, 방화 같은 야만적 행위도 불사했다. 대표적 사건이 1919년 4월 15일에 있었던 수원 부근의 '제암리교회 예배당' 방화 학살이다. 3월 31일 발안 장터에서 있었던 '대한독립만세시위'를 진압하던 일본군이 칼로 군중을 베어 3명이 사망하고 나머지는 잡혀 고문을 받았다. 분노한 군중이 일본인 집과 학교를 불 지르고 파손했다. 그때 정미소 사장 사사카와 일본인 43명이 그 지역을 피해 삼계리로 도망갔다. 다음 날부터 일본 경찰이 시위 주동자의 집과 마을에 불을 질렀다. 그러자 4월 3일에는 수촌리 구장과 제암리교회 전도사 등이 주도하여 2천여 명이 함께 면사무소를 부수고 화수리 주재소로 몰려가 불태우고 순사 가와바타를 죽였다. 그러자 일본은 4월 5일 새벽 3시 수촌리를 급습하여 마을 전체 42가옥 가운데 38가옥을

/ 불타기 전 제암리교회 모습

불살랐다. 그 후 사사카는 일본 군인을 데리고 4월 15일 낮 2시쯤 제암골 기독교인들과 천도교인 30명(15세 이상 성인 남성)에게 '그동안의 잘못을 사과하겠다'고 속여 예배당에 모이게 했다. 참석하지 않은 사람에게는 찾아가 데려오는 치밀함도 보였다. 그러곤 밖에서 예배당 문을 걸어 잠그고 창문으로 총을 쏴 모두 학살했고, 교회당에 불을 질러 화장을 시켰다. 뿐만 아니라, 제암리 마을의 집도 34채나 불 질러 태워 버렸다. 일본제국의 잔악함은 하늘을 찔렀다. 이와 대동소이한 잔악한 진압이 전국적으로 진행되었다.

/ 제암리교회 사건을 세계에
알린 스코필드 선교사

지금 이 지역에 가면 기념관이 마련되어 있다. 당시 사건은 4월 17일 캐나다 의료선교사 스코필드 박사(F. W. Schofield 石虎弼 석호필, 1889-1970)가 수촌리 현장 방문을 위해 언더우드, 커티스, 테일스 일행과 자동차로 가던 중 현장의 참상을 목격하고 사진을 찍어 자신의 책《끌 수 없는 불꽃》(Unquenchable Fire)에 소개함으로써 국제사회에 알려지게 되었다. 스코필드는 다음날 18일뿐만 아니라 몇 번이고 더 방문하여 정확한 실태를 조사하고 확인했다.

민족의 아픔과 함께한 교회

일본총독부 공식 발표에 의하면 3·1만세운동으로 사망한 자가 568명, 부상자가 1,569명, 체포되어 공소된 자가 1만 9,054명이었다. 그러나 실제로는 6천 명이 살해되었고 43만 명이 체포되었다고 전해진다. 기독교인이 가장 많았다. 특히 장로교인의 피해가 컸다. 장로교인이 이 운동에 가장 적극적으로 참여했다는 뜻이다. 장로교 총회장이던 김선두 목사는 여러 동역자들과 함께 평양에서 6개 교회가 연합하여 3월 1일 숭덕학교 운동장에서 약 1천 명과 함께 독립선언식을 했다. 3·1만세운동으로 개신교회가 받은 피해는 적지 않았다. 1919-1920년 교회 수가 4,081 ⇒ 4,017로 64개가 줄고, 교인 수도 160,909 ⇒ 144,062명으로 16,847명이 줄었다. 주일학교 학생 수도 115,576 ⇒ 90,504명으로 25,072명 감소했다.

당시 인구가 2천만 명 정도였는데, 기독교인이 16만 명이었다. 1%도 안 되는 기독교인(0.8%)이 한국 사회에 미친 영향은 정말 대단했다. 민족 문제에 기독교인이 적극적이고 긍정적인 영향을 미쳤다고 볼 수 있는 부분이다.

3·1만세운동에 기독교인이 적극적으로 참여함으로써 기독교는 한국에서 외래 종교라는 오해를 벗어버리게 되었다. 기독교인은 나라와 민족을 위해 앞장섰을 뿐만 아니라 고통과 고난과 희생을 감당함으로써 도리어 존경의 대상이 되었다. 선교사도 3·1만세운동 이전에는 정교분리의 원칙에 따라 일본의 식민지배에 적극적으로 반대하지 않음으로써 결과적으로는 지지하는 모양새가 되었다. 하지만 3·1만세운동 때 기독교인이 박해받는 것을 보고 적극적으로 일본의 악행을 세상에 알렸다. 어떤 선교사들은 일본의 핍박을 받기도 했다. 평양 숭실

학교 교사였던 모리(E. M. Mowry) 선교사는 독립선언서를 영어로 번역하고 시위에 가담한 학생들을 보호했다는 이유로 재판에 넘겨졌고 6개월 동안 강제노역을 해야 했다. 모펫 선교사도 잡혀가 구

/ 파리강화회의에 참석한 김규식과 한국 대표단

류되었다. 부산에 있던 여성 선교사들도 어려움을 당했다. 선교사들이 3·1만세운동과 관련해 적극적으로 나선 것은 종교의 자유와 인도주의, 자유, 정의의 실천적 차원이었다. 그러나 한국 기독교인에게는 나라의 독립이 신앙과 직접적으로 관련되는 것이었기에 죽음을 불사한 행동이었다.

이렇게 3·1만세운동에 기독교인이 적극적으로 행동하고 고난을 받게 된 것 때문에 교회는 일시적으로 수가 줄어들긴 했지만, 장기적으로는 좋은 평판을 얻어 계속 성장할 수 있었다.

주후 1918~1920년

31. 일제, 무자비한 탄압에서 교묘한 민족 분열로

일제는 3·1만세운동에 대한 무력 진압으로 인해 미국과 영국 그리고 프랑스로부터 압박을 받았을 뿐 아니라 일본 내부로부터도 심심치 않은 비판의 소리를 듣게 되었다. 그 결과 일본은 '무단통치'에서 '문화정치'(文化政治)로 정책을 바꾸었다. 1919년 8월 4일 조선 총독 하세

가와 요시미치(長谷川好道, 1850-1924년)가 경질되
고, 사이토 마코토(齋藤實, 1858-1936)가 총독으로
파송되었다. 그는 헌병제를 폐지하고 보통 경찰
제로 바꾸었다. 한글 신문을 허가하고 한국인 차
별을 철폐한다고 국내외적으로 선언했다. 하지
만 이러한 조치들은 일본이 잠시 발톱을 숨긴 것
이지 늑대가 갑자기 양으로 변한 것은 아니었다.

/ 사이토 마코토 총독

헌병은 없어졌지만 경찰은 더 강화되고 치밀해졌다. 경찰 통계를 보
라. 일본은 한국의 독립을 꾀하는 사람에 대해서는 가차 없이 단속하
고 처벌했다.

	경찰 기관	경찰 인원	경찰 비용(만원)
1918	751개	5,400명	800만 원
1920	2,716개	18,400명	2,400만 원

사이토 총독은 개신교 선교사들에게 상당한 종교의 자유를 주는 듯
했다. 선교사들도 일본에 몇 가지 요구를 했고 허락되었다.

- 교회 및 선교사에 대한 단속을 완화하라.
- 기독교 및 기독교인에 대한 관리의 차별을 철폐하라.
- 기독교계 학교에서의 성경 교육과 종교의식을 허용하라.
- 기독교 문서 검열을 철폐하고 교회 출판물 발행의 제한을 완화하라.

- 교회 및 선교기관을 재단으로 인정하라.
- 기독교인으로서 구금된 정치범 학대를 중지하라.
- 형무소의 교화사업에 교회의 참여를 허용하라.

교회 설립도 허가제에서 신고제로 규제가 완화되었다. 기독교계 학교에서 성경 교육을 할 수 있도록 허용했고 종교 단체가 소유한 부동산도 허가했다. 총독 사이토는 선교사들과 자주 만나 식사를 대접하며 좋은 관계를 가짐으로써 문화정치의 변화를 선전하려 했다. 그러나 그들이 기독교에 대한 박해나 간섭을 중단한 것은 아니었다. 그들은 교회 예배나 학교 수업을 참관하거나 출판물(신문과 잡지) 검열과 기사의 삭제, 나아가 압수, 정간, 폐간을 명령했다. 이렇게 문화정치는 제한된 범위에서 자유를 허용하고 일본에 협력하는 사람을 포섭하는 동시에 항일 민족운동을 펼 경우 가혹하게 탄압하는 민족 분열 정책이었다.

주후 1919~1929년

32. 박해를 먹고 성장하는 1919년 이후의 교회

3·1만세운동으로 교회와 기독교인이 박해를 받으며 고난을 당하자 일반 국민들의 기독교에 대한 인식이 긍정적으로 바뀌었다. 감리교는 1920년 '백년전진'(the Centenary Advance), 장로교는 '진흥운동'(the Forward Movement)을 시행하는 등 교회가 크게 성장했다.

3·1만세운동이 있었던 1919년 10월 장로교회 총회는 '진흥운동'을 준비했다. 첫해는 특별기도에 힘쓰고, 두 번째 해에는 특별 부흥회를

개최하는 것이었다. 1920년 총회 때 교회 예배, 기도회, 주일학교 출석이 50%나 성장하고 가정예배, 사경회, 헌금도 그와 같은 비율로 증가했다. 부흥회 강사는 길선주와 김익두 목사가 주도했다. 그 결과 장로교인이 5,603명이나 증가했고, 주일학교는 장로교와 감리교를 합해 1만 명에서 1만 4천 명으로 늘어났다. 그 후 감리교는 1년에 한 번꼴로 부흥회, 장로교는 사경회를 여는 전통이 생겨났다.

전반적으로 한국 교회는 1920-1924년 동안 교인이 늘어났다가 1925-1929년에 다시 감소세로 돌아섰다. 교회에서 서양 문물을 접하거나 애국적 동기로 나온 사람들이 떨어져 나갔기 때문이다. 지식인들의 경우, 이제 교회가 아니어도 서양 문물을 접할 수 있는 기회가 많아진 까닭이다. 오히려 똑똑해진 지식인이 교회를 비판하기도 했다. 1917년 러시아가 공산화되면서 '사회주의 사상'이 젊은이들 사이에서 확산된 것도 이유였다. 일본에서 유학하고 돌아온 사람들 중에는 '무교회주의자'가 되어 기성 교회를 달갑게 보지 않거나 노골적으로 비판했다.

주후 1919~1937년

33. 한국 교회가 도전하고 해결해야 할 과제

목회자의 수준

선교사가 교회를 지도하고 가르치던 때는 지식인들이 교회로 몰려들었다. 하지만 점점 선교사의 영향은 줄어들고 한국 목사가 세워지면서 지식인들이 이탈했다. 한인 목사의 수준이 선교사에 비해 떨어질 수밖에 없기 때문이다. 1920년 장로교 총회는 교회 지도자 양성에 관심을 기울였다. 춘원 이광수는 목사가 일반 학문에 무식하고 성경 한두 번 읽은 것으로 설교하고 가르친다면서 비판했다. 적어도 목사는 심리학, 논리학, 수사학적 지식을 갖춰야 하는데 당시 목사의 수준이 그렇지 못하다고 지적한 것이다.

교회 사역자의 수준은 그리 높지 못했다. 1924년 평양신학교 학생이 120명이었는데, 그중 대졸이 6명, 대학 1년 이상 수료자가 5명, 중졸(5년제)이 12명, 성경학원 졸업생이 5명, 나머지 대다수는(92명, 77%) 그 정도의 교육도 받지 못한 실정이었다. 1925년 통계에 의하면 한국 인구 1만 명당 초졸 208명, 남중졸 5명, 여중졸 1명, 실업학교졸 3명, 사범학교졸 1명, 전문학교졸 1.5명, 대학졸 0.05명 수준이었다. 상황이 이렇다 보니 신학교에 오는 사람들도 중·고등 교육을 받을 기회가 없던 평범한 시민이었다. 교회에서 전도사 혹은 영수로 지내긴 했지만, 영어, 히브리어, 헬라어, 논리학, 철학 등 인문학적 소양을 갖추지는 못했다. 1924년 평양신학교 병설 교육기관으로 영어와 헬라어 전문과를 두기도 했다.

심지어 평양신학교에 한국인 교수가 임명된 것도 1925년이 되어서였다. 선교 시작 35년 되던 1925년, 신학교 설립 24년 만에 남궁혁이 교수로 임명된 것이다.

1927년 통계에 의하면 목사의 생활비는 최저 생활비의 절반도 되지 않았다고 한다. 목사와 교회는 일제의 핍박과 집안의 반대와 사회 풍습과 전통과도 싸워야 했으니 그 어려움은 몇 배나 컸을 것이다.

사회주의의 공격

북한에 사회주의 공산국가가 들어선 것은 어느 날 갑자기 일어난 일이 아니다. 일제강점기에 이미 사회주의 사상이 한반도에 파고들었다. 1917년 11월 레닌이 볼셰비키 혁명으로 소비에트 정부를 성공적으로 세우고 사회주의 공산국가를 건설했다. 레닌은 노동자로 구성된 '소비에트'(평의회)가 모든 권력을 독점하고 국가가 전 국토를 소유하도록 했다. 모든 사람이 토지를 공동으로 소유하고 공동으로 생산하는 이상적 공산국가를 만들 것이라고 약속했다. 평범한 노동자와 농민들은 그를 절대적으로 지지했고 혁명은 성공했다. 하지만 그것은 손에 잡히지 않는 유토피아(Utopia)에 불과했다.

일제는 한반도를 강점하고 토지개혁(1910-1918)을 통해 전 토지의 20%를 헐값에 빼앗다시피 했다. 당시 한국은 3.1%의 지주가 전체 경지 면적의 50.4%를 소유하고 있었다. 1925년 통계를 보면 농촌 인구의 77%가 소작농이었다. 결국 일부 한국 지주와 일본인 지주만 배부르고 소작인은 매우 가난할 수밖에 없는 구조였다. 소작농은 수확물의 1/2을 지주에게 바치고, 나머지 1/2도 물세와 조합비를 내고 나면 수확의 1/3 정도로 한 해를 살아야 했다. 빈곤이 악순환될 수밖에 없었다.

산업화는 빈익빈 부익부를 더 가속화시켰다. 산촌과 농촌 젊은이는 고향을 떠나 만주(150만 명)나 시베리아(약 200만 명), 미국과 일본으로 이주했다. 이런 불공평한 사회 구조와 피폐한 삶 속에서 사회주의와 공산주의 사상은 젊은이들을 매혹시켰다. 교인 중에도 민족과 사회에 관심이 많은 사람들이 대거 사회주의에 심취하고 공산주의로 넘어갔다.

이동휘(李東輝, 1873-1935)는 강화도에서 기독교로 개종했다. 기독교야말로 쓰러져 가는 나라와 민족을 구할 수 있다고 믿었기 때문이다. 그는 군관 출신으로 한일강제병합 즈음 함경북도에서 교회 전도사로 일하기도 했다. 1918년 6월 러시아 하바롭스크(Khabarovsk)에서 공산주의자가 되어 '한인사회당'을 조직하고, 1921년 '고려공산당'으로 개칭했다. 여운형(呂運亨, 1886-1947)은 평양신학교(1911-1913)와 중국 남경(난징)의 금릉대학 신학부(1914)에서 공부했으며, 곽안련 선교사의 조사로서 승동교회에서도 일했다. 나중에 독립운동을 할 때 중국 상해의 한국인 교회에서 전도인으로 활동했다. 그는 후에 사회주의자로 변신했다. 김규식(金奎植, 1881-1950)은 한국 새문안교회의 장로였는데, 나중에 공산주의자가 되었다.

이들은 모두 본래 사회운동에 관심을 가지고 교회에 들어왔으나 결국 신앙을 버리고 사회주의자가 되었다. 이렇게 교회 안에도 사회 복음주의적 입장을 취하고 있는 사람들이 많았다. 1929년 이들이 뭉쳐 '신우회'를 조직하고 민족을 비애와 고통으로부터 구원하려고 사회 복음주의 운동을 펼쳤다. 1932년 '사회신조'라는 것을 만들기도 했다. 하지만 1937년 장로교회 총회는 이런 사회주의 운동을 경계하고 멀리할 것을 결정했다.

본래 기독교와 공산주의는 신본주의와 인본주의라는 점에서 본질적으로 차이가 있다. 사도행전 2장의 서로 유무상통하는 이상사회를 꿈꾸며 둘 사이에 공통분모가 있다고 생각하는 사람들도 있지만, 1920년대에 공산주의자들은 기독교를 노골적으로 핍박했다. 주로 만주와 시베리아에 있는 교회들이 공산주의자들의 공격을 받았다. 7개 교회가 건물을 빼앗겼고, 목사가 잡혀갔다. 핍박으로 인해 170개 교회가 폐쇄해야 하는 상황까지 갔다.

일제강점기 한국 기독교는 반공산주의 입장을 분명하게 했다. 정치·경제·사회·문화적 문제도 중요하지만, 더 근본적인 것은 사회 변화보다 한 사람의 영혼을 구원하는 것이고, 그 개인이 변함으로 사회를 변화시킬 수 있다고 보았기 때문이다.

주후 1924~1936년

34. 교회가 할 일, 교인이 할 일

교회는 하나님이 불러 모은 사람들의 모임이다. 교회는 모여 하나님께 예배하고 복음을 보존하고 전파하는 역할을 한다. 교인은 하늘 시민이지만, 세상 나라에 발을 붙이고 있다. 교인은 세상 속에(in) 살지만, 세상에 속하지 않는다(not of). 그런 교회(Church)와 그리스도인들(Christians)의 삶을 총체적으로 표현하면 '기독교'(Christianity)라고 할 수 있다. '교회'가 할 일이 있고, '그리스도인'이 할 일이 있다. 어떤 때는 이런 역할이 분명하게 구분되지 않는 경우도 있다. 한국 교회 초기 그리스도인은 술을 끊고, 조상 제사를 중단하고, 축첩을 청산하고, 주일 성수를 하고, 도덕적 삶을 살면서 눈에 띄게 변화된 모습을 보였다. 교회는 복음을 전파하여 사람의 영혼을 변화시켰을 뿐만 아니라 삶 자체를 바꾸었다. 교인은 그 신앙이 영적일 뿐 아니라 삶으로 사회 변화를 일으키는 사람이다.

농촌진흥을 위해 발벗고 나선 교회

선교사들은 복음 전파의 수단으로 의료와 교육, 더 나아가 농업기술을 이용했다. 특별히 미국 북장로교회 선교부는 농업 전문가 루츠(D. N. Lutz 柳韶 유소, 1890-?) 선교사를 한국에 파송했다. 한국인의 80%가 농촌에 사는 데다 신자의 73%도 농업에 종사했기 때문이다. 루츠는 농사

법을 개선하기 위해 노력하면서 젊은 농업 전문가를 양성했다.

YMCA 총무 신흥우는 1923년 겨울 서울 근처에서 3개월 동안 농민과 함께 살면서 그들의 실정과 관습, 가족, 생활, 교육, 종교를 면밀히 조사했다. 1924년 미국으로 건너가 YMCA국제위원회 총무 모트 (J. R. Mott, 1865-1955)를 만나 농촌 문제 전문 간사의 파송과 농촌사업 지원을 의논했다. 1926년 모트의 도움으로 사회학자이자 컬럼비아 (Colombia) 대학 교수인 브루너(Edmund de Schweinitz Brunner, 1889-1973) 박사가 한국으로 왔다. 그는 한국 농촌을 두 달 동안 조사하고 보고서를 써서 1928년 예루살렘 국제선교협의회에서 발표했다. 상당히 객관적 데이터를 가지고 분석해 유용한 정보들이 많았다. 하지만 선교적 관점보다는 사회학적 자료와 평가에 머물렀다. 그는 결론에서 한국 소작인이 지나친 피해를 받고 있으니 그들을 위한 비상위원회를 설치하고 농업 전문가를 세워야 한다고 역설했다. 이를 위해서 일본총독부의 시설을 이용하고 정책 협의를 요청하기도 했다. 예루살렘 세계선교대회 한국 대표로 참석했던 양주삼, 김활란과 정인과는 모트의 발표에 깊은 인상을 받았고, 그 효과는 곧 나타났다.

1928년 장로교회 총회는 정인과의 건의로 농촌부를 조직했다. 농촌부는 〈농민생활〉이라는 잡지도 만들고 농업학교도 설립했다. 1930년 총회는 10월 셋째 주일을 '농촌주일'로 정하고 한 주일 헌금을 농촌을 위해 쓰기로 결정했다. 뿐만 아니라 소작민들이 고리대금 때문에 가난에서 벗어나지 못하는 것을 해결하기 위해 '신용조합'을 만들도록 추진했다.

미국 북감리교도 농촌사업위원회를 구성했다. 감리교 양주삼은 덴마크를 시찰한 뒤 농민학교 제도를 한국에 도입했다. 이런 일에는 감리교가 더 활동적이었다. 그들은 지방 성경공부반에서 농민에게 농사 지식을 곁들여 가르쳤다. 1919-1930년 연인원 4만 명이 단기 농업교육을 받았다.

농민을 위한 교회의 사회활동은 몇 년 후 중단될 수밖에 없었다. 적어도 장로교에서는 그랬다. 교회가 농업 진흥에 어느 정도 도움을 줄 수는 있지만 책임질 수는 없었기 때문이다. 교회가 그 일을 직접 하는 것은 역할의 혼돈일 뿐만 아니라 복음 전파의 혼란으로 이어질 수 있었다. 그런 일은 복음을 듣고 믿는 교인이 해야 한다. 교회가 나설 일이 아닌 것이다. 그리스도인은 누구든지 개인으로서 농촌 활동을 할 수 있다. 실제로 심훈의 《상록수》에 나오는 채영신이 그랬다.

심훈의 소설 <상록수>(1935)에서 채영신은 실존 인물 최용신으로, 그녀는 협성여자신학교에 재학 중이던 1929년 여름방학에 YWCA에 의해서 황해도 수안군 천국면 용현리로 파송되었다. 그곳은 교회가 없는 두메산골이었다. 최용신은 방학 때만 가다가 아예 학업을 중단하고 농촌운동에 뛰어들어 매일 10리 길을 다니며 아동과 여자들을 교육했다. 또 1931년에는 경기도 수원군 반월면 샘골(지금의 경기도 안산시 상록구 샘골서길 64)에서 농촌교육을 시작했다. 야학 학생이 많아지자 마을 사람들이 기부한 돈으로 정식 학교 건물을 지었다. 그녀는 재충전을 위해 일본 고베여자신학교에서 6개월 공부하고 돌아왔으나 누적된 영양실조와 중노동 후유증으로 병이 심해져 1935년 26세의 몸으로 세상을 떠났다. 장례는 사회장으로 치러졌을 정도로 존경을 받았다. 지하철 4호선 상록수역이 그 지역이다. 그곳을 중심으로 상록수 관련 유적들을 탐방해 볼 수 있다.

절제로 민족 계몽을

1920년대 정치·경제 변화와 더불어 사회 · 문화와 정신의 변화도 나타났다. 일제는 식민통치와 함께 아편과 공창의 향락 문화를 한국에 들여왔다. 교회는 이런 퇴폐 문화를 금지했으며, 저급한 사회문제를 민족적 문제로 인식하면서 대대적인 사회계몽 운동을 펼쳤다. 단순히 개인의 경건 생활을 넘어 국가적 민족정신 계몽과 연결된 셈이다. 한국에 전파된 개신교 신앙은 복음주의 운동의 영향을 많이 받았다. 예를 들면 미국 복음주의 운동은 음주와 흡연을 사회에서 퇴치하기 위해 많은 노력을 기울였다. 1869년 미국에는 금주당(Prohibition Party)이 생기기도 했다. 여성이 금주운동에 적극적이었다. 여성은 '여성기독교절제연합회'(Women's Christian Temperance Union)라는 단체를 만들어 활동했다. 이 운동은 19세기를 지나 20세기 초까지 대단한 영향을 미쳤다. 마침내 1919년 미국 수정헌법 제18조와 '취하게 만드는 음료의 제조, 판매, 수송'을 금지하는 전국 금주법이 만들어졌고, 1920년 1월 17일부터 효력을 발휘했다. 이런 분위기가 한국에도 영향을 미쳤던 것이다.

절제운동은 1923년 5월 미국 '세계여성기독교절제연합회'에서 파송된 틴링(C. I. Tinling, 1869-1938)이 6개월간 큰 도시를 순회하면서 절제운동 강연을 벌인 것이 계기가 되었다. 그해 9월 여성 선교사를 중심으로 '여성절제회'가 설립되고, 이화학당 교사인 손정규에 의해 1924년 '조선여자기독교절제연합회'가 결성되어 전국적인 조직으로 확장되었다. 손정규는 전국 순회 강연을 통해 52개 지회와 3,217명의 회원이 참여하는 여성운동단체를 만들어 성장시켰다. 단순히 금주를 넘어 민족운동의 성격도 있었다고 평가받는다. 손정규를 이어 총무가 된 이효덕은 기관지 〈절제〉를 창간하여 1930년대 금주와 금연뿐만 아니라 실용적 생활을 위해 다채색 옷 입기 운동도 벌였다. 1932년 조선예수교연합공의회가 2월 9일 '금주 선전일'을

/ 절제운동서약서(1925년 송상석)

선포하고 서울 중앙에 2천 명이 모여 대대적인 가두 행진을 벌이기도 했다. 당시로서는 참신하고 이색적인 운동이었다.

1932년 '조선기독교절제회'가 평양장로교 신학교에서 창립총회를 열었는데, 송상석 목사가 주도적인 활동을 했다. '조선기독교절제회'를 장로교가 주도했다면, '조선기독교여자절제회'는 감리교 중심의 단체였다. '조선기독교절제회'는 1932년 미성년자 '음주끽연금지법'을 총독부에 건의하여 1938년 '청소년법'을 만들 때 미성년자의 음주와 흡연 금지 조항을 만들었다.

이런 기독교 절제운동에는 구세군의 역할도 컸다. 구세군은 선교 시작(1908)부터 금주와 금연운동을 강력하게 추진했다.

/ 절제시보

1931년 〈신정 찬송가〉에 금주가가 정식으로 들어가기도 했다. 그 내용을 살펴보자!

금수강산 내 동포여(<금주가> 230장)

1

금수강산 내동포여 자녀수양 늘시키면
술을입에 대지말라 동서문명 잘빛내리
건강지력 손상하니 4
천치될까 늘두렵다 천부주신 네재능과
2 부모님께 받은귀체
패가망신 될독주는 술의독기 받지말고
빚도내서 마시면서 국가위해 일할지라
자녀교육 위하야는 후렴
일전한푼 안쓰려네 아 마시지마라 그 술
3 아 보지도마라 그 술
전국술값 다합하여 조선사회 복받기는
곳곳마다 학교세워 금주함에 있나니라

교회의 섬김과 봉사 활동

개신교 중에서 사회사업에 가장 앞장선 교회는 구세군(Salvation Army)이었다. 고아나 빈민구제 사업에 있어 구세군의 활약은 대단했다. 구세군은 자선냄비에서 얻은 수익금으로 빈민에게 구호품을 전달하는 것에 머물지 않고 실업교육을 해 자립시키기 위해 노력했다. 1916년 서울 아현동에 '여자육아원'을 개설했고 나중에 '혜천원'으로 발전했다. 1918년 길에서 구걸하는 아이들을 수용해 기술을 가르쳐 자립할 수 있도록 '남자육아원'을 설립했다. 1920년 북아현동으로 이전해 '후생학원'으로 이름이 바뀌었다. 이 두 기관은 고아원과 직업 기술 교육을 겸한 것이 특징이다. 1926년에는 여성의 직업 훈련을 위한 '여자부양소'를 설립했다. 추운 겨울에는 걸인들에게 숙박을 제공하는 일을 했는데, 당시 1,225가정과 6,161명에게 15,223끼니를 주었다고 한다. 1936년 부산에 '여객의 벗'이라는 특수 사회 사업이 있었는데, 일본과 남해안을 오가는 어려움에 처한 여행객들을 돕는 사역이었다.

감리교는 여성과 아동의 복지를 위한 사역으로 '사회관'(Social Center)을 만들어 봉사했다.

그 외에도 '여성직업원' '고아들을 위한 보육원' '양로원' '탁아소'들이 수없이 세워졌는데, 대부분 기독교인이나 혹은 단체에서 운영하는 것들이었으니 기독교의 섬김과 봉사가 많았다고 볼 수 있다. 이런 기독교인의 사회적 기여는 사회주의자들이 기독교를 이기적 종교라고 비난하는 것이 얼마나 잘못된 것인지를 잘 보여 준다.

주후 1934~1942년

35. 교회 성장과 잠재적 문제들

한국 선교 50주년을 기념하며

1934년과 1935년은 장로교와 감리교가 한국에 선교사를 파송한 지 희년, 곧 50년이 되는 해였다. 장로교는 알렌이 한국에 들어온 1884년 9월 20일, 감리교는 1884년 6월 24일 일본에서 일하던 매클레이 선교사가 한국을 방문했던 것을 기념했다. 특히 감리교는 1885년 아펜젤러가 감리교 선교사로 들어온 것을 기념하여 1934-1935년 두 해 동안 희년 기념행사를 했다. 희년 기념행사는 감리교가 더 조직적이고 화려하게 치렀다. 1934년 1월 4대 사업이 결정되었다. 첫째, 영적 사업으로 '부흥회, 대전도회, 강연회, 원탁회의, 서적 발행'이다. 둘째, 물적 사업으로 '교회 기본금 20만 원을 모금해 1938년까지 마련한다'는 것이다. 셋째, '선교 실적을 선전하기 위해 영문과 한글로 역사를 정리하여 논문과 소책자로 발간'한다. 넷째, '희년 기념행사를 갖는 것'이다. 기념 행사는 3차례에 걸쳐 아주 성대하게 전국적으로 개최되었다. 수천 명이 시가행진을 하며 기독교의 교세를 국민에게 알렸다. 1935년 4월 21일 부활주일에는 아펜젤러의 내한을 기념하기 위해 아들과 딸이 답사와 축가를 해 특별한 의미를 더했다.

장로교의 희년 사업은 감리교에 비하면 열정으로 보나 규모로 보나 좀 시원찮았다. 1934년 북장로회 선교부가 6월 30일-7월 3일까지 영어로 강연회를 개최하면서 선교사들만의 잔치로 시작되었다. 한국 장로교 총회는 2명을 축하위원으로 파송하는 정도로 참여했다.

언더우드가 한국에 들어온 지 50년이 되는 1934년 총회가 열리는 기간인 9월 9-10일에 대대적인 희년 축하식이 있었다. 9월 9일 오후 숭실대학교에서 개최된 기념식에는 2만여 교인이 참석했는데 식이 끝난 후 깃발을 앞세우고 시가행진을 벌였다. 선천에서 열린 '선천세노회연합 희년 기념대회'에서 모펫 선교사가 읽은 연설문을 보면 장로교회가 중요하게 여기는 복음에 대한 열정을 엿볼 수 있다.

"조선 모든 선교사가 다 죽고 다 가고 모든 것을 축소한다 할지라도 형제여! 조선 교회 형제여! 40년 전에 전한 복음 그대로 전파합시다. 나와 한석진 목사가 13도에서 전한 것이요, 길선주 목사가 평양에 전한 그 복음, 양전백 씨가 선천에 전한 그 복음은 자기들의 지혜로 전한 것이 아니오. 그들이 성신에 감동을 받아 전한 복음이니, 변경치 말고 그대로 전파하십시오…. 형제여! 원로 선교사 원로 목사들이 40년 동안 힘쓴 데는 우리의 지혜가 아니오, 바울에게 받았고, 하나님의 말씀을 전한 것인데, 다른 복음을 전하면 저주를 받을 것이오."

당시 자유주의 신학과 이단의 등장으로 교회가 상당히 어려운 상황이었다는 점을 감안하면 선교사의 안타까운 마음이 느껴지는 연설이다. 선교사들은 희년 행사보다 순수한 복음을 파수하고 전파하는 것이 더 중요하다고 생각했던 것이다.

"교회는 성장하나 신앙이 식었습니다"

일제강점기 교회의 성장은 굴곡을 거듭했다. 한국 개신교는 1919년 잠시 주춤하다가 1920년 이후 성장세로 돌아섰다. 1925-1927년에는 전반적으로 교세가 감소하다가 개신교 선교 희년 해인 1934년 즈음 다시 성장세로 바뀌었다. 이후 1939-1941년에는 감소하는 방향으로 선회했다.

	1925	1927	1929	1931	1933	1935	1937	1939	1941
천주교	89,798	48,760	58,699	66,626	94,387	105,325	112,610	113,562	108,079
장로교	182,650	144,898	174,312	197,528	239,127	260,821	287,082	286,268	256,575
감리교	58,434	46,528	47,831	45,142	48,278	53,634	54,574	53,002	50,286
구세군	8,509	3,396	4,281	4,173	5,053	5,502	6,586	6,057	4,536

장로교는 1930년 3개년 전도운동을 추진했다. 첫해는 성경공부, 둘째 해에는 책으로 만든 성경 말씀, 셋째 해는 교회에서 이탈한 사람들

을 다시 교회로 인도하는 일에 중점을 두기로 한 것이다. 전도용으로
《예수의 생애》라는 소책자를 무려 140만 부나 배포했다. 특별히 신문
과 라디오를 동원해 전도한 것이 특이하다. 물론 지명도가 있는 지도
급 기독교인을 세워 강연회를 전국적으로 열기도 했다.

교회는 꾸준히 성장해 갔다. 동시에 선교사들은 이제 한국을 떠날
준비를 하기 시작했다. 선교사는 이제 한국 교회의 주도자가 아니라
보조자에 불과했다. 1934년 희년에 한국 교회는 5천 개에 달하고 성
도는 37만 명이나 되었다. 소학교가 357개, 중학교가 30개, 전문학교
가 5개, 신학교가 3개로 성장했다. 이제 교회의 양적 성장보다 질적
성장을 걱정하며 애써야 할 때가 되었고 그런 점을 지적하는 지도자
도 나타났다. 1933년 평양 산정현교회 송창근 목사(宋昌根, 1898-1951)
는 〈신학지남〉에 이런 글을 썼다.

> …교회 부흥책으로 여러 가지 노력을 해 봅니다. 하나 별한 성공이 없
> 고 거의가 알고 보면 실패입니다…. 중병 들린 것만은 사실이외다. 옛
> 날 모든 것이 불완전하고 모든 시설이 불충분할 때에는 교회가 뜨겁더
> 니 지금은 식어졌습니다. 운동은 무슨 운동 무슨 운동 하야 많이 하는
> 데… 전도가 약해졌습니다.

평양 창동교회의 김화식 목사(金化湜, 1894-1947)도 1935년 〈신학지
남〉에 이렇게 썼다.

…지금은 조선교회도 점점 경제화하고 자본화하야 복음은 거의 돈에 팔리우고 의식에 팔리우고만 감이 있습니다. 이 금전에 팔고 의식에 팔고 교직에게 청부로 맡긴 복음을 다시 화기가 있고 생명이 있는 복음을 만들려면 평신도의 복음이 되지 아니하면 아니될 것이외다.

교회는 성장하고 있으나 내적으로는 위기가 감지되고 있다는 지적에 주목할 필요가 있다. 이 같은 교회의 영적 약화 조짐은 후에 신사참배 강요가 본격적으로 시작되었을 때 쉽게 타협하고 무너지는 것과 무관하지 않을 것이다.

분열하는 개신교와 이단의 등장

1920년대 개신교 계열의 교단은 모두 17개에 불과했으나, 1940년이 되면 무려 28개로 늘어난다. 특히 1930년대 후반에 한국에서 만들어진 군소 교파 교회들이 많이 생겨났다. 여러 종류의 교회가 한국에 생기게 되는 과정들을 살펴보자.

먼저 **오순절교회**가 생겨나는 과정을 보자. 1928년 미국 하나님의 성회 교인 간호사 럼시(M. C. Rumsey)가 자비량 선교사로 홀로 한국에 들어왔다. "기도하던 중 한국에 가서 선교하라"는 지시를 받고 아무런 계획도 없이 한국에 들어온 것이다. 그녀는 하디 선교사를 만나 서울 정동에 정착했다. 그리고 구세군 조선 본영 사무실에서 근무하다가 실망한 허홍을 통역관으로 삼았다. 허홍은 방언과 신유의 은사를 특징으로 하는 오순절교회에 매료되어 적극적으로 전도 활동에 참여했다. 또 1932년 오순절 계통의 일본 성서신학원에서 공부하던 박성산이 귀국하여 함께 일을 했다. 럼시는 1933년 서빙고에 한국 최초의 오순절교회를 세웠다. 동시에 1932년 오순절주의자 파슨스(T. M. Parsons)와 1933년 영국 오순절주의자 메르디스(E. H. Meredith)와 베시(L. Vessey)가 한국에 입국하여 함께 활동했다. 파슨스는 지금의 내수동에 두 번째 오순절교회를 설립했다. 한국인 배부근이 일본 성서신학원을 졸업하고 파슨스와 동역하며 도왔다. 마침내 1938년 정동의 럼시 사택에서 한국 오순절교회 최초의 목사 안수식을 거행했다. 허홍, 박성산, 배부근이 한국 오순절교회 첫 목사가 되었다. 이즈음 다른 곳에도 교회가 생겨서 총 6개 오순절교회와 11명의 목사, 192명의 교인으로 성장했다.

또 일본 오사카에 한국인 오순절교회가 생기고, 이코마 신학교(오순절)를 졸업한 박봉조의 교회는 200명까지 성장했다. 이코마 신학교를 졸업한 윤성덕도 함께 동참했다. 한인 오순절교회에 출석하던 박자신이 전남 해남에 있는 시어머니 이복덕에게 오순절 신앙을 전해 해남에 오순절 신앙집회가 열리기도 했다. 나중에는 목포와 거제도에도 오순절교회가 세워졌다. 1940년 일제의 탄압으로 주춤하다가 해방 후 오순절교회가 재건되고 하나로 통합된 후 오순절교회는 여의도순복음교회를 중심으로 급속한 속도로 성장했다.

20세기 초 미국에서 '환원운동'(Restoration Movement)이라는 흐름에서 생겨난 **'그리스도의 교회'**(Church of Christ)도 한국에 들어온다. '환원운동'은 기존 교회의 신조와 교리 그리고 조직을 부인하고 최소한의 교회 조직만 갖추고 초대교회로 환원하자는 게 요지였다. 미국 기성 교회에 실망한 많은 신자들이 이 교회에 입교했다.

한국 '그리스도의 교회'는 '무악기파'와 '유악기파'로 나뉜다. 전자를 따르는 파는 '그리스도의 교회'로 남고, 후자를 따르는 파는 '그리스도의 제자들'(Disciples of Christ)이라는 교회가 된다. 한국 '그리스도의 교회'는 두 명의 감리교 목사에 의해 세워졌다. 먼저 미국 게렛 신학교에서 공부한 동석기(董錫基, 1881-1971) 목사가 북청에서 시작했고, 일본과 미국에서 신학을 공부한 강명석(1897-1941) 목사가 밀양과 서울에서 주도했다. 이들은 무악기파였다. 예배 시간에 악기 없이 찬송을 부르는 것이 특징이다. 한마디로 보수파였던 셈이다. 이 교회는 '그리스도대학교'를 운영하고 있다. 유악기파는 최상현 목사가 서울에서 '기독교회'라는 이름으로 교회를 세웠는데, 이 유악기파가 세운 신학교가 '서울기독대학교'(은평구 소재)다.

일제강점기의 이단들

1919년 3·1운동 이후 나라 잃은 설움과 경제적 빈곤이 국민에게 깊은 패배감과 좌절감을 안겨 주었다. 이러한 때에 신비주의적 이단들이 등장해 인기를 끌었다.

감리교 목사 **이용도**(李龍道, 1900-1933)는 황해도 금천 출생으로 협성신학교를 졸업한 후 강원도 통천교회에서 사역했다. 어느 날 환상 중에 사탄과 싸워 이긴 후 특별한 영적 능력을 받았다고 했다. 그는 1928년부터 부흥사가 되어 전국을 누비며 한국 교회에 적지 않은 영향을 미쳤다. 평양 산정현교회와 장대현교회도 그를 초청했을 정도였다. 이용도는 설교를 빠른 말로 10분 만에 끝내기도 했지만, 어떤 때는 3시간, 혹은 4시간, 심지어 7시간을 하기도 했다. 성령의 영감을 받는 대로 설교한다는 명분이었다. 공중기도를 3시간 혹은 4시간 동안 하기도 했으니 믿기지 않을 정도다. 이용도는 그리스도가 신랑이고 성도는 신부라면서 신인합일을 주장했으며, 하나님과 무아의 신비적 연합을 경험해야 한다고 했다. 자신이 곧 그리스도라며 신과 자신을 동일시하려고도 했다. "내 말을 듣고 생명을 얻으라. 나의 말은 진리이니라." 하나님의 권위로 말하면서 성경이 계시의 완성이 아니라고 하고, 교리를 받아들이지 않았다. 자신이 가르치는 것이 진리였다.

1927년 감리교 여성 교인 **유명화**(劉明花)는 자신의 몸에 예수님이 강림했다며 강신극(降神劇)을 벌였다. 그런 유명화를 이용도가 찾아와 "주여!" 하며 절을 하고는 그녀의 말을 믿고 따르려 했다. 참 어처구니가 없지만 많은 사람들이 우매하게도 그런 사람을 따랐다.

1932년 10월 4일 장로교 평양노회는 이용도 경계령을 결정했다. "이 영적 운동은 일종의 신비주의로서 종교 신앙의 주체적 체험 방면을 중시하는 것이므로… 종교 생활의 객관적 규범 방면을 무시하며… 심지어 성서 밖의 별묵시와 새 주의를 은연히 선전"한다는 것이 그 이유였다. 결국 1933년 9월 장로교 총회(제22회)는 그를 이단으로 선언했고, 1933년 7월 감리교도 그를 면직 처분했다. 그해 10월 2일에 그는 세상을 떠났다.

그 외에도 **황국주**(黃國柱, 1909-1952)는 자신을 육신이 된 예수라고 칭하며 그리스도인의 완전주의를 가르쳤다. 황국주도 이용도처럼 황해도 출신이다. 그는 북간도로 이주해 청년 시절 장로교 용정중앙교회에 다녔다. 장래가 촉망되는 청년 기독인이던 황국주는 어느 날 100일 기도를 하던 중 계시를 받았다. 그 후 그는 머리와 수염을 길게 기르고 예수님처럼 행세했다. 자신의 머리가 잘려 나가고 대신 예수님의 머리가 붙었다는 이상한 말을 했다. 황국주는 자신의 몸, 머리, 피, 마음이 모두 예수화되었다고 주장했다. 신기한 것은 그의 아버지조차도 아들에게 절을 하면서 "주여!"라고 불렀다는 것이다. 그를 따르는

60명의 여자 신도들과 함께 '새 예루살렘'을 찾아 만주에서 두만강을 건너고, 함경도와 강원도를 거쳐 서울로 여행을 했다. 동행 동숙하는 여성들과 성적 관계를 갖는 등 문란한 생활을 했다. 그럼에도 자신은 예수와 하나가 되었으니 완전하다고 주장했다. 삼각산에 기도원을 세우고 '피가름'(혹은 '피갈음'. 처녀의 성을 교주에게 먼저 드려야 함을 의미)의 교리를 가르쳤고, 영체의 교환이라면서 일종의 '혼음'(混淫: 뒤섞여 성행위를 하는 것)을 하도록 했다. 1934년 장로교 총회는 그를 위험한 이단이라고 단죄했다. 성경과 교리가 아니라, 체험과 경험이 신앙의 기준이 된 한국 교회 안에서는 그런 신비주의 이단이 등장하면 따를 준비가 되어 있는 사람들이 잠복해 있었다.

황국주 사상은 후에 통일교 문선명과 전도관 박태선, 그리고 신천

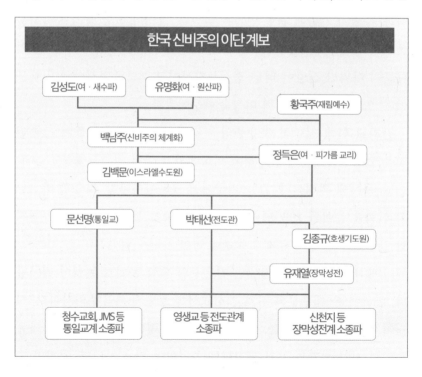

243　　일제강점기 교회는 민족의 등불이 되었는가

지 이만희가 이어받았다.

그 외에도 **백남주**(白南柱, 1902-1949; 신학산 수도원)와 **한준명**(韓俊明, 1907-1999; 강신극 연출)은 유명화와 밀접한 관계를 가지면서 《새 생명의 길》이라는 책을 출판해 성경보다 더 중시했다. 사도신경과 삼위일체 교리와 예수님을 통한 속죄의 교리를 없애고 신비적 신지식과 경험을 통한 하나님과의 합일을 주장해 많은 신도들을 끌어모았다.

자유주의 기독교

감리교는 1930년 북감리교회와 남감리교회가 합동하여 새 신조를 채택했다. 그 내용의 강조점은 초월적 신앙보다 내재적 인본주의와 윤리였다. 하나님의 지식과 의와 거룩, 심판, 예수님의 탄생과 고난과 죽음, 부활과 재림에 관한 언급은 없었다. 그러나 한국 감리교 목사들은 아무런 반론을 제기하지 않았다. 그들의 신앙이 자유주의적이었기 때문이 아니라 신앙이 너무 경건주의적이고 복음주의적이었기 때문이다. 또한 신학적, 교리적 미성숙 때문이었다.

감리교 안에 신학적 자유주의적 경향이 본격적으로 들어오게 된 것은 협성신학교에서 공부하고 미국에서 유학한 정경옥(鄭景玉, 1903-1945) 목사에 의해서다. 그는 미국에서 슐라이어마허, 리츨과 바르트의 신학을 들여와 1930년대 〈신앙세계〉 등을 통해 소개했다. 그렇지만 감리교회 안에 이 문제로 논쟁이 일어나지는 않았다.

그에 비해 장로교는 1930년 자유주의 신학 문제로 논쟁이 일어났다. 한국에 온 대부분의 장로교 선교사는 보수적 복음주의자이고, 심지어 근본주의적 경향을 가지고 있었다. 그렇다고 해서 초기에 자유주의적 신앙 색깔을 가진 선교사들이 없었던 것은 아니다. 하지만 그들은 소수였기에 다수의 보수적 복음주의 선교사에게 밀려 큰소리를 내지 못했다. 1910년 두 명의 선교사가 자유주의 신학을 가르쳐 한국 교회로부터 고소당하기도 했다. 그 가운데 한 명이 공위량(William C. Kerr 孔韋亮, 1875-1951) 선교사였다. 그로부터 자유주의 신학을 배운 김 장호 목사는 자유주의 신학으로 인해 권징을 받고 교회를 분리해 나갔다. 공위량 선교사는 한국 장로교 선교부로부터 압력을 받아 1919년 11월 선교사직을 내려놓아야 했다. 그러나 미국 장로교 선교부는 한국에 머무는 일본인에게 선교하도록 그를 다시 파송했다. 당시 미국 장로교 선교부는 자유주의 문제에 대해 넓은 마음을 가지고 있었음을 알 수 있는 대목이다.

한국 장로교회 안에 자유주의 신학이 들어오게 된 것은 캐나다 장로교회로부터다. 캐나다 장로교는 1925년 장로교, 감리교, 회중교회가 연합해 '캐나다 연합교회'(The United Church of Canada)를 이루었다. 신앙고백적 일치가 아니라 조직적 하나 됨을 이룬 것이다. 그런데 1926년 조선예수교장로교총회(15회)는 장로교 전통을 고수하려는 잔류파와의 관계를 끊고 캐나다 연합교회와 유대관계를 지속하기로 결정했다. 그럼으로써 캐나다 선교사 서고도(William Scott 徐高道, 1886-1979)가 한국 선교회의 주도권을 잡게 되고 미국에서 공부하고 돌아온 김관식(金觀植, 1887-1948)과 조희염(曺喜炎, 1885-1950)을 중심으로 '새로운 신학'을 적극적으로 한국에 소개했다.

1926년 가을 서고도 선교사는 함경도에서 성경학교 보습과 학생들에게 "성경 전체를 하나님의 말씀으로 믿는 것은 큰 잘못입니다. 성경에는 하나님의 말씀이 아닌 것도 포함되어 있습니다. 문학적 오류는물론, 다수의 역사적 오류와 과학적 오류가 포함되어 있습니다"라고 가르쳤다. 목사들은 놀랐고 분노했다. 엄격한 보수신학 교육을 받은 목사와 전도사들은 김관식과 조희염이 주장하는 자유로운 '새로운 신학'을 반대했다. 그럼에도 불구하고 그들의 생각을 지지하는 사람들을 중심으로 주장을 펼쳐 갔다.

자유주의 사상은 한국 교회 안에 스스로 생겨난 것이 아니다. 미국과 캐나다 교회에 유행하고 있던 것들을 일본이나 미국에서 공부한 한국 신학자들이 들여와 전한 것이다. 일본에서는 바르트 신학이 유행했다. 그리고 미국 장로교회만 하더라도 1929년 프린스턴 신학교가 자유주의자의 소유가 되자, 거기서 떨어져 나가 세운 웨스트민스터 신학교가 새롭게 시작했던 분위기와 연관되어 있다.

자유주의 신학의 대표적 경우가 송창근과 김재준 목사다. 이들은 모두 일본 '청산학원'(靑山學院)의 신학부에서 공부했는데 그 학교는 상당히 자유주의적이고 미국 유니온 신학교의 출장소 격이었다. 송창근은 함흥 출신인데 일본 청산학원과 미국 프린스턴(1926-1928)에서 공부했고, 웨스턴 신학교에서 신학석사, 덴버(Denver) 대학에서 신학박사 학위를 받았다. 그는 1931년 귀국해 평양 산정현교회에서 목사로 사역했지만 자유주의적 신학 때문에 사임한 후 1936년 부산진교회로 떠났다.

김재준(金在俊, 1901-1987)도 일본 청산학원에서 신학을 공부하고, 1931년 미국의 프린스턴 신학교에서 공부한 후 웨스턴(Western) 신학교에서 구약을 전공했다. 유학 후 한국에 돌아왔지만 그의 자유주의 신학 견해 때문에 평양신학교에서 가르치지 못하고 숭인상업학교에서 교사로 일했다. 남궁혁 교수의 배려로 평양신학교의 교지 〈신학지남〉 편집위원으로 일하면서 몇 편의 글을 썼지만 특별히 자유주의적

색채를 드러내지는 않았다. 다만 1934년 '이사야의 임마누엘 예언 연구'라는 글을 보면 성경의 축자영감설을 반박하면서 '처녀가 잉태하여 아들을 낳을 것'이라는 부분에서 '처녀'를 그냥 '젊은 여자'로 해석하는 부분이 눈에 띈다. 동시에 그는 선교사가 한국 교회의 주체적 활동을 방해하고 정통 신학을 주입식으로만 가르치는 것을 비판했다. 이런 입장은 평양신학교 졸업생이면서 일본 도쿄에서 공부한 자유주의자 채필근(蔡弼近, 1885-1973)의 지원을 받으며 펼쳐졌다.

이런 움직임에 대해 가장 분명한 입장을 가지고 대항한 사람이 평양신학교 교수였던 박형룡(朴亨龍, 1897-1978)이었다. 박형룡은 1935년 5월부터 김재준이 〈신학지남〉에 글을 싣지 못하도록 했다. 그는 중국 남경(난징) 금능대학(金陵大學)을 졸업하고(1923), 미국 프린스턴 신학교에서 1926년까지 공부했다. 그 시절 박형룡은 유명한 개혁 신학자 메이천(J. G. Machen, 1881-1937)으로부터 개혁 신앙을 전수받았다. 그 후 루이스빌(Lewisville)의 남침례교 신학교에서 연구한 후 1928년 귀국하여 1930년부터 평양 장로회신학교의 교수로 일했다. 1933년 철학박사 학위를 받았다. 이렇게 '보수신학'과 '진보신학'이 노골적으로 대치되던 시점에 1934년 남대문 교회 담임목사 김영주(金英珠, 1896-1950)가 모세오경의 모세 저작을 부인하고, 함경북도 성진중앙교회의 김춘배(金春培) 목사도 자유주의적 성경 해석을 시도해 여성의 목사 직분을 주장하여 총회에 기소되었다. 이미 1929년부터 함북노회는 여전도사에게 강도권을 줄 것을 총회에 건의해 왔는데, 1933년 함흥의 최영혜 외 103명이 서명한 '여자로서 교회를 치리하는 권한 부여'를 요청하는 청원서를 함남노회를 경유해 9월 총회에 제출한 것이다. 총회는 이를 거절했다. 그러나 김춘배는 굴복하지 않고 1934년 총회 직전에 '장로교 총회에 올리는 말씀'이라는 문서를 통해 바울의 여성에 대한 역할 제한은 2천 년 전의 시대적 상황에 따른 것일 뿐 만고불변의 법이 아니라고 주장했다. 1934년 9월 장로교 총회는 연구위원회를 구성하여, 1935년 모세오경의 저작권과 여성 직분에 대한 보고서를 받았다. 연구위원회는 창세기의 모세 저작설 부인을 반대하고 그것을 추종하는 교역자를 불허하였으며 여성 직분자 허용도 비성경적이라는 보고서를 제출했고, 총회는 그것을 받았다.

그 후 장로교회는 목사 시험 면접에서 '성경 비평'과 '성경 해석'에 대한 점검을 철저히 하게 되었다. 그럼에도 불구하고 장로교 총회는 이미 더 이상 장로교이기를 포기한 캐나다 연합교회를 받아들였고, 교회연합 운동으로 인해 감리교와 더불어 주일학교 교재로《만국주일공과》를 사용했다. 당장 김영주 목사가 제기했던 창세기에 관한 견해를 담고 있던 공과가 문제가 되었다. 공과에는 창세기가 유대인의 오랜 신화를 근거로 한 책이니 창세기의 저자는 분명하지 않다고 적시해 총회는 이를 고치도록 결정해야 했다.

또 감리교 목사 유형기(柳瀅基, 1897-1989)가 편집한 자유주의 신학적 입장에서 쓴《아빙돈 주석》(Abingdon Commentary)을 번역하는 데 장로교 목사 송창근, 채필근, 한경직이 가담했다. 1935년 총회는 그 주석이 비평학과 진화론적 관점에서 쓰였다고 평가하고 비판했다. 그 내용을 보면, 홍해는 '갈대 바다'라는 뜻으로 바다가 아니라 호수 습지라고 설명하면서 "모세가 설마 기적으로 구원할 것을 의지하고 백성을 건너갈 수 없는 바다로 인도하리라고는 생각할 수 없는 일이다"라고 쓰고 있다. 이들은 총회 앞에서 자신들의 입장을 거두고 잘못했다고 시인했지만 자신의 견해를 바꾼 것은 아니었다.

적극 신앙단 운동

이런 자유주의 신학의 영향은 '적극 신앙단 운동'으로 나타났다. YMCA 총무 신흥우는 1932년 6월 초교파적 '적극 신앙단'을 조직했다. 이 단체는 보수 신학의 흐름인 서북지방(평안도와 황해도)의 장로교회 세력에 대항하는 서울과 중부 이남 교회를 중심으로 조직된 초교파(장로교+감리교+성결교) 운동이다. 서양 선교사의 권위주의에 반감을 품고 토착적 교회를 지향했다. 장로교 참여자들은 함태영, 최석주, 박용희, 권영식, 전필순 목사와 홍병덕 장로다. 이들은 해방 후 1953년에 분리된 '한국기독교장로회'(일명 '기장', 한신대학교)의 핵심 인물들이다. 이들은 5가지 선언문을 작성했다.

> 제1항, 나는 자연과 역사와 예수의 경험 속에 계시된 하나님을 믿는다.
> 제2항, 나는 하나님과 하나가 되고, 악과 더불어 싸워 이기는 것을 인생 생활과 제일원칙으로 삼는다.
> 제3항, 나는 남녀의 차별 없이 인간의 권리 의무 이행에 있어서 완전한 동등권이 보장되어야 하며, 타인의 권리를 침해하지 않는 완전한 자유가 있어야 된다고 믿는다.
> 제4항, 나는 신사회의 건설을 위하여 개인적 취득욕이 인간적 공헌욕으로 대치되어야 한다는 것을 믿는다.
> 제5항, 나는 사회가 많은 사람에게 경제적·문화적·종교적 생활에 있어서 승등적(昇騰的) 균형과 안전이 보장되어야 한다는 것을 믿는다.

이 선언문은 좋은 말들로 이루어져 있지만, 제1항을 보면 자연계시의 신비주의적 사상이 포함되어 있다. 자연계시가 예수님의 말씀과 동등한 위치에 있으며, '예수의 경험 속에 계시된 하나님'을 말함으로

써 예수님의 신성을 믿지 않는다는 것을 보여 준다. 그리고 남녀동등 과 신사회 건설을 언급한 것은 미국에서 유행하던 사회복음주의의 영향으로 볼 수 있다.

장로교는 '적극 신앙단'의 움직임에 예의 주시했다. 심지어 이단적 비밀 결사대로 보고 경계했다. 1935년 장로교 총회는 이 문제를 다루고 장로교 신앙고백에 위반되는 것으로 본다는 입장을 정했다. 이 단체에 가담한 장로교 목사는 1936년 5월 면직되자 6월에 경중노회를 새롭게 조직하여 교회 분열을 시도했다. '적극 신앙단'은 YMCA 총무 신흥우(申興雨, 1883-1959)가 사퇴하면서 조직이 시들해지고 결국 장로회 총회에 화해를 요청하게 되었다. 1937년 총회가 이 문제를 다룰 위원회를 선임하여 함태영 등에게 사과를 요구해 받게 되자 처벌을 해제하고 복권 조치했다. 장로교는 이런 자유주의 사상을 가진 목사를 다시 품었고 그들의 영향은 이로써 지속될 수 있었다. 그들은 1942년 경기와 호남을 중심으로 '혁신교단'을 조직하여 적극 신앙단의 정신을 이어 갔다. 그리고 해방 후 '조선신학교'를 중심으로 '기독교장로교회'로 발전해 갔다.

주후 1895~1938년

36. 기독교 문화, 복음의 통로가 되다

'문화'는 삶의 양식이다. 개신교회가 한국에 들어온 지 50년이 되었으니, 이제 그 나름의 독특한 삶의 양식으로 자리 잡게 되었다. 기독교 문화를 말할 수 있는 시기가 된 것이다. 미술, 건축, 음악, 문학의 영역을 살펴보자.

미술 분야는 비교적 다른 분야보다 한국적 형태가 기독교 문화에 많이 적용되었다고 볼 수 있다. '회화'의 경우 1895년 출판된《텬로력뎡》에 그려진 김준근의 삽화가 있는데, 대표적인 한국적 토착

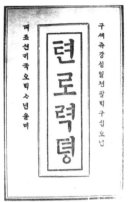

/ 텬로력뎡(1895)

화로 인정받는다. 동양화 기법으로 그린 것이 특징이다. 김준근은 게일 선교사로부터 영향을 받아 원산 지방에서 기독교인이 되었다. '성화'(聖畫)로는 김은호(金殷鎬, 1892-1979)가 그린 〈부활 후〉라는 그림이 있다. 서울 안동교회에서 신앙생활을 한 김은호는 고종과 순종의 어진을 그린 어진화사로 한국 근대 미술사에서 유명하다. 그의 제자가 김기창(金基昶, 1913-2001)인 것을 봐도 알 수 있다. 서양화로 기독교 성화를 그린 사람으로 길선주 목사의 아들 길진섭(吉鎭燮, 1907-1975)도 있는데, 해방 후 월북했다.

건축은 대체로 서양식 고딕 양식을 따랐다. 중림동 약현성당(1891)과 명동성당(1898)은 서양식 고딕 양식과 라틴 십자가형 건축물이다. 최초의 개신교 건물인 정동제일교회 건물도 전형적인 서양 건축물이다. 1922년에 완성된 성공회 서울 대성당은 로마네스크 양식으로 지어져 독특함을 자랑하는데, 내부 제단과 천정에 한국의 전통 건축 양식을 가미한 점이 특이하다. 1900년에 지어진 강화성당은 토착적 건

축미를 보여 주는 가장 돋보이는 건축물이다. 지붕은 한국 전통 불당식 건축 양식이고 벽과 입구는 로마네스크 양식의 아치로 지었으며 내부는 바실리카 양식을 취해 동서양 건축

/ 강화성당

의 조화를 보여 준다. 1937년에 세워진 강원도 김화읍교회는 전통 한옥 건축 양식에 강단 주변에 단청을 칠하고 벽에도 성화를 한국식으로 그려 토착 미술의 전형을 보여 주고 있다. 여기 피터스(V. W. Peters, 1902-2012) 선교사가 그린 '한복 입은 그리스도'가 있다. 한국 전통 건축 양식의 교회는 예배당이 'ㄱ'자 형식이다. 1895년 소래교회, 1900년 평양 장대현교회, 서울 새문안교회, 안동교회, 전주 서문교회가 모두 전통 한옥식 'ㄱ'자 형태로 지어졌다.

음악에 미친 개신교의 영향은 거의 절대적이다. 한국에 서양음악이 전래된 것은 개신교를 통해서다. 찬송가를 통해 서양음악의 성악, 기악 양식이 소개되었다. 선교사 스크랜턴 부인이 이화학당에서 학생에게 영어로 찬송가를 가르친 것이 서양음악 교육의 시작이었다. 주일 오후에는 정동교회에서 여성을 위한 집회가 열렸다. 그때 6명으로 구성된 '중창단'이 찬송을 불렀으니, 한국 최초의 성가대라고 할 수 있다. 중창 단원 가운데 여메례(余袂禮, 1872-1933)가 이화학당 최초의 음악선생으로 서양음악을 가르쳤다. 이화학당 출신의 김활란(金活蘭 최활

란, 1899-1970)이 1907년부터 정동교회 최초의 오르간 연주자이자 최초의 서양음악 연주자가 되었다. 1910년 이화학당에 음악과가 설치되어 본격적으로 서양음악 고등교육이 시작되었다. 1925년 이화전문학교가 되면서 음악과로 승격되어 많은 음악인을 배출했다.

남성 음악인은 평양 숭실대학과 서울 연희전문학교를 중심으로 양성되었다. 그중 김인식(金仁湜, 1885-1963)은 서양음악의 개척자로 알려졌다. 김인식은 평양 출신으로 숭실중학교에서 성악, 오르간, 바이올린을 배우고 숭실대학교에서 3년간 공부한 후 1907년 서울 상동청년학원 등 여러 학교에서 음악을 가르쳤다. 그는 한국 근대 음악 전문 교육기관인 조선정악전습소를 만들어 1911년부터 음악인을 배출했다. 김인식은 〈학도가〉를 만들고, 헨델의 〈메시아〉를 한글로 번역했다. 그의 제자 중에는 홍난파(洪宇遠, 1898-1941)가 유명하다. 홍난파는 일본에서 공부하다가 3·1만세운동을 위해 귀국하여 독립선언서를 돌렸던 민족주의자였다. 홍난파는 1920년 스승 김인식이 작사한 것에 곡을 붙여 〈봉선화〉를 만들었다. 나중에 〈봄처녀〉〈고향생각〉〈성불사의 밤〉〈금강에 살으리랏다〉〈장안사〉〈고향의 봄〉 같은 작품을 만들었다. 모두 일제강점기의 암울한 현실을 그리는 동시에 조국 독립을 희망한 곡들이다.

연희전문학교에서도 음악교육이 이루어졌는데, 1915년 예배 시간에 합창과 찬송가를 지도하는 베커(L. S. Becker) 부인에게서 시작되었다. 1918년 김영환(金永煥, 1893-1978)이 음악 교수로 오면서 본격적인 음악교육이 시작되었다. 1929년 숭실대 졸업생 현제명(玄濟明, 1903-1960)이 미국 유학을 마치고 와서 관현악단, 4중창단, 합창단을 만들었고, 중앙향우회 오케스트라를 조직하여 많은 음악인을 배출했다.

문학에도 개신교의 영향은 대단했다. 개신교 선교로 한글성경의 번역과 보급 그리고 찬송가, 기독교 문서가 한글로 만들어지면서 새로운 형태의 문학 양식이 발전했다. 그때까지만 해도 말과 글이 따로였으나 '언문일치'(言文一致), 즉 말과 글이 같아졌다. 찬송가도 예전에는 '4.4'조, 곧 4연에 4개의 행이 기본이었는데, 점점 '8.8'조와 '8.7' '7.7'조도 만들어지는 등 다양하게 변화했다.

기독교 문학으로는 《천로역정》(1895)을 시작으로 다양한 형식이 시도되었다. 기독교는 개화기 작가들에게 영향을 주었는데, 최남선, 이광수의 작품에도 그런 흔적들이 보인다. 1920년대에 김소월의 〈묵념〉 〈밭고랑 위에서〉 〈신앙〉과 이상의 〈날개〉 같은 시가 등장한다. 기독교 문학은 기독교인의 문학 활동을 통해 본격적으로 형성되었다. 1919년 창간된 〈창조〉는 김동인, 전영택, 주요한이 작품을 쓰면서 신문학을 개척한 것으로 평가한다. 김동인은 윤리적 작품, 감리교 목사 전영택은 기독교 인본주의적 소설, 주요한은 한국 최초의 자유시로 알려진 〈불놀이〉(1919년)로 미래지향적 소망을 표현했다. 또 다른 감리교 목사 임영빈은 《목사의 죽음》(1936년)을 통해 샤머니즘적 부흥회를 비판한 소설을 썼다. 사회 계몽적 작품도 나오는데, 그 대표적인 것이 심훈의 《상록수》다. 김동명의 《파초》(1938년) 같은 작품은 일제강점기의 암울한 민족 현실을 감정적으로 표현하고 있다. 그 외에도 1930년대 노천명, 김동리, 황순원, 김현승, 박두진, 윤동주, 정지용 등이 활동했다. 이들은 모두 한국의 기독교 문학뿐만 아니라 일반 문학 역사에서도 중요한 인물들이다.

PART 5

교회, 신사참배와 불편한 동거를 하다

주후 1930~1945년

37. 교회를 타락의 길로 이끈 신사참배

1930년대 교회 내에서 성경의 권위에 도전하는 자유주의 신학이 스며들고 교회가 영적 힘을 잃고 있을 때 교회 밖에서 강력한 도전과 시험이 다가왔다. 그것은 다름 아닌 '신사참배 강요'다. 안타깝게도 한국 교회는 이 시험을 이겨 내지 못하고 무릎을 꿇고 말았다. 신사참배 강요에 굴복함으로써 한국 교회는 영적으로 큰 위기에 처하게 되었다. 대부분의 선교사는 이런 한국 교회의 영적 배교에 안타까워했고 세계 교회도 가슴 아파 했다. 하지만 하나님은 바알에게 무릎 꿇지 않은 7천 명의 경건한 자를 남겨 두신 것처럼 일본의 태양신과 신사에 굴하지 않은 다수의 성도들을 남겨 두셨다. 일본의 신사참배 강요, 회유, 핍박 그리고 한국 교회의 배교와 저항과 투쟁의 역사를 살펴보자.

세계 정세와 일본의 변화

1929년 미국에서 일어난 대공황은 일본에까지 영향을 미쳤다. 일제는 경제 위기 탈출을 위해 대동아공영권을 외치며 만주 침략(1931), 상해 침공(1932), 중일전쟁(1937), 태평양전쟁(1941)으로 미친 듯이 치달았다. 일제는 1930년대 이후 '황국신민화정책', 즉 한국인을 일본의 황제 아래 두기 위해 '신사참배' '동양요배' '황국신민서사 제창' '창씨개명' '일본어 상용화' 등을 추진하며 강요했다. 일본은 아시아 국가를 구미 제국주의로부터 해방시켜 아시아를 부흥시킨다는 명분으로 전쟁을 '성전'(聖戰)으로 미화했다.

이런 분위기에서 일본은 종교단체도 국가의 통제 아래 두려 했다. 일찍이 일본은 19세기 봉건제 막부체제를 무너뜨리고 중앙집권적 메이지 정부를 수립했다. 메이지 정부는 왕정을 복고하고 천황을 신격화하며 국민사상을 통일하려 했다. 이를 위해 민간 신앙이던 신도(神道)를 국교의 지위로 승격시켰다. 일본 내부의 반대가 있었지만 신도가 모든 종교 위에 있음을 분명히 했다. 그리고 1939년 결국 전시체제로 들어가면서 '종교단체법'을 만들어 기독교를 가혹하게 탄압했다.

일본은 종교의 자유를 인정했지만 기독교가 신도(神道)와 공존할 수 없음을 알기에 한국을 지배하면서 기독교를 손아귀에 넣으려 했다. 한국 기독교는 독립운동과 밀접하게 연결되어 있고 선교사들과 분리할 수 없어 강압적 통제가 어려웠으니 골칫거리였다. 일본은 한국 교회와 선교사들을 이간질시키고, 1940년 선교사들을 추방한 뒤 일본에 순응하는 기독교 지도자들을 중심으로 '종교보국'을 내세워 전쟁에 협력하도록 했다. 여기에 '신사참배 강요'는 가장 중요한 이슈였다.

신도와 신사?

'신도'는 본래 자연과 조상을 숭배하는 일본의 민간신앙이었다. 메이지 정부가 천황제도를 도입하면서 황제의 조상신인 '천조대신'(天照大神 = 태양신)과 신화적 인물과 전쟁 영웅을 '신사'(神社 = 사당)에 두고 숭배하는 새로운 형태의 종교로 태어났다. 일본의 '신도'는 '천황제'와 만나 강화되었고, '군국주의'와 만나면서 괴물로 변했다고 볼 수 있다. 일본은 식민지에 신사를 만들어 신사참배를 강요했다. 해외 신사 설립의 목적은 일본이 지배하는 땅에 일본의 신이

/ 동방요배 강요 전단지

강림하게 한다는 것이다. 일본은 1910년 한국을 병합한 후 천황과 교육칙어에 대한 예절과 동방요배와 신사참배 등을 '무단통치' 아래 칼과 총으로 강제했다. 3·1만세운동 이후 소위 '문화통치' 아래서 좀 느슨해지긴 했으나 근본 정책이 바뀐 것은 아니었다. 1924년 10월 강경공립보통학교 학생이 신사참배를 거부하여 언론에 보도되었다. 일본은 신사는 종교가 아니라며 신사 관할을 학무국 종교과에서 내무국 지방과로 옮겼다. 1925년 서울 남산에 조선신궁을 완공하고 천조대신과 명치천황(明治天皇)을 모시고 신사참배를 권했다. 일제는 1920년대에는 신사참배를 비교적 소극적으로 강조했다.

신사참배에 굴복한 한국 교회

1930년대부터 일본은 신사참배 강요를 노골적으로 드러내기 시작했다. 신사참배 강요는 기독교 학교에서 제일 먼저 시도되었다. 첫째, 일제는 신사참배가 종교의식이 아니라 국민의례이며, 예배가 아니라 조상에 대한 경의의 표일 뿐이라고 회유했다. 둘째, 교육의 목적은 지적 육성뿐만 아니라 천황의 신민이 되는 것이기에 신사참배를 가르쳐야 한다고 했다.

1932년 1월 광주 지역에서 열린 만주사변 기원제에 기독교 학교 학생들이 신사참배 참여를 거부했다. 평안도지사가 9월에 또 만주사변 1주년 전몰자위령제 참여를 종용했으나 숭실전문학교 등 10개 기독교 학교는 참석을 거부했다.

/ 신사참배

1935년 11월 14일 평안남도 도청이 도내 공·사립 중고등학교 교장회의를 열고 평양 신사에 신사참배할 것을 요구했다. 숭실전문학교 교장 맥큔(G. S. McCune 尹山溫, 1873-1941)과 숭의여학교 교장 스누크(V. L. Snook 鮮于梨, 1866-1960)의 대리 참석자인 정익성이 이를 거부했다. 평남지사는 60일간의 여유를 주면서 신사참배를 강요했는데, 거절하면 학교 폐쇄와 강제 추방을 경고했다. 1936년 일본은 두 교장을 면직시키고 추방시키는 동시에 전국적 규모로 신사참배 강요를 시작했다. 선교사는 신사참배를 수용하지 않으면 학교 운영이 불가능하게 되자 중대한 결단을 해야 했다. 1937년 북장로교회 선교실행위원회는 신사참배를 거부하고 학교를 폐쇄하기로 결정했다. 1938년 3월 평양 삼숭(숭실중·숭실대·숭의여학교)이 폐교했고, 대구의 계성과 신명, 재령의 명신, 선천의 보성과 신성, 강계의 영실, 서울의 경신과 정신여학교가 폐교했다. 그렇지만 연희전문대 언더우드(H. H. Underwood 元漢慶)와 몇 사람은 신사참배가 애국 행위라는 일본의 말을 그대로 받아들여 학교를 폐쇄하지 않고 존속시켰다.

미국 남장로교 선교부도 신사참배 문제가 발생하자 1937년 2월 해외 선교부 실행위원회 총무 풀톤(C. D. Fulton)을 파송했다. 그는 일본에서 출생한 2세 선교사로 일본 신도의 실체를 잘 아는 사람이었다. 풀톤은 '한국 학교에 대한 정책'이라는 성명서를 통해 신사참배 반대를 분명히 했다. 남장로교회가 운영하던 기독교 학교들은 모두 강제(광주: 숭일남중·수피아여중, 목포: 영흥남중·정명여중) 혹은 자진(순천: 매산, 전주: 신흥·기전, 군산: 영명) 폐교했다.

호주 장로교회 선교부도 1936년 2월 신사참배 거부 방침을 정하고, 1939년 1월 부산의 일신학교, 마산의 기독교 학교들을 폐쇄했다.

그러나 캐나다 연합교회 선교사들은 신사참배를 찬성함으로 폐교하지 않고 지내다가 태평양전쟁이 발발하면서 강제 퇴거당했다. 그들은 대체로 자유주의 신학을 가진 자들이었는데, 일본과 매우 타협적인 입장을 취했다.

	1930	1936	1939	1945
신사 수	231개	347개	558개	1,141개

일본은 심지어 '1면1신사정책'을 펴면서 관공서, 학교 그리고 가정마다 간이신사인 '가미다나'(神殿)를 설치하게 하여 아침마다 참배하도록 강요했다.

1937년 중일전쟁 이후 일본은 본격적으로 교회에 신사참배 강요를 시도했다. 교회에서는 1931년부터 신사참배가 총회적 차원에서 의제가 되었다. 왜냐하면 기독교 학교에 신사참배를 강요해 왔기 때문이다. 장로교회 총회는 1932년, 1933년, 1934년, 1935년 "학교의 문을 닫을지라도 교리에 위반되는 참배를 할 수 없다"고 결의했다.

그렇지만 안식교는 1935년 신사참배를 가결하였고, 성결교회, 감리교회, 구세군, 성공회, 로마 천주교회까지 일제에 굴복했다. 로마 천주교회는 1936년 5월 26일 이탈리아 무솔리니 지배하에서 신사참배를 허락하는 훈령을 내렸다. 감리교도 1936년 1월 감리교 총리사 양주삼이 총독과 만난 후 신사참배를 수용했다. 마지막까지 거부한 교회는 장로교였다.

마지막 보루 장로교도 굴복

장로교회는 선교사로부터 한국 목사에 이르기까지 신사참배를 반대하는 입장이었지만, 적지 않은 사람이 친일 입장이었다. 1937년 10월 장로교 기관지 〈기독교보〉 사설은 '일 황제의 은혜에 보답해야 한다'는 주장을 폈다. 일본이 친일 목사들을 포섭해 분위기를 바꾸고 위협과 회유를 통해 신사참배에 동의하도록 했던 것이다.

1938년 2월 9일 평북노회가 장로교 최초로 신사참배를 국가 의식으로 인정하고 시행하기로 결정했다. 6월 3일 전남노회도 그 길을 따랐다. 친일 단체인 평양의 기독교 친목회는 일본기독교대회 의장 도

미다 목사를 초청하여 신사참배가 국민의례일 뿐임을 설명하도록 했다. 뿐만 아니라 일제는 비상시국 상황에서 '신사참배를 거부하는 것'은 '비국민적 행동'이라고 압박 혹은 협박했다. 이런 분위기가 형성되면서 점점 배교하는 목사들이 많아졌다. 그해 8월 평양노회가, 9월 경안노회가 신사참배를 가결했다. 결국 1938년 9월 9일 총회가 열리기 전에 전국 23개 노회 가운데 17개 노회가 이미 신사참배를 가결했으니 74%나 되었다. 분위기는 신사참배 가결 쪽으로 기울었다.

일제는 본래 신의주에서 열릴 예정이던 총회 장소를 평양 서문밖교회로 바꾸고 신사참배 적극 반대자인 주기철, 채정민, 이기선 목사 등을 옥에 구금시켰다. 봄 노회에서 선출된 총회 총대들은 이미 신사참배를 지지하도록 일제 경찰의 회유와 협박을 받았다. 그들은 세 가지 중에 하나를 선택해야 했다. 첫째, 총회에 가서 '신사참배가 죄가 아니다'에 투표하든지, 둘째, 총회에 가지만 '신사참배 문제에 침묵'하든지, 셋째, '총회에 참석하지 않는다'였다. 선교사 총대들도 경찰에 불려가 신사참배 문제는 한국 사람들의 문제이니 아무 말도 하지 말 것을 경고받았다. 평양 경찰서장은 총회 전날 평양·평서·안주 노회 총대들을 불러 각본을 미리 짜서 지시했다. 평양 노회장 박응률이 신사참배는 종교의식이 아니고 애국적 국가의식이니 기독교인이 앞장서서 실행해야 한다고 '제안'하면 평서 노회장 박임현이 '동의'하고 안주 노회 총대 길인섭이 '재청'한다는 것이었다.

1938년 9월 9일 제27회 장로교 총회 분위기는 살벌했다. 무장 경찰이 서문밖교회 예배당 문을 지키고 있고 예배당에는 사복 경찰이 돌아다녔다. 총회 앞 좌석에는 평남 경찰부장과 수십 명의 고등경찰 간부들이 칼을 차고 총대들을 정면으로 바라보며 공포 분위기를 조성했다. 또 경찰 97명이 187명의 총대 사이에 끼여 앉아 회의를 시작했다. 이것은 기독교 총회가 아니라, 꼭두각시놀음이었다.

첫째 날, 예정대로 임원 선거를 했다. 총회장에 홍택기(洪澤麒, 1893-1950), 부총회장에 김길창(金吉昌, 1892-1977)이 선출되었다. 둘째 날, 오전 10시 50분 각본대로 신사참배 문제가 제안되고 결정되었다. 방위량·킨슬러·한부선 선교사가 반대 의견을 내려고 손을 들며 발언권을 요청해도 홍택기 총회장은 찬성하는 총대들에게만 발언 기회를 주었다. 한부선(Bruce F. Hunt, 1903-1992) 선교사가 발언권을 달라고 소리치며 요구했지만 경찰에게 제압당해 끌려 나갔다. 총회장이 "이 안건에 가하면 '예' 하십시오" 하자, 제안자, 동의자, 재청자를 포함해 10여 명만 '예'라고 하고 나머지 회원은 침묵했다. 총회장은 마지막으로 "아니면, 아니라 하시오"라고 물어야 했다. 그런데 홍택기는 그 과정을 일부러 생략했다. 그는 곧바로 신사참배를 해도 되는 것으로 가결하고 선언했다. 불법이었다. 방위량을 비롯해 선교사들이 부당함을 항의했지만 받아들여지지 않았다. 서기는 미리 준비한 신사참배 지지 성명서를 발표했다. 그 내용은 다음과 같다.

아등은(=우리는) 신사가 종교가 아니요, 기독교의 교리에 위반하지 않는 본의를 이해하고 신사참배가 애국적 국가의식임을 자각한다. 이에 신사참배를 솔선여행(힘써 행함)하고 추(追)히 민국정신총동원에 참가하여 비상시국하에서 총후(=후방 국민, 조선 사람) 황국신민으로서 적성(=참된 정성)을 다하기로 기함.

신사참배가 가결되자 친일적 '평양기독교친목회'의 회원 심익현(沈

/ 평양신사에 참배하는 장로회총회 총대들
(1938년 9월 10일)

益鉉) 목사가 즉시 신사참배를 건의하여 같은 날 12시 부회장 김길창의 인도로 전국 노회장 23명이 총회를 대표해 평양신사에 가서 참배했다. 치욕적인 배교의 순간이었다. 마지막 남은 장로교마저 배교의 길을 걸었다. 통탄할 일이었다. 제1계명을 어기는 결정을 하고 실행함으로써 교회는 타락했다. 일본 경찰의 조직적이고 치밀한 계획 가운데 진행된 신사참배 가결이었지만, 장로교 지도자들의 자의적 결정이었음을 어찌 부정할 수 있단 말인가? 신사참배를 가결함으로써 한국 장로교뿐만 아니라 모든 한국 기독교는 일본의 신하와 하인으로 전락하고 말았다. 참 왕이신 하늘의 하나님을 경배하지 않고 인간이 만들고 고안한 '천황'과 '조상신'에 머리를 숙이고 절하는 배교의 길로 들어선 것이다.

고난을 피해 빠르게 타락한 한국 기독교

1939년 제28회 장로교 총회는 회의 진행에 앞서 일 천황의 충성된 신민의 표증으로 국민의례를 시행했다. 총회의 서기는 일명 '국민의례'로 궁성요배, 국가합창, 황국신민의 서사(誓詞, 맹세)를 제창했다. 부총회장 김길창은 "국민정신을 총동원하고, 내선일체 전력을 발휘하여 국책의 여행에 협력할 것을 선언"했다. 이어 평북도지사의 축사(祝辭)와 '황군장병'과 '동양평화'를 위한 묵도가 이어졌다. 배교한 이스라엘 백성이 성전에 바알 신을 들여놓고 경배한 것과 다를 바 없었다.

교회는 눈에 보이지 않는 하나님 앞에서 살기보다 서슬 퍼런 일제의 칼 앞에서 생명을 구걸하는 비굴한 삶을 선택했다. 총회란 그리스도를 주인과 왕으로 모시고 그분의 다스림 앞에서 회의하고 결정하는 곳이다. 그런 곳에서 일제 천황의 통치 아래 살겠다고 다짐한 것이다. 뿐만 아니라 총회는 '국민정신 총동원 조선 예수교 장로회연맹'을 결성하고 신사참배를 시행하도록 경고문을 전국 노회에 발송하는 한편, 〈장로회보〉를 발간해 신사참배 운동에 적극 가담했다.

1939년 미국 북장로교 선교사 한 분이 본국에 보고한 바에 의하면 절대다수의 사람들, 아마도 90%, 어떤 한국인이 추산한 바에 따르면, 98%나 되는 많은 신자가 그들의 양심을 누그러뜨려 정부의 요구에 순응하고 있다고 했다. 참으로 가슴 아픈 일이다.

1940년 장로교 총회는 '총회상치위원회'를 조직하고 구미 의존적 사념을 근절하고 일본적 기독교를 따르기로 결의했다. 일제의 대동아 공영 논리에 순응한 것이다.

이렇게 한국 장로교는 스스로 일본 정부를 위한 전쟁 보조 기구로 타락하고 말았다. 일제는 한국 교회를 압박하여 선교사들을 추방하기 시작했다. 핍박은 집요했다. 선교사들은 그들이 사랑한 한국 교회로부터도 냉대를 받았다. 신사참배를 한 한국 교회가 잘못되었다고 비판했기 때문이다. 결국 11월 16일 선교사의 54%에 해당하는 219명이 한국을 떠났다. 새문안교회 당회는 1942년 5월 설립자 언더우드의 기념비석을 제거하라고 총회에 통고했다. 일본의 강요에 굴복한 결과였다. 한국에 복음을 전한 선교사들에 대한 한국 교회의 태도는 뒷골목 패거리들의 신의보다 못한 모습이었다.

1941년 한국 기독교는 일본제국주의를 위한 실천 성명서를 냈다. '황도정신의 체득' '내선일체의 완수' '애국기 헌납' '일본적 기독교의 건설' '구미 의존 구태 잔영의 공제(=뺌)' '교역자의 재연수' 등이 포함되었다. 교회는 주일에 하나님께 예배했지만, 실제로는 일본 정부의 하수인이 되고 말았다.

1942년 1월 교회는 찬송가 중에 '내 주는 강한 성이요' '믿는 사람들은 군병 같으니' 등 12장의 찬송가를 삭제했다. 전투적 내용이기 때문이다. 나중에는 사도신경 가운데 "전능하사 천지를 만드신 하나님 아버지를 믿사오며"를 신도(神道)의 창조 설화에 위반된다는 이유로 삭제했다. 그리고 "저리로서 산 자와 죽은 자를 심판하러 오시리라"는 천황의 영속성을 부인한다고 없앴다. 한국 교회는 신앙고백마저 유린 당하는 처참한 지경이 되었다.

1943년 5월 4일 '조선예수교장로회'는 '일본기독교조선장로교단'으로 개칭되면서 제31회 총회를 끝으로 사라졌다. 모든 교파가 하나로 통합된 것이다. 친일 목회자들은 일본을 여행하며 신궁 참배 후 사진을 찍어 기록에 남겼다. 당시 신사참배 반대운동을 한다는 이유로 매 맞고, 고문당하고, 오랫동안 옥살이를 해야 했던 동료 목사들도 있었다는 것을 생각하면 참담하기 그지없다.

한국 교회 지도자들은 일본의 총칼 아래 일본에 경쟁적으로 충성했다. 일본이 강제한 것이지만 고난을 피해 스스로 황국신민으로 살기로 한 것이다.

1941년 태평양전쟁이 시작되자, 한국 장로교는 1942년 2월 10일 일본 육해군에게 '조선장로호'라는 이름으로 해군함상전투기 한 대를 바쳤다. 그리고 기관총 7정에 해당하는 15,317원을 헌납했다. 미군과 싸워 이겨 달라며 신도의식을 거행하기도 했다. 또 전쟁 무기를 만드는 데 필요한 금속, 교회의 종, 예배당 철문까지 바쳤다. 장로교뿐만 아니라 감리교도 마찬가지였다. 1939년 정춘수 감독이 취임하면서 부일협력(附日協力)은 더 강화되었다. 1944년 감리교단 상임위원회의 결정으로 '감리교단호'라는 전투기 3대를 사도록 21만 원을 헌납했다.

일제 말기의 한국 교회 성도는 대부분 '기독교도 연맹'이라는 조직에 가입했다. 교회가 회원 한 사람당 20원씩 내야 했다. 20원은 당시 보통 신문기자의 월급에 해당하는 거액이었다. 교회는 이렇게 일제의 전쟁을 위해 충성했다.

변질된 신학교, 두 신학원 설립

신사참배에 적극적으로 반대 입장을 밝힌 선교사들은 추방당하고 (1940) 대부분의 기독교 학교는 문을 닫아야 했다. 1907년 개교했던 목회자 양성기관인 평양 장로교신학교도 1939년 5월부터 무기 휴교를 선언했다. 이렇게 되고 보니, 한국에는 장로교 목사를 배출하는 신학교가 하나도 없게 되었다. 바로 그 영적 위기 상황에서 기회주의자들이 고개를 들었다. 그들은 자유주의 신학을 배우고 가르치던 신학자와 목사들이었다. 그동안 비교적 보수적 선교사들과 그 입장에 선한국 교회의 분위기에 밀려 큰소리치지 못하던 자유주의 목사들이 활동을 개시하기 시작한 것이다.

변절한 장로교 총회는 1939년 신학교 설립을 결정하고, 1940년 2월 9일 조선총독부의 인가를 받아 '평양신학교'(조선예수교장로회)를 설립했다. 자유주의 신학자 채필근 목사가 교장으로 추대된 까닭에 일명 '채필근 신학교'라 불렸다. 한편 그해 9월 서울에는 역시 자유주의 신학자 김재준이 중심이 되어 '조선신학원'을 개원했다. 이것이 1946년 장로회 총회 직영 '조선신학교'로 이어지고, 나중에 '한신대학교'로 발전했다. 사설 신학교의 설립은 나중에 교단 분리로 이어졌는데, 1953년 '한국(대한)기독교장로회'가 그것이다.

두 신학교는 모두 신사참배를 적극 지지했으며 동시에 자유주의 신학을 가르쳤다. 그리고 학교 설립 목적을 천황의 나라 일본에 충성하는 기독교 교역자를 양성한다고 천명했다. 더구나 그동안 일본에 충성하지 못한 점을 크게 회개한다고 자발적으로 고개를 숙였다. 두 신학교는 일본 당국으로부터 설립 허가를 받아 계속 운영했다.

정체성을 잃고 일본기독교조선교단으로 통합하다

일제는 먼저 일본 내 모든 기독교 교파를 '일본기독교단'으로 통합하여 1941년 태평양전쟁을 위한 전시체제에 활용하기 시작했다.

그와 동시에 일제는 한국 기독교의 여러 교파를 효율적으로 통제하기 위해 통합을 추진했다. 1942년 먼저 장로교, 감리교, 성결교, 구세군 그리고 다섯 개의 자그마한 교파를 모두 하나로 통합하고자 했다. 하지만 쉽지 않았다. 감리교가 제안한 12개의 혁신안에는 반유대주의적 신학이 들어 있었다. 구약에 나타난 유대사상을 모두 없애고, 심지어 요한계시록을 없애자는 견해를 내세웠다. 그래야만 일본을 위해 충성할 수 있다는 것이었다. 결국 '교파합동추진위원회'는 결렬되었다. '조선예수교장로회'는 1942년 스스로 해산함으로써 사라져 버렸고, 대신 1943년 5월 '일본기독교조선장로교단'을 창립했다. 감리교는 그해 10월 '일본기독교조선감리교단'을 창설했다.

1945년 7월 장로교와 감리교, 구세군이 함께 '일본기독교조선교단'으로 통합되었다. 그때 전국 교회에 보낸 공문에는 다음과 같은 결의가 들어 있었다.

첫째, 교회는 매월 일정액의 국방헌금을 하고, 신사참배 및 전승(戰勝)을 기도한다. 둘째, 각 신도의 가정마다 신궁대마(神宮大麻 가정 신단에 넣어 주는 일종의 신주 내지 부적)를 모시고 신도 정신을 철저히 이행한다. 셋째, '목사' 칭호 대신 '교사'로 부른다. 그리고 예배의 형식은 일본 풍습을 따랐다. 한국 교회는 더 이상 기독교와 교회로서의 정체성을 갖지 못하게 되었다.

태평양전쟁의 막바지 즈음인 1945년 7월 19-20일에 '일본기독교조선교단'(日本基督敎朝鮮敎團)으로 모든 개신교 교파가 통합되었다. 장로교 대표 27, 감리교 대표 21, 구세군 대표 6, 마지막으로 군소 교파 다섯이 각각 1인 대표로 모여 설립되었다. 일본 정부가 세운 통리는 장로교의 김관식, 부통리는 감리교의 김응태, 총무는 장로교의 송창근이었다. 이렇게 일본은 한국 기독교를 완전히 손아귀에 넣게 되었고, 한국 개신교는 그 흔적을 찾아볼 수 없게 되었다. 참으로 슬프고 부끄러운 일이었다.

38. 하나님의 남은 자들이 있었다

한국 교회는 일제강점기에 배교하여 하나님 나라의 군사가 아닌 일본제국의 군사로 전락하고 말았다. 이렇게 한반도에 주님의 교회는 사라진 것처럼 보였다. 사탄이 주님의 교회를 공격하여 배교하게 만들었다. 그렇지만 하나님은 당신의 택한 자들을 남겨 두셨다. 마치 북이스라엘의 아합왕 때 바알에게 무릎을 꿇지 않은 7천 명을 남겨 두신 것처럼 신사에 무릎 꿇지 않은 교회 지도자들과 성도들이 있었다. 이제 신사참배 반대운동의 역사를 살펴보자. 서북지방과 경상도를 중심으로 진행된 흐름을 살펴본다.

서북지방

신사참배 항거운동은 평양을 중심으로 관서지방이라고도 불리는 서북지방(평안도+자강도) 일대에서 활발하게 진행되었다.

주기철(朱基徹, 1897-1944) 목사는 평양 산정현교회 담임목사로 신사참배와 관련해 네 번이나 구속되었다가 결국 옥에서 사망했다. 그는 지금까지 존경과 사랑을 받는 대표적인 신사참배 반대 인물이다. 주기철 목사는 경남 진해 웅천 출생으로 1926년 평양신학교를 졸업(30세)하고, 부산 초량교회에서 시무하다가, 1931년 9월 마산문창교회로 전임(35세)하였다. 당시 일본이 전쟁을 위하여 기도해 달라는 공문을 교회에 보냈는데, "불의한 자는 망하게 하시고, 의로운 자는 흥하게 하소서!"라는 기도를 했다고 한다.

1936년 주 목사는 평양 산정현교회의 청빙(40세)을 받아 임지를 옮겼다. 신사참배 강요가 거세지는 평양을 지켜야겠다는 각오로 평양으로 간 것이었다. 그는 주일설교를 통해 신사참배는 우상숭배임을 분명히 했다. 일본 경찰은 1938년 2월 9일 주기철 목사를 잡아 구금(42세)했다. 2월 9일 평북노회가 신사참배를 결정하자 분개한 노회 소속 신학생 장홍련이 평양신학교 교정에 심은 노회장 김일선의 기념식수를 도끼로 찍어 넘어뜨린 사건이 있었다. 그 사건의 배후 선동 혐의였다. 4개월의 구금 생활을 마치고 6월에 잠시 풀려난 주기철 목사는 친구 목사들과 함께 묘향산에서 나라를 위한 금식기도를 했다. 교회의 분위기는 매우 어렵게 돌아가고 있었다. 교회에 돌아와 보니 일본기독교단 의장이 와서 교인과 시 유지를 모아 놓고 신사참배는 배교가 아니라 국가에 대한 예의일 뿐이라고 강연하니 함께 있던 손양원 목사가 강력하게 반박했다.

1938년 9월로 예정된 장로교 총회(신사참배를 가결했던 바로 그 총회)를 앞두고 일본 경찰은 8월 주기철 목사를 두 번째로 옥에 잡아넣었다. 총회에 가서 신사참배 반대를 할까 봐 미리 손을 쓴 것이었다. 1939년 2월 다시 석방된 주기철은 신사참배를 강요받았지만 굴복하지 않았다. 산정현교회로 돌아온 주일에 주기철 목사는 '5중(五重)의 나의 기도'라는 유명한 설교를 했다.

첫째, 죽음의 권세를 이기게 하옵소서.

둘째, 장기간 고난을 견디게 하여 주소서.

셋째, 노모와 처자를 주님께 부탁합니다.

넷째, 의에 살고 의에 죽게 하소서.

다섯째, 내 영혼을 주님께 부탁합니다.

그해 9월 주 목사는 세 번째 구금되었다. 한 달이 지난 후 일본 경찰은 산정현교회에 세 가지 명령을 내렸다.

1. 교회 직원 전원은 매주 일차씩 신사참배를 이행할 것.
2. 설교와 교회 사무는 본 교회 회원들만이 집행하고 선교사와 기타인은 관여치 말 것.
3. 금일 오후 3시까지 그 실행 여부를 회답할 것. 단 불응 시에 교회를 폐쇄한다.

산정현교회는 굴복하지 않았다. 12월 경찰은 평양노회 노회장에게 주 목사의 면직과 교회 폐쇄 명령을 내렸다. 이미 일본에 굴복한 노회원들은 12월 18일 임시노회를 소집해 주 목사 면직처분을 결정했다. 더 이상 거룩한 '하나님의 회(會)'가 되기를 거절하고 '사탄의 회(會)'가 된 것이다. 1940년 3월 26일 노회는 일본 경찰을 시켜 산정현교회 정문을 못 박고 폐쇄했다. 주기철 목사의 가족은 사택에서 쫓겨났다. 빈 사택은 새로 설립된 '평양신학교'의 교장 채필근이 차지했다. 주기철 목사의 가족이 겪은 핍박은 이루 말할 수 없이 컸다. 정신적 고통뿐만 아니라 먹을거리도 없어서 교인들이 일제 경찰의 감시를 피해 몰래

담장 너머로 던져 준 것으로 끼니를 해결했다. 그 사이 교인들은 가정에서 모여 예배를 드렸다.

1940년 4월 20일 주기철 목사가 잠시 가석방되었다. 그때 이기선 목사와 한상동 목사가 신사참배 반대운동을 조직적으로 하고 있었다. 석방 소식을 들은 두 사람이 평양으로 찾아와 주 목사를 위로했다. 세 사람은 교회가 신사참배로 인해 엄청난 어려움을 겪고 있음을 안타까워하며 의논했다. 주기철 목사는 신사참배 반대운동을 조직적으로 전개하는 것에 적극적이지 않았다. 그는 신사참배 반대운동으로 기독교가 민족주의 종교라는 오해를 받으며 괜한 어려움을 당할 필요가 없다고 여겼던 것 같다. 그는 개인이 고통당하는 것으로 충분하다고 생각했다. 신사참배를 반대하는 사람들이 모여 교회와 노회를 이루어 새로운 교회를 세우자는 것에도 시기적으로 적절하지 않다고 생각했다. 주기철 목사는 거대한 일본의 조직에 맞서 대항하는 것보다 개인이 희생하는 길을 택했다. 또 변절한 교회를 떠나 새로운 교회를 세우는 것에 동의는 하지만 시기적으로 이르다고 판단했다.

일제는 1940년 7월 전국적으로 신사참배 반대 주동자들을 구속하기 시작했는데, 7월 한상동 목사, 8월 주기철 목사를 구금했다. 주기철 목사는 이것이 마지막 옥중생활이 될 줄 몰랐을 것이다. 오랜 옥 생활과 고문으로 건강이 급속하게 악화되어 결국 1944년 4월 21일 낮에 면회 온 아내 오정모를 만난 후 그날 밤 48세의 나이로 하나님의 부르심을 받았다. 해방을 맞기 1년 몇 개월 전이었다.

주기철 목사는 신사참배 반대를 교회 수준에서 했지만, 신사참배를 반대하는 신도를 범 교회적으로 모아 변질된 교회를 와해시키고 새로운 교회를 세우고자 하는 사람들이 있었다. 북에는 이기선 목사, 남에는 한상동 목사가 대표적인 인물이었다.

이기선(李基宣, 1878-?) 목사는 장로교가 1938년 신사참배를 가결한 후 8년 동안 섬기던 평북 의주 북하동(北下洞)교회를 사임했다. 이 목사는 그 후 전국을 돌아다니며 부흥회를 통해 신사참배 반대운동을 펼쳤다. 1939년 평양의 채정민(蔡廷敏, 1872-1953) 목사와 만나 신사참배 강요에 맞서 싸우며 '죽으면 죽으리라!'는 각오로 하나님께만 예배하는 신령한 교회를 세울 것을 다짐했다. 그의 생각을 따르는 사람들이 점점 늘어났다. 1940년 3월 그들과 함께 이기선 목사가 정한 행동 원칙이 있다. 그것은 다음과 같다.

1. 신사참배 학교에 자녀를 입학시키지 않는다.
2. 신사 불참배 운동을 일으켜서 현실 교회를 약체화 내지 해체시킨다.
3. 신사 불참배 신도를 규합하여 가정예배를 가지며 그것을 육성하여 교회를 신설한다.

이 운동은 상당한 지지를 얻어 중국 만주와 서북지방에서 교회를 이탈하는 성도들이 모여 예배하는 등 움직임이 생기기 시작했다. 이기선 목사는 이렇게 설교하곤 했다.

"신사참배로 여러분을 '오너라, 가거라' 간섭하기 시작하거든 관공서에서 전도하는 것으로 알고 전도할 기회를 삼으시오. '말 안 들으면 가두겠다' 하거든 그때부터는 실천신학교에 입학시켜 주겠다는 줄 알고 감사하게 생각하고 입학하시오. 잘 참고 상 받을 준비하고, 마지막으로 '죽이겠다'고 하면 천당에 보내겠다는 줄로 알고 기쁨으로 기다리시오."

일제는 이런 이기선 목사를 가만두지 않았다. 7번이나 투옥시켜 고문과 박해를 가했다. 한번은 일제 경찰국장이 미국에서 공부하고 공학박사가 된 아들의 편지를 이기선 목사에게 주었다고 한다. 내용은 아버지가 괜한 고생을 하고 계시니 신사참배를 하라는 것이었다. 편지를 읽은 이기선 목사는 이렇게 말했다고 한다.

"세상 지식으로 말하면 나는 지식이 많지 않지만 아들은 세계가 알아주는 공학박사이니 지식으로 보면 내 선생 격입니다. 그러므로 사제의 관계로만 본다면 그 청을 들어주는 것이 옳을 것이고, 또 혈육 관계인 부자간의 입장에서만 생각한데도 그 요청을 들어주는 것이 옳을 것입니다. 하지만 신앙으로 말하면 이 사람은 평신도이고 나는 이 사람을 지도하는 목사입니다. 그러므로 이 신사참배 문제는 신앙에 관한 문제이므로 평교인인 아들이 아버지가 고생하는 것이 하도 딱해 보여서 철없이 한 말이니 일고의 가치도 없습니다."

1940년 초여름 구속되어 5년 동안 옥고를 치른 이기선 목사는 1945년 해방이 되던 해에 다른 신앙의 동지들과 함께 출옥할 수 있었다.

박관준(朴寬俊, 1875-1945)은 일제 통치 시절에 신사참배 반대운동을 시도한 장로다. 박관준 장로는 1937년 평양 기독교 학교들이 신사참배 문제로 폐교 위기에 몰리자 이 문제를 합법적으로 해결하려고 결심했다. 일본은 신사참배가 종교 행위가 아니라 국가 행사일 뿐이라고 했지만, 사실은 종교 행위임을 밝히려고 했던 것이다. 그리고 일본은 기본법에서 종교의 자유를 인정하는 나라이니 신사참배 강요는 명백한 위법이며, 이렇게 신사참배를 강요하면 결국 일본이 망하게 될 것임을 경고했다.

박관준의 진정서

"여호와 하나님만이 유일한 참 신이시고, 창조주이시며, 역사의 지배
자이시다. 그를 섬기는 나라는 복을 받고, 그렇지 않은 나라는 형벌을
받는다. 신사참배 강요는 하나님을 거역하는 죄이니, 한국 신자들에게
이를 강요하지 말라. 무고히 검속된 신자들을 석방하라. 만일 신의 뜻
에 순종하지 않으면 신은 불원간에 일본을 멸망케 할 것이다. 여호와
하나님이 참 신이란 것이 믿기 어렵다면, 하나님, 천조대신 둘 중에 어
느 신이 참 신인지 시험해 보자. 나무 백 뭇을 쌓아 놓고 그 위에 나를
올려 앉게 하고 불을 질러 내가 타지 않으면 여호와 하나님이 참 신이라
는 것을 믿어야 한다. 그때는 일본이 여호와 하나님을 자기 신으로 섬
겨야 한다…."

담대한 도전이었다. 엘리야보다 더 용기 있는 행동이었다. 그는 이
런 내용의 진정서를 작성해 13번이나 도지사와 총독을 만나려 시도했
다. 만남이 제대로 이뤄지지 않자, 그는 일본으로 건너가려고 마음을
먹었다. 1939년 1월 신사참배 문제로 선천보성여학교의 교사직을 그
만둔 안이숙(安利淑, 1908-1997)의 도움을 받아 일본으로 건너갔다.

그들은 일본 제국의회 가운데 새 종교법안이 상정되어 토론하는 곳
에 방청객으로 들어갔다. 그곳에서 기회를 보다가 박관준 장로는 "여
호와 하나님의 대사명이다"라고 일본어로 외치면서 '진정서'를 던졌
다. 회의장은 아수라장이 되었다. 박 장로는 바로 체포되어 32일 구류
되었다가 방면되어 귀국했다. 그 후 한국에서 신사참배 반대자로 옥
생활을 6년 동안 하다가 옥에서 하나님의 부르심을 받았다. 그에게는

한국의 '엘리야'라는 별명이 주어졌다. 박관준 장로에 관한 이야기는 일본에 동행했던 안이숙 여사의 책《죽으면 죽으리라》(신망애)에 잘 나와 있다.

김선두(金善斗, 1876-1949) 목사는 평양 장대현교회 장로 출신으로 1909년 신학을 공부하고 목사가 되어 1918년 제7대 총회장을 지냈다. 그는 만주의 봉천신학교에서 교수 생활을 하면서 신사참배 반대운동을 적극적으로 했다.

김선두 목사는 일본으로 건너가 신사참배 문제로 한국 교회가 부당한 어려움을 당하고 있음을 알렸다. 그가 만난 사람은 외무부장 중의원 마츠야마 장로, 일본 정계와 군부의 원로 히비키 장군, 궁내 대신 차관 겸 조선협회 이사장 세키야였다. 그 결과는 상당히 긍정적이었다. 그들은 한국으로 건너와 조선 총독 미나미와 정무청감 등 5명을 만나 신사참배 강요를 철회할 것을 요구했다. 미나미 총독은 이 자리에서 1938년 9월 9일에 모일 장로교 총회에서 신사참배를 결의하도록 경찰에 지시한 것은 잘못이라고 인정했다. 하지만 그것을 철회하지는 않았다. 결국 일본 본토 3인은 한국 대표들에게 총회에서 신사참배를 부결하도록 노력할 것을 종용했다. 만약 부결되어 총회원이 구속되면 조선 통치에 상당한 부담으로 작용하게 될 터이니 그때 일본 본토로부터 압력을 넣겠다고 약속했다. 김선두 목사는 이 일을 위해 평양으로 향했으나 개성역에서 일본 경찰에 의해 강제 하차되어 구금되고 말았다. 제27회 장로교 총회는 신사참배를 부결시키기는커녕 오히려 스스로 가결함으로써 김선두 목사 일행의 노력을 물거품으로 만들었다.

경남지방

한상동(韓尚東, 1901-1976)은 주기철 목사보다
세 살 어린 나이로 같은 경남 지역인 김해 명
지에서 태어났다. 한상동 목사도 주기철 목사
처럼 평양신학교 시절 초량교회에서 임시 교
역자로 섬기다가, 주기철 목사가 평양 산정현
교회로 부임하면서 빈 마산 문창교회의 청빙
을 받아 1938년 3월 목사 안수를 받고 시무하   / 한상동 목사

게 되었다. 얼마 지나지 않아 마산 경찰서장이 목회자들과 교회 직분
자들을 초청하여 신사참배의 정당성을 강의했는데, 마친 후 마산에서
제일 큰 교회 목사인 한상동 목사에게 의견을 물었다. 한상동은 "신사
참배는 하나님이 주신 제1, 2계명을 범하는 것이니 자기뿐 아니라 모
든 기독교인들이 할 수 없다"고 담대히 말했다고 한다. 그 후 경찰에
자주 불려 가 협박과 회유를 받았지만, 한상동 목사는 신사참배 할 수
없는 이유를 여섯 가지로 적었다고 한다.

1. 하나님의 계명을 어기게 되니, 하나님이 노하실 것이므로 할 수 없습
   니다.
2. 인생의 본분이 하나님을 영화롭게 하는 일인데 그렇게 못하니 할 수
   없습니다.
3. 신사참배 하면 교회가 없어지게 될 것이니 할 수 없습니다.
4. 강요하는 개인도 망하니 남이 망하는 꼴을 볼 수 없으므로 할 수 없
   습니다.
5. 신사참배 하면 국가도 망할 것이므로 할 수 없습니다.
6. 자신이 지옥 갈까 두려워 할 수 없습니다.

1938년 3월 한상동 목사는 부산 해운대교회에서 모인 봄 노회에서 경남도경찰서를 방문한 세 명의 김 목사(김길창, 김만일, 김석창)들이 "신사참배를 하겠다고 했다"는 보고를 하지 못하도록 적극 나섰다. 그 일로 한상동 목사는 일본 경찰이 주목하여 감시하는 인물이 되었다. 총회를 앞두고 밀양에서 경남노회가 열렸지만, 경찰이 한상동 목사를 붙잡아 구류함으로 노회와 총회에 참석하지 못했다. 노회는 신사참배 찬성자들이 총회 총대로 뽑혔고, 그렇게 9월 10일 제27회 장로교 총회는 교회와 성도가 신사참배를 해도 된다고 결정했다.

한상동 목사는 총회의 결정이 비성경적이라고 보고 10월 24일 주일 신사참배는 우상숭배이니 참여해서는 안 된다고 설교했다. 다음해 1939년 3월 마산 경찰서는 문창교회 장로들을 한 사람씩 불러 회유하고 위협했다. 심지어 고문을 가하기도 했다. 한상동 목사는 장로들이 고통당하는 것을 견디지 못해 스스로 교회를 사임하고 임지가 없는 무임 목사가 되었다.

한 목사는 이인재 전도사 등과 신사참배 반대운동을 공개적이고도 조직적으로 해야겠다고 다짐했다. 이인재 전도사는 1938년 평양신학교에 입학했지만, 학교가 문을 닫으면서 부산에 내려와 있던 터였다.

1. 신사참배 하는 교회에는 출석하지 않는다.
2. 신사참배 한 목사에게 성례를 받지 않는다.
3. 신사참배 한 교회에 십일조 연보하지 않는다(대신 신사참배 반대운동을 도울 것).
4. 신사참배 하지 않는 교인들끼리 모여 예배한다(특히 가정예배에 힘쓸 것).

한 목사는 1939년 이인재 전도사를 평양으로 보내 신사참배 반대 운동의 상황을 전달하고 전국적으로 넓혀 갈 것을 알렸다. 12월에 돌아온 이인재 전도사는 서북지방에 이미 이기선과 채정민 목사를 중심으로 신사참배 반대와 교회 설립을 진행하고 있다는 소식을 전했다. 한 목사는 이 소식을 듣고 격려와 위로를 받았다.

이후 한상동 목사는 경남 지역을 중심으로 신사참배 반대운동을 조직적으로 펼치기 시작한다. 부산은 한상동 목사 이외에도 조수옥(趙壽玉, 1914-2002)·손명복(孫明復, 1910-1999) 전도사, 마산지방은 최덕지(崔德智, 1901-1956)·염애자·이찬수 전도사와 맥피(Miss. Ida Mcphee 미희 郿喜, 1881-1937) 선교사, 거창지방에는 주남선(朱南善, 1888-1951) 목사, 함안지방에는 이현속(李鉉續, 1896-1945) 전도사, 진주지방에는 황철도(黃哲道, 1900-1965) 전도사, 남해지방에는 최상림 목사가 주도적으로 일했다.

1940년 1월 한상동 목사는 이인재와 최덕지 전도사와 함께 경남지방에서 더욱 강하고 넓은 신사 불참배 운동을 할 것을 결의했다.

1. 신사참배 한 현 노회는 해체토록 한다.
2. 신사참배 한 목사에게 세례받지 않는다.
3. 신사 불참배주의 신도들만의 새 노회를 조직한다.
4. 신사 불참배 동지의 상호 원조를 도모한다.
5. 신사 불참배 그룹 예배의 여행과 동지 획득에 주력한다.

이 운동의 결과 1940년 3월 5일 부산 항서교회(김길창 목사)에서 열린 경남 여전도회 연합회 회장에 최덕지가 뽑히고 모든 임원은 신사 불참배 운동자로 구성되었다. 신사참배 반대운동의 조직적 사역의 결과가 열매로 나타난 것이다.

한상동 목사는 4월 20일 주기철 목사가 잠시 석방되었다는 소식을 듣고 위로하기 위해 평양까지 한달음에 달려갔다. 그는 채정민 목사의 집에서 이인재, 오윤선, 박관준, 김선지, 김의창 등을 만나 '하나님을 신뢰하라'는 요지의 설교를 하고 신사참배 반대운동에 대한 의견을 나눴다. 한상동 목사는 4월 말 다시 경남으로 내려와 구속될 때까지 두 달 동안 부산, 마산, 진주, 거창 지방을 돌며 북쪽 지방의 신사참배 반대운동의 상황을 전달하며 위로하고 격려했다.

일제는 7월 3일 한상동 목사를 검속했다. 그를 잡아넣은 이유는 '첫째, 독립운동을 했다, 둘째 외국 선교사들에게 돈을 받고 스파이 노릇을 했다, 셋째 예수 재림 후 천년왕국을 건설한다고 전했다, 넷째 일본 천황제의 영원성을 부정했다'였다. 1941년 7월 10일 한 목사는 평양 형무소로 이감되었고, 평양 옥에서 주기철 목사를 만날 수 있었다. 한 목사는 열악한 옥살이에 폐병이 나 거의 죽을 지경에까지 갔다. 1944년 11월 일본의 동맹국 독일이 망했다는 정보를 들은 한 목사는 한국의 해방을 확신하고 한국 교회 재건을 기도하며 계획했다.

1. 수도원을 설립하여 일본 정치하에 타락한 목사들을 수양케 한다.
2. 신학교를 설립하여 진리를 위해서 조선교회와 운명을 같이할 목사를 양성한다.
3. 전도인을 길러서 교회를 설립한다.

해방과 더불어 한상동 목사는 1945년 8월 17일 5년의 옥중생활을 마감하고 출옥했다.

주남선(朱南善, 1888-1951) 목사는 경남 거창에
서 태어나 1908년 기독교에 입교하고, 1909년
거창교회 설립에 함께했다. 1912년 세례를 받
고, 1913년 권서인으로 활동했다. 1914년 집사
로 임명받고, 1917-1919년 진주 성경학원에서
공부했다. 1919년 주남선은 거창교회 장로가
되었으며, 3·1만세운동 시위를 주도하기도 했

/ 주남선 목사

다. 1920년 평양신학교에 입학했지만, 중간에 3·1만세운동 주동과 독
립군 자금과 의용병 모집 혐의로 1년 옥살이를 해야 했다. 주 목사는
1930년 3월에야 신학교를 졸업하고 1931년 거창읍교회 위임목사로
취임했다. 그의 나이 43세였다.

1938년 총회를 앞두고 그해 3월 경남노회가 열렸을 때 주남선 목
사는 신사참배를 강력하게 반대했다. 그로 인해 4월 그는 거창경찰서
에 불려가 신사참배 반대운동을 중단할 것을 위협받았다. 그해 9월
10일 신사참배를 가결한 후에도 주 목사는 신사참배 반대를 계속 주
장했다. 경찰은 거창읍교회에 주남선 목사의 파면을 요구하고 주 목
사에게도 개인적으로 압력을 넣었다. 결국 주남선 목사는 1938년 9
월 사면서를 당회에 제출했다. 당회는 그의 시무 사임을 결정하고 말
았다. 교회는 일본의 강압을 견디지 못하고 그들의 바른 목자를 내친
것이다.

목회지를 잃은 주남선 목사는 가만히 앉아 있지 않았고 거창 지역
교회들을 순회하며 신사참배 반대운동을 전개했다. 그러다가 1940년
7월 16일 경찰에 잡혀 진주와 부산을 거쳐 나중에 평양 형무소로 이
감되었다. 그는 무려 5년의 옥고를 치른 후 해방과 함께 한상동 목사

등과 함께 출옥했다. 주남선 목사도 평양 형무소에 있으면서 한상동 목사와 같은 계획을 했다. 그들은 그 전에 서로 잘 알지도 못하는 사이였는데도 말이다.

손양원(孫良源, 1902-1950) 목사는 경남 함안의 독실한 장로의 아들로 태어나 성장했다. 1915년 칠원 보통학교 재학 중 궁성요배를 거절하여 퇴학을 당했다가 호주 선교사 맥래(F. J. L. MacRae 맹호은, 1884-1973)의 항의로 다시 복교되었다. 아버지가 3·1만세운동에 가담했다는 죄로 마산 형무소에 수감되자, 아들 손양원은 다니던 서울 중동중학교에서 퇴학당했다. 손양원은 결국 1921-1923년 일본으로 건너가 스가모 중학교에서 공부했다. 그때 손양원은 자신의 인생에 큰 영향을 준 몇 사람을 만나게 된다. 그중 한 사람이 일본 동양선교회 목사로 환자를 돌보는 데 앞장선 분이었다. 그의 영향으로 손양원은 한국에 돌아와 나병환자를 위한 특수 사역을 하게 된다. 귀국 후 경남 성경학교에서 공부하고, 부산 나병원교회, 울산 방어진교회와 남창교회, 그리고 양산의 원동교회에서 전도사로 활동하며 초량교회의 주기철 목사와 가까이 교제했다. 1938년 평양 장로교신학교 졸업 후 여수의 나병환자 요양원 내에 있는 애양원교회에서 봉사하며 신사참배 강요에 항거했다. 그로 인해 1940년 구금되어 광복이 되어서야 출옥할 수 있었다. 1946년 목사 안수를 받았고 1947년 고려신학교에서 총무로 사역했다. 1948

/ 손양원 목사

년 10월 여순사건 때 두 아들이 공산주의자들로부터 살해당하자, 그
는 아들을 죽인 살해범을 구명운동을 통해 살려 내고 양자로 삼았다.
1950년 6·25전쟁으로 모두가 피난을 가는 중에도 그는 교회에 남아
환자를 돌보다 공산군에 체포되어 살해당했다. 사람들은 그를 두고
'사랑의 원자탄'이라고 부른다.

이인재(李仁宰, 1906-1997) 목사는 경남 밀양 출신으로 17세에 기독
교에 입교하고, 밀양 마산리교회의 집사로 섬겼다. 그는 1938년 면사
무소의 서기직을 그만두고 3월 평양신학교에 입학했으나, 그해 9월에
학교가 문을 닫게 되어 고향에 내려왔다. 그는 1939년 5월부터 자신
의 교회에서 전도사로 있다가 한상동 목사의 요청에 응하여 9월 평양
과 경남에서 벌어지는 신사참배 반대운동의 연락책 역할을 톡톡히
해냈다. 1940년 3월 평양 산정현교회에서 '벧엘로 가지 말라'는 제목
으로 설교했는데, 그것이 문제가 되어 구금되어 5년 이상 옥고를 치른
후 해방 후 출옥했다.

/ 최덕지 전도사

최덕지(崔德智, 1901-1956) 전도사는 안이숙과 같은
남쪽의 여성 투사 가운데 한 사람이다. 경남 통영
출신으로 마산 의신여학교를 나왔다. 그녀는 일찍
남편과 사별한 후 유치원 보모로 활동하다 1932
년 평양 여자신학교에 입학했다. 1935년 졸업 후
호주선교회 마산지방 순회전도사로 봉사하는가 하
면, 여러 교회를 섬기면서 경남 여자성경학교에서
가르쳤다. 최덕지 전도사는 신사참배는 죄이니 그

어떤 핍박과 강요에도 굴하지 말고 싸워야 한다고 가르쳤다. 1940년 4월 9일 경찰에 잡혀 고문을 받았지만 굴하지 않다가 26일 석방되었다. 신사참배 반대운동으로 6월 23일 또 경찰에 붙잡혀 옥에서 21일 간 금식기도를 한 후 석방되었다. 1941년 4월 다시 잡혀 들어간 후 병으로 석방되었다. 1942년 6월까지 경남지방을 돌아다니며 신사 불참배 운동을 지속했는데, 1942년 7월에 '비밀결사죄'로 구속되어 평양에서 옥살이하다가 해방과 함께 출옥했다.

조수옥(趙壽玉, 1914-2002) 전도사는 경남 하동 출신으로 1926년 마산 문창 교회에서 주기철 목사로부터 하나님의 은혜를 깨닫고 진주 경남 성경학교에 입학해 2년간 공부했다. 그녀는 전도부 인으로 삼천포교회를 섬겼다. 1938년 10월 삼천포 경찰은 교회 직분자들을 불러 신사참배를 강요했다. 조수옥 전 도사는 단호히 거절했고, 삼천포교회

/ 조수옥 전도사

를 떠나라는 압력에 결국 부산으로 갔다. 부산 초량교회는 조수옥을 전도사로 초빙했다. 당시 초량교회를 섬기던 이약신 목사가 1939년 7월 신사참배 압력을 받고 사임해 평양으로 떠나자, 조수옥 전도사도 사임하고 호주선교부 순회전도자로 일했다. 이때 마산 문창교회를 사임하고 무임 목사가 된 한상동 목사와 이인재 전도사가 신사참배 문제로 기도하며 모인 것을 알고 조수옥 전도사도 동참했다. 교회에서 쫓겨난 사역자들이 신사참배 반대운동을 펼치게 된 것이다.

1940년 신사참배 반대자들이 줄줄이 구금되던 시기에 조수옥도 9월 19일 잡혀 갖은 고문을 당하다가 평양으로 이감되었다. 해방과 더불어 출옥했다.

신사참배 반대운동의 영향

신사참배 항거 물결은 만주, 서북지방 그리고 경남지방을 중심으로 전국으로 퍼져 나갔다. 비록 조직적이지 못한 채 개인적 차원에 머물렀지만 말이다. 전라남도 박영대·백영흠·손양원, 전라북도 김가전·배은희, 충청북도 송용희·허성도, 황해도 방경구·이종근 등이 이 운동에 나섰다. 감리교 강종근·이진구·권원호·최인규, 성결교 김연·박봉진, 동아기독교 김영관·전치규, 안식교 최태현, 천주교 신자 가운데서도 양심에 따라 신사참배를 거부한 분들이 있었다.

신사참배 거부운동으로 투옥된 사람이 2천 명이 넘었고, 200여 개 교회가 폐쇄되었으며, 50여 명이 순교했다. 기독교인은 종교적 이유로 신사참배에 반대하며 일본에 대항했지만, 일본은 민족주의와 반일을 한다는 죄목으로 탄압했다. 이런 관점의 차이 때문에 신사참배 반대운동은 곧바로 민족 독립운동과 연결될 수밖에 없었다. 교회는 공식적으로 신사참배를 죄로 규정하지 않고 굴복했으나, 이 같은 신사참배 반대와 조직적 반대운동으로 인해 교회는 순수성을 유지하고 신앙을 보수할 수 있었다.

신사참배가 한국 교회에 남긴 것

신사참배는 한국 교회 역사에서 지울 수 없는 치욕과 아픔을 남겼다. 신사참배와 신사참배 반대운동을 평가해 보자. '대부분의 한국인

이 신사참배를 했는데, 왜 그리스도인은 신사참배를 하지 않았을까?'
'왜 처음에는 신사참배를 반대하던 사람들이 나중에는 신사참배를 하
게 되었을까?' '신사참배를 하지 않은 이유는 무엇일까?' '신사참배를
개인적으로 하지 않으면 되지, 왜 신사참배 하는 사람을 비난하며 반
대운동을 했을까?' 이제 이런 질문에 대답할 시간이 되었다.

첫째, 신사참배는 우상숭배다. 일제가 신사참배를 강요하기 시작했
을 때 대부분의 한국인은 탐탁지 않았지만 따랐다. 거절하면 불이익
을 감수해야 했기 때문이다. 나라 잃은 백성의 설움과 불행이었다. 하
지만 그리스도인에게 신사참배는 단순히 민족주의적 문제가 아니라
그 이상의 의미가 있었다. 그리스도인은 이 세상 나라의 백성이어서
정부에 복종해야 하지만, 영적으로 보면 하나님 나라의 백성이다. 만
약 세상 나라의 법과 하나님 나라의 법이 충돌하면 당연히 하나님 나
라의 법에 순종해야 한다. 1910년 일제 통치가 시작된 이후 한국 교회
는 신사참배를 우상숭배로 간주하고 참여해서는 안 된다는 입장을 분
명히 했다. 선교사들과 한국 교인 모두 이 점에서 다르지 않았다. 물론
신사참배를 국민의례로 보고 참여하는 것이 문제가 되지 않는다고 본
사람도 있었다.

둘째, 신사참배를 반대하던 한국 교회가 신사참배를 지지하게 된
것은 불신앙으로 인한 변절이다. 한국 교회가 일본의 박해와 압제를
견디지 못하고 신사참배 요구에 굴복한 것은 분명히 죄다. 잠시 받는
고통과 아픔을 견디지 못하고 우리의 죄를 용서하기 위해 죽기까지
희생하신 예수 그리스도의 은혜를 저버린 배신이다. 마치 베드로가
로마의 칼이 무서워 예수 그리스도를 부인한 것과 같다. 베드로는 나
중에 그 행위를 회개하지만, 가룟 유다는 예수님을 돈을 받고 팔아 버

린 뒤 다시 회개하고 돌아오지 못했다. 당시 세계 교회는 갓 태어난 한국 교회가 시험을 이기지 못하고 신사참배 강요에 굴복한 것을 안타까워했다.

셋째, 신사참배 반대운동은 일제에 항거하는 애국 행위를 초월하는 하나님에 대한 충성이며 신앙의 실천이었다. 신사참배 반대자는 순전히 신앙적 동기로 한 것이지만, 일제는 일본에 대한 항거로 보고 신사참배 반대운동을 민족독립 투쟁 차원에서 다루었다. 수천 명이 신사참배 반대를 하다 옥살이를 해야 했고 수십 명이 순교했다. 해방 후 신사참배 반대를 하다 옥살이를 한 목사와 신자들을 국가가 독립투사로 간주하고 그들에게 상을 내린 경우가 많았다. 그 상을 받든지 받지 않든지 신사참배 반대운동은 결과적으로 일제에 항거한 것이 되었다. 신사참배 반대운동은 독립운동의 차원이 아닌 것은 아니지만, 순수한 신앙 운동이었다.

넷째, 신사참배 반대가 개인의 차원을 넘어 운동으로 전개된 것은 교회가 공적으로 배교의 길을 걸었기 때문이다. 대부분의 한국 교회는 앞서거니 뒤서거니 하는 차이만 있을 뿐, 신사참배를 공적으로 허용하고 시행함으로써 배교했다. 심지어 기성 교회는 초법적이고도 비신앙적 양심으로 신실한 신사참배 반대 지도자들을 교회에서 쫓아냈다. 그로 인해 신사참배 반대운동을 하던 많은 지도자들이 외롭고 힘든 싸움을 싸워야 했다. 그들은 교회 안에서 신사참배 반대운동을 더 이상 할 수 없었다. 배교한 한국 교회를 재건할 수 없는 상황이었으니 새로운 교회를 세워야 했다.

PART   6

해방 후 개신교회, 아직 봄은 오지 않았다

주후 1945년

39. 대한민국 해방과 교회의 길

마침내 1945년 8월 15일 대한민국이 일본제국으로부터 해방되었다. 국가가 재건되고 교회도 재건되어야 했다. 개신교는 일제에 의해 1945년 7월 19일 만들어진 '일본기독교조선교단'을 그대로 유지하려 했다. 하지만 감리교의 반대로 무산되었다. 한국 교회사가 민경배는 비록 일제강점기이긴 하지만, 개신교회가 하나로 통일되던 그때가 가장 좋았다고 평가하기도 한다. 하지만 진리를 희생한 일치가 얼마나 가치 있을까? 각 개신교회는 각자도생(各自圖生)해야 했다.

성결교는 1945년 9월 10일 재건총회를 열고 '기독교대한성결교회'로 이름을 바꾸고 '서울신학교'를 세웠다. 지금 부천 소재 '서울신학대학교'다. 침례교는 본래 '동아기독교'였는데 북한 지역과 만주에서 번성했고 남한 지역에서는 상대적으로 교세가 약했다. 해방 후 '동아기독교'는 새롭게 시작하면서, 감독제에서 회중교회 체제로 바꾸고 미국 침례교회로 편입되어 침례교회로 탈바꿈했다. 신학교는 '대전 성경학원'을 '침례회신학교'로 승격시켜 운영했다. 한국 침례교는 미국 침례교 최대 교파의 지원을 받아 성장해 갔다. **감리교**는 1945년 동대문교회에서 재건중앙위원회를 조직하고 감리교를 재건했다. 재건중앙위원회는 동부·서부·중부 3연회를 조직하였다. 1946년 1월 14일 연합연회로 모여 전국 감리교가 시작되었고, 신학교 설립을 결정했다. 하지만 당시 재건연합회 소속 교회는 70개밖에 되지 않았다. 서울의 큰 감리교회 목사들은 일제에 부역했기 때문에 연합이 어려웠다. 1949년 4월 20일에야 비로소 완전한 형태의 하나 된 연합 감리교가 탄생했다. 그러나 1954년 종래 감독 선출의 불법성을 주장하며 '호헌파' 감리교가 분리되었다. 1974년 감독 선출 문제로 다시 한번 분열됐으나 1978년 다시 연합해 오늘에 이르고 있다. 감리교는 이렇듯 교권 다툼으로 아픔을 많이 겪었다. 이는 교회의 정치적 특징과 관련이 있는 것으로 보인다.

한국 **장로교**는 감리교와 달리 신학과 그리스도인의 삶과 관련된 문제로 교회 재건에서 아픔을 겪어야 했다. 신사참배 회개 문제와 자유주의 신학의 폐해로 교단이 분열되었다. 물론 장로교에도 교권 쟁탈을 위한 부끄러운 싸움이 없지 않았다. 이런 과정에서 1950년대 '고려파'(1952) '기장파'(1953) '총회파'(1959)로 분리되었다.

해방으로 신사참배 반대운동을 하던 하나님의 종들이 옥에서 풀려났다. 2천여 명이 구속되었고, 50여 명(주기철 목사, 박관준 장로 등)은 이미 옥에서 숨을 거두어 순교했다. 1945년 8월 17일 평양, 대구, 광주, 부산 등 형무소에서 30여 명이 풀려났다. 1945년 8월 18일 그들을 모두 몰살하려던 일본의 계획은 불발되었다. 돌보시는 하나님의 은혜였

/ 출옥 성도 20명 가운데 평양 주기철 목사관에 모여 기념 사진을 찍은 12명(1945년 8월 17일 밤 출옥. 18일 촬영). 뒷줄 왼쪽부터 조수옥, 주남선, 한상동, 이인재, 고흥봉, 손명복. 앞줄 왼쪽부터 최덕지, 이기선, 방계성, 김화준, 오윤선, 서정환.

다. 평양 형무소에 감금된 21명 가운데 평북 출신 9명, 평남 2명, 경남이 10명이었다. 또 대구, 광주, 부산, 청주 형무소에서 출옥한 자들도 대부분 경남 출신이었다. 출신을 보면 서북(관서)과 경남을 중심으로 신사참배 반대운동이 진행되었음을 알 수 있다.

해방 전까지 한국 교회는 주일에 예배로 모이고 있었지만, 배교한 교회였으니 참 교회는 없었다고 해야 할 것이다. 적어도 교회가 회개할 때까지는 말이다. '일본기독교조선교단'으로 통합된 한국 교회는 아무 문제가 없었던 것처럼 원상 복귀 선언만 하면 되는 걸까? 교회는 영적 그리스도의 몸이다. 타락한 교회가 회복할 수 있는 길은 오직 한 가지, '회개'(悔改)밖에 없다. '회개'란 잘못을 뉘우치고 바로잡는 것이다. 기독교는 의인의 종교가 아니라 죄인의 종교임을 생각하면, 죄인이 죄를 고백하고 회개할 때 회복될 수 있다. 한국 교회는 재건을 위해 재빨리 회개해야 했다. 회개의 징표로 권징을 받아 마땅했다. 그래야

교회가 영적으로 재건될 수 있었다.

평양 형무소에서 출옥한 20여 명은 흩어지지 않고 2개월가량 주기철 목사가 목회하던 산정현교회에 출석하며 쇠약해진 건강을 회복하는 시간을 가졌다. 그들은 한국 교회의 재건을 위해 의논했다. 결론은 두 가지였다.

첫째, 신사참배를 하고 교인들을 범죄하게 한 목사와 장로들은 참회하고 공적 권징을 받음으로써 새롭게 출발한다. 둘째, 정통 장로교 신학을 가르치는 신학교를 재건한다. 그들은 평양에서 1945년 9월 20일 한국 장로교회 재건을 위한 다섯 가지 기본 원칙을 발표했다.

1. 교회의 지도자들은 모두 신사에 참배하였으므로 권징의 길을 취하여 통회 정화한 후 교역에 나선다.
2. 권징을 자책 혹은 자숙의 방법으로 하되, 목사는 최소한 2개월간 휴직하고 통회 자복한다.
3. 목사와 장로의 휴직 중에는 집사나 평신도가 예배를 인도한다.
4. 교회 재건의 기본 원칙을 전한(全韓) 각 노회 또는 지(支)교회에 전달하여 일제히 이것을 실행하게 한다.
5. 교역자 양성을 위한 신학교를 복구한다.

통탄스럽게도 배교의 길을 걸었던 교회 지도자들은 이들의 재건 제안에 냉담하게 반응했다. 그들은 신사참배와 배교 행위를 회개하기는커녕 출옥한 성도들을 향해 비난을 쏟아 냈다. 교회 재건을 위한 원칙이 '독선적'이라는 것이다. 교회의 영적 재건에 대한 저항은 상상을 초월했다. 교회 재건이 쉽지 않았음을 짐작할 수 있다.

40. 북한 교회: 영적 재건보다 권력 순응의 길을 가다

장로교 평북노회는 1945년 11월 14일부터 일주일 동안 교역자 퇴수회를 선천 월곡동교회에서 가졌다. 38선 이북 지방의 교회를 위한 연합집회로서 이기선 목사와 만주 봉천 '동북신학교'의 박형룡 교수가 강사로 초빙되었다. 이기선 목사는 간증을 하고, 박형룡 박사가 교회 재건 원칙을 발표했다. 1938년 당시 제27회 장로교 총회 총회장으로 신사참배 가결을 결정했던 홍택기 목사(월곡동교회 담임, 1950년 사망)와 그 무리가 강하게 반발했다고 한다. 그들은 회개와 권징은 하나님과 각 개인의 문제이니 강요하지 말라고 주장했다. 그들의 어처구니없는 변명을 들어 보자.

"옥중에서 고생한 사람이나, 교회를 지키기 위하여 고생한 사람이나 그 고생은 마찬가지였다. 교회를 버리고 해외로 피난 생활을 했거나 혹은 은퇴 생활을 한 사람의 수고보다는 교회를 등에 지고 일제의 강제에 할 수 없이 굴한 사람의 수고가 더 높이 평가되어야 한다."

그들이 신사참배가 잘못되었다는 것을 늦게나마 인정한 셈이다. 일제의 칼날이 무서울 때는 신사참배가 아무런 문제가 없다고 하던 그들이 일제가 물러가니 자신들도 피해자일 뿐이라고 강변했다. 심지어 그들이 더 수고하고 고생했다는 궤변을 늘어놓았다. 그들은 하나님과 사람 앞에서 진정 회개하는 마음이 없었고, 배교한 신앙과 행동에 대한 안타까움도 없었다. 그들의 관심은 오직 자신의 신변과 지위를 지키는 것일 뿐이었다. 하나님과 주님의 교회가 지키고 선포해야 할 복음 진리와 생활에는 아무런 관심도 없었다.

실망스러운 것은 이렇게 생각한 사람들이 의외로 많았다는 사실이다. 후일에 연세대학교에서 교회사를 가르친 민경배 교수는 홍택기의 변명은 "반박 못할 정연한 논리와 신학이 있었다"며 지지했다.

해방이 되자 일본에 충성하던 목사들은 교회의 권력을 차지하고 주도권을 쥐기 위해 회개를 통한 교회의 영적 재건에는 아무런 관심이 없었다. 이런 분위기를 간파한 박형룡 박사는 그 현실을 개탄하며 만주로 돌아가 버렸다.

한반도는 진공상태 같았다. 무정부 상태였다. 많은 독립투사들과 애국자들이 빼앗긴 나라를 되찾기 위해 목숨을 건 투쟁으로 맞은 해방이었다. 하지만 해방의 결정적 계기는 제2차 세계대전의 거대한 소용돌이에서 패전국이 된 일본이 항복했기 때문이다. 주축국(主軸國: 독일과 일본)이 연합국(聯合國)에 패하자 자연스럽게 한반도에 해방이 도래한 것이다. 그래서 해방이 되어도 자주적 정부 수립이 쉽지 않았다.

일본이 빠져나간 한반도는 다시 구한말처럼 강대국의 각축장이 되고 말았다. 1945년 8월 26일 연합군에 소속되어 독일과 싸운 승전국 소련이 한반도 북쪽으로 진군해 들어왔다. 당황한 미국은 한반도 남쪽으로 들어왔다. 그렇게 한반도는 '38선'을 기준으로 분할 점령되었고, 한민족은 두 갈래로 나뉘었다. 또 다른 힘의 싸움에 휘말리게 된 것이다. 이승만과 김구가 연합해 반대했지만 분단을 막을 수는 없었다. 북쪽에는 소련이 주도한 김일성 정부가 세워지고, 남쪽에는 미국이 주도한 이승만 정부가 들어섰다.

교회도 북과 남으로 나뉘었다. 북한에는 1945년 12월 초 임시로 '이북5도연합노회'가 조직되었다. 피상적이지만 교회 재건 원칙을 결정했다.

1. 이북 5도연합노회는 남북통일이 완성될 때까지 총회를 대행할 수 있
   는 잠정적 협의기관으로 한다.
2. 총회의 헌법은 개정 이전의 헌법을 사용하되 남북통일 총회가 열릴
   때까지 그대로 둔다.
3. 전 교회는 신사참배의 죄과를 통회하고 교직자는 2개월간 근신한다.
4. 신학교는 연합노회 직영으로 한다.
5. 조국의 기독교화를 목표로 독립기념 전도회를 조직하여 전도 교회
   운동을 대대적으로 전개한다.
6. 북한 교회를 대표한 사절단을 파송하여 연합국 사령관에게 감사의
   뜻을 전하기로 한다.

안타깝게도 '5도연합노회'는 회개를 통한 교회 재건보다는 행정적
조직의 회복에 집중했음을 볼 수 있다. 제3항에서 "신사참배의 죄과
를 통회하고 교직자는 2개월간 근신할 것"은 소극적이며 피상적이다.
교회는 단순한 조직 이상이다. 교회는 영적 몸이다. 몸이 더러워졌으
면 씻고 깨끗하게 하는 데 가장 역점을 두어야 하는데, 영적인 눈이 어
두워졌으므로 더럽혀진 교회를 보지 못했다.

이기선 목사는 이런 '5도연합노회'의 모습에 실망하고 출옥한 동역
자들과 함께 독자적으로 회개와 교회 재건을 시작했다. 그는 1949년
5월 30여 교회와 함께 별도로 '독노회'를 조직했다. 여기는 평양 산정
현교회도 포함되었다. 출옥 성도들이 함께 발표한 교회 혁신안을 그
대로 실천했는데, 이들을 '혁신 복구파'라고 불렀다. 이들은 1950년
한국전쟁과 1951년 '1·4후퇴' 때 월남하여 '재건파' 혹은 '고려파' 교
회에 들어갔다.

교회 지도자들은 영적 교회의 재건에는 소극적이었지만, 오히려 국

가 재건에는 큰 관심을 보였다. 당시 한경직(韓景職, 1902-2000) 목사는 윤하영(尹河英, 1889-1956) 목사와 함께 1945년 9월 기독교사회민주당을 창당했다. 그는 교회를 중심으로 각 지방에 지구당을 조직했다. 교회 지도자들이 일제강점기에 정치에 관여해 권력의 맛을 보았기 때문일까? 그들은 일제강점기 권력에 순응했을 때 달콤한 보상을 받은 경험이 있는 자들이었다. 일제 치하에서 신사참배와 일본적 기독교 건설에 적극 협력했던 자들이 영적 교회의 재건보다는 정치적 국가 재건에 앞장섰던 것이다. 기독교사회민주당은 기대했던 대로 진행되지 않았다. 1945년 11월 23일 공산주의자들로부터 공격을 받았다. 그 후 1947년 9월 23일 김화식(金化湜, 1894-1947) 목사를 중심으로 기독교자유당을 조직했지만 또 실패했다. 황해도와 함경도의 한독당도 기독교 조직이었지만 성공하지 못했다. 감리교도 기독교민주당을 조직했다. 이렇듯 교회 지도자들이 잘못된 방향으로 나아가고 있었다.

1946년 3월 1일 북쪽 교회는 '3·1운동' 기념행사를 대대적으로 열기로 했다. 북조선 인민위원회가 이 모임을 저지했지만, 평양 산정현 교회에 모인 숫자는 5천 명이나 되었다. 그 자리에서 금식 3일을 선포했지만, 주동자가 잡혀갔다. 신자들이 도로를 행진하며 시위를 벌였다. 의주에서도 수천 명이 모였는데, 공산주의자들이 몰려와 목사들을 끌어내고 '민족 반역자'이며 '미국의 도구'라는 팻말을 걸고 도로를 걷게 하여 모욕을 주었다.

1946년 '조선민주주의인민공화국'이 정부 수립을 위해 총선을 11월 3일 주일에 하기로 결정했다. '5도연합노회'는 주일 선거를 단호하게 거부했다. 하지만 김일성은 반대하는 수많은 성도들을 옥에 가두고 밀어붙였다.

북한 공산 정권은 종교의 자유를 선언한 '김일성 강령' 때문에 노골적으로 교회를 핍박할 수는 없었다. 그래서 김일성은 '기독교도연맹'(Christian League)을 만들고 공산주의 정부를 지지하는 어용 기독교 단체를 만들었다. 교회가 지지해 줄 리 없었지만, 부흥사로 유명한 김익두 목사를 회유하는 데 성공하여 대표를 맡겼다. 김익두 목사는 불쌍하게도 공산 정권의 꼭두각시 역할을 하다가 결국 6·25전쟁 때 사살되고 만다.

북한 교회는 이처럼 일제강점기 일본 정부에 의해 핍박을 받더니, 이제 공산 정부의 박해에 시달려야 했다. 교회는 점점 그 세력을 잃어 갔다.

주후 1945~1948년

41. 남한 재건과 일제 청산 실패

미국이 1945년 8월 6일 일본 히로시마와 8월 9일 나가사키에 원자폭탄을 떨어뜨리자 일본은 8월 15일 무조건 항복을 선언했다. 그렇게 제2차 세계대전이 연합국의 승리로 끝났다. 그런데 소련이 1945년 8월 26일 먼저 진군해 북한을 점령했다. 다급해진 미국은 남한에 1945년 9월 8일 입국했다. 대한민국은 재건의 과제를 접수한 순간부터 분단국가로 출발했다. 그 누구도 이 분단이 고착화되리라고 예측하지 못했다. 하지만 이 분단은 한국전쟁이라는 참화를 낳았고, 지금까지도 수많은 이산가족이 비애를 느끼며 세계에서 유일한 분단국가로 남아 있다.

1945년 9월 8일 미군 사령관 하지(J. R. Hodge, 1893-1963)가 입국하

여 대한민국 재건을 시작했다. 소련의 팽창을 저지할 뿐만 아니라 민주국가를 건설할 정치집단을 구성하는 것이 목적이었다. 일본의 박해로 한국을 떠났던 선교사들이 대거 귀국하면서 미국 군정에 큰 도움이 되었다. 선교사들은 한국어를 잘하고 한국 역사와 문화에 정통했기 때문이다. 더구나 한국 선교사의 자녀들이 미국 군정 요원으로 참여하면서 그 영향력은 더욱 커졌다.

감리교 선교사의 아들 조지 윌리엄스(G. Z. Williams) 소령은 군정의 고위인사 정책에 결정적 영향을 주었다. 감리교 노블 선교사의 아들 헤럴드 노블은 하지의 정치 연락장교였다. 언더우드의 아들 원한경(H. H. Underwood, 1890-1951)은 1945년 10월 전략사령부 민간인 군정고문으로 입국해 일했다. 1947년 7월 당시 11명의 선교사들이 미군정 정식 관리로 일했다. 자연스럽게 미군정 요직에는 한국 개신교 지도자들을 등용하게 되었다. 이쯤 되니 선교사들은 대한민국을 기독교 국가로 만들 수 있는 절호의 기회로 여겼을 수도 있다. 한국 기독교 지도자들도 내심 그런 기대를 할 만큼 분위기가 좋았다.

미군정의 종교 정책은 당연히 기독교적일 수밖에 없었다. 일본이 남기고 간 적산(敵産: 적의 재산)인 일본 신사와 일본 조합교회의 재산이 대부분 기독교에 불하(拂下)됐다. 영락교회, 경동교회, 남산의 기독교박물관과 장로회신학교가 그렇게 설립되었다. 1946년 형무소에 '경목제도'를 도입한 데 이어 1951년 '군목제도'가 도입되었다.

이렇듯 개신교회가 대한민국 재건에 많이 참여하게 되자, 초대 국회의원 208명 중 21%인 44명이 개신교인이었다. 장차관 242명 가운데 38%가 개신교인이었다. 당시 전체 개신교인의 비율이 5% 미만인 상황인 것을 감안하면 대단한 일이었다. 개신교인은 기독교 학교를 통해 근대교육을 받은 자들이 많았다.

이런 분위기 때문에 이승만은 1948년 5월 대한민국 초대 국회 개원식에서 국회의원이던 이윤영(李允榮, 1890-1975) 목사

/ 이승만 대통령

/ 1948년 8월 15일 이승만 대통령 취임식

에게 기도를 부탁하고, 자신도 국회의장으로서 '하나님과 애국선열과 삼천만 동포 앞에' 선서했다. 당시 분위기가 어땠을지 짐작이 되는 장면이다.

반민족행위 처벌 실패

대한민국은 해방되어 나라를 되찾았지만, 국가 재건을 위해서는 만만찮은 난관을 헤쳐야 했다. 우선 남과 북의 분단을 자력으로 극복할 수 있는 힘이 없었다. 남북에 정부를 각각 수립하자는 쪽과 남북이 함께 하나의 정부를 수립해야 한다는 쪽의 주장이 팽팽하게 맞섰다. 거기다 사회주의(공산)와 민주주의(자본)의 사상 대립으로 남쪽의 정치 분열도 만만치 않은 걸림돌이었다. 북한은 소련의 힘을 등에 업고 발빠르게 먼저 독자 정부를 수립했다. 남한도 마침내 1948년 독자 정부를 수립했다.

문제는 일제의 잔재 청산이었다. 1947년 7월 2일 남한 과도정부 입법의원은 민족 반역자, 부일협력자, 간상배에 대한 특별조례안을 제정하여 통과시켰다. 하지만 미군정 책임자가 인준을 보류하는 바람

에 실행에 옮기지 못했다. 1946년 친일 경력을 가진 경찰의 비율은 11월 기준으로 총감 100%, 관구장 64%, 도경국장 80%, 총경 83%, 경감 75%, 경사 83%였다. 그렇다 보니 일제 잔재 청산은 험난할 것임이 자명했다.

1948년 정부 수립 이후 제헌국회는 9월 '반민족행위처벌법'을 제정하고, '반민족행위특별조사위원회'(반민특위)를 설치한 뒤 1949년 1월부터 활동을 시작했다. 개신교인 가운데는 장로교 정인과 목사, 감리교 감독 양주삼과 정춘수, 기독신보사장 전필순, 장로교 총회장을 지낸 김길창 등이 구속 심문을 받았다. 하지만 이승만 정권과 친일 세력의 방해로(1949년 6·6사건) 반민특위는 일 년도 되지 않아 해체되었고, 구속된 교계 지도자들은 모두 기소유예로 풀려났다. 독일과 프랑스가 제2차 세계대전이 끝난 후 매국노들을 철저히 가려내 처벌하고 과거를 청산한 반면, 대한민국은 그렇지 못했다. 당장 국가를 세우는 데 일꾼이 필요했기 때문이기도 하지만 이처럼 일제 청산을 제대로 하지 못함으로써 대한민국은 착실히 재건의 길을 가지 못했다.

해방 후 56년이 지난 2001년 민간단체인 '친일인명사전편찬위원회'가 발족되었다. 친일 후손들의 적극적 반대와 방해에도 2009년 마침내 4,389명의 명부(민족문제연구소)를 만들고 정리했다. 늦었지만 과거 역사를 정리한 것이다.

주후 1945~1946년

42. 남한 교회: 회개 없이는 재건도 없다

해방 후 친일파 기독교 지도자들은 1945년 9월 2일 재빠르게 신분

세탁을 시도했다. 김길창을 중심으로 '신앙부흥운동 준비위원회'를 만들고 "과거를 청산하고 종교개혁의 정통 신앙을 따른다"고 입에 발린 선언을 했다. 이는 신분 변신을 통해 기득권을 유지하려는 기회주의적 행동에 불과했다. 그들은 그 어떤 회개도 하지 않았다. 이때는 신사참배 반대운동으로 옥살이를 한 출옥 성도들의 건강도 회복되지 않았다. 한국 장로교가 신사참배 취소 결정을 세 번이나 하는 해프닝을 벌인 것(1946, 1947, 1954)은 진정한 회개가 없었다는 방증이다. 진정한 신사참배 회개운동을 펼쳤을 때 북에서는 홍택기, 남에서는 김길창이 주도적으로 방해하고 대항했다.

개신교가 국가 재건에 적극 참여하는 상황에서 신사참배와 같은 대죄를 선동하고 부추긴 주동자들은 자신들의 죄를 회개하지 않았다. 오히려 신사참배를 죄로 규정하여 반대하고 해방 후 회개 운동을 하는 지도자들을 독선자로 규정하며 궁지로 몰아넣으려 했다.

북한 교회는 공산주의 국가 소련의 영향으로 핍박을 받았지만, 남한 교회는 든든한 미국의 도움으로 잘나갔다. 그러나 내적으로는 풀기 어려운 문제를 안고 있었다.

서울에는 1940년에 설립된 '조선신학교'가 있었고, 일본의 정책을 저항 없이 순순히 따랐던 사람들이 대세를 이뤘다. 경남지방에는 적지 않은 교회와 성도들이 신사참배를 반대했다. 일제강점기에 순교한 주기철, 최상림 그리고 출옥한 한상동, 주남선, 손양원도 경남 사람이었다.

서울과 경기 지역에 있던 교회들은 일제 말기에 일본기독교조선교단으로 통합되었는데, 해방 후 그것을 존속시키자는 움직임이 있었다. 통리 김관식과 임원 송창근, 김영주는 교회의 재건을 위해 과거 잘못된 길에서 돌이켜 회개하기는커녕 1945년 9월 8일 서둘러 '남부대회'(북쪽은 소련이 점령하여 함께할 수 없음)를 개최했다. 정치적 이유 때문이었다. 대한민국 건국의 주요 인물들(이승만, 김구, 김규식)이 기독교인인데 그들을 돕기 위해 통합된 교회 조직이 필요하다는 것이었다. 교회가 또 정치적 이해타산을 따르고 있었다. 이 일은 감리교의 거절로 성사되지 못했다. 그들은 다음 해 1946년 5월까지 조직을 꾸려 나갔다. 교회의 영적 재건에는 한 치의 관심도 없었다. 남한 교회는 다시 교회를 회복해야 했다.

장로교는 1946년 6월 12일 서울 승동교회에서 4일간 대한예수교장로회 남부총회로 모였다. 북한 교회와 언젠가 연합될 것을 고려해 '남부총회'라 이름 붙였다. 남부총회는 장로교 재건을 위해 다음의 네 가지를 결정했다.

1. 헌법은 남북이 통일될 때까지 개정하지 않고 그대로 사용한다.
2. 제27회 총회가 범과한 신사참배 결의는 취소한다.
3. 조선신학교를 남부총회 직영 신학교로 한다.
4. 여자 장로직의 설정 문제는 남북통일 총회 시까지 보류한다.

이중에 눈에 띄는 것이 있다. "제27회 총회가 범과한 신사참배 결의는 취소한다." 남부총회는 신사참배 결의를 "범과"(犯過)로 인정했다. 그 결정은 잘못된 죄임을 시인한 것이다. 죄는 취소될 수 없다. 죄값을 치르든가, 아니면 회개를 통해 용서를 받든가 해야 한다. 회개를 통한 죄 용서는 기독교의 기본 진리다. 이 평범하고 명확한 진리가 작동되지 않고 있었다. 더군다나 교회 지도자는 잘못에 대해 공적인 책임을 져야 한다. 죄를 회개할 뿐만 아니라 공개적 권징의 절차를 밟아야 한다. 그런데 공식적 차원의 죄를 개인적 차원의 죄로 치환시켜 버렸다. 남부총회는 '범과'를 회개하고 권징함으로 그 죄로부터 자유하게 하는 하나님의 은혜의 법을 시행하지 않고 그저 취소를 했으니 더 큰 죄를 지은 셈이었다.

그리고 "조선신학교를 남부총회 직영 신학교로 한다"는 결정은 당시 분위기를 잘 보여 준다. 남부총회의 주도 세력이 조선신학교가 세워질 때부터 이사로 협력했기 때문에 보수세력이 힘을 모으기 전에 총회 직영 신학교로 만들고 싶었던 것이다.

1947년 4월 대구제일교회에서 제2회 남부총회를 열었다. 거기에서 제1회 남부총회를 제32회 총회, 1947년은 제33회 총회로 인정하기로 했다. 공산 정부를 피해 북에서 남하한 교인들이 함께했기 때문이다.

이렇게 남한 교회는 외적인 기구로서 교회 재건이 시작되었지만, 내적인 영적 교회의 재건은 요원했다. 한국 교회는 심각한 죄를 청산하지 못하고 고착화시키는 쪽으로 달려가고 있었다. 교회 지도자들은 그런 영적 방향을 감지할 혜안이 없었다. 결국 한국 교회는 내적으로 치명적인 질병을 안고 가게 되었고, 후에 곪아 터지는 요인이 되었다.

경남노회의 개혁과 회개하지 않는 사람들의 방해

경남 지역 교회들은 1945년 9월 2일 부산진교회에 모여 '신앙운동 준비위원회'를 조직했다. "과거의 불순한 요소를 청산 배제하고 순복음적 입장에서… 경남노회를 재건"한다는 선언문을 발표했다. 이는 9월 8일 서울에서 '남부대회'를 개최한 것보다 더 앞선 시기다.

…교회는 그 정조를 잃고 복음은 악마의 유린을 당하고 신도는 가련한 곤경에 들어 있었다. 이를 저항 구호하기 위하여 일선에 선 우리 하나님의 성군(聖君)들은 순교의 제물이 되기도 하고, 혹은 옥중에서 최후까지 결사적 충의를 다하였던 것이다… 우리는 과거의 모든 불순한 요소를 청산 배제하고 순복음적 입장에서 교회의 근본 사명을 이어 가려는 의도에서 좌기에 의하여 조선예수교장로회 경남노회를 재건하려는 것이다…. 1. 우리는 종교개혁의 정통신앙을 사수한다. 2. 우리는 조선예수교장로회 헌법을 전적으로 채용한다….

그로부터 2주 후인 9월 18일 부산진교회에서 경남노회가 재건되었다. 노회는 먼저 일제강점기에 범한 죄과에 대한 자숙안(自肅案)을 결의했다.

1. 목사, 전도사, 장로는 일제히 자숙에 옮겨 일단 교회를 사직한다.
2. 자숙 기간이 종료되면 교회는 사직자에 대한 시무투표를 시행하여 그 진퇴를 결정한다.

이 선언문과 자숙안은 출옥 성도들이 평양 형무소에서 출소한 후 두 달간 머물면서 작성한 교회 재건 기본 원칙과 거의 같다. 그리고 출옥 성도가 선언문을 발표한 1945년 9월 20일보다 2일 앞서 만들어졌다는 점에서 특별했다.

그런데 1938년 제27회 장로교 총회에서 신사참배를 가결할 때 부총회장이던 김길창이 경남노회 소속이었다. 그와 그를 따르는 친일 배교자들은 이 자숙안에 반대했고 교묘한 방법으로 결정을 못하도록 방해했다. 경남노회의 분위기는 동요되기 시작했다. 회개하자는 쪽과 회개할 필요가 없다는 쪽이 대립한 것이다. 결국 경남노회의 교회 재건은 출옥 후 남쪽으로 내려온 주남선 목사와 한상동 목사를 중심으로 진행될 수밖에 없었다.

1945년 12월 3일 마산 문창교회에서 제47회 경남노회가 열렸는데 거창교회의 출옥 성도 주남선 목사도 참석했다. 노회는 지난 노회의 자숙안이 진행되지 않은 책임을 묻고 임원들의 사퇴를 요구하면서 출옥한 주남선 목사와 다른 노회원이 일을 맡아 새 출발할 것을 요구했다. 주남선 목사는 먼저 손양원 목사를 초청해 사경회를 갖고 노회를 개회하자고 제안해 실행했다. 주남선 목사는 1946년 1월 경남노회 목회자들을 부산 영도에 모아 수양회를 가지며 신사참배로 배교한 한국 교회의 죄를 회개했다. 이렇게 경남노회는 회개운동의 동력을 얻을

/ 경남노회 교역자 수양회(1946년 1월 11일 부산 영도)

수 있었다. 하지만 회개운동을 거부하는 김길창 목사와 그 무리는 참석하지 않았다.

그해 노회장으로 주남선 목사가 선출됨으로써 회개운동에 동력을 얻게 되었다. 그런데 정작 회개하고 자숙해야 할 교권주의자들은 "신사참배는 우리가 양심적으로 이미 해결한 것인데 해방이 되었다 하여 죄로 운운함은 비양심적이다"라며 노회의 자숙안을 우습게 보고 거부했다.

43. 고려신학교, 평양신학교의 정통을 계승하다

한상동은 주기철의 목회지였던 '부산 초량교회 ⇒ 마산 문창교회 ⇒ 평양 산정현교회'를 똑같이 뒤따랐다. 한상동 목사는 평양 형무소에서 출감한 후 주기철 목사의 마지막 사역지였던 산정현교회를 6개월 동안 말씀으로 섬기며 목회했다. 북한에는 소련의 지원을 받은 공산주의 정권이 들어서면서 시대의 기류가 심상치 않았다. 한상동은 고향에서 주님의 뜻을 이루고자 교회를 사임했다. 그는 이전에 평양 옥에서 주남선과 신학교 설립을 계획한 바 있었다. 한상동 목사는 경남으로 내려가던 도중 동북신학교에서 가르치다가 잠시 서울에 머물고 있던 박윤선 교수를 만났다. 그에게 평양신학교의 대를 잇는 새로운 장로교 신학교 설립에 동참해 줄 것을 설득하고 동의를 얻었다.

마산에 도착한 한 목사는 주남선 목사를 만나 신학교 설립을 추진했다. 학교를 세우기 위해서는 교수, 재원, 건물이 있어야 했지만, 제대로 준비된 것이 아무것도 없었다. 1946년 5월 박윤선 목사가 진해

(鎭海)로 내려왔다. 5월 20일 박윤선, 한상동, 주남선 목사가 신학교 설립기성회를 조직했다. 기성회는 먼저 6월 23일부터 8월 10일까지(6주) 박윤선 목사를 강사로 신학 강좌를 열기로 했다. 63명의 수강자가 참여했고 수강 증서를 발부했다. 이렇게 고려신학교가 시작되었다. 당시 한국에는 서울에 자유주의적 '조선신학교', 경남에 평양신학교의 신학을 잇는 '고려신학교'(高麗神學校)가 존재했다.

/ 고려신학교 교수들

/ 제1회 진해 신학 강좌

1946년 7월 9일 진해읍교회에서 열린 경남노회에는 월남(越南)한 한상동 목사도 참석했다. 지난 6월 12일 '남부총회'는 서울 승동교회에서 자유주의 신학을 가르치는 '조선신학교'를 직영 신학교로 결정했다. 경남노회는 신사참배 반대로 평양신학교가 폐쇄된 시기에 신사참배를 자원하며 운영하던 조선신학교에 신학생을 보낼 수 없었다. 더구나 그 학교의 교수들은 자유주의 신학으로 무장되어 있었다. 경남노회는 마침 정통신학을 가르칠 고려신학교 설립기성회가 이미 조직되어 진행되고 있음을 알고 그곳에 학생을 보내기로 결정했다. 이렇게 고려신학교는 처음부터 교회와 자연스럽게 연결되었다. 신학교 설립 기성회는 '고려신학교 설립 취지서'를 작성하여 내외에 알렸다. 그 내용을 요약하면 다음과 같다.

1. 바른 진리: 정통 신학운동과 진리운동이 긴급한 시점에 개혁 신학의 원칙에 따른 칼뱅주의 신학을 수립하여 신앙사상의 혼란을 교정하고 통일한다.
2. 바른 국가: 정통 신학운동이 건실한 국가 건설에도 도움이 된다.
3. 바른 학교: 정통 신학운동이 바른 문화(학교)운동이다.

처음 설립자들은 평양신학교의 신학적 전통을 잇기 원했지만, 총회 직영 신학교가 되는 것에는 조심스러웠다. 배교한 친일 교권주의자들과 신학적 자유주의자들이 주도권을 잡고 있기 때문이었다. 한 교단에 인준된 신학교가 있었는데, 또 다른 신학교가 비록 경남노회의 인준을 받았지만 총회의 인준을 받지 않은 상태로 존재하는 것이 부담이었다. 그래서 교회가 고려신학교를 인준하거나 졸업생을 심사하여 수용하는 정도에 만족하려 했다. 사실 미국에서는 한 교단에 두 신학교가 병존하는 경우가 종종 있었다.

고려신학교 설립자들은 만주 봉천에 있는 동북신학교의 박형룡 박사를 초청하기 위해 남영환 전도사를 연락책으로 파송했다. 하지만 정세가 급변하고 있었다. 38선의 경계가 더욱더 뚜렷해지면서 남북 왕래가 예전 같지 않아 실패했다. 1946년 9월 20일 결국 박형룡 박사 없이 박윤선 목사를 교장 서리(署理)로 세

/ 박윤선 목사

우고 부산진에 있는 금성중학교(전 일신여학교) 교실 하나를 빌려 고려신학교를 개교했다. 돈 없이, 집 없이, 인물 없이 신학교가 시작된 셈이었다. 신학교의 이념은 '신앙의 정통'과 '생활의 순결'이었다.

> "신구약 성경이 하나님의 말씀이니 신앙과 본분에 대하여 정확무오한 유일의 법칙임을 믿고, 그대로 가르치며, 또 장로회 원본 신조인 웨스트민스터 신앙고백의 교리대로 교리와 신학을 가르치고 지키게 하여 생활의 순결과 순교적 이념을 가진 교역자 양성을 목적으로 한다."

학제는 '본과' 3년, '예과' 2년, '별과' 3년, '여교역자 양성과' 3년으로 평양신학교와 거의 같았다. 첫해 학생은 53명이었다. 그중 이인재, 손명복은 옥고를 치른 학생들이었다. 황철도, 염애나, 김두석, 박인순 등도 한상동 목사와 함께 신사참배 반대운동과 회개운동을 한 사람들이었다. 박윤선 목사가 주경신학, 성경신학, 조직신학, 성경원어까지 가르쳤다. 한상동 목사는 학교 총무로 뛰며 가르쳤고, 그의 동생 한명동 목사도 거들었다. 개교 후 한 달이 지나 한부선 선교사가 들어와 힘을 보탰다. 한부선 선교사는 1938년 제27회 장로교 총회 때 결의의 불법성을 외치다가 경찰에 제지당해 쫓겨났고, 만주 봉천에서 신사참배와 종교법안을 반대하다가 봉천노회로부터도 제명을 당하고 옥에 갇혔다. 대동아전쟁 때 일본에 의해 강제 추방되어 미국에 있다가 다시 한국에 들어온 터였다. 그는 박윤선 목사와 웨스트민스터 신학교 시절 2년 정도 동문한 사이라 서로 아주 친했다.

고려신학교는 일명 '보따리 신학교'라는 별명이 붙을 정도로 이사를 자주 해야 했다.

일신여학교(1946. 9. 20) ⇨ 초량교회 별관 유치원(1947. 3. 5) ⇨ 광복동 1
가 7번지(1947. 4. 19)

1947년 6월 27일 제1회 졸업생 3명을 배출했다. 이들은 평양신학
교에서 공부하다가 신사참배 문제로 폐교하여 고려신학교에서 신학
공부를 마친 이인재, 조수완, 황철도 세 사람이었다. 한부선 선교사 이
외에도 최의손(W. H. Chisholm 崔義遜, 1885-1951 치과의료 선교사), 마두원
(D. R. Malsbary 馬斗元, 1899-1977), 함일돈(F. E. Hamilton 咸日頓, 1890-1969)
선교사도 가르쳤다. 이들은 모두 신사참배 적극 반대자들이었고, 미
국 장로교독립선교부(IBPFM: Independent Board for Presbyterian Foreign
Missions) 소속이었다. 이상근 목사는 조직신학을 가르쳤다.

삼고초려로 모신 박형룡 박사와 갈라서다

고려신학교가 시작되었지만, 박사학위
를 가진 교수는 없었다. 당시 박형룡 목사
는 중국 금릉대학(金陵大學 1921-1923), 미
국 프린스턴 신학교(1923-1926), 그리고
켄터키 남침례교 신학교에서 박사학위를
받은 당대 최고의 인재(人才)였다. 송상석
목사는 자원하여 만주에 있는 박형룡 박
사를 모셔 오기로 했다. 38선이 막혔으니
인천에서 배를 타고 산둥반도를 통해 우
회해서 만주로 가는 방법을 택했다. 1947

/ 광복동 적산건물(고려신학교)

년 5월 출발, '부산 ⇒ 인천 ⇒ 서해 ⇒ 만주 봉천'에 이르는 4개월의

여정 끝에 박형룡 박사를 모셔 오는 데 성공했다. 박형룡은 9월 10일 부산으로 바로 오지 않고 서울에 10일간 머물면서 여러 사람들을 만

/ 박형룡 교수

났다고 한다. 이때 서울의 교회 지도자들은 부산이 아니라 서울에서 신학교를 하자고 박형룡을 설득했다. 하지만 박형룡은 출옥한 분들의 초청을 받아들였고, 또 그들을 향한 한국 교회의 부당한 비난을 함께 받기로 결심하고 부산으로 내려왔다. 박형룡은 10월 14일 부산 중앙교회당에서 고려신학교 교장으로 취임했다. 당시 서울 조선신학교에서 공부하던 학생 34명이 박형룡 박사가 취임하면서 고려신학교로 대거 편입하여 분위기가 좋았다. 이렇게 고려신학교는 명실공히 평양신학교의 명맥을 잇는 학교가 되었다. 당시 1947년 4월 18일 제33회 장로교 총회는 조선신학교 교수 김재준, 송창근, 정대위의 자유주의 신학에 대한 진정서를 제출해 혼란스런 상황이었다.

그러나 박형룡은 반년이 조금 지난 다음 해인 1948년 5월 27일 고려신학교를 떠나 서울로 올라갔다. 전국적 규모의 신학교를 서울에서 운영하고 싶은 마음이 앞섰던 것이다. 한편, 고려신학교 설립자인 한상동은 신사참배 반대운동과 회개운동의 중심지인 부산에서 당분간 신학교를 운영하다가 적당한 시기에 서울로 옮길 수 있다고 보았다. 평양신학교도 한반도의 수도 격인 서울에 있지 않았고, 훌륭한 신학교는 지역과 문화보다 신학 그 자체가 중요하다고 보았던 것이다. 하지만 박형룡은 그 점에서 조금 더 현실적인 판단을 했다. 그는 시행도 잘되지 않는 권징을 통한 교회 정화와 개혁보다는 복음 전파자 양성,

곧 총회신학교를 건설하는 것이 더 중요하다고 보았다. 박형룡은 크게 세 가지 면에서 한상동과 마음이 맞지 않아 떠났다고 본다.

첫째, 신학교의 총회 승인에 대한 시각이 달랐다. 박형룡은 즉시 총회의 승인을 받아 전국적 신학교로 가자는 견해였지만, 한상동은 그렇지 않았다. 그는 한상동이 교회의 회개를 외치다가 순수성을 지키기는커녕 교회를 분열시키고 말 것이라고 보았다.

둘째, 신학교의 위치에 대한 이견이었다. 한상동은 나중에 서울로 가더라도 일단은 부산에 있어야 한다고 본 반면, 박형룡은 서울을 선호했다.

셋째, 외국 장로교 교단들과의 관계에 대한 이견이었다. 박형룡은 미국 북장로교(UPCUSA)와 미국 남장로교(PCUS), 호주 장로교(PCA), 그리고 캐나다 연합교회(UCC)의 관계를 유지하자고 했다. 그러나 1925년 캐나다 연합교회는 자유주의와 혼합되었고, 미국 북장로교회도 1929년 이후 자유주의자들이 교단의 주도권을 쥐고 있었다. 이때 분리된 작은 규모의 정통장로교회(OPC)에서 파송받은 한부선 선교사에 대해 박형룡 박사는 불편했을 것이다. 미국 북장로교회는 1940년대에 이르러 자유주의 신학이 주류가 되었고, 에큐메니칼 운동이 시작된 1948년 WCC에 적극 참여하였다. 그런데도 박형룡은 그들과 관계를 지속하려 했다. 그것은 외국 선교부로부터 경제적 지원을 받을 수 있다는 점을 고려한 것으로 보인다. 10년 후 박형룡 박사가 외국 선교부로부터 받은 '3천만 환 사건'에 연루된 것을 보면 그렇게 볼 수 있다.

당대 최고의 신학자였던 박형룡이 고려신학교를 떠나면서 결과적으로 교회를 정화하는 분위기에 찬물을 끼얹게 되었다. 그 여파로 경남노회의 정화운동이 차질을 빚게 되었고, 결국 장로교회에서 쫓겨나는 지경까지 가는 빌미를 제공하였다.

박형룡은 고려신학교를 떠나 정화를 거부하는 교권주의자들이 활개 치는 총회에서 교단의 신학교를 건설하여 교회 정화를 이룰 수 있었을까? 그는 정화는커녕 더 큰 교회의 분열(통합+합동)과 수도 셀 수 없을 만큼의 교회 분열을 경험해야 했다.

고려신학교 교장이 된 박윤선은 누구인가?

박윤선도 박형룡과 함께 서울에서 시작될 장로교신학교 설립에 동참해 줄 것을 요청받았다. 하지만 그는 응하지 않았다. 박윤선은 박형룡과 달리 교회의 정화와 개혁과 재건에 대한 분명한 확신을 가지고 있었다. 1948년 박윤선 교수가 고려신학교 교장으로 취임하던 날 손양원이 총무가 되었다. 손양원 목사는 여수 애양원교회를 섬기며 신학교를 섬겼는데, 1950년 9월 28일 공산군에 의해 순교하기까지 충성스럽게 일했다.

박윤선 교수는 평안북도 출신으로 1923년 선천의 대동소학교, 1927년 선천 신성중학교를 마치고, 1931년까지 평양 숭실전문학교에서 영문학을 공부했다. 중학교 시절 예수를 믿었고, 1934년 평양신학교를 졸업하고 바로 미국으로 유학을 떠나 필라델피아의 웨스트민스터 신학교에서 1936년까지 신학석사 과정을 마치고 귀국했다. 그는 평양신학교에서 성경 원어를 가르치며 성경주석을 집필하기 시작했다. 1938년 다시 미국 웨스트민스터 신학교에서 변증학과 성경언어를 연구하였고, 1939년 일본으로 갔다가, 1940년 만주 봉천노회에서 목사 안수를 받고 목회를 시작했다. 1941-1943년까지는 만주 봉천신학교에서 가르치다가 해방이 되어 귀국했다. 무엇보다는 박윤선

교수는 개혁신앙을 미국 웨스트민스터 신학교의 메이천(G. Machen)으로부터 배웠으며, 독학으로 네덜란드어를 공부하고 아브라함 카이퍼(A. Kuyper, 1837-1920), 헤르만 바빙크(H. Bavinck, 1852-1921), 클라스 스힐더르(K. Schilder, 1890-1952), 시아컬 흐레이다누스(G. Grijdanus, 1871-1948) 등 네덜란드 개혁신학자들의 책을 읽고 한국에 소개했다. 그는 1979년에 신구약 주석을 완간한 한국 개신교 역사에서 전무후무한 신학자로 탁월한 학문적인 역량을 소유하고 있었다. 후에 미국의 훼이스 신학교(Faith Theological Seminary, 1954)와 웨스트민스터 신학교(Westminster Theological Seminary, 1979) 두 곳에서 명예신학박사학위(D. D.)를 받았다.

주후 1946~1949년

44. 적반하장의 교권주의와 자유주의의 반격

장로교 경남노회는 신사참배 반대운동뿐만 아니라 회개운동의 진원지였다. 또 출옥 성도들이 세운 고려신학교가 있는 곳이어서 교권주의자들이 마음대로 활개를 펼 수 없는 상황이었다. 그에 비해 서울의 분위기는 달랐다. 일제강점기 신사참배를 적극적으로 한 지도자들이 활개를 치며 큰 반대 없이 교권을 잡았다.

경남노회 안에서도 영적 교회 개혁을 반대하는 교권주의자들이 거세게 반발하기 시작했다. 반발은 '고려신학교'와 관련된 사안을 중심으로 나타나기 시작했다. 1938년 27회 장로회 총회 때 부총회장이던 김길창 목사가 경남노회 소속이었던 것이다. 당시 총회장이던 홍택기 목사는 북한에 있었다. 1946년 7월 경남노회 임시노회가 고려신학교를 인가했지만, 1946년 12월 3일 정기노회에서 사전 선거운동을 통해 김길창이 노회장으로 당선되면서 문제는 심각해졌다. 그는 교권을 장악해 교회 개혁을 저지할 계획을 가지고 있었다. 김길창이 노회봉을 휘두르면서 경남노회는 고려신학교에 학생을 추천하지 않기로 결정한 것이다. 김길창은 일제강점기 신사참배를 가결한 후 노회 대표들을 동원해 평양신사에 참배한 인물이 아니던가! 김길창은 '신사참배는 강제에 못 이겨 한 것이니, 죄가 아니다'라는 궤변을 늘어놓고 고려신학교 인가를 취소하고 학생 추천도 하지 않기로 결정했다. 그는 교권을 쥐고 유죄를 무죄로 만들고 공의를 무력화시켰다. 신사참배 반대와 회개운동을 하는 자들을 교권을 이용해 박해했다. 교회의 타락이 여기까지 간 것이다.

한상동 목사는 그런 불의가 교회 가운데 활개 치는 것을 보고만 있을 수 없었다. 그는 특단의 조치를 단행했다. 그가 할 수 있는 최선의 행동이었다. 경남노회가 바로 설 때까지 노회 탈퇴를 선언한 것이다. '성(聖) 노회'가 '사탄의 회'가 되었다고 판단하고 행동에 옮긴 것인데, 이 때문에 경남노회가 발칵 뒤집혔다. 경남노회 소속 주요 여섯 개 교회가 노회를 바로 세우기로 결정하고 성명서를 냈다. 1947년 2월 14일 경남노회 67개 교회가 지난 노회 결정에 반대하며 한상동 목사를 지지했다. 마침내 1947년 3월 10일 임시노회가 열렸다. 김길창과 그 무리를 반대하는 기세가 더 크다는 것을 인지하고 전 임원은 총사퇴했다. 그러자 그들은 백기를 들고 한상동 목사에게 노회 탈퇴 선언 취소를 요구하며 신사참배가 죄임을 마지못해 시인했다. 한편, 1947년 3월 24일 교회 평신도 200여 명이 마산 문창교회에 모여 황철도 전도사를 대표로 추대하고 경남노회 교권주의자들의 부패성과 비양심적 태도를 규탄했다. 그해 12월 9일 제49회 정기노회는 고려신학교를 다시 인정했고 한상동 목사는 노회로 다시 복귀하면서 사태가 정상화되었다. 하지만 교권주의자들은 잠시 고개를 숙였을 뿐, 또 다른 기회를 노리고 있었다.

재건 교회

해방 후 교권에 눈먼 자들이 영적 자숙과 회개를 거부하고 기구적 교회 재건을 외쳤다. 이른바 재건파라 불린다. 신사참배 주동자였던 김길창과 그 무리로 그들은 경남노회 안에서 신사참배 회개 운동을 조직적으로 반대했다. 그들 중에는 그런 악인들이 득세하는 교회를 재건하고 개혁하기 위해 노회에 계속 남아 애쓰고 있는 출옥 성도 한상동, 주남선, 손양원 목사와 그 지지자들을 이해하지 못하는 자들도 있었다. 심지어 1946년 김길창 목사가 지배하는 노회에서 손양원 전도사가 목사 안수를 받은 것에 대해 영적 순결을 잃었다고 보는 사람들도 있었다. 이들은 여성 지도자 최덕지를 중심으로 한상동, 주남선, 손양원을 타협주의자로 몰아세웠다. 그들은 1948년 '재건파'(再建派) 교회를 세웠다. 재건파의 주장은 상당히 극단적이었다.

'첫째, 하나님에게 범죄한 구예배당에는 하나님이 떠났으니, 예배당을 불태워 없애야 한다고 했고, 또 그렇게 했다. 둘째, 배교한 교회에 출석하는 교인들과 인사도 하지 말고, 부부라도 갈라서야 하며, 가족이라도 절연해야 한다. 셋째, 부지 중에 인사를 했다면 입을 씻고 상당 기간 자숙해야 한다.' 재건파는 신학적 기반이 약한 탓에 최덕지 전도사를 여성 목사로 장립했다. 그들의 교회 개혁은 과격했다. 재건파 교회는 지금까지도 이어져 오고 있다. 1990년 당시 4개의 노회, 교회 113개, 총 교인 23,569명의 성도가 있다.

순장교회

재건파와 비슷하게 한반도 북쪽 교회에서 신사참배 반대를 계기로 한
국 장로교회로부터 떨어져 나온 '대한예수교장로회'(순장, 39개 교회)가
있다. 북쪽 지방 함남노회 소속이던 이계실 목사가 장로교회에서 떨어
져 나와 '순(純 pure)장로교회'를 설립했고, 한국전쟁으로 경남 거제도로
이주해 '연합 덕천교회'를 세웠다. 후에는 서울 신천동에 신원예닮교회
와 신길동에 덕천교회(현 동천교회)와 구로동에 창대교회를 세워 오늘에
이르고 있다. 서울성경신학대학원대학교(서울 동작구 신대방동)를 설립,
운영하고 있다.

교권주의자들이 잠시 자라목처럼 머리를 움츠리고 있는 사이, 1948
년 5월 박형룡 박사가 고려신학교를 떠나 서울로 올라가 중도파 복음
주의자 지도자들의 뜻을 받아들여 '장로회신학교'를 시작했다. 고려신
학교는 박형룡의 이탈로 어려움에 처했다. 교권주의자들은 다시 목을
디밀고 고려신학교를 비방하기 시작했다. 그들은 "한국 장로교회의
자랑 박형룡 박사를 수용하지 못할 만큼 고려신학교는 독선적 사람들
이 운영하고 있다"고 비난했다. 경남노회가 열리자 김길창과 그를 따
르는 무리는 중도파 교권주의자들과 손잡고 고려신학교를 거세게 비
난했다.

엎친 데 덮친 격으로 1948년 5월 서울에서 모인 장로교 제34회 총
회는 전남 순천노회로부터 "고려신학교에 학생을 추천해도 좋으냐?"
는 질의가 올라와 고려신학교 문제를 다루고 있었다. 이에 대해 일제
강점기 '일본기독교조선교단'의 통리였던 총회 정치부 부장 김관식
목사는 "고려신학교는 우리 총회와 아무 관계가 없으니 노회가 추천

서를 줄 필요가 없다"라고 말했다. 그는 일본에 충성했던 자로서 고려신학교 설립자들이 신사참배 회개운동을 펼치는 것이 못마땅했을 것이다.

총회 후 경남노회의 교권주의자들은 벌 떼처럼 일어나 고려신학교를 향한 공격의 포문을 열었다. 1948년 7월 교권주의자들은 '고려신학교와 소위 신성파에 대하여'라는 유인물을 만들어 전국 교회에 뿌렸다. 그 글에서 그들은 미국 장로교독립선교부와 연관을 가진 고려신학교를 타국에 예속하려는 공산주의자와 다름없다는 색깔론으로 비난을 퍼부었다. 그리고 그들은 임시노회 소집을 요구했고, 9월 21일 김길창 목사가 시무하는 항서교회에서 제49회 임시노회가 소집되었다. 임시노회의 주요 안건은 고려신학교 문제였다. 그들은 박형룡 박사가 고려신학교를 떠나게 된 것, 고려신학교가 총회 승인을 청원하지 않은 것, 그리고 미국 장로교독립선교부에서 파송한 선교사들을 교수로 채용한 것을 구실로 삼아 44대 21로 고려신학교에 대한 노회 인정을 취소했다.

또 하나의 안건은 '경남노회 광정에 관한 건'이다. '광정'(匡正)은 잘못된 것을 바르게 고친다는 뜻인데, 해방 후 신사참배를 죄로 인정하고 회개하자는 구체적 결정이 사탄에 의해 된 것이니 결정을 취소하자는 것이었다. 그들은 끝까지 신사참배가 죄가 아니며 회개할 필요도 없다고 주장하고 있었다.

1948년 12월 7일 제50회 경남노회가 마산 문창교회에서 열렸다. 신사참배가 죄라는 분위기는 희석

/ 미소기바라이(1941)

되기 시작했다. 그때 한 목사가 일어나 "나는 미소기바라이를 한 사람입니다"라고 죄를 고백하고 회개했다. 사람들은 놀랐다. '미소기바라이'(禊拂い 일곱 번 물에 잠겨 몸을 씻는 의식)는 일본 신도의 세례 의식이다. 추운 겨울에 옷 하나 걸치지 않고 벌거벗은 몸으로 서울의 한강이나 부산 송도 앞바다, 혹은 강에서 전신을 담그는 의식으로 천조대신만을 유일한 신으로 섬기고 다른 신을 섬기지 않겠다는 세례식이었다. 신사참배뿐만 아니라 미소기바라이도 했다는 고백이 공적 자리에서 나오자, 분위기는 갑자기 숙연해졌다. 신사참배는 죄가 아니라는 분위기에 찬물을 끼얹은 것과 같았다.

그런데 교회 뒷좌석에 있던 김길창 목사가 이렇게 말했다고 한다. "'미소기바라이'라는 게 무언고? 그 난 들어 보지도 못한 말인데?" 김길창은 신사참배에 솔선수범했고 다른 목사들을 송도 앞바다로 데리고 가서 미소기바라이를 강행한 장본인이었다는 것은 모두가 아는 사실이었다. 참으로 놀라운 사람이었다.

한상동 목사는 벌떡 일어나 김길창의 제명에 동의했고 재청도 이어졌으나, 김길창이 회의장을 빠져나가 버려 현장에서 제명이 이루어지지는 않았다. 현장에 없는 자를 벌 줄 수는 없기 때문이었다. 정치에 능수능란한 사람이었다.

김길창과 그 무리는 자기들에게 상황이 불리하게 진행되는 것을 보고 극단적 선택을 했다. 1949년 3월 8일 자신들만의 노회를 조직한 것이다. 한국 장로교회의 첫 분열이었다. 제51회 경남노회는 김길창과 그를 따르는 10명에게 불법 노회를 조직한 것으로 시벌을 했다. 하지만 그들은 이미 노회를 떠나고 만 상태였다. 그들은 영적 치유를 거부했다.

45. 장로교 총회의 횡포

1949년 4월 19-23일 서울 새문안교회에서 열린 제35회 총회에 경남노회로부터 두 총대단이 파송되었다. 김길창과 그 무리가 떨어져 나가 사조(私造) 노회를 만들었다. 그들이 스스로 경남노회를 이어 가겠다며 총대를 파송했고, 기존 경남노회도 총대단을 파송해서 총대단이 두 개가 된 것이다.

총회는 일단 기존 경남노회 총대만 인정하고 다른 신생 노회(김길창과 그 무리)는 거절했다. 하지만 다음 날 총회 분위기가 달라졌다. 사조노회를 불법으로 조직한 김길창의 무리에게 벌을 내리기는커녕, 경남노회에 발언권을 주지 않는 부당한 처리를 했다. 경남노회 총대에게 언권(言權)을 정지시키고 문제 해결을 위한 전권위원회(5인)를 조직했다. 총회의 '전권위원회'는 그야말로 전권을 가진 막강한 권력이었다. 동시에 총회는 경남노회가 한부선 선교사와 관계를 끊지 않고 고려신학교와 계속해서 관계를 갖는 것은 지난 총회 결의에 대한 위반이므로 삼갈 것을 요구했다. 총회를 주도하는 교권주의자들은 박형룡을 중심으로 '장로회신학교'를 세우기로 결의했다. 이 당시 총회가 고려신학교를 내치려는 분위기가 팽배했음을 알 수 있다.

총회 전권위원회는 경남노회 문제를 해결하기는커녕 분열을 조장하고 문제만 키웠다. 전권위원회는 새로 분리해 나간 김길창 측을 권징하지 않고 기존 경남노회와 고려신학교를 궁지로 몰았다. 그러면서 멀쩡한 경남노회를 세 개로 나눠(三分) 힘을 약화시키려 했다. '경남노회' ⇒ 부산지방, '경중노회' ⇒ 마산과 통영지방, '경서노회' ⇒ 진주와 거창지방, 이렇게 세 개의 노회 소집책(責)을 임명하면서 김길창의 사람을 세웠다. 그리고 5월 27일 한부선 선교사와 고려신학교 관계자와 일체 관계하지 말며, 그들을 강단에 세우지도 말 것을 결정하고 각 교회에 시달했다. 고려신학교와 교회 재건을 주장하는 경남노회 지도자들을 무력화하는 작업을 시작한 것이다. 전권위원회는 1949년 3월 8일 제51회 기존 노회를 해체한다고 명령했다. 합법적으로 조직된 노회를 부정하고 역사를 뒤집으려고 한 것은 김길창 측의 체면을 세워 주기 위함이었다.

경남노회 이약신(李約信, 1898-1957) 노회장은 더 이상 사태를 그냥 두고 볼 수 없다고 판단했다. 그는 총회 전권위원회를 불신하기로 하고 노회를 분립하지 않기로 선언문을 발표했다. 전권위원회가 교권을 남용하여 고려신학교를 핍박하는 방향으로 갔기 때문이다. 그것이 오히려 고려신학교를 중심으로 사람들을 더 결집시키는 효과를 낳았다. 170여 개의 경남노회 교회 가운데 111개 교회가 노회를 삼분하는 것을 반대했다. 겨우 50여 교회만 삼분 분립에 가담했다. 이렇게 되면서 교인도 자발적으로 일어나 총회 전권위원회의 일 처리에 반대하는 모임을 시도했다. '기독청년면려회'와 '신도대회'가 모였다. 한부선 선교사도 1949년 9월 모든 교회에 선언문을 보냈다. 노회장과 고려신학교 당국자들도 전국 교회에 선언문을 작성해 발송했다. 부당한 결정에 대한 항거가 시작된 것이다.

이렇게 되자, 경남노회 사건을 맡은 전권위원회는 문제 해결은커녕 노회를 오분(五分)시키고 만 격이 되었다. 김길창 측 노회는 목사를 장립하는 등 노회 행세를 하고 다녔다. 소위 '법(적인 정)통노회'(이약신 노회장)와 전권위원회가 나눈 '삼분 노회' 그리고 '중립노회'(노진현, 이수필, 김성여 등 친박형룡계 사람들)로 다섯 노회가 존재하는 상황이 벌어졌다. 이대로 간다면 다음 해 장로교 총회에 경남노회로부터 다섯 노회 총대가 파송될지도 몰랐다. 전무후무한 역사가 일어나고 있었다.

1950년, 치욕의 그날 장로교 총회

해방 후 장로교 총회는 일제강점기의 신사참배에 대한 회개와 교회의 순결과 재건에는 관심이 없고 교권에만 혈안이 되어 있었다. '회개해야 할 자'가 회개하지 않고 '회개하자는 자'를 독선자로 몰아붙여 권력과 힘으로 제압하려 했다. 교회 총회는 더 이상 성령의 인도함을 받는다고 보기 어려웠다. 사탄이 교묘히 교회를 유린하고 있었다.

1950년 4월 21일 개최된 제36회 장로교 총회는 대구제일교회에서 열렸다. 총회는 시작 전부터 경남노회 문제를 해결하라고 보낸 전권위원회가 1개의 노회를 5개 노회로 만들었으니 그들을 다 총대로 받을 것인가를 두고 설전을 벌였다. 그리고 장로회신학교 측과 조선신학교 측은 서로 교권 확보를 위해 이미 계획적으로 욕설과 폭력을 동원해 맞섰다. 한마디로 난장판 총회가 되고 말았다. 겨우 이틀 만에 총회가 시작되긴 했지만 진리를 위한 싸움이 아니었다. 교권을 확보하기 위한 인간적 탐욕만 가득했다. 4월 24일 오전 총회는 경남노회 전권위원회 보고를 기각하고 '특별위원회' 7인을 다시 선정하여 노회를 합병, 조직, 해벌하는 권한을 부여했다. 회의는 큰 소란과 난투와 싸움으로 얼룩져 비상 정회를 두 번이나 해야 했고, 경찰이 출동하는 부끄러운 사태까지 벌어졌다.

1938년 제27회 총회에는 외부적 요인으로 일본 경찰이 출동했지만, 1950년 제36회 총회에는 교회 내부적 요인으로 한국 경찰이 출동하는 치욕의 역사를 기록했다. 총회는 여러 안건을 각 위원회에 맡기고 1950년 9월 5일 오후 7시 30분까지 정회를 선언했다. 그 후 한국전쟁의 발발로 총회는 예정된 날짜에 개최되지 못했다.

한국 교회가 이렇게 해괴망측한 각축장이 되고 있을 때 한국전쟁이 일어난 것을 어떻게 해석해야 할까? 회개는커녕 교권을 두고 싸움박질하는 한국 장로교회는 큰 죄를 범하고 있었다.

/ 한국 전쟁 후 1953년

/ 한국전쟁 참전 미군(1950-1953)

한국전쟁과 한국 교회

대한민국은 해방 이후 '미소공동위원회'의 지배 아래 한국의 독립 문제가 논의되었다. 그리고 유엔 총회는 한국 정부가 수립되면 소련군과 미군이 철수할 것을 결의했으나 소련의 거부로 진행되지 못했다. 결국 1948년 남한 홀로 독립 정부를 수립했다. 1948년 5월 10일 총선거가 있었고, 선출된 198명위 국민대표가 5월 31일 역사적 제헌국회를 열어 헌법을 제정한 뒤 7월 17일 공포하였으며, 7월 20일 국회가 이승만을 대통령으로 선출했다. 이승만 대통령은 행정부를 조직하고 8월 15일 대한민국 정부를 수립해 전 세계에 선포했다. 그해 12월 유엔이 한국을 정식 국가로 인정하면서 대한민국은 국가로서 권리와 의무를 행사할 수 있었다.

북한은 이미 1946년 2월 '북조선인민위원회'를 조직했고, 1948년 9월 조선민주주의인민공화국, 곧 공산 정부를 세우고 군사력을 강화하기 시작했다.

이렇듯 원치 않는 분단이 한반도에서 시작되고 있었다.

북한은 1950년 6월 25일 한반도를 무력으로 공산화하기 위해 남침을 시도했다. 한국전쟁이 터진 것이다. 북한군은 3일 만에 서울을 정복하고 남으로 진격해 낙동강까지 순식간에 점령했다. 유엔(UN)은 대한민국을 지원하기로 결정하고 미국을 포함한 16개국이 군대를 파병했다. 인천 상륙작전을 성공적으로 이끌어 9월 28일에는 마침내 서울을 수복하고 압록강까지 올라갔다. 하지만 중공이 100만의 군대를 파병하자 1951년 1월 4일 다시 서울을 내어주게 되었다. 바로 그 유명한 '1·4후퇴'다. 다시 반격에 나선 유엔군은 북한군을 38선 이북으로 몰아냈고, 이후 전선은 교착상태에 빠졌다. 지루한 싸움이 계속되다가, 마침내 1953년 7월 27일 정전협정을 맺어 오늘에 이르렀다.

한국전쟁으로 인해 한국 교회도 피해를 입었다. 장로교회당이 152개, 감리교회당 84개, 성결교회당 27개, 구세군 예배당 4개가 파손되었다. 순교 및 납치당한 개신교 교역자는 장로교 177명, 감리교 44명, 성결교 11명, 성공회 6명 등이었다.

세계 선교회와 교회는 전쟁으로 파괴된 대한민국을 다시 일으켜 세우기 위해 발 벗고 나섰다. 특히 외국 교회로부터 구호물자가 많이 들어왔다. 고아원과 자선기관이 활발하게 활동했다. 전쟁 후 가족을 잃은 아동을 수용하는 시설이 440개, 수용된 아이도 53,964명이나 되었다. 부모 잃은 아이들을 해외로 입양시키는 홀트아동복지회가 이때 시작되었다.

경남노회 특별위원회의 폭거

총회 경남노회 문제를 해결하기 위해 새롭게 조직된 '특별위원회'도 지난해 전권위원회와 다를 바 없었다. 고려신학교에 자복서를 요구하고 총회와 관계를 맺기 전까지 회원권을 중지한다고 했다. 특별위원회는 경남노회가 '진공'과 '포화' 상태에 있다고 보고, 노회를 없애고 새롭게 조직하겠다고 결정했다. 그러면서 1951년 3월 7일 부산진교회에서 노회로 모인다고 선포했다. 경남노회 119명의 노회 총대들은 1951년 5월 13일 항의서를 특별위원회에 제출했다. 경남노회가 분열된 원인은 '신앙과 신조'가 일치하지 않는다는 이유로 새로운 노회를 조직한 김길창 측에 있는데, 마치 분열의 원인이 고려신학교와의 관계 및 총회 불복종에 있는 것처럼 연결시키는 것에 대한 부당함을 호소했다. 경남노회도 진정서를 제출했다. 경남노회의 178개 교회 중에 133개 교회가 경남(법통/본래)노회를 지지했고, 삼분 분립노회를 지지하는 교회는 26개로 줄었으며, 19개 교회가 중립을 지키고 있었다.

그럼에도 불구하고 총회 특별위원회는 부여된 무소불위의 권력으로 1951년 3월 7일 부산진교회당에 교회 대표들을 소집했다. 경남(법통)노회 측은 참석하지 않았다. 한 주 후 부산중앙교회당에서 경남(법통)노회를 제외한 삼분 노회와 중도 노회만의 새로운 노회를 조직했다. 경남(법통)노회는 특별위원회 위원장 앞으로 진정서를 보내 별(別)노회를 조직해 총회가 인정한다면 교회 분열의 책임을 져야 할 것이라고 경고했다. 특별위원회는 노회가 쪼개지는 것을 안타까워하지 않았을뿐더러 도리어 교회 분열을 적극적으로 추진했다. 그들은 이미 빼든 칼을 마구 휘둘렀다. 눈엣가시 같은 경남노회와 고려신학교를 제거하는 것이 훨씬 더 낫다고 여겼던 것이다.

특별위원회는 새로운 노회를 조직하고(1/3의 교회가 참석) 김길창과 10명의 목사에게 내려진 시벌을 해벌한다고 선언했다. 멀쩡한 기존 노회를 부정하고 새로운 노회를 조직해 분열을 야기한 김길창의 무리에게 벌을 내리기는커녕 해벌을 선언했으니 적반하장이 아닐 수 없었다. 이렇게 한국 장로교회는 친일하며 배교했던 자들을 시벌하지 못하고 오히려 회개를 외치는 자들을 짓밟고 교회 밖으로 내쳐 버렸다.

국가가 한국전쟁으로 고통받고 있을 때 교회는 자신의 죄를 보기는커녕 교권에 눈이 멀어 한 지체를 잘라내 쫓아 버렸다. 앞으로 계속 이어지는 수많은 한국 장로교의 분열은 바로 이 총회가 근원이었다고 해도 과언이 아닐 것이다.

전쟁 중에도 회개하지 못하는 교회

한국전쟁으로 정회되었던 총회가 부산중앙교회에서 1951년 5월 25일 속개되었다. 그런데 교권주의자들은 미리 입장권을 노회 총대 수대로 배부해 총회 방청권을 제한하고 경남(법통)노회 대표들의 출석을 아예 원천적으로 차단했다. 총회는 특별위원회의 보고서를 받아들여 새롭게 구성된 경남노회만 합법적 총대로 받고 본래 경남(법통)노회를 제거했다. 한국 장로교 총회는 1938년 신사참배를 결정함으로써 제1, 2계명을 어기더니, 이제 그 죄를 인정하지도 회개하지도 않았다. 오히려 신사참배가 죄라고 외치며 회개하자고 하는 자들을 교권으로 내몰며 자기들의 신변을 정당화하기 바빴다.

경남(법통)노회 총대들은 성명서를 발표하고 총회의 결정이 잘못되었음을 지적하며 계속 장로교회에 머물 것임을 천명했다. 하지만 그런 의지만으로 같은 교회 안에 머물 수 있었을까?

총회는 첫날 고려신학교 측인 경남노회를 축출한 후, 둘째 날 '조선신학교'와 '장로회신학교' 문제를 다루었다. 총회는 두 신학교를 폐교하고 대구에 새로운 신학교를 세우기로 결정했다. 조선신학교를 축출하기 위한 꼼수였다. 조선신학교 측은 1950년 4월 제36회 대구 총회 결정은 노회 수의(守意)를 거치지 않은 것이기에 불법이라며 반발했다. 조선신학교는 1951년 문교부의 대학 인가를 받고 한국신학대학이라는 이름으로 재탄생해 자유주의적 진보신학을 펼쳤다. 이후 1992년 한신대학교로 개명하고 오늘에 이르고 있다.

전후 1951~1952년
46. 경남노회 축출(1951)과 고신교회 탄생(1952)

고려신학교를 중심으로 신사참배 회개운동을 펼쳤던 경남노회 교회들은 장로교 총회로부터 쫓겨난 셈이 되었다. 한국 장로교회에 머물고 싶었지만 그럴 수 없는 상황이 전개된 것이다.

1952년 4월 29일 대구 서문교회당에서 열린 제37회 총회에 경남법통노회가 총대를 파송해 마지막까지 문제 해결을 시도했다. 하지만 경남법통노회 총대는 거절당했다. 이제 새로운 노회를 조직할 수밖에 없게 되었다.

마침내 1952년 9월 경남법통노회 측 교회들은 진주성남교회에서 모여 독립 제1회 장로회 총노회를 조직했다. 이때부터 '고신 측'이라는 말이 자연스럽게 사용되었다. '고려신학교 측'을 줄여 '고신 측'이라고 부른 것이다. '조선신학교 측'을 '조신 측'이라고 부른 것과 같다. 새로운 한 교회가 시작된 것이다.

교회의 영적 재건을 위해 회개와 갱신을 외치는 교회를 교단이 쫓아냄으로써 한국 장로교회는 영적으로 쇄신할 수 있는 기회를 놓치고 말았다. 신사참배 가결을 취소한 것처

/ 고려신학교(부산 송도)

럼 개혁을 거부하고, 목에 가시 같은 고신 측을 몰아냄으로써 자기들만의 교회를 꾸려 간 것이다.

신사참배 반대와 회개를 부르짖었던 고신교회를 쫓아낸 한국 장로교는 어떤 길을 걸어갔을까? 부끄럽게도 한국 장로교는 전무후무한 분열을 거듭했다. 2018년 문화체육관광부 통계에 의하면 교회연합 단체에 속한 개신교 교단 126개 가운데 무려 100개가 장로교 이름을 가졌다. 그 외 교회연합 단체 미가입 교단이 248개인데, 그 중에 237개가 장로교 이름을 가지고 있다. 그러니 장로교회만 무려 337개나 된다. 거룩성을 내팽개친 한국 장로교회에는 인간적, 정치적, 지역적 탐욕이 활개쳤다. 그것도 하나님과 교회의 이름으로 말이다.

고신교회의 목사와 장로는 3주 동안 자진해서 근신하기로 했다. 이렇게 해서 새로운 교회가 세워졌다. 장로교 총회는 쫓아낸 고신교회를 그냥 내버려 두지 않았다. 당장 한상동 목사가 시무하던 초량교회에 압력을 넣어 한상동 목사를 쫓아냈다. 초량교회의 성도들은 대부분이 한상동 목사 편이니 교회를 떠날 이유가 없었다. 하지만 자신이 버티면 교회에 어려움이 있을 것을 염려해 한 목사는 자진해서 교회를 떠났다. 그리고 그는 삼일교회를 새로 시작했다. 그러나 다른 많은

교회들은 교회당 건물 문제로 어려움을 겪어야 했다. 특히 마산 문창교회가 그랬다. 고신 측을 지지하는 쪽과 그렇지 않은 쪽이 팽팽하게 대립했고, 수개월 동안 한 예배당에서 두 그룹이 예배하면서 서로 싸웠다. 양측은 15년 이상 긴 세월 동안 법정 투쟁을 했다. 그 중심에는 송상석 목사가 있었다.

문창교회의 모습을 멀리서 지켜보던 김창인, 김현봉, 이병규 목사 등 경기노회의 목사들은 교회 재산권을 둘러싼 싸움이 덕스럽지 못하다고 지적했다. 고린도전서 6장 7절의 "너희가 피차 고발함으로 너희 가운데 이미 뚜렷한 허물이 있나니 차라리 불의를 당하는 것이 낫지 아니하며 차라리 속는 것이 낫지 아니하냐"라는 말씀에 근거해 그들은 1957년 총회에 교회 분쟁과 법정 투쟁을 지양하자는 건의를 했다. 총회가 이를 받아들이지 않자 경기노회 대부분의 목사들은 1958년 1월 7일 행정 보류를 선언하고 고신교단을 떠났다.

그리고 그로부터 17년 후 1975년 이 문제가 다시 발생했다. 소위 '반고소'를 지지한 교회들이 고신교회를 떠난 것이다. 경기노회와 경남노회의 많은 교회들이 경향교회 석원태 목사를 중심으로 1976년 '고려파' 교회 총회를 구성하고 서울에 '고려신학교'를 설립하여 교단을 이루었다. 그로부터 40년이 지나 2015년 소위 '고소파' 고신교회와 '반고소파' 고려파에 속한 많은 교회가 합동했다.

주후 1953년
47. 조신 측(기장) 축출(1953)

고려신학교를 떠난 박형룡 박사는 1948년 6월 20일 서울 창동교회

/ 장로회신학교 1회 졸업생(서울 남산 신궁 자리 1948)

에서 장로회신학교를 시작했다. 1950년 제36회 장로교 총회는 조신과 장신 둘을 병합하도록 특별위원회를 구성해 추진했지만 실패했다.

1951년 5월 25일 제36회 장로교 총회는 고려신학교(약칭 고신)와 경남노회를 쫓아낸 후 조선신학교(약칭 조신)와 장로회신학교(약칭 장신) 문제를 다루었다. 조신 측과 장신 측은 힘을 합해 고신 측과 경남노회를 몰아내는 데 성공했지만, 다음 날 바로 서로 싸우는 형국이 되고 말았다. 결론은 두 학교 모두 총회 직영을 취소하고 대구에 새로운 총회 직영 신학교를 세우기로 결정했다. 장신 측으로선 이미 기득권을 가진 조신 측을 제거하는 데 유리하다고 판단했던 것이다. 실제로 그해 9월 18일 총회 직영 신학교를 개교해 수업도 했지만 조신 측이 동조하지 않았다.

1952년 4월 29일, 제37회 장로교 총회(대구 서문교회)는 성경유오설을 주장하는 김재준을 제명 처리하기로 하고 그 무리가 가르치는 조선신학교에 학생을 추천하지 말 것과 조선신학교 출신 강도사나 목사는 장립을 불허한다고 결정했다. 동시에 서고도 선교사를 본국으로 소환할 것을 건의하기로 결정했다. 그러자 그해 9월 17일 조신 측 목사 35명과 12명의 장로가 '호헌대회'(護憲大會)를 열고 총회의 결의가 노회의 수의를 거치지 않은 불법이라고 항의했다.

1953년 제38회 총회는 경기노회가 총회의 명령을 따르지 않고 김재준 목사를 면직하지 않으니 그의 면직을 직접 선언했다. 당시 김재준 목사가 속해 있던 경기노회가 그를 보호하며 지난해 총회 결정을 시행하지 않았기 때문이다. 하지만 총회는 노회의 목사를 면직시킬 수 있는 권한이 없었다. 오히려 총회가 위법을 저지른 것이다. 조신 측 목사 26명과 장로 26명은 총회의 결정에 복종할 수 없었다. 그들은 총회가 신학교의 존폐 문제를 노회의 의견을 물어 결정하지 않고 시행한 것이 명백한 불법임을 천명하고, 1953년 6월 10일 서울 '한국신학대학'(1951년 '조선신학교'를 개명) 강당에서 9개 노회 대표자 47명이 모여 자신들이 '법통총회'라고 선언했다. 두 번째 장로교회 분리가 시작된 것이다. 바로 **'한신'**(한국신학대학의 약칭) 교회라고 부르는 교회들이다. 정식 이름은 '한국기독교장로회'로 **'기장'**이라고도 부른다.

주후 1959년

48. 합동(승동 측)과 통합(연동 측)의 분열(1959)

수적으로 소수인 고신 측(1952년)과 기장 측(1953년)을 도려낸 큰 덩치의 한국 장로교는 신사참배 회개운동에 관심이 없었다. 진리(〈=자유주의)와 거룩(〈=신사참배)의 문제를 교권으로 처리한 한국 장로교회는 또 다른 문제에 직면하게 되었다. 그것은 WCC(세계교회협의회, World Council of Churches) 가입 문제였다. WCC는 1948년 네덜란드 암스테르

담에서 열린 교회 연합단체다. 회의는 장소를 달리하며 4년마다 열린다. 한국 장로교회 대표로 김관식과 엄요섭이, 감리교회 대표로 변홍규가 참석했다.

WCC의 설립은 자유주의 신학이 주류를 이룬 미국 북장로교가 앞장섰다. 북장로교의 신학적 자유주의에 반대해 분리한 '정통장로교회'(OPC)가 한국에 파송한 한부선 선교사는 WCC 가입을 강하게 반대했다. 박윤선 교수와 박형룡 박사도 WCC의 위험성에 대해 경고했다. 1954년 미국 에번스턴(Evanston)에서 열린 WCC에 3명의 한국 장로교 대표를 파송해 1955년 40

/ 1957년 6월 4일 한부선 선교사 송별기념(송도)

회 총회에서 그 결과를 들은 후 에큐메니칼 운동에 대한 연구위원회를 구성하고, 회원으로 남아 있기로 결정했다. 전 세계적으로 WCC의 반대편에는 1942년에 시작한 NAE(National Association of Evangelicals)와 그보다 앞서 칼 매킨타이어가 조직한 ACCC(American Council of Christian Churches) 그리고 1951년에 조직된 WEF(World Evangelical Fellowship)가 있었다.

무엇보다도 WCC 조직에 반대해 같은 해 1948년 암스테르담에서 시작한 ICCC(The International Council of Christian Churches)로 인해 한국 장로교회도 두 편으로 나뉘게 되었다. ICCC는 미국 근본주의적 보수주의자의 대표인 칼 매킨타이어(McIntyre)가 이끈 단체였는데, 1961년 대한예수교성경장로회(대신: 대한신학교, 현 안양대학교), 1962년 대한예수교장로회(호헌: 호헌총회신학교)라는 이름으로 나간 일부 목사들이 지지했다.

한국 장로교회는 WCC 찬성 측과 반대 측으로 나뉘었는데, 그 수가 비슷했다. 1959년 9월 28일 대전에서 열린 제44회 총회는 시작도 하지 못하고 11월 23일 서울 '승동교회'에서 속개하기로 하고 정회를 선언했다. 그런데 이에 불복한 한경직 목사를 위시한 찬

/ 승동교회(서울)

성 측은 9월 29일 '연동교회'에서 전필순의 사회로 단독 속회를 열었다. 그래서 이후 '연동 측'이라 불렸다. 교회의 법이란 스스로 지킬 때 의미가 있는데 초법적 사건이 일어난 것이다. 다음 해 1960년 2월 17일 승동 측으로부터 넘어온 일부 교회들과 통합을 시도해 '통합총회'를 하게 되었는데, 이를 계기로 '연동 측'은 **통합 측**으로 불렸다.

이렇게 한국 장로교회는 두 개의 거대 교단으로 나뉘게 되었다. 1959년 11월 23일 '승동교회'에서 예정된 총회가 속회되었을 때는 이미 절반의 교회가 빠진 상태였다. 그 후 두 교회를 부를 때 '연동 측'과 '승동 측'이라고 불렀다. 연동측은 남산에서 더 이상 신학교를 같이할 수 없어서, 서울 광장동에 신학교 건물을 세우고 **장로회신학대학**을 시작했다. 외국 선교부는 대부분 WCC에 가입되어 있었

/ 연동교회(서울)

기 때문에 자연스럽게 '통합 측'에 가담하게 되었다. 이런 이유로 기독교학교는 대부분 '통합 측'으로 가게 되었다. 승동 측도 5년 후 사당동에 새 건물을 마련하고 **'총회신학교'**(현 총신대학교)를 시작했다. 승동 측은 외국 선교부와의 관계가 대부분 끊어져 재정적으로 상당히 어려움을 겪어야 했다.

주후 1960~1963년

49. 승동 측과 고신 측의 합동(1960), 그리고 환원(1963)

고신교회는 1952년 총노회로 시작해 1956년 총회로 모이기 시작했지만, 교회 재산권 문제로 골머리를 앓았다. 교회가 교단으로부터 쫓겨난다는 것이 그리 단순한 문제가 아니다. 재산권과 관련이 있기 때문이다. 마치 부부가 이혼하는 것과 비슷하다. 재산과 교인을 어떻게 나눌 것인가의 분쟁이 남아 있기 때문이다. 한상동 목사는 분쟁의 소지가 생기기 전에 교회 기득권과 재산을 포기하고 교회를 떠났기에 문제가 없었지만, 다른 교회들은 매우 복잡하게 얽히는 경우가 많았다. 마산 문창교회가 대표적이다. 총회 측 교회와 고신 측 교회가 서로 고소와 고발을 하며 대치했다. 한 예배당에 두 교회로 모인 것이다.

경기노회와 박윤선 교수는 "차라리 불의를 당하는 것이 낫지 아니하며 차라리 속는 것이 낫지 아니하냐"(고전 6:7)고 했지만, 쉽게 문제가 해결되지는 않았다. 그것은 개별 교회의 문제였다. 성도 간의 고소 문제로 박윤선 교수는 1957년 고려신학교를 8개월 동안 떠났다가 다시 돌아오는 해프닝도 있었다. 한편 1960년 7월 박윤선 교수는 어느 주일에 선교사를 배웅하러 갔다가 배가 늦어지는 바람에 주일 오전 예배에 참석하지 못했다. 이것이 문제가 되어 이사회에서 공론화하더니, 9월 총회에서 거론되었고, 마지막으로 총회 후 이사회는 박윤선의 교장직을 직무 정지시켰다. 이렇게 해서 박윤선 교수와 고려신학교의 14년 관계는 끝나고 말았다. 이 일로 고신교회와 고려신학교는 심각한 허탈감에 빠지게 되었다.

한편, 총회파도 매우 어려운 상황에 처해 있었다. 총회파는 박형룡 박사를 중심으로 한 보수계와 한경직 목사를 중심으로 한 중도진보계 간에 알력이 점점 거세졌다. 그 대립은 WCC 가입 문제에서 극에 다다랐다. 또 한 가지는 박형룡 박사의 신학교 건축비 '3천만 환 사건'이었다. 박형룡 박사가 남산 소재 일제의 옛 신궁 터에 총회신학교 부지를 구해 준다는 사람에게 이사회와 의논하지 않고 3천만 환을 지불했다가 사기를 당한 것이다. 이렇듯 박형룡파와 한경직파로 나뉘어 다투다가, 결국 1959년 한경직파가 연동교회에서 새로운 교회를 설립함으로써 완전히 교회가 나뉘게 되었다.

고신 측 교회와 승동 측 교회는 각각 나름대로 어려운 상황에 직면해 있었다. 1960년 8월 여름, 승동 측 박형룡 박사와 일행이 고신 측 목사들을 만나 눈물로 호소하며 교회 합동을 비공식적으로 제의했다. 교회의 분리와 합동은 매우 신중해야 함에도 불구하고 그 모임에 참석했던 고신 측 목사들은 합동에 동의했다. 1960년 9월 20일 고신 총회는 합동 추진 헌의안이 올라왔을 때 '합동연구위원회'의 과정을 거치지 않고 빨리 일을 추진하기 위해 '합동추진위원회'를 만들었다. 이것은 지역 개교회의 권리를 무시한 졸속 합동 추진이었다. 교회의 합동과 분리는 교회의 충분한 공감대가 형성된 후에 시행되는 것이 맞다. 승동 측도 9월 20일 '합동위원회'를 만들어 한 달 후인 1960년 10

월 25일 오후 2시부터 대전중앙교회당에서 합동위원회를 구성하고 26일 오전 9시까지 준비를 끝냈다.

그해 12월 13일 오후 3시 30분 노회 수의를 마치고 저녁 6시 30분 합동총회를 서울 승동교회에서 가졌다. 형식은 갖추었다. 합동은 일사천리로 진행되었다. 승동 측 교회는 노회 수의도 없이 교권의 힘으로 합동을 했다. 여러 측면에서 무리한 합동이었다.

진리에 기반하지 않고 졸속으로 이루어진 합동은 곧 문제점을 드러냈다. 합동교회는 부산의 고려신학교를 폐지하고 서울의 총회신학교만 남겨 두기로 하고 그 일을 추진했다. 본래 합동 당시 "신학교는 총회 직영의 단일 신학교로 하고"가 아니라, "신학교는 총회 직영으로 일원화하고"로 수정했던 약속을 어긴 것이다. 고신 측은 총회신학교와 고려신학교를 모두 존속시키는 것으로 이해했지만, 합동 후 고려신학교를 폐지하는 쪽으로 일이 진행되었다. 고신 측의 반발은 이만저만이 아니었다. 그럼에도 불구하고 2년 연속 합동 총회장을 맡았던 고신 측 한상동 목사는 아무런 이의를 제기하지 못하고 묵묵히 그 현실을 받아들였다.

경남노회는 합동교회의 고려신학교에 대한 합의 불이행에 강하게 항의했다. 1961년 총회가 '신학교를 연내로 단일화한다'는 결정을 했기 때문이다. 고려신학교 학생들도 즉시 반대 성명을 내고 항의했다. 고려신학교의 폐지는 10년 이상 걸어온 진리운동이 사라지는 위기감으로 작용했다.

이런 상황에서 1962년 10월 17일, 고려신학교 설립자 한상동 목사가 총회신학교 부산 분교 경건회를 마친 후 학생들 앞에서 돌발적으로 '고려신학교 복교 선언'을 했다. 폭탄 선언이었다. 그는 어떤 사람과도 의논하지 않았다. 한상동 목사는 졸속 합동이 실수이며 잘못이었음을 알았다. 학생들이 한상동 목사에게 학교 폐합에 대한 책임을 묻고 은퇴를 요구했을 때, 그는 "그렇게 하겠다"고 약속했다.

합동은 깨지고 고신 측은 다시 '환원'을 선언했다. 1963년 9월 17일 부산남교회에서 고신 측 환원총회를 열었다. 합동한 지 34개월 만에 다시 고신으로 돌아온 것이다. 합동을 주도했던 지도자들의 사과가 있었고, 1년간의 자숙을 결의했다. 합동 당시 590교회였지만, 환원한 숫자는 445개로 줄었다. 부산노회는 131교회 중 69교회, 경북 노회는 183교회 중 70교회, 진주노회는 148교회 중 85교회만 환원했다. 결국 고신교회는 합동을 하고 환원하는 과정에서 삼분의 일에 해당하는 교회를 잃었다.

졸속 합동과 이해할 수 없는 급작스런 고려신학교 복교와 부자연스런 환원의 과정은 본래 가지고 있던 고신교회의 신학과 신앙과 생활과는 매우 다른 모습이었다. 신앙의 정통과 생활의 순결을 부르짖던 고신교회는 이제 부끄러운 오점을 갖게 되었다.

현재 '총신대학교'를 가진 장로교회를 **'합동'**이라고 부른다. 1960년에 만들어진 '합동'이라는 호칭은 아픈 장애를 품고 있다.

해방 후 장로교회의 분열에 대한 평가

우선 한국 장로교의 분열 양상을 보면 몇 가지 특징을 발견할 수 있다. 첫째, 교회 분열에는 중심 인물이 있다. 최초로 분열된 고신교회의 중심 인물은 한상동 목사다. 합동교회의 중심 인물은 박형용 목사다. 통합교회의 중심 인물은 한경직 목사다. 기장교회의 중심 인물은 김재준 목사다.

둘째, 교회 분열에는 신학교가 주요 동인이 되었다. 고신교회는 고려신학교, 합동은 총회신학교, 통합은 장로회신학교, 기장은 조선신학교가 있었다.

셋째, 교회 분열에는 다양한 요인들이 작용했다. 고신교회의 분열에는 신사참배 회개운동과 그 반대 행위가 핵심 동인이었다. 기장교회 분열에는 자유주의 신학적 문제가 핵심 동인이었다. 합동교회와 통합교회의 분리는 교회론 문제와 교회 세력의 양분이 원인이었다.

넷째, 교회 통합과 합동의 노력이 없지 않았지만, 끝내 분열되었다. 그러나 교회는 진리 안에서 연합하기 위해 노력해야 한다.

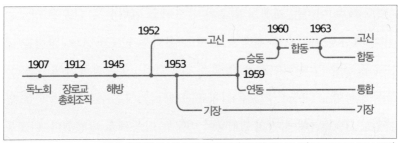

〈출처: 《이상규 교수의 교회사 이야기: 한국교회 역사와 신학》(생명의양식 2014 개정)〉

주후 1947 이후

50. 해방 후 교회 안에서 활개 치는 이단들

해방으로 40년 동안 눌려 있던 온갖 욕구들이 터져 나왔다. 정치, 경제, 사회, 문화, 종교 등 모든 영역에서 새롭게 출발해야 했다. 기독교 안에서도 신흥 이단들이 우후죽순처럼 생겨났다.

이단들의 특징은, 첫째, 성경의 완전성을 부정하고 새로운 계시를 믿는다. 둘째, 신비한 환상과 개인적 체험으로 주관적 신앙을 강조한다. 셋째, 대체로 세대주의적 종말론을 가진 전천년설의 입장을 가지고 있다. 넷째, 윤리적으로 율법주의나 혹은 율법폐기론의 입장을 취하는데, 성적 타락과 혼음과 재산 탈취 등의 문제를 낳는다. 다섯째, 자기 지도자를 우상화하고 기성 교회를 비판한다.

1947년 나운몽의 성령운동, 1954년 문선명의 통일교, 1955년 박태선의 전도관이 좋은 예들이다.

나운몽(羅雲夢, 1914-2009)은 본래 승려 생활을 하다가 기독교로 개종했다. 그는 1940년 용문산에서 수련하고, 1946년 수표감리교회에서 장로임직을 받았다. 나운몽 장로는 1947년 경상도 김천 용문산에 '애향숙'(愛鄕熟)이라는 개신교 최초의 기도원을 설립했다. 나운몽 장로는 신비 체험을 바탕으로 전국을 돌며 부흥회를 인도하면서 '삼겹줄 전도운동'(부흥+문서+기도)으로 열풍을 일으켰다. 그는 용문산에 '기드온고등성경학교'(1955) '기드온신학교'(1956) '기드온수도원'(1956)을 만들었다. 1960년대에 거의 700명이 머무는 공동체로 발전했다. 나운몽은 '멸공 통일'과 '구국운동'도 병행했다. 그는 1979년에 미국 오순절 성결교회에서 목사 안수를 받았다. 나운몽은 정통교리를 벗어난 이단적인 것을 가르쳤다. 그는 단군이 산상에서 천제단을 쌓고 제사한 것을 성경의 하나님께 드린 것으로 해석했다. 공자와 석가를 대선지자나 몽학선생으로 본다거나, 정통교리에서 벗어난 이상한 것들을 많이 가르쳤다. 성경 해석이 편향적, 주관적, 비역사적이고 알레고리를 많이 활용했다. 그는 신학을 제대로 배우지 않았다. 혼합적 지식을 신비한 성령의 역사들과 함께 가르쳤다. 여러 한국 기성 교회는 그를 이단으로 규정했는데, 1968년 예장 고신 총회는 이단으로 확정했다. 2013

년에 기독교대한감리회로 편입되었다. 지금도 경기도 용문산에는 그의 아들 나서영 목사를 중심으로 수백 명이 공동생활을 하고 있으며, 전국에서 3만여 명이 모여 집회를 이어 가고 있다.

/ 나운몽

문선명(文鮮明, 1920-2012)은 본디 개신교 신앙을 가졌는데, 1946년 김백문의 '이스라엘수도원' 교리의 영향을 많이 받아 1952년 '원리강론'을 완성했다. 1954년 서울 무학동에서 세계기독교통일신령협회를 창설함으로 통일교를 시작했다. '원리강론'은 하늘에서 받아 쓴 것이 아니라 김백문의 '기독교 근본 원리'라는 사상 체계를 표절 수준으로 변형한 것이다. 내용의 구조는 '제1편 창조의 원리' '제2편 타락론' '제3편 복귀론'으로 되어 있다.

그는 성경에 기록된 가장 기본적인 죄와 구원에 대해 정통 기독교 교리와 다른 주장을 펼쳤다. 원리강론에 의하면, 인간의 타락은 사탄과의 육체적 성관계를 맺은 데 있다고 한다. 그로 인해 하와의 몸에 사탄의 피가 흐르게 되었고, 그것이 모든 인류에게 원죄로 유전된다고 보았다. 예수 그리스도가 와서 구원을 이루었지만, 그것은 영적 구원의 수준에 머물렀

/ 문선명

다고 보았다. 육적 구원을 완성하는 것은 문선명이라고 가르쳤다. 문선명의 말을 따라 하나님을 믿고, 생활의 순결을 유지하고, 가정을 중시하며, 평화를 추구하면 이 땅에서 천국의 삶을 누리게 된다는 것이다. 전형적인 행위 구원 교리이며 "다른 이로써는 구원을 받을 수 없나니 천하 사람 중에 구원을 받을 만한 다른 이름을 우리에게 주신 일이 없음이라"(행 4:12)는 말씀을 부인하는 이단인 것이다.

문제는 통일교가 애천(愛天)·애인(愛人)·애국(愛國)·평화·통일·일치·가정·사랑을 부르짖고 활동한다는 점이다. 그들은 외교, 정치, 경제, 사회, 문화, 예술, 교육의 모든 영역으로 세력을 펼치고 있고 많은 신도들을 끌어들였다. 지금은 공식 이름을 '세계평화통일가정연합'으로 바꾸었다.

박태선(朴泰善, 1917-1990)은 평안도 출생으로 어릴 때부터 신앙을 가졌고, 서울 남대문장로교회에서 집사가 되었다. 그는 성결교 부흥사 이성봉 목사의 부흥회에 참석했다가 하늘에서 내려오는 불의 역사를 체험했고, 나중에 부흥사 나

/ 박태선(1957년 서울 이만제단 설교)

운몽 장로와 순회 집회를 하기도 했다. 1954년 창동교회 장로가 된 후 1955년 무학교회에 다니면서 전국을 돌며 부흥사로 활동했다. 부흥회에서 기성 교회를 신랄하게 비판하더니 정통 교리를 떠나 이단적 사상을 전하기 시작했고, 1955년 '한국예수교전도관부흥협회'를 조직했다. 박태선은 자신을 '동방의

의인' '감람나무'라고 칭했다. 그의 추종자들을 모아 경기도 소사와 덕소, 경남 기장에 생활 공동체를 만들었는데, 그것이 바로 '신앙촌'이다. 신앙촌은 여러 제조공장을 운영하며 경제활동을 하는가 하면 교육시설도 갖추고 있다.

박태선은 자신이 그리스도의 몸으로 바뀌어서 하나님이라면서 '피갈음' 교리를 가르쳤는데 이때 혼음(混淫) 시비(1957)를 낳았다. 심지어 신자들에게 이혼과 별거를 명령하고 섹스 안찰 시비가 일어나기도 했다. 1980년에는 탈기독교를 선언하고 '천부교'(天父敎)로 이름을 바꾸고 기독교를 완전히 부정했다.

이외에도 동란 후 '동방교' '여호와새일교단' '신권도학연구소' '세계일가공회' '기독교장막성전' '새마을전도회' 등이 나타났다가 사라졌다.

특별히 2020년 온 국민의 관심을 받고 비난의 대상이 된 일명 신천지는 **이만희**(李萬熙, 1931-)가 세운 신천지예수교 증거장막성전이다. 신천지 대구본부가 COVID-19 바이러스 감염의 온상이 되자 엄청난 사회적 지탄을 받으며 세간의 이목을 끌었다. 이만희는 1957년 박태선의 천부교에서 배웠고, 1966년 유재열의 '장막성전'에 합류

/ 신천지 하늘문화예술체전

했으나, 1971년 유재열을 사기 혐의로 고소한 후 낙향했다. 이후 문선명의 통일교에서 교리와 전

도를 배운 후 1984년 경기도 과천에 신천지예수교 증거장막성전을 세우고 남은 자 144,000명 교리를 주장했다. 소위 '복음방'을 통해 신도들을 모은 신천지 교회는 목적을 위해 거짓도 가능하다는 '모략'이라는 전도 방법으로 교세를 확장했다.

신천지는 교회를 위해 가정을 떠날 것을 종용하는 등 가정을 파괴하는 반사회적 단체다. 이런 신흥 기독교 이단들의 등장에 대해 경계심을 가지고 사역한 사람이 있는데, 그는 탁명환(卓明煥, 1937-1994) 목사다. 탁명환은 신학을 공부한 후 1960년대 기독교 신문사에서 일하다가 1971년 '국제종교문제연구소'를 설립하고 〈성별〉이라는 잡지를 발간했다. 1982년부터 〈현대종교〉라 개명하여 기독교 사이비 이단 연구 전문 잡지로 한국 교회를 섬겼으나 1994년 서울 대성교회 광신도에 의해 살해당했다. 지금은 그의 장남 탁지일(부산장신대학교 교수)이 〈현대종교〉 이사장과 편집장을 맡고 있으며, 차남 탁지원이 〈현대종교〉 발행인으로 일하고 있다.

PART   7

주제로 본 한국 교회

51. 교회의 성장

전후 경제적 빈곤과 악순환의 시기에 수많은 이단이 극성을 부린 한편 동시에 교회는 도시화로 인한 사회적 불안과 새로운 미래에 대한 막연한 기대를 가진 자들에게 새로운 희망이 되었다. 사람들은 위로와 평강, 그리고 번영과 희망을 교회에서 찾고 누릴 수 있었다. 한국 교회는 성장했고 그에 따라 여러 대형 기독교 집회로 세력을 과시하기도 했다.

1964년 10월 16일 이화여자대학교에서 75명의 기독교 지도자들이 모여 '3천만을 그리스도에게로!'라는 표어로 기독교 운동을 시작했다. 각 교회 대표 300명으로 구성된 준비위원은 전도 캠페인을 벌였다.

1973년 빌리 그레이엄(Billy Graham, 1918-2018)을 초청해 전국 주요 도시(대전·대구·춘천·전주·광주·부산·서울)에서 대형 전도 집회를 열었다. 마지막 집회는 5월 30일부터 서울 여의도 광장에서 5일간 열렸는데, 매일 51여만 명이나 모였다. 빌리 그레이엄 목사의 설교를 들은 사람은 총 440

만 명이었다. 이때 거둔 결신자가 10만 명이 넘었다.

/ Explo74 빌 브라이트와 김준곤 목사

1974년 8월 13-16일 4일간 '엑스플로 74' (Explo 74)가 '한국대학생선교회'(CCC) 주최, 국제대학생선교회 후원으로 열렸다. CCC 총재 빌 브라이트(Bill Bright, 1921-2003), 한경직 목사 그리고 김준곤 목사가 설교를 했다. 첫날 하룻밤에 70만 명이 모였다.

1977년 '민족복음화성회'가 열렸다.

1980년 '80세계복음화대회'가 열렸다. 전야 기도회에 100만 명이 모여 성황을 이루었다. 1980년 8월 12일 개막일 250만, 13일 200만, 14일 270만, 15일 230만 명이나 모였다. 이때 70만 명의 결신자를 얻었다.

대형 기독교 집회가 외형적으로 엄청난 결과를 낳은 것은 부정할 수 없을 것이다. 하지만 그런 대형 집회가 얼마나 교회를 건강하게 세우는 데 기여했느냐고 묻는다면 마냥 긍정적일 수만은 없다. 첫째, 대형 집회는 지역 교회 목사의 권위를 약화시키고 유명 설교가나 대형 교회 혹은 대형 집회만을 찾아다니는 왜곡된 신앙 중독 현상을 낳았다. 바람직한 것은 지역 교회의 말씀 선포를 통해 복음이 전파되는 것이다. 둘째, 대형 집회는 일종의 기독교 세력을 과시하는 부수 효과를 낳았다. 세상을 향해 '개신교, 우리 이 정도 된다'라는 힘과 세력을 과시하려는 심리가 작용한 측면도 있다. 기독교의 중요한 교리이고 행동양식인 겸손과 온유의 정신은 대형 집회에서 찾아보기 어렵다. 셋째, 대중 집회는 군중심리와 대중심리가 이용되고 작위적으로 오용될 수 있는 오점을 남기기 쉬웠다.

한국 개신교는 선교 110년 동안 세계 역사에서 두드러진 급성장을 이루었다. 암울했던 구한말, 선교사들이 전해 준 복음의 씨앗이 싹을 틔운 뒤 급성장해 놀라운 열매를 맺었다. 한국 교인의 복음에 대한 열정, 선교사의 헌신, 네비우스 선교 정책, 1907년 평양 대부흥, 일본제국에 대한 교회의 항거가 민족독립 운동과 동일시된 것, 교회가 한국 근대화의 촉매 역할을 한 것 등 여러 원인이 성장의 기반이 되었을 것이다. 그럼에도 불구하고 가장 근본적인 원인은 하나님의 섭리다.

해방 후 한국 개신교는 급성장했다. 1950년 개신교인 숫자는 500,198명(2.4%)이었는데, 1995년 전 인구의 19.7%, 즉 8,760,336명으로 최고점에 이르렀다. 여의도순복음교회가 이끄는 오순절

/ 1977년 민족복음화성회

교회의 성장과 약진이 두드러졌다. 침례교와 성결교도 급성장했다. 물론 선교 초기에 교회 성장을 주도했던 장로교와 감리교도 큰 성장을 이루었지만, 다른 교파에 비해 상대적으로 성장 비중이 낮았다.

이 시기 개신교 성장의 원인은 무엇일까? 대체로 교회 성장 배경으로 한반도의 분단, 그리고 군사정권의 경제개발에 따른 급속한 산업화와 무관하지 않다고 본다. 산업화는 도시화를 낳았고 시골에서 도

시로 모여들면서 전통적 공동체가 무너지고 배금주의와 인간성 상실이 가속화되었다. 도시로 모여든 산업화의 역군들은 사회적 안정감과 친밀감을 전통 종교에서 찾기보다 서양 문명으로 덧칠된 기독교 공동체, 교회에서 찾았다. 다종교 사회에서 한국 교회가 구한말과 일제강점기에 얻은 공신력의 덕을 입기도 했다. 부모가 불신자이지만, 자녀는 교회 주일학교와 여름성경학교에 보냈다. 그만큼 신뢰를 얻었다는 뜻이다.

1960년 후반 고속도로가 개통되면서 도시화가 가속화됐다. 1970년대 산업화의 동력인 석유와 석탄의 증가로 수송이 용이한 울산, 마산, 포항, 여수 등 새로운 중화학 공업도시가 성장했다. 그리고 제조업이 수도권으로 집중되면서 수도권의 거대 도시화를 낳았다. 물론 지방에 따라 부산, 대구, 광주에도 도시화가 급속히 진행되었다. 10만 명 이상의 도시가 1960년대에는 9개 시(市)에 불과했지만, 1985년 36개 시, 1995년에는 55개 시로 늘어났다. 25만명 이상 도시가 1995년 21개 시에서 2007년에는 39개 시로 늘었다. 1970년 도시 인구는 40%였지만, 2000년에는 무려 80%에 이르렀으니 30년 사이에 두 배가 되었다.

1984년과 1985년 한국 개신교는 선교 100주년을 대대적으로 기념했다. 기념사업으로 인천 연안부두에 '100주년기념탑', 양화진에 '선교기념관', 용인에 '순교자기념관'을 건립했다. 1984년 8월 15일 광복절에 시작해 5일간 열린 '한국기독교100주년선교대회'는 그 절정을 이루었다. 여의도 광장에서 열린 선교대회에 참가한 인원이 350만 명이었다. 1988년 서울올림픽을 준비하면서 25개 교단과 200여 선교단체가 연합해 '88서울올림픽전도협의회'를 조직해 대대적인 전도 활동을 했다.

/ 한국 교회 대부흥 100주년 기념대회(2007)

하지만 1995년을 기점으로 개신교는 성장을 멈추고 오히려 감소하기 시작했다. 2005년 통계 개신교인은 8,616,438명으로 인구 대비 1.6%, 즉 14만여 명이 줄어들었다. 지금은 교회가 쇠퇴일로에 들어섰다. 1907년 평양 대부흥 100주년을 기념하며 2007년 전후 교회의 부흥을 바라는 수많은 행사가 있었지만 바람처럼 부흥은 쉽게 오지 않았다.

한국 교회가 당면한 과제와 미래는 무엇일까? 하나님은 각 시대 교회들에 각각 다른 과제를 주신다. 출애굽을 해야 하는 세대가 있고, 고난의 광야 길을 헤쳐 가야 하는 세대가 있다. 그리고 가나안 땅에 정착해 살아가야 할 세대가 있다. 쇠퇴의 시대에 교회가 감당할 일이 무엇일까? 냉철하게 질문하며 답을 찾아가야 할 것이다.

52. 대형 교회 현상

빠른 개신교 성장은 독특한 교회 형태를 낳았다. 그것은 대형 교회의 출현이다. 급속한 도시화의 속도와 비례해 나타난 대형 교회는 세계적인 대형 교회 50개 가운데 23개가 한국에 있다(1993년). 여의도순복음교회는 1962년 800명 정도의 규모였지만, 1997년 709,000명으로 성장했다. 이는 세계 최대 규모다. 소위 메가 처치(Mega Church)가 등장한 것이다.

2015년 '리더십네트워크와 하트포드종교연구소'가 발표한 2천 명 이상의 대형 교회 예배 참석자가 가장 많은 10대 도시 가운데 서울이 82만 5천 명으로 1위를 차지했다. 2위는 나이지리아 라고스(34만 6500명)이고, 안양이 7위로 7만 5천 명으로 기록되었다.

대형 교회 현상은 교회 성장의 한 측면을 보여 준다. 동시에 교회 본연의 정체성이 흐려졌다는 비판도 받는다. 교회가 자본주의 상업화의 풍조에 따라 기업화, 대형화, 계량적 성장에 휩쓸렸다는 비판을 받는다. 대형 교회는 자본주의 시장경제 원리처럼 무한경쟁과 무한 성장의 원리의 결과라는 것이다. 교회를 찾는 사람들의 마음속에도 그런 원리가 작동한다. 예를 들면, 대형 교회의 브랜드 효과가 그렇다. 본인이 출석하는 교회의 브랜드가 자신의 가치를 규정한다고 생각하는 것이다. 브랜드 교회는 복음이라는 본질적 가치뿐만 아니라, 교인의 공명심, 자기실현, 성취욕이라는 세속적 욕구를 부가적으로 제공한다.

/ 여의도순복음교회

대형 교회는 특정 지역 개발로 등장하기도 하지만, 소위 유명 목회자의 리

더십이 요인으로 작용한다. 그리고 한민족에게 잠재해 있는 불교의 종교적 성향과 샤머니즘에 근거한 기복신앙도 한몫 했을 것이다. 유교의 권위주의적 위계도 대형 교회의 목회자 한 사람에게 절대적 권위가 부여되는 데 일조했을 것이다. 대부분의 대형 교회가 일인 담임 목사와 동일시되는 것을 봐도 그렇다. 교회가 교인들의 신앙고백과 삶으로 세워지지 않고 한 사람의 카리스마에 좌지우지되는 경향을 갖게 된 것이다.

교회의 대형화는 많은 유익도 있겠지만, 교회의 본래 내적 순전성과 삶의 거룩, 그리고 사회정의 실현을 잃게 된다는 비판을 면하기 어렵다. 대형 교회는 많은 기대를 받는 만큼 많은 비판의 대상이 되고 있다. 그 문제점들을 열거해 보자.

첫째, 개교회주의(個敎會主義)의 문제다. 대형 교회는 재력과 인력 그리고 조직력까지 갖추고 있다. 그렇다 보니 대형 교회는 다른 교회와 협력하지 않고도 선교, 복지, 교육, 문화, 의료, 기도원과 수련원을 단독으로 추진하고 운영할 수 있다. 예를 들면 대형 교회는 수십 명의 선교사를 단독으로 파송한다. 대형 교회는 작은 교회가 할 수 없는 일을 거뜬히 해낸다는 점에서 긍정적으로 볼 수도 있다. 사역의 능률을 생각할 때도 여러 교회가 협력해서 하려면, 불편한 점이 한두 가지가 아니다. 반면에 작은 교회는 그런 일을 함께 이룰 수 있는 기회를 갖지 못하게 된다. 교회의 사역은 효율성만 볼 것이 아니라, 하나님의 이름과 영광을 위한다는 점을 생각해야 한다. 일이야 자본주의 시장의 원리를 따라 경쟁적으로 할 때 효과가 더 나겠지만, 영적인 교회의 사역은 성령 하나님의 힘으로 된다.

둘째, 빈익빈 부익부의 문제다. 대형 교회는 소위 브랜드 있는 교회다. 교회도 자본주의 경제 원리처럼 작용하는 측면이 있다. 작은 가게보다는 큰 슈퍼마켓을 찾는 것처럼 작은 교회보다는 대형 교회를 찾는다. 큰 교회는 더 큰 교회로 성장하게 되고 작은 교회는 더 약해지는 현상이 일어난다. 한국 교회 가운데 연 예산 3500만 원 이하인 미자립교회가 42.7%나 된다. 대형 교회가 이런 교회들을 조직적으로 돕는 방법을 제시하지만, 쉽지 않다.

셋째, 공교회의 사역이 약해진다. 대형 교회는 인력과 재력 그리고 사역의 능률 측면에서 몇 개의 노회를 합친 규모보다 더 낫다. 웬만한 교단보다 더 클 수도 있다. 그렇다 보니 한 대형 교회가 시찰이나 노회, 더 나아가 총회보다 더 큰 영향력을 행사하기도 한다. 그랬을 때 시찰이나 노회가 대형 교회의 눈치를 보게 된다. 심지어 대형 교회가 교회법과 질서를 어기는 잘못된 결정을 해도 노회가 아무런 조치를 취하지 않을 수 있다. 혹 노회가 대형 교회를 지도하거나 치리하게 될 때 그것을 거부하기라도 하면, 어찌할 방법이 없다. 지역 교회가 보편 교회를 세우기 위한 선교, 교육, 신학 교육 등 사역을 연합해서 하기는 어렵다.

위에서 언급한 대형 교회 현상은 소형 교회와 무관하다고 여길 수 있다. 하지만 개척 교회는 소형 교회를 앙망한다. 소형 교회는 중형 교회를 바라본다. 중형 교회는 대형 교회를 향해 달려간다. 이런 측면에서 대형 교회의 문제는 어느 특정 대형 교회만의 문제가 아니다.

개신교회는 기본적으로 개체 교회의 독립성을 강조한다. 로마 천주교회가 지역 교회보다 전체 교회를 강조하는 것과 다르다. 더구나 장로교 선교사 네비우스는 선교 정책으로 개교회의 자전·자립·자치를 강조했다. 신자는 지역 교회에 가입하고 그 교회에서 선포되는 말씀을 받고 생명을 얻으며 자란다. 지역 교회에서 예배하고 전도하고 양육받아 세상으로 파송되어 사역하게 된다. 신자는 자신이 속한 교회를 사랑하고 섬겨야 한다. 그런 의미에서 개교회주의는 문제라기보다는 당연하다고 보아야 한다.

한편, 개신교는 보편교회의 공교회성도 중요하게 여긴다. 그렇기 때문에 교회는 개별성(Individualism)과 집합성(Collectivism)의 균형이 필요하다. 지역 개체 교회는 교회의 집합인 노회의 통제를 받을 필요 없이 그리스도의 독립된 완전한 몸이다. 동시에 지역 개체 교회는 같은 신앙고백으로 서로 연합해 그리스도의 한 몸을 이룬다. 하나의 대형 교회로는 이룰 수 없는 교회의 하나 됨이다.

53. 놀라운 열정의 한국 선교, 그 명과 암

한국 교회는 피선교국의 입장에 있을 초기부터 선교에 적극적이었다. 먼저 해외에 이주한 한인 교민들을 대상으로 한 선교가 있었다. 그후 이민족과 타 문화 선교도 이어졌다. 해외 선교는 1902년부터 시작되었다. 인천내리교회(감리교)가 홍승하 전도사를 하와이 한인 이주민을 대상으로 선교하는 선교사로 파송했다.

이어 감리교는 만주에 이화춘(1908), 손정도(1910), 배형식(1918), 재정덕(1920), 양우르더(1924), 이매련(1924) 등을 파송했다. 일본에 오기선(1915), 박연서(1924), 오기선(1925), 임종순(1925) 등을 파송했다.

장로교는 독노회를 조직한 해인 1907년 이기풍 목사를 제주도 선교사로 파송했다. 1908년 평양 장로회 여전도회가 이관선, 1909년 숭

실기독학생회가 김형제를 제주도 선교사
로 파송했다. 그 후 일본에 한석진(1909),
박영일(1910), 김이곤(1922)을 선교사로
파송했고, 만주에 김진근·김영재(1910),
김덕선·최봉국(1913), 최성주·한정희
(1914), 차형순(1915), 이지은·김강검·
백봉순(1918), 송병조·양준식(1921), 김
병룡·이병화·조덕환(1922)을 파송했다.
그리고 중국 본토에 김영훈·사병순·태

/ 이기풍 목사 가족(1897)

로(1912)를 파송했다. 중국의 경우 주로
산둥성에서 활동했는데, 1942년 당시 교회가 35개이고 세례 교인이
1,716명으로 성장했다. 박효원·홍승한(1917), 박상순·김영식(1918),
장덕로(1921), 이대영·조직현(1923), 그리고 1931년 방지일 목사도 파
송되었다.

침례교는 만주에 한태영(1906), 신명균·노재천(1917), 김영진(1919)
을 파송했고 중국 본토에는 박노기·김희서·김영태·최응선(1918)을
선교사로 파송했다.

이렇게 한국 교회가 파송한 해외 선교사는 1931년까지 총 91명에
이른다는 통계가 있다.

1956년 장로교 제41회 총회는 최찬영·김순일을 해외(태국) 선교사
로 파송했다. 1958년 고신교회는 대만에 김영진 선교사를 파송했다.

한국 교회가 피선교국에서 선교국으로 거듭나기 시작한 것은 1970
년대 후반부터였다. 1980년대 한 해 파송 해외 선교사 수가 1천 명을
넘어섰고, 1990년대 수천 명으로 늘어났다. 교단별로 선교부가 설치

되고 선교 전략을 적극적으로 마련했다. 그 외에도 자생적 선교단체들이 생겨나면서 선교사의 숫자는 기하급수적으로 늘어났다. 1979년 93명의 선교사가 파악되었지만, 2006년 14,896명, 2016년 27,205명으로 10년 사이에 거의 두 배나 늘었다. 2019년 한국이 파송한 선교사가 29,145명에 이르렀다(KWMA 한국선교교회협의회). 한국 교회는 미국교회에 이어 세계에서 두 번째로 많은 선교사를 파송하고 있다.

1988년 이후 매년 열리는 범 선교회 연합 모임인 '선교한국'은 선교로의 헌신을 불붙였다. 1989년 해외여행 자유화 조치는 해외선교 활성화에 크게 기여했다. 1980년대 선교는 교단 중심에서 벗어나 학원선교 단체나 해외선교 전문 단체가 감수성이 예민하고 열정으로 가득한 청년 학생 선교사를 많이 파송했다. 대학생성경읽기선교회(UBF University Bible Fellowship, 1961), 한국국제기아대책기구(1989), 국제대학선교협의회(2003), 인터콥(InterCP 1983), 예수전도단(YWAM: Youth with a mission, 1973)이 선교사를 많이 파송했다. 각종 독립 선교단체들이 한국에도 설립되었다. OMF(Overseas Missionary Fellowship, 1980),

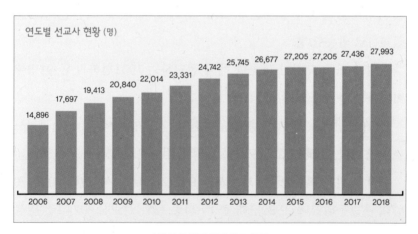

/ 한국 교회의 세계 선교 현황

GMF(Global Missionary Fellowship 한국해외선교회 1987), OM(Operation Mobilization 1989), SIM(Serving in Mission, 1997)이 조직되었다. 1996년에 해외선교 단체는 113개나 되었다. 전체 선교사 중에서 독립 선교단체 소속은 42%였다. 한국세계선교협의회(KWMA)가 조직되어 선교사역을 공유하고 있다.

한국 선교는 지역별로 동남아시아(1960년대), 교포들이 많이 살고 있는 곳(북미·유럽·일본·호주·아르헨티나)으로 확장되었고(1970년대), 아프리카, 중동, 인도 등(1980년대)으로 퍼졌다. 1991년 소련의 해체와 동구권 붕괴, 1992년 중국과 수교가 이루어지면서 선교사 파송 지역이 더 넓어졌다.

각 교단별로도 선교부를 조직하여 규모 있는 선교를 추진했다. 한국 교회의 선교 열정은 놀랍다.

하지만 한국 선교의 부정적 측면도 언급하지 않을 수 없다. 첫째, 한국 교회가 해외 선교를 경쟁적으로 추진하다 보니, 선교사 파송 숫자에 집착했다. 한 명 전액 지원보다 선교비 일부를 지원하면서 더 많은 선교사를 파송했다는 것을 자랑거리로 삼는 행태가 있다. 둘째, 무자격 선교사를 양산했다. 선교사 훈련을 충분히 받지 않았음에도, 열정과 뜻만 있으면 선교사로 파송함으로써 많은 후속 문제를 낳았다. 셋째, 선교기관이 상호 협조하지 않아 선교의 효율이 떨어졌다. 선교란 복음을 전하고 교회를 건설하는 총체적인 일이다. 상호 협조하기보다 경쟁적으로 선교하면 선교회들 간에 갈등이 생길 수밖에 없다. 넷째, 현지 문화와 전통을 충분히 이해하지 않고, 존중하지 않으며, 한국식 교회를 이식하는 지배와 주도적 태도를 가진 점이다. 다섯째, 교단적으로 일관되고 장기적인 선교 정책과 플랜을 가지고 선교하지 않고 선교단체나 혹은 개교회적으로 선교함으로써 많은 시행착오를 낳았다.

위에서 언급한 약 3만 명의 선교사 숫자에는 교단 선교부(43개)보다 교회 밖 선교단체(230개) 파송 선교사들이 더 많은 비중을 차지한다. 자비량 선교사 혹은 전문인 선교사들의 비중이 많은 것이다. 한국 교회는 외국 교회가 파송한 선교사에 의해 복음을 받았지만, 한국은 교회보다 선교단체가 더 많은 선교사를 파송하고 있는 기현상이 생긴 것이다. 참고로, 이 현상은 전 세계적 현상으로 교회의 선교시대 이전에 선교단체의 선교시대였기 때문에 나타난 것으로 보인다.

요즘 NGO(Non-Governmental Organization) 단체들이 선교에 앞장서고 있다. NGO를 통한 선교는 두 마리 토끼를 잡는 총체적 선교라는 새로운 개념이다. 하지만 그들은 선교사인가, 봉사자인가? 복음은 사회단체가 아닌 교회에 맡겨져 있다. 선교는 교회를 통해 시작되고 전개되어야 한다는 점을 기억해야 할 것이다. 하지만 전문적 선교단체들과 교회 주도의 선교는 상호협조가 절실하다.

미래의 한국 선교는 어느 방향으로 가야 할까? 첫째, 한민족은 세계 175여개 국에 600만 명이 넘게 흩어져 있고 거기에 교회를 세워 신앙 생활을 하고 있다. 만약 그들이 그 지역에서 선교 사명을 감당한다면, 큰 역할을 할 수 있을 것이다. 둘째, 한류(韓流)의 영향으로 한국어를 배우려는 외국인들이 많아졌다. 뿐만 아니라, 한국으로 유학을 오는 외국인들도 있다. 한국 주재 외국인 유학생 체류 현황은 2014년 이후 꾸준히 증가하다가 2019년 160,165명으로 최고점을 찍었다. 중국인 유학생 비율이 높았지만, 지난 10년 간 기타 지역의 비중이 높아지고 있다. 멀리 선교지로 갈 필요 없이 이들에게 복음을 전한다면, 그것이 곧 선교사가 현지에서 선교하는 것과 같은 효과를 볼 수 있지 않을까. 현대 선교는 4세대로 접어들고 있다. '땅 중심의 선교'에서 '사람과 영역 중심의 선교'로 전환되고 있는 것이다. 4세대 선교의 특징 중 하나는 '구심적 선교'와 '원심적 선교'의 통전성이 강조된다는 것이다. 제4차 산업 문명의 이기를 사용하여 디아스포라(유학생·난민·이민자 등) 선교의 중요성이 강조되어야 할 것이다.

54. 기독교 문화의 확산과 세속화

해방 후 한국 교회의 급성장과 함께 기독교 문화도 변화했다. 선교 초기와 일제강점기를 주도하던 교회 음악은 미국의 제2차 부흥운동의 산물인 찬송가였다. 해방 전까지만 해도 예배와 집회, 부흥회와 사경회에서 찬송가를 불렀다. 그런데 해방 후 미군을 통해 들어온 '내게 강 같은 평화' '예수님 찬양' '주 예수 사랑 기쁨 내 마음속에' 같은 복음성가가 유행했다. 1960년대 YMCA, YWCA 같은 기독교 단체와 기독교 중창단이 만들어지고 가스펠송을 보급하기 시작했는데, 당시로서는 획기적인 변화였다.

한국 교회의 독자적 복음성가는 1970년대 중반부터 생겨났다. 소위 복음성가(Gospel Songs)다. 이때 '예수전도단'이 생겨 복음성가를 주도했다. '내일 일은 난 몰라요' '나는 알았네' '오늘 집을 나서기 전 기도 했나요' '승리는 내 것일세' '나 자유 얻었네' '예수님 찬양 예수님 찬양' 같은 노래가 교회 내 학생회 기도회, 수련회, 교회 부흥회, 사경회에서 주로 불렸다. 뿐만 아니라 비신자 전도용으로도 다양하게 이용되었다. 어떤 곡들은 불신자들도 다 알 정도로 유명하다.

1980년대 복음성가는 폭발적 성장을 이루었다. 1985년 호산나 예배 앨범은 엄청난 반응을 불러일으켰다. 복음성가는 박수와 환호를 동반한 생동감과 현장감으로 젊은이들 속으로 파고들었다. 1987년에는 온누리교회의 목요찬양이 폭발적으로 성장했다. '경배와 찬양'이 본격적으로 시작되었다. 기타와 드럼, 신디사이저가 도입되었다. 멜로디는 현대적이고 세속적인 것들이 도입되었다. 미국 척 스미스의 마라나타 뮤직(Maranatha Music)을 그대로 도입했다. 대부분의 한국 교회는 이런 움직임을 그대로 따랐다.

/ 복음성가경연대회

1980년대 들어 극동방송에서 개최한 '복음성가경연대회'가 복음성가 보급에 엄청난 영향을 미쳤다. 팝송(Pop Songs)의 화성을 도입한 복음성가가 나왔다. 이때 최덕신, 박종호, 송정미, 손영진, 이유정, 옹기장이, 다윗과 요나단, 늘노래 선교단 등이 등장해서 복음성가의 수준을 높이고 동시에 세속 음악과의 경계를 무너뜨리는 역할을 했다. 교회의 젊은 신자들은 유행가를 닮은 복음성가를 불렀다. 한편 전통적으로 부르던 찬송가는 소원해질 수밖에 없었다.

필자가 중학생, 그러니까 1970년대에 즐겁게 부른 노래가 '가스펠 송'이었다. 도시에서 대학을 다니던 전도사님이 필자의 시골 교회에 와서 기타를 치며 '가스펠 송'을 가르쳐 주셨다. 새로운 악기로 새로운 노래를 접한 것도 신기했다. 복음성가는 4개의 코드만 외우면 기타나

피아노로 연주하기 쉬웠고, 배우기도 어렵지 않았다. 기타를 치는 친구가 몇몇 되면서 시간만 나면 여기저기서 노래를 부르며 즐기곤 했다. 여기서 중요한 것은 노래를 '즐긴다'는 점이다. 1인칭 중심의 가사가 많았다. 가사는 무겁지 않았고 자기 신앙에 대한 감정을 표현한 가벼운 것들이 대부분이었다. 물론 직선적이고 선정적이며 선동적 복음성가도 많았다.

이런 복음성가는 19세기 무디가 부흥회에 아이라 생키(Ira David Sankey)와 함께 보급한 '복음 찬송'(Gospel Hymns)과 관련이 있다. 블리스(P. P. Bliss)가 편찬한 《Gospel Hymn》은 미국에서 5천만 부가 팔릴 만큼 인기였다. 내용은 하나님의 임박한 진노와 심판을 강조한 것으로, 전천년설 신학의 영향을 받은 것이다.

20세기 초에는 오순절 신학을 중심으로 세속적 재즈풍의 가락에 가사를 붙인 복음성가가 생겨났다. 미국의 빈야드 뮤직(Vineyard Music)은 오순절 음악을 이어받았다. 1978년 재즈 음악에 심취했던 존 윔버(J. Wimber)가 빈야드 성경공부 모임을 시작하면서 단순한 가사로 구성된 하나님의 임재와 친밀감을 노래했다. '항상 진실케' '오 나의 자비로운 주여' '주의 자비가' '내 모든 삶의'(Every Move I Make)는 우리에게 잘 알려진 곡들이다. 이런 곡은 대체로 비트가 빠르고 내용과 상관없이 신과 흥을 북돋운다.

한편, 1983년에 시작된 호주의 힐송교회(Hillsong Church)는 180여 개국 21,000명의 회원에게 송출하는 엄청난 규모의 찬양 사역을 주도한다. 이 사역을 주도한 사람은 마라나타 뮤직에서 활동하던 제프 불락(Geoff Bullock)이다. 대표곡으로 '주께 가오니'가 있다.

비트가 빠른 곡만 있는 것은 아니다. 프랑스의 테제(Taize) 공동체에서 나온 아주 간단하고 단순한 가사가 반복되는 노래도 유행했다. 박수나 열광의 대척점에 있지만, 그렇다고 예배 음악이라기보다는 수도원에서 이루어지는 영성 음악이라고 볼 수 있을 것이다. 한국에서는 예수원 같은 곳에 어울리는 분위기다.

'복음'이라는 단어가 들어가니 기독교 음악이지만, 그 리듬과 풍은 세속에서 사용하는 것이다. 그렇다 보니 기독교 음악의 상업화와 인기몰이에 대한 욕구로부터 자유롭기 어렵다. 음악은 좋은 것이나, 괴물 중의 괴물이 될 수도 있다. 음악은 하나님이 주신 선물이고 은혜이지만, 타락한 인간이 잘못 사용하면 폐해도 크다는 사실을 잊지 말아야 한다.

복음성가와 복음찬송 그리고 CCM이 선풍적인 인기를 끈 것은 예배 중에 불렀기 때문이다. 미국의 대형 교회(갈보리채플, 윌로우크릭교회, 새들백교회 등)를 중심으로 불려진 노래는 전 세계로 확산되었다. 빠른 리듬과 심장을 흥분시키는 비트 그리고 비디오 효과 등은 불신자들도 거부감 없이 예배드릴 수 있는 '열린 예배' 환경이 되었다. 불신 방문자들에게 친숙할 뿐만 아니라, 젊은 그리스도인들에게도 감동과 신비한 영적 체험을 주는 노래들을 예배에 도입한 것이다.

물론 그리스도인은 다양한 형태의 기독교 음악을 개인 혹은 소그룹이나 단체 모임에서 부를 수 있다. 하지만 예배 음악과는 구분할 필요가 있다. 예배의 초점은 인간이 아니라 하나님이기 때문이다. 예배 음악은 예배의 의미에 적합해야 한다. 이런 구분이 없는 음악의 활용은 그리스도인의 영혼을 살찌우기는커녕 빈곤하게 만들고 말 것이다.

교회 음악과 관련해 아쉬운 점도 없지 않다. 기본적으로 한국에는 1983년부터 개신교단이 연합해 만든 '통일 찬송가'가 있었는데, 2007

년 '21세기 새찬송가'가 만들어졌다. 안타까운 점은 새롭게 개편된 찬송가에 시편 찬송이 추가되지 못한 것이다.

종교개혁 전통에서 예배 음악은 시편 가사를 윤문하여 곡조를 붙인 음악이다. 대표적으로 제네바 시편이 있고, 스코틀랜드 장로교회가 만들어 부른 시편 찬송 전통도 있다. 한국 교회에서 사용되는 예배 찬송은 대부분 부흥운동의 영향을 받은 것이다. 선교 초기부터 미국 선교사들이 전해 준 곡조로 된 찬송가다. 거기에는 시편 찬송이 없다.

시편 찬송은 주로 유럽과 미국의 장로교회와 개혁교회에서 즐겨 부른다. 한국에도 시편 찬송이 소개되었다. 하지만 많은 사람의 사랑을 받지는 못하고 있어 안타깝다. 기독지혜사는 1996년 미국 개혁장로교회협의회가 만든《The Book of Psalms》의 한국판《시편 찬송가》를 출판했다. 제네바 시편 리듬에 한글 시편 말씀을 그대로 집어넣어 만든 것으로, 부르기가 쉽지 않은 데다 CD로 제작되어 고가로 판매되어서 교회에 보급되지는 못했다.

서창원 목사와 김준범 목사가 스코틀랜드 자유교회에서 부르는 시편 찬송을 번역하고 소개한《시편 찬송가》(고려서원 2004)에 120곡이 수록되어 있다. 한편, 칼뱅 출생 500주년을 기념해 예장합동 신학부 주관으로《칼빈의 시편 찬송가》(진리의깃발사 2009)가 출간되었다.

2016년 김준범 목사가 스코틀랜드의 시편 찬송《시편 찬송》(고려서원)을 출판했는데, 제네바 시편도 포함해 150곡 전체를 수록했다. 서창원 목사도 2017년 종교개혁 500주년 기념으로《개혁교회 예배찬송가》(진리의깃발)를 출판했다. 제네바 시편 찬송이 기본이고, 영미에서 불리는 찬송가 30여 곡과 스코틀랜드 장로교회에서 부르는 30곡 그리고 한국 작사자와 작곡가의 시편 찬송을 첨가했다.

예배를 위한 기독교 찬송의 핵심은 음률보다는 가사에 있다. 그래서 시편 찬송은 가사에서 좋은 점수를 받는다. 그리고 예배라는 특수성, 즉 회중이 함께 합창을 한다는 특징이 있다. 시편 찬송을 예배에서 부를 때 유익한 점을 몇 가지 열거해 본다.

첫째, 멜로디가 단순하다. 둘째, 단조로운 멜로디가 가사에 귀 기울이게 한다. 셋째, 시편은 영감된 가사다. 넷째, 시편 찬송은 인간이 아닌 하나님의 위대함을 주목하게 한다. 다섯째, 시편에는 성도의 삶과 감정, 열망, 죄, 슬픔, 용서, 회개, 고통, 절망, 소망, 저주 등 다양한 주제가 포함되어 있다. 한국 교회도 예배 중에 시편 찬송을 적극 불렀으면 좋겠다. 더 나아가 신앙고백이나 성경 구절을 가사로 사용하여 우리 가락으로 부르는 것도 기대해 본다. 그것이야말로 교회 토착화의 좋은 예가 될 것이다.

55. 정치와 교회의 함수관계

'국가와 종교' '정치와 교회' '시민과 교인'의 관계는 분리할 수 없지만, 구분할 수는 있다. 이 부분에 많은 혼돈과 오해가 있기 때문에 정확하게 분류하고 정리할 필요가 있다. 예를 들면, '정교분리'라는 개념이 그렇다. 역할에 있어서 국가와 종교는 분리되어야 한다는 개념이다. 이는 '정교일치'와 반대 개념이다. 요즘이야 '정교일치' 국가나 사회를 좀처럼 찾아보기 어렵지만, 고대로부터 근세까지는 '정교일치' 사회가 일반적이었다. 국가는 하나의 종교를 택하여 서로 밀어 주고 도움을 받는 형식을 띠었다. '정교분리'는 근세 민주공화국 국가나 사회에서 보편적 개념으로 자리 잡았다.

개신교회도 '정교분리'의 입장에 동의한다. 하지만 역사 현장에서는 무 자르듯 분명하게 분리되지 않았다. 역사를 살펴보면 '정교분리'나 혹은 '정교일치' 사이에서 진자운동이 있었음을 알 수 있다.

해방 후 한반도는 남북으로 분단되었다. 북에는 소련의 점령으로 공산국가가 세워졌고, 남에는 미국의 주도로 민주국가가 건설되었다. 정치적 이념과 정부를 반대하는 사람은 박해를 받아야 했다. 1948년까지 거의 80만 명이 북에서 남으로 이주했다. 남쪽에도 사회주의 사상을 가진 자들의 반대와 반목이 심각했다. '좌익'(左翼)과 '우익'(右翼)으로 나뉘어 대립했다. 민주국가를 지지한다고 해도 미군정 아래 거의 50개 정당이 난립하면서 초기 우리 사회의 정국은 혼돈의 도가니였다. 중국이나 일본, 미국 등에서 귀국한 인구가 120만 명이나 되었다.

제2차 세계대전 후 모스크바 3상회의(1945)는 한반도 신탁통치를 결정함으로써 한민족의 자주 독립을 가로막아 버렸다. 유엔총회는 1948년 가능한 지역이라도 선거에 의한 독립 정부를 수립하도록 결정했다. 남한에 합법적 독립 정부를 수립하기로 결정하고 1948년 5월 31일 국회가 구성되고, 7월 17일 헌법이 만들어지며, 7월 20일 이승만이 대통령으로 당선되었다. 대한민국의 독립은 두 팔 벌려 환영할 감사 거리였지만, 이후 벌어진 남북분단은 돌이키기 힘든 아픔과 슬픔을 낳았다.

그런데 주목할 만한 한 가지 사실이 있다. 새로운 대한민국 정부가 친일, 반민족행위, 부일협력자들을 처벌하지 못한 것이 교회와 정치의 관계에도 고스란히 영향을 미쳤다는 것이다. 국가의 요직에는 일제에 협력했던 공직자들이 앉았다. 교회의 주요 자리에도 친일했던 지도자들이 앉아 기회주의적, 권력 지향적, 보신주의적 행동으로 일관했다. 해방 후 친일주의자들의 교회 장악은 후에 일어날 한국 교회 분열의 주된 원인이었다.

해방 이후 '교회와 국가'의 관계는 독특한 상황으로 전개될 수밖에 없었다. 남한 초대 대통령(이승만)이 기독교인이다 보니 교회의 정치적 영향력이 클 수밖에 없었다. 근대 민주공화 정치는 기본적으로 정교 분리를 따른다. 대한민국 정부도 마찬가지다. 대한민국 헌법 제20조는 "1. 모든 국민은 종교의 자유를 가진다. 2. 국교는 인정되지 아니하며, 종교와 정치는 분리된다"고 정의하고 있다. 하지만 건국 초기 정부 요직에 기독교인이 많다 보니 기독교의 영향력을 행사할 가능성이 높았다. 특별히 개신교는 '민주주의 = 기독교'라는 도식을 그려도 될 정도로 정치에 적극 가담했다. 그도 그럴 것이 미국이 민주주의 국가로서 수많은 개신교 선교사들을 한반도에 파송했고, 한국 교회를 낳게 했으니 자연스러운 구도가 만들어진 것이다. 그에 비해 북한에는 공산국가가 들어서서 기독교를 핍박했다.

이렇듯 해방 후 대한민국의 당면 과제는 일제 청산이 아니라, 새롭게 등장한 북한 공산정부와의 싸움이었다. 더구나 '한국전쟁' 이후로 더 급하고 중요한 문제가 되어서 일제 청산은 물 건너간 이슈가 되고 말았다. 해방 후 발 빠르게 신분 세탁에 성공한 친일주의자들은 권력을 얻는 데 필요한 이슈로 용공 척결을 이용했다. 이때 제대로 하지 못한 일제 청산은 후세대가 그 대가를 감당해야 했다.

1952년 8월 대통령 선거(제2대) 때 개신교 지도자들이 이승만을 적극 지지하는 운동을 했다. 교회가 정치에 적극 관여한 것이다. 1954년 이승만 정권은 집권 연장을 위한 헌법 개정안이 부결된 것을 되돌리

려고 사사오입을 적
용하여 개헌안을 통
과시켰다. 이때 개
신교 지도자들은 이
승만 정권의 과오를
지적하기는커녕 도
리어 지지했다. 반
대든 지지든 정교분

/ 정치의 요람 대한민국 국회

리의 경계를 넘어선

반칙이었다. 1956년 제3대(1956-1960) 대통령 선거에도 마찬가지였다. 맹목적으로 기독교인 지도자와 정부를 지지하는 교회의 정교일치 행태는 역사의 대가를 치러야 했다. 이승만 정부는 1960년 '4·19혁명'으로 불명예 퇴진을 했다. 이승만의 실각은 개신교의 실패로 평가될 수밖에 없었다. 교회가 국가의 일에 간섭하거나 이끌려 갈 때 복음에 큰 손해가 있음을 보여 주었다.

4·19혁명은 한국 사회의 민주 의식을 한층 발전시켰다. 일부 기독교 지도자들(한국기독교연합회)은 민주 사회를 위한 정의로운 사회를 부르짖으며 지난 이승만 정부(12년)를 강하게 비판했다. 하지만 또 다른 개신교 지도자들(한국교회협의회)은 박정희의 '5·16쿠데타'를 지지했다. 비록 대통령의 종교가 기독교가 아니어도 상관 없었다. 사회주의 공산국가인 북한을 적대하기만 하면 교회가 지지할 명분이 생기기 때문이다. 박정희 정부에 박수를 보낸 개신교 유명 지도자들이 대부분 친일했던 자들이라는 점은 많은 것을 생각하게 한다.

1960년대 국가와 교회의 관계에서 '진보'(進步)와 '보수'(保守)라는 개념이 생기기 시작했다. 보수도 아니고 진보도 아닌 중간 그룹이 많 았음은 말할 필요도 없다. 보수는 교회의 성장을 위해 개인 구원을 강 조했고, 진보는 사회 구조(정치, 사회, 문화, 경제, 예술) 문제에 더 큰 관심 을 가졌다. 박정희의 국가 모토였던 경제성장은 보수 개신교의 교회 성장 추구와 맞아떨어졌다. 그와 반대로 진보 개신교는 도시화와 산 업화로 인한 인권과 환경 문제, 노동력 착취, 불평등에 관심을 가졌다. 보수든 진보든 각각의 관심사를 통해 정치에 관여하고 있었던 셈이 다. 정부는 진보 교회의 반정부적 정책과 행동을 제한하는 법을 만들 었으니 갈수록 반목은 커져 갔다.

1970년대 '진보와 보수의 대립'은 더 분명해졌다. 박정희 정부의 10 월 유신을 계기로 정치적 메시지는 더 분명해졌다. 진보는 독재 타도 를 외치며 민주화, 인권운동, 사회정의를 위한 신학적 무장도 시도했 다. 그 결과가 바로 '민중신학'(民衆新學)이다. 이 신학 체계는 남미 '해 방신학'(解放神學)의 영향 아래 있지만, 한국에서 태동한 토착 신학으로 세계의 주목을 받았다. 민중신학은 정치적으로 민주화 운동과 연계되 었고 이념적으로는 사회주의 정신을 부분적으로 차용했다. 그 동력과 활동은 소위 '운동권'이라 일컬어지는 '대학생 운동', 즉 데모나 의식 화 교육이었다. 해방신학처럼 민중신학은 성경을 약자의 관점에서 해 석하고, 구원을 개인적이고 영적 차원이 아니라 사회·경제·정치·문화 의 제도와 운동이라는 물리적 차원에서 찾았다.

1990년대 민주화와 인권, 정의를 위한 운동은 '문민정부'의 출현 이 후 그 동력이 사라졌다. 김영삼 '문민정부'(文民政府, 1993-1998), 김대중 '국민의 정부'(國民의 政府, 1998-2003), 노무현 '참여정부'(參與政府, 2003-2008)를 거치면서 경제개발에 희생되었던 '민주화·인권·정의'를 발전시키고 계발했기 때문이다. 눈여겨볼 것은 이때부터 소위 기독교 보수 진영에서 정부에 반대하는 정치 활동을 시작했다는 점이다. 이전 정부들에서 친정부 성격을 띠던 것과 대비되는 모습이다. 경제개발과 사회주의나 공산주의에 대한 경계가 위협당한다고 느꼈기 때문이다.

보수 기독교의 모델은 미국이다. 미국 보수 기독교 진영의 상징은 '성조기'다. 따라서 한국 보수 기독교의 상징으로 '태극기'와 '성조기' 가 나란히 등장하는 것은 이상한 일이 아니다. 공산국가 소련과 북한의 '소련기'와 '인공기'에 대비되는 상징으로 내세운 것이다. 한국 보수 기독교는 정치와 무관하지 않았다. 지지든 반대든 그 형태가 다를 뿐 정치에 깊이 참여해 왔다.

반기를 들든 지지를 하든 중요한 것은, 그 목적과 내용 그리고 방법이 얼마나 성경적인 기반을 갖고 있느냐이다. 기독교인은 정치에 참여할 수 있지만, 언제나 성경적 기준을 가지고 판단해야 한다.

앞에서도 살펴보았듯이 '정치와 신앙' '정부와 교인' '국가와 교회' '정부와 목사'의 개념부터 제대로 정의할 필요가 있다. 개념이 서로 뒤섞이면 곤란하다. 어떤 단어나 개념을 자기주장을 위한 도구로 아전인수 격으로 끌어다 사용하는 것은 문제가 있기 때문이다.

교회는 국가의 일에 간섭할 수 없고, 국가는 교회를 지배할 수 없다. 이것이 정교분리의 원칙이다. 하지만 역사를 살펴보면 정교분리가 되지 않아 수많은 문제를 일으켰다. 중세시대에 로마 천주교회는 전자의 잘못을 범했고, 동서 로마제국이나 러시아 제정은 후자의 문제를 일으켰다. 웨스트민스터 신앙고백은 "하나님께서는 자기의 영광과 공공의 선을 위하여 국가 공직자를 자기 아래 그리고 백성 위에 세우셨으며… 그들을 칼의 권세로 무장시키셨다"(웨스트민스터 신앙고백 23.1-

3)고 한다. 그래서 국가는 교회를 보호하며 교회 고유의 일을 간섭하거나 방해하지 말아야 한다. 대신 신자는 국가를 위해 기도하고 위정자를 존경하며 합법적 명령에 순종해야 한다. 공직자가 불신자이거나 종교적으로 맞지 않더라도 그 권위를 무효화할 수는 없다. 이 부분에서 교회의 교역자도 예외가 아니다. 목사도 한 시민으로서 "공직자를 위해 기도하며, 그들을 존경하고, 세금과 여타 부과금을 내고, 그들의 합법적인 명령을 순종하며, 양심상 그들의 권위에 복종"(웨스트민스터 신앙고백 23.4) 해야 한다.

분명히 해야 할 것은 정교분리는 개인에게 적용되는 것이 아니라는 점이다. 교인은 국민의 한 사람이기 때문에 정부의 다스림에 관심을 가지고 적극 혹은 소극적으로 참여해야 한다. 정교분리는 종교단체 곧 교회가 정부의 일에 가타부타하지 않는다는 뜻이다. 정치적 소리를 낸다든가 이익집단의 위치에서 이런저런 간섭을 하는 것은 성경적이지 못하고 복음에도 유익하지 못하다. 종종 경건한 그리스도인 가운데 세속정치를 멀리해야 한다고 주장하고 정치에 무관심한 사람들이 있다. 세속에 물들지 않기 위해 자신을 관리하는 방법이다. 그런 자들은 '정치는 썩었다'는 논리로 정치에 뛰어들기는커녕, 나라 일에 매우 소극적으로 반응하며 최소한의 참여로 살아간다. 그리스도인은 세상 밖으로 부름 받은 것이 아니라, 세상 속으로 부름 받았음을 잊어서는 안 된다. 그리스도인은 각자 부름 받은 영역에서 적극적이든 소극적이든 정치적 활동을 할 수밖에 없고 또 해야 한다. 사회 구조를 바꿔야 할 수도 있다. 사람들의 마음을 계몽운동을 통해 변화시켜야 할 수도 있다. 사회 취약 부분을 해결하기 위해 노력해야 한다.

문제는 교회 지도자인 '목사'가 개인이냐, 교회의 대표냐는 점이다.

목사는 한 시민으로서 투표하고 또 시민 단체에서 일할 수 있다. 하지만 목사는 교회의 대표다. 목사가 발언을 하면 교회의 동의 여부와 상관없이 교회를 등에 업고 교회의 목소리처럼 영향을 끼칠 수 있다. 여기서 문제가 생긴다. 특히 목사가 설교나 광고 시간에 특정 정당을 지지하는 발언을 하는 것은 문제가 크다. 그것은 교인들을 분열시키는 결과를 낳을 수 있다. 어떻게 복음이 특정 정당과 정책에 귀속될 수 있단 말인가? 그러면 목사는 시민이기를 포기해야 할까, 아니면 정치 사안에 대해 사사건건 말할 수 있고 또 영향을 미치는 것이 옳을까? 정리된 지침이 필요하다.

56. 우리가 쓰고 있는 기독교 안경

한국에 복음이 처음 전해졌을 때 그리스도인이 된다는 것은 너무나도 분명하고 명확했다. 일요일에 일을 하던 사람들이 '주일'(主日)이라 부르며 가게 문을 닫고 예배를 드렸다. 그리고 술과 담배를 끊었다. 외형적 차이가 기독교인과 비기독교인을 명백하게 구분했다. 하지만 교회와 국가, 성도와 국민의 구분은 명확하지 않은 경우가 더 많다. 같은 시장, 같은 학교, 같은 정당, 같은 아파트에서 살아가고 있다. 기독교 정착 단계에서는 모든 것이 새롭고 우월해 보인 면이 있다. 서양에서 선진 문화도 함께 왔기 때문이다.

하지만 한반도에 기독교가 전파된 지 반세기가 지난 오늘 한국 교회는 더 이상 어린 교회가 아니다. 성인 교회가 된 것이다. 피동적으로 서양 교회의 문화를 그대로 받아들이던 단계에서 벗어났다. 이때부터 교회에 대한 기대가 예전과 달라질 수밖에 없다. 한국 교회는 어떤 문제에 대해 스스로 결정하고 선택하고 책임을 져야 할 뿐만 아니라 그 결과를 감당해야 하는 수준에 이르렀다. 예를 들면, 한국 교회는 일제 강점기와 한국전쟁 그리고 분단이라는 엄청난 시련을 겪었고, 그때마다 선택해야만 하는 과제들이 있었다. 실패도 있었고 자랑할 만한 일도 있었다. 그리고 경제 성장, 정치 발전, 시민의식의 발전을 거치면서 또 다른 과제를 안게 되었다. 매 순간 그리스도인은 생각과 말과 행동을 결단해야 한다.

인간 삶에서 일어나는 것을 '문화'(Culture)라고 한다. 영어 '컬처'는 라틴어 '쿨투라'(cultura)에서 왔다. '경작하다' '일구다'는 뜻이다. 삶의 양식을 결정하는 기준 혹은 안경이 바로 '세계관'(World View and Life)이다. 기독교인은 '기독교 세계관'(Christian World View and Life)을 가진다. 한국 교회 성도들도 어떤 식으로든 '기독교 세계관'을 가지고 있다. 문제는 '어떤 기독교 세계관이냐'다.

첫 번째 기독교 안경은 **'이원론적·수직적 세계관'**이다. 이 관점에서 보면 세상은 하나님과 멀어진 죄스러운 것이다. 성도는 가능한 한 죄로 물든 세상으로부터 멀어져야 한다. 땅보다는 하늘, 현세보다는 내세를 중요하게 생각한다. 영적인 것이 육적인 것보다 중요하고, 이 시대의 일보다 영원한 일이 훨씬 중요하다. 구원은 사람의 영혼에만 해당되고, 세상은 악한 사탄에게 맡겨져 마치 침몰하고 있는 배와 같다. 이미 무너져 가는 배를 고칠 마음은 없고 전도해서 배에서 구출하는 일에만 관심을 갖는다. 재세례파의 세계관이 그런 종류다.

두 번째 기독교 안경은 **'혼합적·수평적 세계관'**이다. 이 세계관은 오로지 이 세상에 집중한다. 교회는 세상 문화와 사회 문제에만 관심을 가지고 평화와 의를 추구한다. 하늘에는 무관심하고 이 땅에서의 삶이 중요하다. 신기루와 같이 확실하지 않은 미래보다는 구체적 현재가 그들의 관심사다. 구원은 정치와 사회 구조의 변화다. 전쟁을 반대하고 평화를 추구하며 환경 운동을 한다. 인종차별주의에 대항하며 세계의 기아와 인권을 해결하는 데 열심이다. 이런 세계관은 사람과 사람, 사람과 세계의 수평적 관계에 관심을 둔다. 해방신학, 여성신학, 흑인신학, 민중신학의 입장이 그렇다.

세 번째 기독교 안경은 '**종교개혁적 세계관**'이다. 이 입장은 성경을 통시적으로(Tota Scriptura) 바라보며 '이원론적·수직적 세계관'과 '혼합적·수평적 세계관'의 문제를 극복한다. **종교개혁적 세계관은 기독교인이 세상 안에 있지만(in the world), 세상에 속하지는 않는다(not of the world)는 점을 주장한다.** 하나님의 구원은 영혼뿐만 아니라 영과 육의 전인에 영향을 미친다. 인간 구원은 피조물에도 영향을 미친다. 종교개혁적 세계관은 미래에 약속된 천국을 소망하면서도 일시적으로 머물고 있는 세상에서도 하나님의 통치가 온전하게 이루어지도록 애쓴다. 종교개혁적 세계관은 그리스도인 자신이 속한 세상의 전통과 문화에서 주어지는 세계관을 생각 없이 받아들이지 않는다. 주변 문화와 전통의 세계관에 대해 비판적이고 변혁적 관점을 가지고 행동으로 옮기는 데 관심을 갖는다. 이 일은 인간이 불완전하므로 불가능해 보이지만, 성령 하나님의 도우심으로 가능하다. 이 종교개혁적 세계관이 그리스도인의 삶의 현장에 적극적으로 영향을 미친다.

한국 선교 100년 동안 굳이 '기독교 세계관'이라는 용어를 사용하지 않았다. 그냥 '신앙생활'로 모든 것을 대변했다. 그러다 1980년대부터 '기독교 세계관'이라는 용어가 사용되기 시작했다. 그것은 1970-

1980년대 독재정치가 민주정치를 훼손하는 것에 수동적이기만 한 보수 기독교에 대해 젊은이들이 상당히 실망한 때 나타났다. 젊고 경건한 청년들은 진보 기독교의 과격한 학생운동과 연합할 수 없었다. 그 대안이 필요했는데, 그것이 '기독교 세계관' 운동이었다. 기성 보수 기독교 문화와 젊은 기독 학생운동의 시위 문화로 양극화되어 있을 때, 그 둘을 초월하는 새로운 형태의 '기독교 세계관 운동'이 나타난 것이다. 특별히 젊은 신진 학자들을 중심으로 공부하고 토론하며 '기독교 세계관' 관련 책들이 번역되기 시작했다.

당시 기독교 세계에서 팽배하던 대중문화의 대안은 〈낮은 울타리〉라는 월간지였다. 그 출판사 대표를 맡은 신상언이 전국 교회를 돌면서 인기리에 붐을 일으켰다. 대중음악에는 뉴에이지(New Age) 철학과 사탄이 침투했음을 비밀스럽고 신기한 모습으로 설명했다. 일종의 음모론 같은 접근이었다. 사탄이 모든 문화에 영향을 미치고 있음은 분명하지만 어떤 특정 문화에 사탄의 등장이 노골적으로 나타난다는 두려움을 주었다. 경건한 그리스도인에게 상당한 영향을 미쳤다. 인간과 자연의 '타락'과 '사탄'의 물리적 계략을 강조한 경직된 근본주의적 입장이었다. 문화 회피적 입장인 셈이다. 재세례파적 요소가 다분했다.

인간과 자연의 '창조'를 긍정하는 입장의 문화 활동도 있었다. 음악(CCM), 미술, 문학, 영화 등에 그 영향이 나타났다. '창조과학'의 융성도 그런 관점에서 볼 수 있다. 진화론은 세상의 학문이니 과학으로 창조를 증명하겠다는 창조과학의 경건한 의도다. 그런데 과학으로 창조를 증명하려다 보니 과학적 해석이 무너지면 성경도, 창조도 무너지는 문제가 생긴다. 성경의 기록과 과학적 해석은 다르다는 것을 먼저 인지할 필요가 있다.

1980년대 젊은 신진 학자들을 중심으로 '기독교학문연구회'(KCSI)가 시작되었다. 모든 학문을 성경, 곧 기독교적 관점에서 재해석하자는 것이다. 또 대학에서 가르치는 교수 혹은 연구원들의 기독교 세계관 모임도 생겨났는데, 바로 '기독학술교육동역회'(DEW)다. 이 단체는 1981년 대전 과학원교회의 소그룹 '학문과 신앙'에서 학문과 사회, 문화에서 기독교적 이념을 구현하기 위한 기독교 대학 설립이라는 비전을 갖게 되었다. 그 후 연구회와 수련회 활동을 하고 동역 안내서를 발행해 동역자를 모으기 시작했다. 1985년 40명의 회원으로 성장했다. 21세기를 능동적으로 준비하고 보다 폭넓은 활동을 위해 1997년 9월 'DEW'(Disciples Evangelical Worldview, 사단법인 기독학술교육동역회)로 개칭했다. 비전은 우리나라에 기독교적 이념의 기독교 대학을 설립하고, 기독 학문 연구를 진작시키는 것이다. 학회를 조직하여 학술발표회 및 학술지를 발간한다. 학문 연구를 지원할 학술정보센터 및 출판사를 운영하며, 학술 강좌와 연구회를 운영함으로써 국민 교육에 기여한다. 사회적, 정신적, 문화적 발전에 기여하고 학술 진흥과 건전한 문화 조성에 이바지하는 '기독교 대학'의 설립이라는 이들의 비전이 실현되려면 아직 요원해 보인다.

위의 두 단체는 2009년에 '기독교세계관학술동역회'란 이름으로 통합되었는데, 크게 세 가지 영역(연구+운동+교육)으로 운영된다. 〈신앙과학문〉이라는 잡지를 발행하며, 세계관연구소, 밴쿠버세계관대학원, 세계관교육센터, 기독미디어아카데미, 〈월간월드뷰〉, 도서출판 CUP를 운영하고 있다. 단순히 학문뿐 아니라, 한국 사회 전체에 대해 책임을 져야 함을 천명하고 활발하게 활동하고 있다.

'기독교대학설립동역회'도 생겨났다. 지금까지 단체가 학술 영역에 속한다면, '기독교윤리실천운동'은 삶의 영역이라 할 수 있다.

여러 기독교 세계관과 관련된 책들도 번역되었다.

한국에 번역된 기독교 세계관 도서들

/ 기독교 세계관 도서들

낸시 피어시, 《완전한 진리》(복있는사람, 2006), 《세이빙 다빈치》(복있는사람, 2015), 《위대한 설계, 그 흔적들》(새물결플러스, 2014)

리처드 마우, 《아브라함 카이퍼》(SFC, 2015)

리처드 미들턴 & 브라이언 왈쉬, 《그리스도인의 비전》(IVP, 1987), 《포스터모던 시대의 기독교 세계관》(살림, 2007)

브라이언 왈쉬, 《제국과 천국》(IVP, 2011), 《세상을 뒤집는 기독교》(새물결플러스, 2010)

아브라함 카이퍼, 《칼빈주의 강연》(크리스찬다이제스트, 1996)

알버트 월터스, 《창조 타락 구속》(IVP, 1992)

앤디 크라우치, 《컬처 메이킹》(IVP, 2009)

제임스 데이비슨 헌터, 《기독교는 어떻게 세상을 변화시키는가》(새물결플러스, 2014)

제임스 사이어, 《기독교 세계관과 현대사상》(IVP, 1985)

제임스 스미스, 《급진 정통주의 신학》(CLC, 2011)

찰스 콜슨, 《대중문화 속 거짓말》(홍성사, 2009), 《그리스도인 이제 어떻게 살 것 인가?》(요단출판사, 2007)

프란시스 쉐퍼, 《프란시스 쉐퍼 전집》(생명의말씀사, 1995/크리스찬다이제스트, 2007)

기독교 세계관 운동의 구체적인 적용의 예는 '기독교 학교'다. 기독교 학교의 특징은 기독교인이 모든 삶을 성경적 바탕에서 바라보고 실천하며 살아가도록 돕는 것이다. 한국에서는 선교사들이 복음을 전하기 위한 수단으로 세운 '미션 스쿨'(Mission School)을 '기독교 학교'로 이해했다. 불교나 원불교, 혹은 로마 천주교회가 종교 교육을 목표로 세운 학교에 상응하여 미션 스쿨을 '기독교 학교'로 이해한 것이다. 하지만 기독교 세계관으로 세워진 '기독교 학교'는 다르다. 이 학교는 필자가 2009년에 저술한 《기독교 학교 이야기》(SFC)에서 분명하게 정리한 것처럼, 선교 목적의 '미션 스쿨'과 다른 그리스도인의 삶을 위해 세워진 언약 공동체를 위한 '기독교 학교'를 말한다. 이 학교에는 불신자 자녀 학생이 없다. 선교를 위한 학교가 아니라 기독교 세계관으로 국어, 영어, 수학, 과학, 사회, 예능 등을 가르치고 배우는 학교다. 그래서 기독교 세계관을 연구하던 대학의 학자들은 기독교 대학을 세우려는 목표를 세우곤 했다. 하지만 기독교 세계관, 곧 인간의 가치관은 더 어릴 때 형성된다는 점을 고려하면, 가정교육, 유아와 유치 그리고 초등, 중등학교에서부터 기독교 교육이 이루어져야 한다.

　　이런 의미에서 기독교 학교 설립의 움직임은 미션 스쿨이 그 역할을 다했다고 여겨지는 시기와 일치한다. 2004년 한국의 대표적 미션 스쿨 대광고등학교의 강의석 군이 채플을 거부하고 종교의 자유를 부르짖은 사건은 여러 측면에서 미션 스쿨의 한계를 잘 보여 주었다. 바로 이때부터 기독교 학교가 생겨나기 시작했다. 주로 교회에서 설립한 것들이지만 교사 혹은 개인이 미션 스쿨과는 다른 유치원, 초등학교, 중학교, 고등학교를 세우기 시작해 2020년에는 거의 300개에 이르고 있으며, 2021년에는 이 같은 대안학교를 인정하는 법이 통과되었다. 물론 아직 학력 인정과 재정 지원의 형태는 요원한 실정이다.

고신대학교는 전형적인 기독교 학교다. 고신대 입학 자격을 학습 교인으로 정한 것이 그 대표적인 예다. 이 점에서 연세대, 이화여대, 한림대 등과 같은 미션 대학과 다르다. 교수와 교과과정도 철저하게 기독교 세계관을 기초로 한다. 처음에 신학과로 시작했다가 기독교 교육, 종교 음악과가 생겼고, 후에 의대와 간호학 등 여러 학과가 더 생겨났다. 고신대학교는 일찍이 네덜란드 자유대학에서 수학한 고(故) 이근삼 교수에 의해 추진되었다. 네덜란드 자유대학은 아브라함 카이 퍼(A. Kuyper)가 1880년에 세운 대표적인 기독교 대학이다. 안타까운 것은 2021년 현재 고신대학교의 상황은 미션 스쿨 같은 모양새로 변화하고 있다는 것이다. 학생 모집이 어려운 학과의 경우 불신자들에게도 문을 열어 놓고 있다.

57. 산아제한 이슈에서 극명하게 갈린 천주교와 개신교

한국은 1960년대와 1970년대에 가난을 극복하기 위한 방법 중 하나로 산아제한 정책을 폈다. 국민 스스로 아이가 많으면 가난해진다는 자각으로 시작된 것이 아니라 정부가 주도하는 매우 조직적인 정책이었다. 박정희 정부는 1961년 3월 이른바 산아제한의 기치를 들고 '가족계획협회'를 창립했다. 가족 계획은 "사회를 보다 명랑하게 하고 개인의 생

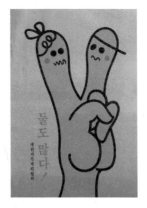

/ '둘도 많다' 포스터

활도 질적으로 발전시키기 위해 긴요한 일"이라고 주장했다. 1인당 출생률이 6.1명이던 1960년대는 3명의 자녀를 3년 터울로 낳고 35세 이전에 단산하자는 '3.3.35' 운동을 했다. 1970년대에는 평균 출생률이 4.53명이었는데 "아들 딸 구별 말고 둘만 낳아 잘 기르자"라는 구호를 외쳤다. 1980년대에는 평균 출생률이 2.8명이었는데 "잘 키운 딸 하나 열 아들 안 부럽다"는 구호를 내세웠다. 1990년대에는 출생률이 1.59명으로 낮아졌고, 2005년 1.08명으로 떨어졌다가, 최근 2020년 0.84명 수준으로 거의 세계 최저 출생률을 기록하고 있다.

우리나라의 대표적 산아제한 정책은 '정관·난관수술'과 더불어 '낙태'를 통해 인구정책을 의도한 1973년에 제정된 '모자보건법'이다. 30년 넘게 진행해 엄청난 영향을 미쳤다. 경제적 논리에 의해 국가적으로 출산율을 조정해야 했으나 40년이 지난 지금은 심각한 출산 기피 현상으로 위기를 맞고 있다. 피임약을 나눠 주며 예비군 훈련장에서 불임수술을 부추기던 정부가 이제 시대의 변화에 따라 경제적인 이유로 출산 장려 정책을 펴고 있다. 경제개발 시대에 외쳤던 산아제한 정책은 이제 골동품이 되고 말았다.

1960-1970년대 산아제한 정책이 한창 진행 중일 때 흥미로운 사실 하나를 발견할 수 있다. 그것은 로마 천주교와 개신교의 산아제한 정책에 대한 관점과

/ '하나씩만 낳아도 삼천리는 초만원' 광고

행동의 차이다. 제2차 세계대전 이후부터 미국의 여러 주를 포함해 일본, 인도, 중국 등이 서둘러 가족 계획을 정부 사업으로 신속히 추진해 나갔다. 로마 천주교는 일찍이 산아제한 정책이 인간 생명의 존엄성을 위협하는 것이기에 반대 입장을 표명했다. 1958년 9월 15일 바티칸 교황청은 인공수정 반대 입장을 선언하고, 잉태를 직접적으로 방지하기 위한 인위적 피임 방법이 잘못된 것이라고 못 박았다(〈조선일보〉 1958. 9. 25). 하나님이 생명의 원천이며 인간이 지닌 생식 기능의 목적은 생명의 출산이라는 입장에서 조금도 물러서지 않았다.

1968년 7월 31일에는 교황 바오로 6세(1963-1978)가 산아 조절에 관한 회칙 '인간 생명'을 발표하고, 산아제한은 인간 생명을 직접적으로 위협하는 행위라고 경고했다. 1967년 3월 26일 '민족들의 발전에 관하여'[5]라는 회칙을 발표하고 인류 전체가 공동 발전이라는 차원에서 약소국들을 경제적으로 도와야 한다고 지적했다. 개발도상국가들이 경제적인 이유로 산아제한 정책을 펴는 것을 직시하고 그 대안을 제시한 것이다.

1966년 정부는 연간 가족 계획 목표량을 정하여 산아제한 정책을 강력하게 추진했다. 심지어 임신 7개월까지 인공유산 시술이 가능하다는 법까지 제정했다. 바로 이 시기 새마을운동과 산아제한 정책이 함께 어우러진 한국 사회의 모습을 잘 담아 낸 영화가 〈잘 살아보세〉(2006)다. 김정은 씨가 열연한 이 작품의 영어 제목이 〈Mission Sex Control〉인데 한글 제목보다 오히려 내용을 더 잘 드러낸다.

로마 천주교는 인구 증가 문제는 하나님의 의지에 의한 자연법과

---

5 www.cbck.or.kr 문헌자료실 '교황 문헌'에 전문이 있다. 1967년 3월 26일

인간의 품위에 적합한 방법에 따라 해결해야 한다는 입장이었다. 천주교는 다섯 가지 구체적인 대안을 제시했다.

첫째, 결혼 적령의 연장이다. 가족 부양 능력이 갖추어질 때까지 결혼 연령을 늦출 필요가 있다는 지적이다. 둘째, 축첩 폐습을 단호히 시정하는 것이다. 셋째, 금욕이다. 넷째, 해외 이민이다. 다섯째, 외국 원조의 요청 및 그 실효적인 사용이다.[6]

1974년 11월 18일 교황청은 신앙 교리국 이름으로 '인공유산 반대 선언문'을 발표하였고 지금까지 이 부분에서는 일관된 모습을 보이고 있다.

한국 개신교는 정부의 산아제한 정책에 반대하기는커녕 오히려 지지했다. 1971년 '한국기독교교회협의회'(KNCC) 총무 김관식 목사가 가족 계획도 하나님의 뜻이라면서 지지하는 발표를 했다. 교회는 인류가 당면한 모든 위험과 다가오는 불행을 미연에 방지할 의무가 있으며, 인류에게 자유 행복을 실현할 책임이 있다고 밝히면서 그 일환으로 가족 계획 사업을 편다고 주장했다. 그 구체적인 계획으로 '인류 미래와 책임 있는 부모 노릇'이라는 입장에서 교육과 계몽, 병원에 피임 도구 공급 등과 더불어 여전도사 1만 명에게 가족 계획의 필요성과 방법을 교육한다는 것 등이었다. '가족 계획은 하나님의 영역을 침범하는 인간의 반역행위'라고 반대하는 일부 목사를 설득하고, 앞으로 로마 천주교와 연합 전선도 펼 예정이라고 했다.[7]

연세대학교 김찬국 교수는 성경에서 가족 계획의 정당성을 발견할

---

6 한국 로마 천주교 주교단의 성명서는《한국 천주교회 총람》(1995-2003), 한국천주교중앙협의회, 2004, 제5편 자료《문헌 모음》중 '주교회의 문헌' 참조

7 〈조선일보〉 1971년 12월 9일

수 있다고 보았다.[8] 창세기 1장 28절의 '자식을 낳고 번성하여 온 땅에 충만하라'는 명령을 인구 조절 문제가 당면 과제인 오늘날에 문자 그대로 수용하는 것은 곤란하다고 주장했다. 오히려 책임 있는 결혼 및 부부생활과 자녀 교육을 성실하게 하는 부모권을 강조하는 것으로 해석해야 한다고 지적했다. '땅을 정복하라'도 인간의 무책임과 방심, 무계획성 때문에 올지도 모를 불행과 위험을 정복하라는 뜻으로 해석했다. 보수진영 개신교에서는 산아제한 정책에 적극적 반대나 의지 표명이 있었던 흔적을 찾아보기 힘들다. 이렇게 개신교 일부가 적극적으로 산아제한 정책을 끌어안자 결국 로마 천주교가 산아제한 반대운동의 주도권을 쥐고 나갔다.

천주교는 한국 정부가 추진하는 가족 계획에 반대 입장을 분명히 한 데 대한 신도 수 감소를 감내해야 했다.[9] 결혼을 앞둔 젊은이들이 가족 계획을 반대하는 로마 천주교를 선택하는 데 부담을 느꼈기 때문이다. 이는 천주교의 교세 확장에 걸림돌이 되었다. 그럼에도 불구하고 로마 천주교는 1975년에 '한국 행복한 가정 운동'을 창립하고 전국적으로 자연적 가족 계획 방법을 홍보했다. 이 운동은 피임과 낙태가 생명권을 위협하기 때문에 행복한 가정 운동이 최선의 대안이라면서 18개 항목의 구체적인 계획을 마련해 실행했고, 2000년에 이 운동은 25주년을 맞아 지속적으로 성과를 거두었다고 자평하고 있다.

---

8   김찬국, "가족 계획에 대한 성서적 고찰", 《기독교사상》 1972년 1월호(통권 제164호), 110-117; 김찬국, "가족 계획과 기독교인의 책임", 《기독교사상》 1968년 5월호(통권 제120호), 98-106. 한편, 홍현설, "기독교 윤리에서 본 가족 계획의 타당성", 《기독교사상》 1971년 1월호(통권 제164호), 103-109도 있다.

9   최선혜, "1960-1970년 대한민국 정부의 가족 계획 사업에 대한 가톨릭의 대응", 《인간 연구》 no. 9, 2005, 192-194.

대부분의 개신교 신자들은 정부의 산아제한 정책에 크게 이의를 제기하지 않았고 신앙적으로도 아무런 거리낌이 없었다. 국가와 사회와 이웃의 안녕과 발전을 위한 것이라는 설명에 반대할 이유가 없었다. 성경이 이에 대해 어떻게 생각하는지도 관심이 없었다. 더구나 교회와 사회를 전혀 다른 세계인 이원론으로 생각하는 데 익숙한 성도들은 국가에서 하는 일에 적극 참여하는 것이 평화를 이루는 길이라고 단순하게 생각했을 것이다. 복음을 위하여 국가와 사회에 반대하는 인상을 줄 필요가 없었다. 자녀를 많이 낳아 국가와 사회에 해를 끼치고 피해를 준다면 복음 전파에 걸림돌이 된다고 생각했을 수도 있다.

그 결과 산아제한 정책은 매우 성공적이었다. 개신교도들은 산아제한에 적극 동참했고 이 점에 있어 불신자들과 차이가 없었다. 회개하고 반성할 일이다. 솔로몬은 "보라 자식들은 여호와의 기업이요 태의 열매는 그의 상급이로다 젊은 자의 자식은 장사의 수중의 화살 같으니 이것이 그의 화살통에 가득한 자는 복되도다"(시 127:3-5)라고 고백했다. "생육하고 번성하여"(창 1:28)라는 명령이 언제 사라져 버렸는가?

지금도 한국 복음주의 교회는 이 영역에서 그 어떤 대안도 제시하지 못하고 있다. 종교개혁 신앙은 이 점에 대해 분명히 답한다. 생육하고 번성하여 땅에 충만하는 것이 하나님의 명령임을 믿고 순종하는 것이다.

대한민국이 현재 인구 규모를 유지하기 위해서는 출산율이 적어도 2.1명은 되어야 하지만, 국내 출산율은 급격하게 감소하고 있다. 이러한 저출산은 경제적 재앙을 예고한다. 저출산에 따른 인구의 고령화 속도가 세계 최고 수준이기 때문이다. 지난 2000년 이미 한국은 전체 인구 중 65세 이상 노인 인구 비율이 7% 이상인 '고령화 사회'(Aging

Society)에 도달했다. 2017년에는 '고령사회'(Aged Society, 노인 인구 비율이 14-20%)로 진입했다. '고령화 사회'에서 '고령사회'로 넘어가는 데 걸린 시간이 고작 18년이다. 일본이 24년, 독일이 40년 걸린 것과 비교할 때 너무 빠르게 진행되고 있다.

한국 교회는 그동안 교회 성장을 위해 한 생명을 구원하는 기도와 전도에 열심이었다. 하지만 정말 생명을 사랑한 것일까? 개교회의 숫자를 불리기 위한 허울 좋은 구호가 아니었을까? 정말 생명을 사랑한다면 자녀를 많이 낳아야 하는 것이 아닐까? 인구의 폭발적 증가를 염려하기도 하는데 아직까지도 다산을 유지하고 있는 이슬람 사회마저 이미 세속화가 급속도로 진행되어 저출산으로 방향을 틀었으니, 그런 염려는 하지 않아도 될 것 같다. 그리고 인구 문제든 성별 비율의 문제든 인간이 과연 통제할 수 있기나 한가?

58. 그리스도인이 부끄러워해야 할 역사, 입양

한국전쟁은 가족이 뿔뿔이 헤어지게 만들었다. 그중 가장 큰 희생자는 아이들이었다. 20만 명의 과부와 10만 명의 고아가 발생했다. 전쟁으로 가족을 잃은 보호아동을 위한 보호소와 고아원이 440곳이나 되었고, 시설에 수용된 아이는 53,964명이나 되었다. 해외 입양은 1953년부터 시작되었다. 1954년 1월

/ 한국전쟁 후 요보호아동의 증가

이승만 대통령의 부인이 '아동양호회'를 설립했고, 1957년까지 국제사회 복지회와 공동사업으로 입양이 진행되었다. 1955년 가톨릭 구호회도 입양을 도왔다. 1955년 미국의 홀트(Harry Holt 1904-1964 & Bertha Holt 1904-2000) 부부가 한국 아이들 8명을 입양하면서 1961년 '고아입양특례법'이 생겼다. 1957년 국제사회복지회에서 자체 입양 프로그램을 펼치다가 1966년 '대한사회복지회'로 독립했다. 1955-1972년 동안 21,890명의 아이들이 해외로 입양되었다(보건사회부, 1974).

미국은 1948년 '이주민법'(Displaced Persons Act)을 만들어 매년 500명의 한국 고아들을 입양하도록 허락했고, 1956년 '난민구호법'(Refugee Relief Act)을 적용해 4천 명을 입양했다. 다음 해 고아에 대한 비자 상한선을 삭제했다. 1961년 '이민과 국적에 관한 법'(Immigration and Nationality Act)으로 정상화되었다. 1961년부터 해외입양이 활성화되었는데, 이것은 한국의 산아제한 정책과 시점이 일치한다. 한국은 도시화로 인해 미혼모들의 출산이 많아졌고 서양은 아기를 원하는 불임 중산층 부부들의 필요와 맞아떨어진 것이다.

1970년대 초에는 북한이 남한의 해외 입양을 비판하면서 1973년 전체 해외 입양 숫자 가운데 10%는 국내에 입양하는 할당제가 법으로 만들어졌다. 이런 것들을 종합해 1976년 '입양 특례법'으로 정리되었다.

하지만 1988년 서울올림픽 개최로 세계 언론의 주목을 받은 것 중 하나가 바로 한국의 해외 입양이었다. 1인당 1500만-2천 만의 수입을 올리는 'Babies for Sale'이라는 비난을 받았다. 1981년 정부는 해외 입양을 줄이겠다고 선언했고, 그 결과 1985년에 해외 입양 숫자가 정점을 찍었다가 그 후 2천 명 선으로 유지되었다.

김대중 정부 시절 '입양정보센터'(GAIPS: Global Adoption Information & Post Service)가 만들어졌는데, 2009년 이명박 정부 때 '중앙입양정보원'(KCARE)으로 개편되었다. 2012년 8월 '입양특례법'이 만들어지고 '중앙입양원'(KAS: Korea Adoptions Services)으로 바뀌었다.

개신교는 한국 아동의 해외 입양 역사를 어떻게 바라보아야 할까? 성경은 여러 곳에서 약자의 대표로 제시되는 '고아'를 돌보라는 명령을 하고 있다. 국내 기독교인이 이 말씀을 몰랐다고 할 수 있을까? 한국전쟁 이후 국가 전체가 재난을 당한 상황이기에 약자를 돌볼 수 있는 여건은 충분했다. 하지만 경제적으로 안정세에 접어들었음에도 불구하고 보호가 필요한 아동들에게 가족이 되어 주는 '입양'이 활성화되지 않고 있음은 부끄러운 일이다.

2000년 한국에 '한국입양홍보회'(MPAK: Mission to Promote Adoption in Korea)가 설립되었는데, 미국에 입양된 스티브 모리슨(Steve Morrison 최석춘)이 1999년 설립한 '한인입양홍보회'(MPAK)의 지원을 받았다. 입양에 대한 편견을 없애고 국내 입양을 활성화하자는 운동이다. 개신교인의 입양이 늘어나 가정이 필요한 아이들에게 가정을 제공하는 귀하고 복된 일이 일어났으면 좋겠다. 기독교인은 예외 없이 하나님의 가정에 입양된 입양이라는 사실을 잊지 말아야 할 것이다.

59. 남북통일, 어떻게 바라봐야 할까?

19-20세기는 이념이 지배하는 시대였다. 18세기 미국 독립전쟁과 프랑스 혁명 이후 정치체계는 전통적 군주제에서 민주 공화제로 변화

되었다. 일인독재로의 진자 현상도 없지 않았지만 전반적으로 민주(자본)주의와 사회(공산)주의 대립의 역사였다고 볼 수 있다. 20세기 초 러시아가 공산혁명을 통해 소련을 건설하여 사회주의 국가의 중심으로 한 축(軸)을 이루었다면, 다른 축은 미국을 중심으로 한 자유민주주의 국가다. 20세기 중엽에는 두 이념의 대립이 독일, 예멘 그리고 한국을 분단시키면서 그 극에 이르렀다.

한국전쟁 이후 남한에는 북진 통일론이 대세였다. 북쪽에서 망명한 약 100만 명의 실향민들은 고향으로 돌아가 재산을 되찾고 가족을 다시 만나는 것이 유일한 소망이었다. 기독교인도 예외가 아니었다. 아무도 지금처럼 분단이 고착될 것이라고 생각하지 않았다. 언젠가 통일이 될 것이라는 기대가 컸다. 하지만 북한 공산정권이 버티고 있는 한 그것은 불가능해 보였다. 통일 논의란 불필요했다. 공산정부와의 논의 자체를 경계했다.

1973년 남북이 만나 '7·4 공동성명'을 발표하며 통일에 대한 논의를 본격적으로 시작한 것은 기적 같은 일이었다. 북진통일이 아니라 평화통일이 가능하다는 희망을 품게 된 것이다.

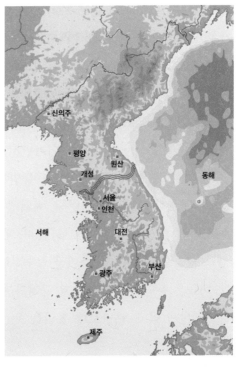

/ 38선으로 나뉜 한반도

진보 교역자들의 모임인 '한국기독교교회협의회'는 통일 논의에 가장 적극적이었다. 첫째, 남북통일을 위해 먼저 남쪽의 민주화 운동을 보다 더 적극적으로 추진하기로 천명했다. 둘째, 정부 주도 통일 논의에서 민간 차원으로의 다변화를 주장했다. 셋째, 통일 논의의 주체는 '민중'이 되어야 함을 주장했다.

그들의 주장은 보수 기독교 지도자들로부터 외면받았다. 보수 측은 반공을 유지하면서 선교를 통한 통일을 추구했고, 진보 측은 민주와 사회 정의를 통해 통일을 발전시키자고 했으니, 목표는 같지만 방법이 달랐다.

1980년대 이후에야 본격적으로 통일이 공공연하게 언급되기 시작했다. 남북이 동시에 유엔에 가입했다. 세계적으로는 탈냉전의 분위기가 형성되기 시작했다. 중국과 구소련이 개방되었다. 1989년부터 한국과 중국이 상호 방문을 자유롭게 하다가, 1992년 정식으로 국교를 수립했다. 세계정세의 변화는 한국과 북한을 가까이 접촉할 수 있는 기회를 더 많이 제공했다. 뿐만 아니라 민주화를 위해 투쟁하던 진보 측 지도자들도 1990년대를 넘어가면서 통일 이슈로 전환했다. 1983년 한국기독교교회협의회(NCC)는 '통일문제협의회'를 설치하고 1985년 '한국 교회 평화통일 선언'을 채택했다. 1988년에는 '민족의 통일과 평화에 대한 한국 기독교 선언'을 채택했다. 구체적 방법 가운데 '남북 평화협정 체결' '주한미군 철수' '핵무기 철수와 군비 감축'이었다. 이들은 분단 자체를 악으로 규정하고 통일만이 선이며, 분단 책임이 '나'에게 있고, 분단보다 통일을 우선으로 생각해야 한다고 주장했다.

1988년 11월 세계교회협의회(WCC)의 주선으로 남과 북의 기독교 대표가 처음으로 스위스 글리온에 모여 '글리온 선언'(Glion Declaration of Peace and the Unification of Korea)을 발표하고 평화와 통일을 기원했다.

이런 상황에서 1989년 문익환(文益煥, 1918-1994) 목사가 임수경과 함께 방북을 감행했다. 그리고 김일성을 만났다. 이 사건은 남한에 일대 논란을 일으켰다. 통일을 염원하는 사람들에게는 큰 기대를 준 반면, 분단과 전쟁의 책임자인 김일성을 만나 찬사한 것은 많은 사람의 마음에 상대적 박탈감을 불러일으킨 방문이었다.

1990년 예멘과 독일이 분단을 끝내고 통일을 선포했다. 더구나 1991년 공산주의 국가의 맹주 역할을 하던 소련이 붕괴했다. 남은 분단국가는 한반도가 유일하게 되자 통일 이슈는 더 적극적으로 추진되었다. 1994년 미국 지미 카터 전 대통령이 김일성을 방문해 만났고, 그의 주선으로 김영삼 대통령과의 만남이 계획되었다. 염원하던 통일이 드디어 가까이 온 듯했다. 하지만 통일은 그리 쉽지 않았다. 1994년 김일성이 갑자기 심근경색으로 사망한 것이다. 그 후 김정일이 권력을 세습했으며, 2011년 김정일의 사후 김정은이 삼대째 세습 정치를 이어 가고 있다.

한 국가가 남과 북으로 분단된 후 지금은 고착화되는 형국에 이르고 있다. 지금은 통일 자체가 두려운 과제가 되고 있을 정도로 분위기가 많이 바뀌었다. 통일 자체를 부정하는 사람은 없겠지만, 어떤 통일이냐가 중요하다. 또 어떤 방법으로 할 것인가의 문제가 해결되어야 할 이슈다. '통일대박'이라는 감상적 차원을 넘어 실질적 남북 교류를 통해 분단으로 인한 차이와 오해를 조금씩 줄여 가면서 남북이 서로 윈윈할 수 있는 길을 찾아야 할 것이다.

북이스라엘과 남유다로 분단되었던 이스라엘의 지상명령은 통일이 아니었다. 언약의 하나님이 다스리는 나라를 이루는 것이 주요 과제였다. 그들은 각자 먼저 언약의 말씀에 자신을 묶어야 했다. 언약 백성으로 통일을 이루는 것은 귀하고 소중하고 가치 있는 일이다. 하지만 언약을 떠날 때는 두 나라로 분단된 상태가 계속될 수도 있음을 성경 역사는 보여 준다. 그런 의미에서 남북통일은 절대선이 아니며 최우선 순위도 아니다. 남왕국 유다의 왕 여호사밧이 남북통일을 염두에 두고 북왕국 이스라엘의 왕 아합과 가까이 지내려 노력했지만, 그것은 잘못된 판단이었음을 성경은 지적하고 있다. 이를 참고하면 좋을 것이다.

60. 음모론으로 변질된 종말론

그리스도인에게 종말은 큰 관심사다. 예수님이 '곧 오리라'고 약속하셨기 때문이다. 그런데 예수님의 재림은 교회사에서 많은 혼돈을 주었다. 예수님이 재림을 불명확한 시점으로 남겨 두셨기 때문이다. 데살로니가 교회에서도 예수 그리스도의 재림에 대한 오해가 있었고 문제가 생기기도 했다(살후 2-3장). 사회적으로 불안할 때 종말에 대한 잘못된 가르침이 많고 추종자들이 생겨나는 특징이 있다. 한국 교회도 예외가 아니었다.

종말론에 관한 입장은 크게 세 가지가 있다. 예수님의 재림이 천년왕국 전(前 Pre)이면 '전천년설', 천년왕국 후(後 Post)이면 '후천년설'(後千年設 Post-millennialism) 그리고 종교 개혁자들의 대체적 입장인 '무천년설'(無千年說 A-millennialism)이 있다. 한국 교회에 팽배한 종말론은 기본적으로 '전천년설'(前千年設 Pre-millennialism)이다. 한국에 복음을 전해준 선교사들의 대부분이 그 입장을 취했기 때문이다. 좀 더 구체적으로 정리하면 세대주의적 전천년설(Dispensational Pre-millennialism) 입장이 강세였다.

19세기 미국은 남북전쟁(1861-1865)으로 사회가 불안했다. 유럽 자유주의 신학의 고등비평은 성경의 권위를 파괴하고 있었는데, 그것이 미국에 들어오면서 교회는 불안했다. 성경의 권위를 존중하고 성경 중심으로 해설한 스코필드 관주 성경(Scofield Reference Bible)은 많은 미국 복음주의 기독교인들에게 지지와 인기를 얻었다. 이 스코필드 관주 성경의 종말론이 바로 1833년에 시작된 다비(John Nelson Darby, 1800-1882)의 세대주의적 전천년설이었다. 다비는 이전에 없던 새로운 종말론을 발표했는데, 다니엘 9장의 70이레 가운데 마지막 70번째 이레가 바로 요한계시록에 기록된 7년 대환난이라고 본 것이다.

무디의 부흥운동과 피어슨의 선교운동, 그리고 학생자원봉사운동의 선교와 전도운동은 세대주의적 전천년설적 종말론에 엄청난 헌신을 불러일으킨 측면이 있다. 세대주의적 전천년설의 핵심은 '인류 역사 7세대론'과 '공중 재림 ⇒ 휴거 ⇒ 7년 대환난 ⇒ 지상 재림⇒ 천년왕국' 이론이다. 환난의 고통을 피하기 위해 휴거되고자 하는 신자의 갈망은 선교를 향한 엄청난 헌신을 불러일으켰다. 선교단체들은 대체로 이 관점을 지지했다.

이런 종말론적 관점은 교회 가운데 널리 퍼져 있었다. 20세기가 끝나 갈 무렵 미국의 콜린 데일(Colin Deal)은 《주의 재림의 날과 시간》(1987)이라는 책에서 예수님의 재림이 1980년대나 1990년대가 될 것이라고 주장했다. 또 퍼시 콜레(Percy Collett)는 천국에 가 보았다면서 종말이 1990년대에 올 것이라고 예언했다.

/ 이장림의 다미선교회

이때 한국에는 이장림이 등장했다. 이장림은 신학을 공부하고 기독교 출판사 편집인으로 일했다. 그는 1987년 '다가올 미래를 대비하는 선교회'를 '다미선교회'로 바꾸고 시한부 종말론을 퍼뜨리기 시작했다. 그는 1987년 《다가올 미래를 대비하라》《하늘 문이 열린다》《경고의 나팔》《1992년의 열풍》을 출판했다. 그는 예수 자신도 재림의 시기를 모른다고 말한 마태복음 24장 36절은

/ 다미선교회 전도지

문자 그대로 해석할 수 없다고 주장했다. 그렇게 하면 삼위일체를 부인하는 이단이 된다고 하면서 점진적 계시관으로 볼 때 재림의 때를 정확히 알 수 있다는 궤변을 전개했다. 그러면서 1992년 10월 28일 예수 그리스도가 공중 재림하여 휴거가 일어나고 휴거되지 못한 사람은 7년간 대환난을 겪게 될 것이라고 했다. 그런 후 1999년에 최종으로 예수님의 재림이 있을 것이라고 주장했다.

중요한 것은 '휴거'(携擧 Rapture)다. 휴거되지 않으면 엄청난 대환난을 겪어야 하니 반드시 휴거되기 위해 노력하게 되는 심리를 이용한

것이다. 많은 사람이 재산을 팔아 선교회에 바쳤다. 가족을 버리고 다미선교회로 몰려든 사람도 많았다. 열성 신도들은 전도지와 소책자 그리고 책과 시한부 종말론을 설명하는 비디오테이프(VHS)를 뿌리며 전도하는 데 힘썼다. 필자도 신학교 학생이었을 때, 다미선교회 신자들이 신학교 정문 앞에서 이것들을 나눠 주며 전도하는 것을 보았다. 그들의 열정과 헌신은 대환난을 피하고 휴거되려는 동기에서 나온 것이다. 다미선교회는 한때 10만 명에 다다를 정도로 교세가 대단했다. 《내가 본 천국》(필시 콜레 저)이란 책은 50만 부 이상 판매되었다.

당시 급변하는 세계정세의 변화도 종말론의 분위기를 북돋웠다. 불안했기 때문이다. 미국과 이라크 전쟁, 컴퓨터의 등장, 바코드의 출현, 유럽 공동체(EC)가 적(敵 Anti)그리스도의 등장 증거라고 해석했다. 그야말로 음모론 수준이었다. 이장림의 주장은 이런 세계의 변화와 미국 시한부 종말론 책을 종합한 결과였다. 소위 '어린 종들'이라고 불린 예언하는 젊은 아이들의 휴거와 예수님의 공중 재림 예언은 여기에 불을 붙였다.

'1992년 10월 28일 수요일 밤 12시'는 이장림이 제시한 휴거의 날이었다. 대한민국 모든 방송국은 이 상황을 전 국민에게 생방송했다. 다미선교회 신자들은 흰옷을 입고 찬송하며 박수 치고 신들린 듯이 춤을 추며 예수의 공중 재림과 휴거를 기다렸다. 하지만 그날 저녁 아무런 일도 일어나지 않았다. 이렇게 해서 이장림의 시한부 종말론은 기독교인이 얼마나 비이성적이며 어리석을 수 있는지를 만천하에 알린 사건이 되었다.

이 해프닝은 성경을 자기 마음대로 해석하고 꿈과 계시의 존재를 믿는 자가 얼마나 잘못될 수 있는지를 보여 준 사건이었다. 어처구니

없는 시한부 종말론은 언제든지 생겨날 수 있다. 한국 교회 전통에는 신앙생활을 결정하는 것이 성경 말씀이기보다는 꿈, 환상, 사적 계시와 체험 때문인 경우가 많았다. 성도 개인의 체험은 귀하고 소중하지만, 그것은 주관적일 뿐이다.

그런데 개인의 체험이나 경험이 객관화되고 교리화될 때 문제가 생긴다. 한국 교회는 교리적 전통이 약하다. 교리에 대한 알레르기 반응을 보이기도 한다. 하지만 교리는 성경에 '교훈'(Doctrine)이라는 번역으로 등장한다. 교훈이 교리인 것이다. 교리는 철저하게 예수 그리스도와 사도들이 전해 준 성경 말씀에 기초한다. 그 전제하에서 건강한 교리 설교와 교리 공부가 반드시 필요하다. 시한부 종말론의 폐해 때문에 재림 신앙을 버리는 우를 범하는 것도 문제다. 재림 신앙을 가지되 바른 정통 교리의 도움을 받는 지혜도 가져야 할 것이다.

61. 한국형 복음주의, 이대로 괜찮은가?

오늘 한국 개신교회의 특징을 한 단어로 정리한다면 '복음주의'라고 말하고 싶다. 본래 '복음주의'(福音主義 Evangelism)는 종교개혁 시기에 '교황주의자들'(폰티피치 Pontifici)이 로마 천주교에 대항하는 무리, 즉 개신교를 '프로테스탄트'(Protestants)로 부르는 동시에 '에방겔리치'(Evangelici)라고 비아냥거린 데서 비롯되었다. 본래 '복음주의'는 개신교를 일컫는 용어였다. 하지만 시대와 나라마다 이 용어는 조금씩 변화를 거쳤는데, 현재 사용되는 '복음주의'는 17세기 유럽 대륙의 '경건주의' 그리고 18-19세기 영국과 미국의 '부흥운동'을 거치면서 그

의미가 형성되었다. 어느 교회에서나 볼 수 있을 법한 한 여집사 이야기를 해보겠다.

40대의 여집사는 아침 등교 시간과 하교 시간만 되면 중학교로 향한다. 전도하기 위해서다. 어깨에 멘 가방은 전도지로 가득 차 있다. 그녀는 교회에서 전도왕이다. 전도뿐만 아니라 교회 일이라면 빠지는 일이 없다. 교회에서 하는 행사와 예배, 기도회에 빠짐 없이 참석한다. 담임목사는 설교 때마다 본받아야 할 모델로 그녀를 소개한다. '나도 저런 열심을 가졌으면…' 하고 많은 교인들이 그녀를 존경하고 부러워한다. 그런데 그녀에게는 고민이 하나 있다. 중학생 자녀가 둘 있는데, 둘 다 교회에 나가지 않는 것이다. 엄마로서 협박도 해 보고 애원도 해 보았지만 소용이 없었다. 그녀에겐 이것이 큰 아픔이었다. 어느 날 목사님이 설교 중에 자식은 하나님께 맡기라면서 하나님의 일을 열심히 하고 기도하면 하나님께서 모든 것을 해결해 주신다는 말씀을 했다. 이 말씀을 듣고 그녀는 크게 위안을 얻고 평안을 찾았다. 이후 자녀의 신앙과 교육, 양육은 하나님께 맡기고 이전보다 더 열심히 기도하고 전도하며 주의 일을 했다. 아침 이른 시간에도, 수업이 끝나는 오후 시간에도 중학교 앞에 가서 전도지를 돌렸다.

한국 교회의 특징이라면, 급속한 양적 성장과 전도, 선교, 열정적인 기도 생활이라 할 수 있다. 이러한 경향은 한국에 파송된 외국 선교사들의 복음주의적 흐름과 무관하지 않다. 개신교 각 교파의 선교사들은 신앙고백은 했지만 그것을 구체적인 교리와 연관 짓지는 않았다. 이는 한국 장로교회가 자신들의 신앙고백인 웨스트민스터 신앙고백과 대·소교리 문답을 찬밥 취급하는 데서 드러난다. 전천년설적 종말론에 익숙한 한국 교회는 세상에 대해서는 염세적이면서도 복음 전도에서만큼은 혼신의 힘을 다한다. 미국에서 19세기와 20세기 초에 있었던 부흥의 영향이 1907년 평양 대부흥으로 나타났고, 이는 곧 한국 교회의 전형적인 특징으로 자리 잡게 되었다. 장로교회, 침례교회, 감리교회, 순복음교회의 공통분모는 모두 복음주의로 설명할 수 있다.

그러면 복음주의란 무엇이며 그 특징은 무엇인가? 복음주의는 그 스펙트럼이 굉장히 넓어 모든 개신교를 총망라한다고 해도 과언이 아니다. 복음주의는 역사적으로 그 모양과 특징이 다르고, 현재 교회도 여러 교단과 교파들로 나뉘어 있다는 점에서 그 실체와 모양을 정의하기가 어렵다. 곧 복음주의는 어느 한 사람이나 교파에 국한되지 않는 광의의 개념이다. 몇 가지 특징을 찾아보면 다음과 같다.

첫째, 성경을 권위 있는 하나님의 말씀으로 받아들인다. 둘째, 창조를 믿고 진화론을 거부한다. 셋째, 동성애와 낙태를 반대한다. 넷째, 개인의 성령 체험을 강조한다. 다섯째, 선교와 전도에 총력을 기울인다.

한국 교회가 지난 세기 동안 이룬 성장은 전적으로 하나님의 놀라운 은혜의 섭리 덕분이다. 이 영광은 전적으로 하나님께 돌려야 마땅하다. 마치 예수 그리스도께서 세상에 "때가 차매"(갈 4:4) 오신 것처럼, 하나님의 섭리의 때(Kairos)에 대한민국에 복음이 전해진 것이다. 심고 물을 주는 일은 교회가 했을지 몰라도, 자라게 하신 분은 하나님이시다. 특별히 종교적, 철학적 공백기의 구한말 한반도에서 개신교는 놀라운 대안이었다. 개신교는 유약한 민족의 정기를 고쳐시키고, 봉건적 구습을 타파하며, 민족을 계몽하는 데 중요한 역할을 했다. 무지, 미신, 빈곤, 질병, 차별이 만연하던 사회에 민족의식을 각성시키면서 교회는 성장했다.

일제강점기 개신교는 민족 종교로서 역할했다. 한민족이 개신교를 민족의 종교로 받아들이는 데 아무런 거리낌이 없었던 것은 하나님의 특별한 은혜였다. 당시 개신교가 일제의 식민 지배를 반대하는 종교가 된 것은 우연의 일치가 아니라 하나님의 섭리다. 해방과 한국전쟁 후 한국에는 교단 분열과 새로운 교회의 출연으로 교회가 우후죽순 생겨났다. 교회는 폭발적으로 성장했다. 그 요인으로 첫째, 교회 재건 운동에 대한 열망, 둘째, 교단 분열로 인한 경쟁적인 전도, 셋째, 사회, 정치, 경제적 혼란이 가져온 정신적 진공 상태 등을 들 수 있다. 근대화에 따른 도시화로 사람들은 삶의 안정과 정신적 위안을 찾아 지연 또는 혈연을 따라 교회로 몰려왔다. 여기에 부흥회를 통한 전도운동과 학원에서의 파라처치 운동, 오순절을 중심으로 한 신유의 은사와 물질적 축복을 강조한 경제적 번영 신앙 등이 교회 성장의 원동력이 되었다.

그런데 1990년대 들어서면서 한국 개신교의 성장에 문제가 발생하기 시작했다. 2005년에 조사한 통계 수치에 의하면 1995년보다 개신교인이 줄었다. 한국 복음주의의 효과가 떨어진 것이다. 청소년 교인수가 점점 감소하는 것 또한 교회 성장에 부담을 주고 있다. 미자립교회와 폐교회가 증가하고 있다. 더 심각한 것은 개신교 전반에 대한 사회 인식이 점점 나빠지고 있다는 사실이다.

그동안 복음주의적 한국 개신교가 보여 준 부정적인 모습에 비난이 쏟아지고 있다. 이러한 경향은 1997년 한국갤럽조사연구소에서 실시한 '한국인의 종교와 종교의식'에서도 확연하게 나타난다. 한국 개신교는 전도 대상자인 일반인들에게 공신력을 상실했다. 이는 구한말과 일제강점기, 한국전쟁 이후와는 정반대 상황이다.

이 같은 한국 교회의 현주소가 한국 개신교의 미래를 어둡게 하고 있다. 한국형 복음주의가 위기에 봉착한 것이다. 2007년 '어게인 1907년'을 외치며 부흥을 위한 온갖 행사를 열었지만, 부흥은 일어나지 않았다. 한국 복음주의는 도대체 무엇이 문제인가?

복음주의는 오늘의 융성한 한국 교회가 있게 한 큰 동력이었지만, 동시에 현재 한국 교회의 수많은 문제를 낳게 한 원인일 수도 있다. 복음주의가 약점으로 작용하고 있다. 복음주의의 강점이면서 동시에 약점은 무엇인가?

첫째, 복음주의는 성경의 권위를 인정하긴 하지만, 성경 해석에서 너무나 다양한 관점을 열어 놓기에 위험이 도사리고 있다. 복음주의에는 공통된 신학 체계가 없다. 성경 해석이 그룹별로 혹은 개인별로 아주 다양하기 때문에 성경의 진리가 일치하지 않은 채 여러 단편들로 분리되어 있다. 이런 신학적 무체계성은 성경 해석에서 경도된 문자주의적 성경주의적 접근을 가능하게 한다. 즉 성경에 명백하게 기록된 글자 그대로만 진리로 받아들이고 명백한 증거를 찾을 수 없는 개념은 절대로 받아들이지 않는다. 이러한 복음주의적 자세는 어떤 측면에서 매우 순수하고 성경적인 것처럼 보일 수 있지만, 꼭 그렇지도 않다. 노예제도를 성경적으로 정당화하려 한 미국 남부의 보수적인 그리스도인들의 모습은 이미 생명력을 상실한 성경주의(Wooden Biblicism)나 율법적 근본주의(Legalistic Fundamentalism)에 노출된 예라 할 수 있다. 당시 그들은 함이 셈과 야벳의 종이 되리라는 저주의 말씀(창 9:25)을 노예제도의 찬성으로 해석했다. 비록 오늘날 복음주의자들에게 이런 이야기는 비웃음거리가 되겠지만, 당시 복음주의자들에게는 매우 진지한 신앙 태도였다. 20세기 성령운동을 한 복음주의자들도 방언을 성경주의로 해석해 구원받은 사람은 반드시 방언을 받아야 한다고 주장했다. 시대를 해석하는 세대주의자들(Dispensationalists)의 성경 해석도 마찬가지다. 그들은 구속사적 흐름을 무시한 채 성경을 문자적으로 해석함으로써 인류의 역사를 창조 일수인 6일과 안식일을 모형으로 해서 일곱 세대로 나누었다.

오늘날 많은 한국 교회가 예배당 건물을 '성전'이라고 말한다. 이는 구약의 성전 개념을 교회시대의 예배당에 적용한 것이다. 성전이 성경에 나오는 것은 사실이지만, 교회 건물이 성전은 아니다. 한국 복음주의적 교회들은 예배당 건축을 성전 건축이라고 하면서 기능보다는 외적 화려함과 웅장함을 추구했다. 교인들은 예배당 건축에 아무리 돈이 많이 들어도 그것이 성전 건축이라고 생각해서 불평할 수 없었다.

개인이 성경을 읽고 묵상하고 적용하는 큐티(Quiet Time)는 권장해야 할 일이다. 그렇지만 이때도 성경을 문자주의적으로 해석하고 적용하면 위험에 빠질 수 있다. 성경을 정확하게 해석하기보다 개인 적용에 강조를 둘 경우, 억지스러운 적용으로 가기 쉽다.

복음주의자들은 성경을 하나님의 말씀으로 믿지만, 그 해석의 기준이 성경 자체에 있지 않고 각 개인에게 있는 경우가 많기 때문에 위험할 수 있다. 물론 성경 해석에서 성령님의 인도에 귀를 기울인다면 문제가 없다. 그러나 여기에도 자신의 경험이나 생각을 성령님의 인도하심으로 오해할 가능성이 있기 때문에 위험이 도사리고 있다.

복음주의는 성경을 보는 좋은 틀인 '신앙고백'이나 '교리문답'을 강조하지도 않고 좋아하지도 않는다. 한국 개신교회가 '신앙고백'과 '교리문답'을 잘 가르치지 않는 이유다. 그렇다 보니 교인들은 오직 성경

(Sola Scriptura)을 강조하지만, 성경을 전체적으로(Tota Scriptura) 보는 실력이 부족하다. 따라서 각 개인이 성경을 보지만, 사실 좋아하는 부분만 보게 되는 우를 범하게 된다.

둘째, 복음주의는 중생, 회심 그리고 성령의 사역을 강조함으로써 개인의 경험을 중요하게 여긴다. 이는 자칫 주관주의에 빠질 위험이 있다. 즉 성경을 읽을 때 개인의 체험이 해석의 시금석이 되는 것이다. 이 부분에서 복음주의는 성경의 권위보다는 개인의 경험을 앞세운다고 볼 수 있다. 따라서 예배가 점점 경험과 감정 위주로 변해 가고, 불신자들을 위한다는 명목으로 열린 예배 형식이 많아지며, 설교는 청중의 귀를 만족시키는 예화 위주의 설교가 인기다. 복음주의 교회는 공의의 하나님보다 사랑의 하나님을 좋아한다. 세상의 복이 곧 복음이라고 생각하는 세속적 영향 또한 넓게 자리하고 있다. 부는 복이고 가난은 저주라는 설교가 공공연하게 전해지는 것이 한국 교회의 현실이다.

복음주의는 복음을 아주 단순화시킨다. 나아가 교리적인 정통주의를 죽은 신앙이라고 비판하면서 정통주의가 가진 교리의 좋은 틀까지 버리곤 한다. 목욕물을 버리려다가 아이까지 내다 버리는 꼴이다.

이렇게 한국 교회는 자신들이 받아들이는 신앙고백과 교리에 관심이 없다. 기독교 정통 교리에 대한 무관심으로 오늘날 한국 교회에 수많은 이단들이 생겨나고 말았다. 통일교(세계평화통일가정연합), 전도관(천부교), 구원파(기독교복음침례회/대한예수교침례회 박옥수), 다미선교회의 시한부종말론(1992년 10월 28일), JMS(정명석), 신천지(예수교증거장막성전) 같은 이단들이 대표적인 예다.

복음주의에서는 개인의 경험을 강조하는 은사운동이 인기를 끈다.

체험 신앙을 추구하면서 신유와 환상과 방언의 은사를 추종한다. 대신 하나님이 창조 세계와 말씀 가운데 주시는 평화와 명령에는 무관심하다. 개인 구원에는 관심이 있지만, 사회 불의에는 관심이 없다. 정치나 교육에도 관심이 없다. 전도를 위한 주일학교 교육에는 관심이 있지만, 가정에서 언약의 자녀들을 신앙으로 양육하는 데는 별로 관심이 없다. 미션 스쿨에는 관심이 있지만, 기독교 학교 설립에는 무관심하다.

복음주의는 개인 구원에서는 위대한 신학자이지만, 문화나 사회에 대해서는 그렇지 못하다. 사회에 관한 신학만을 강조한 기독교도 문제지만, 개인에게만 집중하고 문화나 사회를 도외시하는 기독교도 문제다. 특히 포스트모더니즘 시대에 개인적 성경 해석과 주관적 삶의 양태에서 복음주의가 인기 있지만, 보편적 하나님의 역사하심에 대해서는 등한시함으로써 신앙의 불균형을 갖게 된다.

셋째, 복음주의는 전도와 선교를 강조하면서 성경이 말하는 제자도의 기준을 낮추는 위험이 있다. 최권능 목사는 "예수천당 불신지옥"을 외쳤다. 이러한 경향은 믿음의 내면화나 체험을 복음의 핵심으로 보는 복음주의의 약점으로 지적할 수 있다. 예수 믿는 사람은 바로 천당에 가지 않는다. 여전히 죄악 된 세상에 살게 된다. 세상에서 여전히 살아야 하는 성도들은 어떻게 살아야 할 것인지, 어떻게 해야 삶 속에서 하나님 나라를 이루며 말씀에 복종하며 살 수 있는지를 고민해야 한다. 바울은 복음을 전하고 나서 도리어 자신이 구원에서 떨어질까 봐 염려했다(고전 9:27). 바울의 솔직한 심정이 그랬다.

단순히 예수 믿는 것만으로 성도가 된다고 생각하는 사람이 많다. 특별히 학원 선교단체에서 그렇게 주장한다. 진정한 제자는 다른 제자를 낳을 때 이루어진다고 가르치니, 예수님을 갓 믿은 초신자가 곧바로 전도와 선교에 나선다. 또 다른 제자를 만들어야 진정한 예수님의 제자가 된다고 믿기 때문이다. 이는 마태복음 28장 19-20절의 대위임령을 과대 적용한 탓이다. 이 말씀은 개인 전도를 권하는 말씀이 아니라 교회를 세우라는 의미다. 대위임령을 과대 적용한 '제자도'(Discipleship)는 전도와 선교가 전부다. 그들은 예수님이 요구하신 제자도의 '가르쳐 지키게 하는' 단계를 종종 간과한다. 성도들이 어떻게 세상 속에서 살아야 하는지에 대해서는 고민하지 않고 전도하는 일에만 전력하게 되므로 정작 사회적 책임에 대해서는 소홀해진다.

전도에 대한 강조가 사회 구조적 악에 대한 무관심으로 나타나는 것은 아니다. 사회 질서와 정치, 경제체계도 하나님이 주신 일반은총에 속한다. 그런데도 복음주의 그리스도인들은 이 부분에서 약한 모습을 보인다. 한국 개신교는 세상에서 소금과 빛으로 사는 데 약하다. 한국 개신교의 성장이 멈춘 이유는 전도와 선교가 약화되었기 때문이 아니다. 오히려 말씀에 순종하는 삶, 삶에서 드러나는 살아 있는 신앙이 부족했기 때문이다. 불신자들이 그리스도인의 삶을 보고 그들이 믿는 소망이 무엇인지를 묻고자 찾아오는 전도와 선교가 없는 것이 문제다. 여기에 한국 복음주의의 맹점이 있다.

필자는 종교개혁 신앙으로 다시 돌아가야 할 때가 되었다고 생각한다. 개신교회는 스스로 개혁하기 어려울 정도로 성경으로부터 벗어난 측면이 많다는 비난과 비판을 받고 있다. 다시 종교개혁가들이 목숨 걸고 싸우던 시절로 돌아가야 하지 않는가 생각해 본다.

교회는 시대의 도전 앞에 생존할 수 있을까?

　하나님은 모든 일을 뜻대로, 계획한 작정대로 일하신다. 영원한 작정은 시공 안에서 창조와 섭리로 실행된다. 역사는 땅에서 일어난 하나님의 통치와 다스림을 기록한 것이다. 지나간 모든 일은 하나님이 일하신 흔적이지만, 그중에서 선택된 과거의 사건은 역사적 의미를 지닌다. 하나님은 구원 사역을 교회를 통해 이루는 걸 기뻐하셨다. 이것을 살피는 것이 교회 역사가(歷史家)의 일이다. 교회사란 하나님의 구원 역사와 인간의 반응 역사다. 성경에 나타난 역사를 '구속 역사'라고 한다면, 성경 시대 이후는 '교회 역사'라고 부를 수 있을 것이다.

　'한국 교회사'란 대한민국 교회를 통해 행하신 하나님의 구원 역사를 살펴보는 것이다. 거대한 하나님의 구원 역사 속에서 세계 교회사를 바라보고, 그 흐름 가운데서 한국 교회사를 보자는 뜻이다. 그런 관점에서 볼 때 몇 가지 정리할 것이 있다.

　첫째, 한국 교회사는 단순히 '민족사관'이라는 틀로만 좁게 볼 수 없다. 하나님의 구원이 민족에게 구체적으로 이루어지지만 더 큰 하나님 나라의 관점에서 살펴보아야 한다. 둘째, 한국 교회사는 단순히 '선교사관'만으로도 볼 수 없다. 복음 전파와 선교는 교회의 본분이기 때문이다. 선교란 복음 선포를 넘어 교회를 세우는 것이다. 셋째, 한국 교회사는 하나님이 교회를 통해 구원 복음을 선포하고 전달하셨음을 보여 준다. 동시에 복음을 믿고 순종했는지, 아니면 거절하고 불순종했는지에 따른 결과를 가감 없이 보여 주고 있다. 한국 교회사는 성경시대 구원 역사와 연속선상에 있다고 볼 수 있다.

《한국 교회사 걷기》를 마무리하면서 몇 가지 생각들을 정리해보자.

첫째, 하나님은 한민족을 사랑하신다. 이 서술은 민족주의적 관점과는 다르다. 단군이 제단에서 제사한 대상이 하나님이라는 주장을 하자는 것이 아니다. 대한민국에 복음이 가감 없이 전파되고 교회가세워지며 죄와 비참으로부터 구원받은 자들이 한반도에 생겨난 것이하나님이 우리를 사랑하시는 증거다.

둘째, 한민족은 다른 인류와 같이 구원받아야 할 죄인이다. 아담과하와의 자손으로 원죄의 책임을 지며 자범죄로 인해 멸망받을 죄인이다. 국수주의나 민족주의 사관은 한민족을 무조건 높이고 위대하게보려 하지만, 종교개혁적 역사관으로 보면, 우리는 그리스도의 십자가공로로 구원받지 않으면 비참하게 멸망할 인간일 뿐이다. 그런 점에서 한반도에 복음이 전파되기 전 한민족의 구원에 대한 언급은 조심해야 한다. 우리는 오직 예수 그리스도의 이름 이외에 구원받을 다른이름이 없음을 믿고 알 뿐이다.

셋째, 하나님은 먼저 복음을 받은 보편교회의 충성된 종들을 불러 선교사로 세워 한국 땅에 보내셨다. '선교사'(Missionary)는 부름 받고 사명을 받은 '사명자'(Missionary)다. 그들의 믿음의 순종과 헌신에 감사해야 한다.

넷째, 복음을 믿고 성령 하나님의 다스림을 받게 된 한국 교회 성도들은 이집트에서 해방된 이스라엘 백성의 기쁨을 누릴 뿐만 아니라 교회로 모여 직분자를 세우며 성장해 갔다.

다섯째, 교회 세움은 전통과 세상 가치와 사상이 아니라 오직 성경 (Sola Scriptura) 위에 전체 성경(Tota Scriptura)의 관점에서 이루어져야 한다. 이를 위해 하나님은 한국 교회에게 믿음과 순종을 명령하셨다. 한국 교회는 만만치 않은 과제와 시험을 거쳤고 그 과정에서 실패하기도 하고 이겨 내기도 했다. 한국 교회는 세계 선교사에서도 유례가 없다고 할 정도로 성장했다. 이는 한국 교회가 유례없는 열심을 낸 결과라기보다 신앙고백에 충실했기 때문이다. 이것을 알고 인정하는 것이 중요하다. 일본 선교와 일본 교회와 비교하면 그 사실이 더욱 피부에 와 닿을 것이다.

여섯째, 일제강점기 40년을 이스라엘의 광야교회 40년에 비유할 수 있을까! 가데스바네아에서의 불신앙과 걸핏하면 터져 나오는 이스라엘의 불평은 광야교회를 어렵게 만들었다. 한국 교회가 일제강점기 신사참배의 시련을 견디지 못하고 불신앙으로 굴복한 것은 믿음과 순종에 큰 오점을 남겼다.

일곱째, 광야교회의 큰 시험, 곧 신사참배 강요에 의연히 신앙으로 반대하다가 박해를 받고 선한 싸움을 한 믿음의 선배들이 있다. 일제의 박해보다 그들을 더 고통스럽게 한 것은 신사참배를 찬성하고 시행한 다수의 시샘과 공격이었다. 박해 가운데서도 우상에 절하지 않던 다니엘의 세 친구가 보여 준 믿음의 절개는 후대에 좋은 모범이 된다.

여덟째, 한국인의 독립에 대한 염원과 노력이 없지 않았지만, 하나님은 다른 은혜로운 방법으로 한반도에 해방(1945)을 선물하셨다. 침략자 일본의 자멸이었지만, 해방은 세계정세의 변화 속에서 한민족에게 주어진 은혜였다.

아홉째, 신사에 참배하며 배교의 길을 걸었던 한국 교회는 해방 후 회개하지 않았다. 스스로 신사참배를 가결했지만, 그 결정을 취소하는 것으로 문제가 끝났다고 생각하는 양심에 화인 맞은 부끄러운 모습을 드러냈다. 죄는 덮어 버리고 잊어버려서 해결할 수 있는 것이 아니다. 회개해야 해결받을 수 있다.

신사참배를 적극 지지하던 지도자들은 해방 후 교권으로 신사참배 반대운동과 회개운동을 전개한 자들을 박해하고 쫓아내는 또 하나의 죄를 범하고 말았다. 그들은 회개를 외치는 자들을 '바리새인' 혹은 '독선자'라고 낙인찍으며 적반하장으로 핍박하고 교회 밖으로 내쫓았다. 회개하지 않는 자의 전형이다. 이것은 한국 교회의 큰 문제였고 그 결과는 심각한 교회 분열로 나타났다. 2018년 현재 장로교 간판을 달고 있는 교회가 무려 337개가 된다고 한다. 교회의 부끄럽고 비극적인 모습이다.

열번 째, 해방 후 한반도는 남과 북, 둘로 분단되어 서로 죽이고 싸우는 한국전쟁이라는 동족상잔의 비극을 겪어야 했다. 그리고 분단은 고착화되었다. 전쟁 중(1952)에 신사참배를 결의하고 시행했던 교회 지도자들이 중심이 되어 신사참배로 고통당한 자들을 내쫓았다. 쫓겨난 그들이 고려신학교를 중심으로 고신교회(장로교)를 창립했다.

열한 번째, 1952년 장로교 총회는 불법적인 방법으로 김재준 목사를 제명하고 면직(1953년) 함으로써 그를 지지하는 그룹을 중심으로 두 번째 장로교회 분열이 일어나는 단초를 제공했다. 그들을 장로교 '법통총회'라 부른다. 후에 조선신학교는 '한국신학대학'(한신)이 되었고, 공식 이름은 '한국기독교장로회' 즉 '기장'이라 불린다.

열두 번째, 1959년 WCC 가입 문제로 불거진 반목으로 승동(교회)

측과 연동(교회)측으로 분리된다. 한경직과 그의 지지자들은 WCC 가입을 지지했고, 박형룡과 그의 지지자들은 반대했다. '승동 측'은 지금의 총신대학교를 중심으로 한 '합동 측' 교회가 되고, '연동 측'은 지금의 장로회신학대학교를 중심으로 한 '통합 측' 교회가 된다.

열세 번째, 1960년에 승동 측과 고신 측 교회의 합동이 있었다. 합동은 두 교회의 이해관계 속에서 졸속으로 진행되었다. 그 결과는 3년 후인 1963년 고신 측 교회의 환원으로 복귀되었다.

열네 번째, 교회 분열의 중심에는 인물과 신학교들이 있었다. 첫 번째 분열인 고신교회의 중심 인물은 한상동 목사이고 신학교는 고려신학교였다. 두 번째 분열된 교회인 기장교회의 중심 인물은 김재준 목사이고 신학교는 조선신학교였다. 세 번째 분열된 교회인 합동교회 중심 인물은 박형룡 목사이고 신학교는 총신대학교, 통합교회의 중심 인물은 한경직 목사이고, 신학교는 장로회신학대학교다.

열다섯 번째, 해방 후 혼란한 틈을 타 이단들이 등장해 세력을 형성했는데, 나운몽의 용문산 기도원, 문선명의 통일교 그리고 박태선의 전도관이 있었다.

열여섯 번째, 해방 후 개신교회는 급성장을 이루었다. 대형 집회를 통해 개신교의 세력도 과시할 수 있었다. 하지만 대형 집회의 거품을 부정하기 어렵고, 지역 교회에서 신앙이 내실 있게 성숙해지지 못했다. 이 때문에 오늘날 온유와 겸손을 갖춘 신앙인의 모습을 찾아보기가 어렵다.

열일곱 번째, 교회의 급성장은 많은 대형 교회를 양산했다. 자본주의 상업 문화와같이 교회도 빈익빈 부익부의 모습을 보인다. 교회가 사회단체나 경제 이익집단과 달라야 하는데, 이를 어떻게 실현할 수 있을까? 대형 교회 현상은 부정적 의미의 개(個)교회주의를 태동시켰다. 그로 인해 공교회적 인식이 약화되었다.

열여덟 번째, 한국은 피선교국으로서 놀라운 교회 성장을 이루었다. 동시에 한국 교회는 선교하는 국가로 발돋움했다. 미국 다음으로 많은 선교사를 해외에 파송하고 있다. 선교단체들의 역할이 크다. 놀라운 하나님의 은혜다. 하지만 부족한 부분도 없지 않다. 한국 선교가 교회 차원이 아니라, 개인이나 단체에 의해 진행됨으로 나타나는 한계도 있다. 미래의 선교는 어떠해야 할까? 한류를 잘 이용하는 것도 지혜일 것이다. 한국을 찾는 많은 외국인을 위한 선교가 효과적으로 이루어져야 할 것이다.

열아홉 번째, 한국 교회는 20세기 중반부터 유행하던 복음성가의 큰 영향 아래 있다. '경배와 찬양'이라는 이름으로 알려진 기독교 음악은 예배음악과 혼용되면서 혼란을 야기한 측면도 있다. 뿐만 아니라, 종교개혁 전통을 이어받은 장로교회와 개혁교회에서 즐겨 부르는 시편 찬송이 예배 찬송으로 보급되지 못한 점이 안타깝다.

스무 번째, 한국 개신교는 역사 속에서 정치와 밀접한 연관을 가졌다. 정치와 가까이함으로써 유익을 얻기도 했지만, 그와 동시에 영적이고 도덕적인 손해를 입었다. 그리스도인은 기본적으로 세상 속에 부름을 받았기에 정치적이어야 한다. 하지만 교회는 그리스도의 통치 아래 있기에 정교분리의 원칙을 지켜야 한다. 교회가 정치적 유불리에 따라 행동한다면, 크나큰 영적 손해를 보게 될 것이다.

스물한 번째, 한국 교회는 전도와 선교 전문가였지만, 세상에는 비전문가라는 평가를 받는다. 그리스도인은 세상 밖으로 부름 받은 것이 아니므로 세상 안에서 섬겨야 한다. 그러므로 성경적 관점에서 세상을 바라보는 시야를 가지고 살아가야 한다. 이것을 '기독교 세계관'(Christian World View & Life)이라 부른다.

스물두 번째, 한국 교회 성도들은 고아를 돌보고 보호하는 일을 시설 운영을 통해 해 왔다. 귀한 일이다. 하지만 더 적극적인 입양 방법에는 여러 가지 편견으로 인색했던 것이 사실이다. 모든 그리스도인은 하나님의 자녀로 입양되었다는 사실에 감사하고 입양에 대한 편견을 넘어 적극 실천에 옮기는 은혜가 있길 바란다.

스물세 번째, 한반도는 해방의 기쁨을 누렸지만, 분단과 동족상잔의 비극을 겪어야 했으며 지금도 그 영향 아래 있다. 통일은 모든 한민족의 유일한 소원이라고 말하지만, 이미 분단이 고착화 단계에 온 것이 아닌가 생각될 정도로 오랜 세월이 지나고 있다. 하나님이 민족과 민족을 나누신 것과 통일에 대한 하나님의 섭리를 이해하며 그리스도인으로서 적절한 길을 찾아야 할 것이다.

스물네 번째, 한국 교회는 일제강점기의 암울한 시대에 전천년설적 신앙으로 무장했고, 그 영향은 20세기 말까지 이어졌다. 지금은 예수님의 재림을 바라기나 할까? 현재의 삶이 너무나 좋기 때문이다. 극단적이고 비성경적인 종말론을 경계하되, 성경적 종말을 준비해야 할 것이다.

스물다섯 번째, 한국 교회를 특징짓는 단어를 하나 꼽으라면, 바로 '복음주의'일 것이다. 복음주의적 신앙과 삶은 한국 교회를 오늘처럼 놀랍게 성장하게 하였지만, 21세기를 살아가는 이 시대와 미래에도 적실한지는 돌아볼 일이다. 종교개혁 신앙이 다시 필요하다!

사진 출처

1장
백의민족 / USC Digital Libraries
불당의 불상 / USC Digital Libraries
한국 장례 행렬 / USC Digital Libraries
마을 사당 / USC Digital Libraries
《은둔의 나라》 본문 일러스트 / Moffett
Collection

2장
경교 돌십자가 / 한국기독교박물관(숭실대학교)
마리아상 / 한국기독교박물관(숭실대학교)

3장
척화비 / 국립중앙박물관

6장
성경과 문서를 리어카에 싣고 나르는 권서인
/ Pearl Digital Collections
소래교회 / Pearl Digital Collections

7장
최초의 외교 사절단 미국 방문 기념 /
oldkoreanlegation.org

8장
제중원 / Pearl Digital Colletions

9장
남산에서 바라본 서울(1890) / PTS Library
짐승 무늬 얼굴 기와 / 국립중앙박물관

10장
세브란스 병원 / Pearl Digital Collections
헤론 선교사 묘 / 한치문
닥터 홀 기념 병원(평양) / USC Digital
Libraries

11장
연희전문학교 / Pearl Digital Collections
배재학당 / USC Digital Libraries
고아학교 / PTS Library

12장
언더우드의 한영문법 책 / PTS Moffett Korea
Collection
The Korea Mission Field(1907) / PTS Library

15장
언더우드가 세운 첫 장로교회 / PTS Moffett
Korea Collection
평양에 도착한 첫 장로교 선교사 팀(1892)/
Pearl Digital Collections
모펫 선교사의 첫 집 / PTS Library
장대현교회 / Pearl Digital Collections

21장
장로교 공의회 평양신학교 / Pearl Digital
Collections
공주 부근 선교사 순회전도 사역 / USC
Digital Libraries
언더우드 부부 전도여행 / PTS Mottett Korea
Collection

22장
장대현교회 집회 모습 / Pearl Digital
Collections

24장
선교사 모임 / Pearl Digital Collections